Eine ökonomische Revolution

Vinzenz von Holle

Eine ökonomische Revolution

Wie Verhaltensökonomie die Welt verändert

Vinzenz von Holle
Lugano, Schweiz

ISBN 978-3-658-26357-7   ISBN 978-3-658-26358-4 (eBook)
https://doi.org/10.1007/978-3-658-26358-4

Die Deutsche Nationalbibliothek verzeichnet diese Publikation in der Deutschen Nationalbibliografie; detaillierte bibliografische Daten sind im Internet über http://dnb.d-nb.de abrufbar.

Springer
© Springer Fachmedien Wiesbaden GmbH, ein Teil von Springer Nature 2019, korrigierte Publikation 2021
Das Werk einschließlich aller seiner Teile ist urheberrechtlich geschützt. Jede Verwertung, die nicht ausdrücklich vom Urheberrechtsgesetz zugelassen ist, bedarf der vorherigen Zustimmung des Verlags. Das gilt insbesondere für Vervielfältigungen, Bearbeitungen, Übersetzungen, Mikroverfilmungen und die Einspeicherung und Verarbeitung in elektronischen Systemen.
Die Wiedergabe von allgemein beschreibenden Bezeichnungen, Marken, Unternehmensnamen etc. in diesem Werk bedeutet nicht, dass diese frei durch jedermann benutzt werden dürfen. Die Berechtigung zur Benutzung unterliegt, auch ohne gesonderten Hinweis hierzu, den Regeln des Markenrechts. Die Rechte des jeweiligen Zeicheninhabers sind zu beachten.
Der Verlag, die Autoren und die Herausgeber gehen davon aus, dass die Angaben und Informationen in diesem Werk zum Zeitpunkt der Veröffentlichung vollständig und korrekt sind. Weder der Verlag, noch die Autoren oder die Herausgeber übernehmen, ausdrücklich oder implizit, Gewähr für den Inhalt des Werkes, etwaige Fehler oder Äußerungen. Der Verlag bleibt im Hinblick auf geografische Zuordnungen und Gebietsbezeichnungen in veröffentlichten Karten und Institutionsadressen neutral.

Springer ist ein Imprint der eingetragenen Gesellschaft Springer Fachmedien Wiesbaden GmbH und ist ein Teil von Springer Nature.
Die Anschrift der Gesellschaft ist: Abraham-Lincoln-Str. 46, 65189 Wiesbaden, Germany

Dieses Buch ist der Universität Wien, der Masaryk-Universität Brünn, der Georgetown University und der Harvard University gewidmet als Dank für die erstklassige Ausbildung und Quellen der wissenschaftlichen Inspiration sowie für die bereichernden Zeiten, die ich dort verbringen durfte und die mich nicht nur akademisch und intellektuell, sondern auch persönlich und menschlich prägten und bereicherten.

Vorwort

In diesem Buch geht es um die grundsätzliche und grundlegende Frage, was Ökonomie eigentlich ist. Ist Ökonomie eine rein mathematisch definierte Konstruktion und nimmt der Mensch darin nur eine bestimmte Rolle ein und handelt nach deren Gesetzen, oder ist die Ökonomie in Wirklichkeit nicht ein Produkt aus den Handlungen und dem Verhalten des Menschen? Im ersteren Fall müsste man nur die mathematischen Modelle und Gesetze der Ökonomie prüfen und mit ihnen arbeiten, im zweiten Fall müsste man das Verhalten des Menschen analysieren, verstehen und die Ursachen erforschen, um die daraus hervorgehende Ökonomie verstehen und erklären zu können. Der Unterschied zwischen diesen beiden Möglichkeiten könnte nicht größer und gravierender sein. Es ist die grundlegendste Frage der Funktionsweise eines Systems mit gravierenden Auswirkungen auf die Aussagen und auf seine Funktionsweise, vergleichbar etwa nur mit der Anschauung auf die Funktionsweise des Universums: Kreisen die Himmelskörper um die Erde – oder ist die Erde ein Teil einer komplexen Interaktion unterschiedlichster Bewegungen des Gesamtsystems? Ist der Mensch nur ein Teil in einem System, das als eine Art große Maschine – die man Ökonomie nennt –

nach bestimmten festgelegten mathematischen Regeln funktioniert und hat keinen Einfluss auf diese Funktionen – oder ist es der Mensch selbst, der durch sein Verhalten und seine Handlungen eben diese „Ökonomie" determiniert? Dieser Frage aller Fragen in der ökonomischen Disziplin soll in der vorliegenden Arbeit auf einer neutralen, objektiven und wissenschaftlichen Basis nachgegangen werden.

Die Wissenschaft muss grundsätzlich immer sagen, was ist. Unabhängig von der Zeit, unabhängig vom gesellschaftlichen System, unabhängig von jeglichen weltlichen, politischen oder religiösen Weltanschauungen. Sie muss die Realität beobachten und ohne Rücksicht auf irgendwelche Interessen objektiv das Beobachtete beschreiben und benennen. Objektivität und Wahrheit müssen dabei die obersten Prinzipien sein.

Was eigentlich plausibel und selbstverständlich klingt, zeigt sich jedoch in der Realität als ein wirkliches Problem. Denn schon seit Menschengedenken haben neue Erkenntnisse, neue Ideen und neue Anschauungen die größten Widerstände hervorgerufen – oft genug auch mit fatalen Folgen für die Protagonisten. Der Grund hierfür ist einerseits die Angst vor Machtverlust und Deutungshoheit der herrschenden Elite, nicht unbedingt immer im politischen Sinn, sondern auch gesellschaftlich, wissenschaftlich, wirtschaftlich oder religiös. Andererseits ist etwas wirklich Neues auch immer verbunden mit der Angst vor dem Unbekannten, Unklaren, dem Verlust des Sicheren, Erlernten und Gewohnten und manchmal auch mit der Angst vor der Wahrheit selbst.

Dieses Buch bietet einen tiefen Einblick in die menschliche Seele, erklärt sehr viel über das menschliche Handeln und Verhalten und gibt Erklärungen und Antworten auf die Gründe, Zusammenhänge und bestehenden Mechanismen, die hinter dem menschlichen Verhalten stecken.

Die auf der Basis experimenteller Forschung beschriebenen und gewonnen Erkenntnisse und Beobachtungen werden auf die Realität unserer Welt transferiert und angewendet. Es zeigt sich, dass sie teils sehr anschaulich und mit erstaunlichen Resultaten viele Prozesse in der Wirtschaft erklären. Oft erklären sie auch die Funktionsweisen von bisher nicht eindeutig erklärbaren Phänomenen: beispielsweise das Anreizsystem in der Wirtschaft oder das Wesen des Kapitals als Produktionsfaktor, seine selbstständige Akkumulation und das Entstehen und Auseinanderklaffen der Wohlstandsschere innerhalb der Gesellschaft. Weiter werden die Erkenntnisse über das Thema Kapital auf die gesamte Ökonomik und die Theorie ihrer Funktionsweise übertragen und angewandt. Hier wird deutlich und belegbar gezeigt, welche Differenzen es zwischen der klassischen ökonomischen Standardtheorie und der Realität und den mit ihr verbundenen Erkenntnissen aus der experimentellen Forschung gibt, aber auch welche Konsequenzen diese Unterschiede zwischen der Realität und der aktuellen Standardtheorie haben. Im letzten Kapitel werden dann diese Zusammenhänge und ihre Konsequenzen auf die Gesellschaft und die Politik übertragen und konkrete Handlungsempfehlungen und Vorschläge ausgearbeitet, um politisch und gesellschaftlich zu besseren Ergebnissen und letztendlich zu einer besseren Welt zu gelangen.

Lugano, Schweiz, im Herbst 2019   Vinzenz von Holle

Inhaltsverzeichnis

1 **Einführung**. 1
 Literatur. 26
2 **Der Mensch** 27
 2.1 Was ist wirkliches Wissen und was ist nur Annahme? – Die Bedeutung und Auswirkung von Annahmen und Erwartungen auf die Wirklichkeit 27
 2.2 Die relevanten Einflussfaktoren auf das menschliche Verhalten. 44
 2.3 Die Ursache von Beweggründen, Entscheidungen und Handlungen. 94
 2.4 Die Kompensationstheorie. 117
 2.5 Die Rolle von Opportunitätskosten beim Setzen von Präferenzen und bei Entscheidungen 141
 2.6 „Relativitätstheorie" in der Ökonomik 145
 2.7 Veränderungsprozesse und warum diese in den meisten Fällen scheitern. 150
 Literatur. 171
3 **Das Kapital** 173
 3.1 Bildung und Aufbau von Kapital. 180
 3.2 Die Akkumulation von Kapital und ihre Ursachen 182

3.3	Die Signifikanz der Rahmenbedingungen für das Kapital	224
3.4	Die Verlustaversion, das Kapital und das Risiko	226
3.5	Zusammenhang zwischen Kapital und Arbeit	228
Literatur.		232

4 Die Ökonomik ... 233

4.1	Die Entwicklung und Historie der ökonomischen Theorie	233
4.2	Die Nutzentheorie und die Werttheorie	252
4.3	Der Grenznutzen	254
4.4	Opportunitätskosten	257
4.5	Werte und Preise	259
4.6	Verzerrungen der Preise und Werte in der Mainstream-Ökonomie	259
4.7	Preisbildung und Preistheorie	272
4.8	Inflation und Geldtheorie	274
4.9	Preisniveau und der Wert des Tausches	278
4.10	Aufgabe und Rolle der Banken	281
4.11	Finanzsystem	283
4.12	Geldpolitik	286
4.13	Gesellschaftliche Kosten (Umweltbelastungen, Kriminalität, Ungleichheit, Marktversagen …)	287
4.14	Externe Effekte	289
4.15	Investorenmärkte – Rolle der Investoren in der Ökonomie	291
4.16	Investitionen und technischer Fortschritt	292
4.17	Die Ökonomie des Arbeitsmarktes	294
4.18	Die Arbeitsleistung und ihre Faktoren in der Ökonomik	300
4.19	Analyse der wachsenden Ungleichheit und der Spaltung der Gesellschaft	301
4.20	Sozialer Aufstieg	303
4.21	Choice-Theorie	307
4.22	Transformationen	315
4.23	Der Wahrscheinlichkeitsrugschluss	317
4.24	Der Endowment-Effekt	318
4.25	Das Inselexperiment	320

4.26	Die fundamentalen Fehler der klassischen ökonomischen Theorie	323
4.27	Relativierung der allgemeinen „Gesetze" der ökonomischen Standardtheorie	325
4.28	Ergebnisse und Schlussfolgerungen	335

5 Die Politik ... 339

5.1	Was genau ist Politik?	339
5.2	Die Wirtschaftspolitik	345
5.3	Banken als ein wichtiger politischer Faktor	348
5.4	Fiskalpolitik	351
5.5	Lobbyismus und Protektionismus	356
5.6	Politik und Handel	359
5.7	Politik und Gesundheitswesen	375
5.8	Die politische Utopie des Sozialismus	379
5.9	Politisch-ökonomische Systeme und Staatsformen	379
5.10	Lösung globaler Probleme	381
5.11	Politik und soziokulturelle Faktoren	383
5.12	Zusammenhang zwischen Bevölkerungszahl und Gewalt	387
5.13	Politische Regulierung und die Kapitalkonzentration	388
5.14	Politik und das Problem der Umverteilung	393
5.15	Technologie und Automatisierung haben langfristig eine Umverteilung zugunsten der Unternehmen zur Folge	404
5.16	Politik und die Rolle von Rahmenbedingungen	409
5.17	Politik und ihre Signalwirkung für die Gesellschaft	417
5.18	Implementierung politischer Maßnahmen	420
5.19	Verhalten steuern und Verhaltensänderungen herbeiführen	444
5.20	Problemanalyse	446
5.21	Politische Analyse von Wirtschaftskrisen	449
5.22	Historische Wiederholungen von Fehlern	450
5.23	Konkurrenz politischer Systeme	454
5.24	Erkenntnisse	457
Literatur		458

6	Schlussbetrachtung	459
	Literatur	469

Glossar 471

Weiterführende Literatur 479

1
Einführung

Man stelle sich tiefstes Mittelalter vor. Erfahrene und bestens ausgebildete Ärzte behandeln Patienten mit Bluthochdruck, indem sie ihnen überall am Körper Blutegel anbringen und die Tiere über die Haut der Patienten das Blut aussaugen. Die medizinische Disziplin ist zu diesem Zeitpunkt bereits mehrere Jahrtausende alt und diese Methode der ärztlichen Behandlung ist zu diesem Zeitpunkt up to date.

Mit dem heutigen Wissen und Erkenntnissen haben wir natürlich wesentlich effektivere, bessere und schonendere Techniken an der Hand, um diese Krankheitssymptome zu behandeln, und können über die oben beschriebenen Verfahren aus dem Mittelalter nur mit dem Kopf schütteln.

Wir müssen uns jedoch dabei über einige grundlegende Fakten im Klaren sein:

Erstens: Damals war diese Methode State of the Art, sie war anerkannt, ausprobiert und niemand würde sie in Frage stellen, geschweige denn über sie lachen.

Zweitens: Man kannte keine bessere Behandlungsalternative, und deshalb handelte man mit den vorhandenen Erfahrungswerten und nach bestem Wissen und Gewissen.

Drittens: Die Methode schien logisch und war einfach erklärbar: Durch Reduktion des Bluts im Kreislauf verringert sich automatisch der Druck.

Viertens: Heute wissen wir mehr über die Krankheit und auch über Möglichkeiten, diese zu bekämpfen, und haben daher auch wesentlich bessere Instrumente und Methoden entwickelt, gegen diese Krankheit vorzugehen.

Fünftens: Wir sind nicht allwissend, und unsere heutigen Instrumente und Behandlungsmethoden sind nicht das Ende der Weisheit. Sie sind auch nur der heutige State of the Art, also der aktuelle Stand der Medizin, und wir müssen es durchaus akzeptieren, dass Menschen in vielen hundert Jahren über die heutigen Techniken und unser Know-how ebenso die Köpfe schütteln werden, wie wir es über die des Mittelalters tun.

Wichtig bei dieser Betrachtungsweise ist, der jeweiligen Zeit, ihrer Denkweise und den Umständen Respekt zu zollen, und auf der anderen Seite Bescheidenheit zu üben über das eigene Vermögen und Unvermögen – und immer zu akzeptieren, dass Wissen und Erkenntnisse schon morgen überholt sein könnten.

Dieses Beispiel soll uns vergegenwärtigen, dass sich die Welt immer weiterentwickelt und der Mensch – und zwar auch (oder sogar besonders) der Experte – immer bereit sein muss und akzeptieren sollte, dass sein aufwändig erworbenes Wissen irgendwann veraltet sein wird und er daher neuen und manchmal auch revolutionären Entwicklungen und Veränderungen mit seiner Sicht- und Denkweise Platz machen muss. Beispiele gibt es hier zuhauf:

Sei es die radikale Änderung der Sichtweise auf die Welt und das Universum, als das geozentrische Bild auf einmal durch das heliozentrische abgelöst wurde, weil man erkannte, dass nicht die Sonne sich um die Erde dreht, sondern die Erde und alle anderen Planeten um die Sonne kreisen.

Oder sei es die revolutionäre Sichtweise in der Physik, als die Relativitätstheorie diese grundlegend revolutionierte und die althergebrachten Erkenntnisse und Ansichten auf den Kopf stellte.

Die jeweiligen Fachexperten halten immer krampfhaft und verzweifelt an ihren alten Dogmen, Anschauungen und Ansichten fest und bekämpfen teilweise mit allen Mitteln die neuen Erkenntnisse, neue Sichtweisen und neue Anschauungen.

Alles was neu ist, scheint zuerst einmal von den Menschen bekämpft zu werden, anstatt dass man versucht, sich damit sachlich und professionell auseinanderzusetzen. So bemerkte bereits Max Planck[1] sehr trefflich: „Eine neue wissenschaftliche Wahrheit pflegt sich nicht in der Weise durchzusetzen, daß Ihre Gegner überzeugt werden und sich als belehrt erklären, sondern daß ihre Gegner allmählich aussterben und daß die heranwachsende Generation von vornherein mit der Wahrheit vertraut gemacht ist." Ebenso verhält es sich nicht nur in der ökonomischen Disziplin, sondern auch in allen anderen Disziplinen.

Wir Ökonomen tun gerade so, als würden wir quasi alles wissen und erklären können, und Wissenschaftler aus den jeweiligen Fachgebieten verstecken sich in ihren Elfenbeintürmen aus teilweise unverständlicher und kaum nachvollziehbarer Forschungstätigkeit und theoretischen Modellen. Die Theorie muss dabei den eigenen, von der wissenschaftlichen Gemeinde selbst aufgestellten Kriterien folgen, um

---

[1] Max Karl Ernst Ludwig Planck war ein bedeutender deutscher Physiker auf dem Gebiet der theoretischen Physik. Er gilt als Begründer der Quantenphysik. Geboren: 23. April 1858, Kiel. Gestorben: 4. Oktober 1947, Göttingen.

überhaupt von dieser wahrgenommen zu werden. Auch wenn offensichtlicher Unsinn herauskommt – solange die festgelegten Forschungsstandards eingehalten werden, nimmt man sich gegenseitig innerhalb der Gemeinschaft ernst und kann in der entsprechenden wissenschaftlichen Literatur publizieren, und sei es auch ein weltfremder Unsinn. „Ökonomie ist das einzige Fach, in dem zwei Forscher den Nobelpreis bekommen, weil sie das genaue Gegenteil herausgefunden haben." (aus dem Lehrbuch „Volkswirtschaft" von Ökonomie-Nobelpreisträger Paul Krugman und seiner Frau Robin Wells-Krugman 2010; siehe Literaturverzeichnis).

Die ökonomische Wissenschaft ist in diesem Zusammenhang besonders erwähnenswert:

Verglichen mit anderen wissenschaftlichen Disziplinen wie beispielsweise der Medizin, befinden wir uns hier mit unserem Wissen, unseren Erfahrungen, Beobachtungen und dem einzusetzenden Instrumentarium nicht einmal auf der gleichen Stufe, auf der die Medizin im Mittelalter war, als man Bluthochdruck mit Blutegeln behandelte. Denn die wissenschaftliche Auseinandersetzung und Forschung auf dem ökonomischen Gebiet begann erst mit Adam Smith in der ersten Hälfte des 18. Jahrhunderts.

Die Zielsetzung der ökonomischen Theorie muss eine objektive Beschreibung der Realität sein, ohne künstliche und realitätsfremde Annahmen. So kann dann ein Verständnis erzielt werden über das, was real ist, ohne Werturteile und nur der Logik folgend. Die Gründe und Gesetzmäßigkeiten der Ökonomik sind beim menschlichen Handeln zu suchen, denn durch dieses Handeln und Verhalten entsteht die Ökonomik. Die Ursachen des Handelns und des Verhaltens sind durch das Umfeld und durch die Evolution und Natur bestimmt.

Diese Arbeit soll eine andere, neue und vollkommen neutrale und natürliche Sicht auf die Theorie, auf die

Erkenntnisse und auf den Menschen – der im Zentrum der Ökonomie steht – eröffnen. Sie soll nicht, wie es bisher immer der Fall war, nur auf Annahmen basieren, und es sollen auch keine nur theoretischen Zusammenhänge hergestellt werden. Das Ziel sind objektiv realitätsnahe, empirische Beobachtungen, ohne aber gleich das Beobachtete zu werten. Das Beobachtete soll zuerst dokumentiert und festgehalten werden, denn es stellt die Tatsachen dar, die nun einmal vorliegen. Unabhängig davon, ob es jemandem gefällt oder nicht. Erst im zweiten Schritt wird versucht, die Tatsachen zu verstehen. Warum ist etwas so, wie es ist? Welche Gründe gibt es dafür und welche Mechanismen stehen dahinter, dass genau dieses Ergebnis beobachtet wird - und nicht ein anderes.

Somit muss man von Anfang an bereit sein, auch Dinge und Ergebnisse zu akzeptieren, die einem persönlich möglicherweise gar nicht gefallen. Dies ist zweifelsohne die notwendige Voraussetzung jeder wissenschaftlichen Arbeit. Sie soll ausschließlich der Wahrheit und der Erkenntnis dienen und nicht als Instrument für Interessen missbraucht werden.

Was ist die Voraussetzung, um neues Wissen und Erkenntnisse zu erlangen?
Offenheit, Ehrlichkeit, die Akzeptanz von Fakten, auch wenn diese für einen unschön, unerwünscht oder ungewollt sind und den eigenen Interessen und/oder dem persönlichen Weltbild widersprechen. Es gibt deshalb viele Gründe für die Nichtakzeptanz von Fakten und Wahrheiten: Religionen, Machtverlust, Kontrollverlust, Einkommensverluste – also materielle Interessen, befürchteter Status- oder Prestigeverlust usw. Dies macht deutlich, dass eine echte Veränderung nur möglich ist, wenn Bereitschaft für die Wahrheit und Akzeptanz von Fakten vorhanden ist. Nur dann sind auch echter Fortschritt und echte Entwicklung mit Verbesserungen für alle Menschen möglich.

Der Autor verlangt daher diese Bereitschaft zur Akzeptanz von belegbaren und beobachtbaren Fakten und die Hinterfragung des eigenen „Wissens" sowie die Aufgeschlossenheit , den vorherrschenden Mainstream objektiv zu überprüfen. Wenn man ausreichend offen für Neues, klug und angstfrei ist, dann findet und erlebt man durch die neue Sichtweise auf die Ökonomik unglaubliche intellektuelle Abenteuer, die einem den Atem rauben werden. Vieles, was man über Wirtschaft, Politik und Gesellschaft zu wissen glaubte, wird man als falsch erkennen. Wie schon der Ökonom John Maynard Keynes erkannte: Die Schwierigkeiten liegen nicht in den neuen Gedanken, sondern darin, den alten zu entkommen.

So war man früher auch überzeugt davon, dass die Erde eine Scheibe ist. Diese Überzeugung rührte aus der Interpretation der alltäglichen und logischen Beobachtung, denn für den einzelnen Menschen sieht natürlich die Welt, in der er lebt, flach aus. Erst a) durch die Einnahme eines anderen Standpunkts – beispielsweise der Sicht aus dem All – oder b) aus umfangreicher Forschungstätigkeit über physikalische Zusammenhänge und astrophysische Erkenntnisse erschließen sich neue Fakten, die das Erscheinen der Erde als eine Scheibe ausschließen. Analog verhält es sich mit der Frage, ob die Erde das Zentrum des Sonnensystems oder gar des Universums bildet, ob Bluthochdruckbehandlung mit Blutegeln die richtige Methode ist usw. Überzeugung vom Wissen, welches aber kein Wissen ist, sondern nur Glauben, ist und war schon immer weit verbreitet und oft gefährlich. Andersdenkende Menschen wurden oft sogar verfolgt und umgebracht, wenn sie Dinge behaupteten, die gegen den Mainstream, gegen politische oder religiöse Überzeugungen waren.

Heute wird niemand mehr umgebracht, jedoch wird neues Wissen und neue Erkenntnisse – die die alten Glaubenssätze als falsch und als Nichtwissen enttarnen – verlacht, nicht ernst genommen und die Urheber oft genug als Spinner abgestempelt. An der Sache selbst hat sich wenig geändert, denn es gibt klare Interessen der Wissenschaftseliten – und diese leben auch heute noch sehr gut im und vom falschen Glauben. Daher besteht auch sehr oft gar kein wirkliches Interesse daran, neues Wissen zu erlangen, denn der eigene Status soll durch „gefährdendes" neues Wissen und neue Erkenntnisse nicht gefährdet werden.

Die Frage der Methode
Da die Komplexität des menschlichen Handelns automatisch Ungewissheit, Unplanbarkeit und Vielfalt an Möglichkeiten bedeutet, handelt es sich bei der quantitativen Methode der Mainstream-Ökonomik, die nur auf Annahmen und auf Mathematik basiert (wobei die Mathematik jedoch diese Komplexität nicht abbilden kann), um eine Pseudowissenschaft. Die vorgegaukelte Präzision der Zahlenwerte ist völlig illusorisch und irreführend, die Reduktion komplexer Phänomene auf künstlich veränderte und dadurch berechenbare Parameter ist komplett realitätsfern. Die Formalisierung der ökonomischen Disziplin vernebelt den Blick und führt zu falschen Ergebnissen, Vorhersagen und Analysen. Denn die Werkzeuge der mathematischen Analyse werden in der Ökonomik eigesetzt, ohne dass für diese überhaupt die Voraussetzungen vorliegen. Diese sind im menschlichen Handeln nicht gegeben. Niemand kann sagen, er bevorzugt beispielsweise Schokolade 2,3-mal mehr als Kaffee oder er mag sein Kind 5-mal lieber als das des Nachbarn. Menschen können ihre Präferenzen durch Entscheidungen nur reihen, nicht jedoch quantifizieren.

Da Menschen keine Maschinen sind, eignen sich die vorliegenden mathematischen Methoden nur sehr bedingt zur Analyse sozialer und wirtschaftlicher Phänomene. Heute steht die Ökonomik in einem Umfeld, in dem die wissenschaftlichen Disziplinen aller Fachrichtungen große Fortschritte machen. Die Ökonomen müssen mit diesen im ständigen Diskurs sein und dürfen sich nicht von anderen Disziplinen abkoppeln. Ohne breite Kenntnisse der Natur- und Formalwissenschaften, insbesondere der Evolutionsbiologie, der Psychologie, Soziologie, Statistik und Logik kann man heute kaum ein guter Ökonom und Ökonomieforscher sein.

Der Mensch steht in der Ökonomik im Zentrum, er determiniert durch sein Handeln und durch seine Entscheidungen die Gesetze der Ökonomik und somit die Art und Weise, wie diese funktioniert. Daher ist es essenziell, zuerst den Menschen zu verstehen und das Augenmerk auf sein Handeln zu richten, und zwar objektiv und ohne politische oder religiöse Gebote und Utopien, Absichtserklärungen und Polemiken. Es darf keine Denkverbote, Zwänge, Rücksichten und Absichten über die Realität geben. Die Ökonomik muss auf Überzeugungen, Werthaltungen und Prinzipien beruhen, dass Erkenntnis möglich und wünschenswert ist, dass sich in einem freien Wettbewerb die besseren Argumente durchsetzen – und zwar unabhängig davon, ob die Ergebnisse und Schlüsse sich mit unseren Interessen decken oder nicht, ob sie lukrativ sind oder ob sie uns gefallen.

Aus unserer Geschichte kennen wir es sehr gut, dass teils jahrhundertelang an falschen und fehlerhaften Annahmen festgehalten wurde und man sich mit offensichtlich falschen „Beweisen", mit der falschen Sichtweise, zufriedengab. Viel mehr noch: Menschen mit gesundem Zweifel, die die richtigen Fragen stellten, und Protagonisten von neuen und progressiven Gedanken wurden erbittert als Feinde angesehen und auch als Ketzer verfolgt. Denken wir hier beispielsweise an das geozentrische Weltbild, welches jahrhundertelang als unverrückbare Wahrheit und Tatsache betrachtet wurde. Gegenüber dem geozentrischen Weltbild war das heliozentrische Weltbild aber wesentlich einfacher, es konnte viele Beobachtungen erklären, die durch das

1 Einführung

geozentrische System nicht erklärbar waren, und ebnete erstmals den Weg zu einer erheblich genaueren Beschreibung und Vorhersage der Positionen von Sonne, Sternen und Planeten. Es stand aber bei seiner Entstehung im Konflikt mit vielen Vorstellungen der damaligen Zeit von der künstlich definierten Rolle des Menschen und seinem Ort im Universum. Dass die Erde nicht im Zentrum stehe und darüber hinaus selbst in Bewegung sei, erschien lange Zeit nicht annehmbar. So traf das heliozentrische Weltbild auch auf heftigen Widerstand seitens der Institutionen zu dieser Zeit (z. B. im bekannten Galilei-Prozess). Die damaligen Astronomen blieben viele Jahrhundertelang beim geozentrischen Weltbild, bemerkten aber sehr wohl die teils mangelnde Übereinstimmung mit den realen Beobachtungen. So hatte man eine anerkannte Theorie, wusste jedoch klar und deutlich, dass diese mit der Realität und den Beobachtungen nicht übereinstimmte. Kommt einem das heute nicht bekannt vor?

Die Entstehung und Verbreitung des neuen heliozentrischen Weltbildes setzte sich erst sehr langsam durch: Grund dafür war das Aufkommen der modernen Naturwissenschaften, die auf immer genaueren Beobachtungen durch bessere Instrumente und Techniken basierten. Doch es geschah langsam, sehr langsam. Obwohl die Tatsachen und Beobachtungen deutlich und klar waren, dauerte es Jahrzehnte, bis die neue Theorie allgemein Anerkennung fand.

Dies ist zugleich ein gutes Beispiel für die alte und bekannte Weisheit, dass nichts schwieriger zu ändern ist als die menschliche Voreingenommenheit. Bereits Albert Einstein erkannte: „Es ist schwieriger, eine vorgefasste Meinung zu zertrümmern als einen Atomkern."

In einer ähnlichen Situation befinden wir uns heute bei der Sichtweise auf die Ökonomie und ihre Funktionsweise. Nicht nur, dass diese wissenschaftliche Disziplin heute wesentlich jünger ist, als es die Astrophysik zu Zeiten von

Kopernikus war. Diese hatte bereits zur damaligen Zeit mehrere Tausend Jahre existiert, denn bereits die alten Griechen, die chinesischen Kaiser und die ägyptischen Pharaonen beschäftigten sich mit der Astrologie. Die heutige Ökonomie als eine wissenschaftliche Disziplin existiert ziemlich genau seit der Zeit von Adam Smith, der diese de facto mit seinem Werk gegen Mitte des achtzehnten Jahrhunderts begründete. Hier also zu argumentieren, dass wir eine tiefe Kenntnis der Materie und umfangreiches Wissen besitzen würden, wäre mehr als vermessen.

Die aktuelle ökonomische Theorie, die so genannte neoklassische ökonomische Theorie, die auf die Ursprünge und die damaligen Annahmen des Begründers zurückgeht, ist in ihren Grundzügen mehr als 250 Jahre alt. Und genauso, wie es zurzeit von Kopernikus bei der Astrologie der Fall war, können auch wir heute in der Realität der Ökonomik bestimmte Dinge klar beobachten und belegen, die durch die Theorie nicht zu erklären sind und dieser Theorie sogar eindeutig widersprechen. Es handelt sich hierbei um eindeutige Beobachtungen des realen menschlichen Verhaltens, die wir auch unter realen ökonomischen Bedingungen experimentell nachweisen können. Der Mensch handelt anders, entscheidet anders und erzielt andere Ergebnisse und Resultate in der realen Wirtschaft, als es die Wirtschaftstheorie beschreibt und uns vorhersagt. Diese geht von einer Ökonomik aus, die als ein mathematisches Regelwerk funktioniert, in der der Mensch – der als ein Homo oeconomicus auf bestimmte wenige, mathematisch berechenbare Verhaltensweisen reduziert wurde – als ein „Akteur" im System teilnimmt und den Annahmen und mathematischen Regeln dieses Systems „Ökonomie" unterliegt.

Diese Theorie ist deshalb so dominant und hat sich zur Mainstream-Theorie entwickelt, weil sie in ihren Annahmen so reduziert war, dass alles sehr einfach und anschaulich mathematisch darstellbar wurde. Folglich musste man sich nicht mehr mit der komplexeren Realität auseinandersetzen – die man anfänglich auch nicht mathematisch beherrschte. Man konnte durch sehr einfache und logisch erscheinende Annahmen alles berechnen und rechnerisch überprüfen. Das war sehr bequem, ersparte komplexere Analysen und hatte zur Folge, dass die quantitative ökonomische Theorie sehr dominant wurde. Im Laufe der Zeit führte dies zu einer regelrechten Indoktrination, welche jede abweichende Sichtweise auf die Ökonomie bereits im Ansatz verhinderte.

Nur der Umstand der sich ständig wiederholenden Zusammenbrüche in der Weltökonomie, die immer unerwartet und immer ohne eine Erklärung durch die Mainstream-Ökonomen kamen, führte dazu, dass um die letzte Jahrtausendwende die ersten Ökonomen endlich begannen, auch experimentell auf dem Gebiert der Ökonomie zu forschen.

Die Beobachtungen jedoch zeigen eine ganz andere Realität als die der Mainstream-Ökonomie:

Die Gesetzmäßigkeiten des menschlichen Verhaltens – die übrigens diametral den Annahmen des Homo oeconomicus widersprechen – bestimmen die Gesetze der Ökonomik. Der Mensch schafft mit seinem Verhalten also in Wirklichkeit die Gesetze, wie sich die Ökonomie verhält, und ist nicht nur ein Akteur im System. Das ist ein großer Unterschied! Die Funktionsweise der Ökonomik ist somit eine Folge der Handlungsweisen des Menschen. Und nicht umgekehrt!

In dieser Arbeit wird nicht theoretisch nach zuvor festgelegten und künstlich getroffenen Annahmen (Homo oeconomicus) vorgegangen. Der große methodische Unterschied in der Arbeitsweise liegt hier bei der Berücksichtigung von tatsächlich beobachteten und wiederholbaren empirischen Tatsachen. Somit wird ein Problem/Phänomen erst erkannt. Im zweiten Schritt werden die Ursachen gesucht und erforscht, um das Beobachtete zu verstehen. Aus dem gewonnenen Verständnis werden dann die theoretisch möglichen Lösungsansätze generiert und auch die praktischen Möglichkeiten getestet und diskutiert. Schließlich wird eine Lösung aus den gewonnenen Erkenntnissen vorgestellt.

Da in der Ökonomik der Mensch mit seinem Verhalten – welches die Grundlage der Disziplin darstellt – im Zentrum steht, handelt es sich um mikroökonomische Forschung. Die Mikroökonomik bestimmt dann aber folglich auch die großen Zusammenhänge und hat Auswirkungen auf die Makroökonomik. Deswegen ist es zuerst notwendig, die Mikroökonomik zu verstehen, um dann auch die richtigen makroökonomischen Schlüsse ziehen zu können. Ohne das Verständnis der Verhaltenstheorie in der Mikroökonomik kann man auch nicht die Makroökonomie richtig deuten und verstehen.

Die Verhaltenstheorie des Menschen beinhaltet viele Faktoren: genetische Veranlagung, Beeinflussung durch das Umfeld und durch die Gesellschaft, psychologische Faktoren, kulturelle, ethische, philosophische, juristische, politische, religiöse, geschichtliche, anthropologische, biologische Aspekte usw. Daher muss bei der Arbeit diesem breiten Spektrum von verschiedenen wissenschaftlichen Disziplinen auch unbedingt Rechnung getragen werden. Um korrekt arbeiten zu können, muss daher eine möglichst ganzheitliche – holistische – Sicht eingenommen werden, welche alle betroffenen Forschungsgebiete mitberücksichtigt. Denn nur eine Berücksichtigung all dieser Faktoren in einer objektiven holistischen Sichtweise und Analyse kann eine möglichst exakte und der Realität entsprechende Lösung liefern.

Da hier die verschiedensten Disziplinen betroffen sind und alle eine wichtige Funktion/einen Teil erfüllen müssen, kann man diese holistische Sichtweise auch als eine

Konvergenz in der Ökonomik bezeichnen, welche das notwendige Wissen dieser Disziplinen vereint.

Was ist Ökonomik und was ist Soziologie?
Volkswirtschaftslehre im Rahmen von staatlich akkreditierten Lehrplänen hat mit dem interdisziplinären Fach der Ökonomik im Sinne dieses Buches nur sehr wenig zu tun. Denn dieser fehlt in der heutigen Mainstream-Ökonomik die realistische Grundlage, welche in den realen, echten menschlichen Handlungen liegt. Auch die Preis- und Werttheorie der neoklassischen Ökonomik gibt Anlass zur Kritik. In der Realität steht der Mensch im Zentrum, und zwar so, wie er ist, mit seinen persönlichen Zielen, Motiven, Entscheidungen und Beweggründen. Diese Tatsache muss auch die Theorie widerspiegeln und nicht genau das Gegenteil davon annehmen und postulieren. Die Verschiedenheit der Menschen und deren Ziele und Handlungen kann nicht in Kollektivgrößen oder aggregierten Werten untergehen, sondern muss der Ausgangspunkt des Verständnisses für die Theorie sein. Denn nur ein menschliches Subjekt als Ausgangsgröße in der Ökonomik lässt ein realistisches Menschenbild als Grundlage der Ökonomik als Wissenschaft zu. Und diese ist mehr eine Sozialwissenschaft und mehr als eine mathematische Wissenschaft. Mag diese Erkenntnis für viele heutige Ökonomen noch so revolutionär sein – bei einer Analyse der sachlichen Argumente kann es kein anderes Ergebnis geben. Ökonomik als Wissenschaft ist viel breiter zu verstehen als ein reduzierter „Ökonomismus" oder „Econometrics".

Was genau ist eigentlich „die Ökonomie" oder „die Ökonomik"?
Die Theorie muss die Realität mit ihren Gesetzmäßigkeiten beschreiben und erklären können. Der Begriff Nationalökonomie ist die alte Bezeichnung für Volkswirtschaftslehre,

wobei „National" den Unterschied verdeutlicht zur Betriebswirtschaft. Die heutige Volkswirtschaftslehre hat mit der wissenschaftlichen Disziplin der Ökonomik leider nur sehr wenig zu tun. Auch sprachlich gibt es oft Verwirrung. Im Englischen unterscheidet man sauber zwischen „economics" im Sinne von Wirtschaftswissenschaft und „economy" im Sinne von Wirtschaftsraum. So müsste es im Deutschen dementsprechend Ökonomie und Ökonomik heißen. Aufgrund des neuen Zugangs zum Thema der ökonomischen Wissenschaft sollen hier daher explizit die Begriffe Ökonomik und Ökonomie verwendet werden.

Wechselwirkungen zwischen menschlichem Verhalten und dem System (Umfeld), in welchem der Mensch lebt
Die Umgebung und das Umfeld – man kann sagen auch die Welt – wirken auf unterschiedliche Personen unterschiedlich ein, doch unbestreitbar immer mit einem bestimmten Resultat. Und die Menschen, die in dieser Welt leben, wirken wiederum mit ihrem Handeln auf die Welt und auf ihr Umfeld. Somit entstehen immer und überall Wechselwirkungen zwischen der Welt und den Menschen, die in dieser Welt leben. Das menschliche Handeln verändert und gestaltet die Welt. Die Welt, die Wirklichkeit und die Ergebnisse dieser Wechselwirkungen entsprechen nicht immer unseren Wünschen und unseren Vorstellungen. Der Unterschied zwischen dem Wunsch und der Wirklichkeit motiviert uns Menschen zum Handeln. Der Unterschied zwischen Vorstellung und Wirklichkeit führt sehr oft zu Fehlern, denn unsere Wahrnehmung und Vorstellung ist nicht objektiv. Die gemachten Fehler vergrößern den Unterschied zwischen Wunsch und Wirklichkeit weiter und weiter. Dies motiviert, diese Fehler zu korrigieren.

Realismus ist die Überzeugung, dass es eine reale Welt gibt. Diese ist so, wie sie ist – unabhängig davon, was wir von ihr denken. Carl Menger, der große Ökonom der Wiener

Schule, sprach in diesem Zusammenhang von einer kausal-realistischen Methode der Anerkennung, dass in unserer Welt Ursachen Wirkungen haben und Wirkungen Ursachen. Eine Methode ist dann als realistisch zu werten, wenn sie die Phänomene und Menschen so zu verstehen versucht, wie sie wirklich sind. Daher ist die klassische Mainstream-Ökonomie nicht realistisch, weil sie aus dem realen Menschen ein künstliches Wesen macht, den Homo oeconomicus, mit komplett künstlichen und falschen Annahmen seines Verhaltens. Realismus existiert unabhängig davon, ob es uns gefällt, was wir erkennen, oder ob es uns nicht gefällt. Und auch unabhängig davon, ob wir es verstehen oder gar berechnen können oder nicht. Im Hinblick auf den Menschen bedeutet Realismus, dessen Vielfalt und Komplexität anzuerkennen und nicht von vereinfachten Modellmenschen auszugehen. In der Wirtschaft bedeutet Realismus, sich nicht von vermeintlich objektiven Zahlenwerten täuschen oder blenden zu lassen. Vielmehr muss man die zugrunde liegende Realität subjektiver Erwartungen, Präferenzen und Wünsche erkennen und hinter Preisen die tatsächlichen Güter, Alternativen und Dynamiken sehen.

Wertbetrachtung
Werte im ethischen – nicht im ökonomischem – Sinn sind Prinzipen, Überzeugungen und Maßstäbe. In der Ökonomik hingegen besagt die subjektivistische Wertlehre, dass Bewertungen, die sich im wirtschaftlichen Handeln ausdrücken, durch die handelnden Subjekte erfolgen und nicht durch äußere Faktoren vorbestimmt sind. Menschen haben vielfältige und subjektive Ziele. Um diese Ziele zu erreichen, wählen sie Mittel, deren Tauglichkeit zur Zielerreichung sie subjektiv einschätzen. Je nach Wertschätzung der jeweiligen Ziele bewerten die Menschen die zur Zielerreichung gewählten Mittel. Es sind nicht diese Mittel, die

über die Ziele der Menschen bestimmen. So sind beispielsweise Perlen nicht deshalb wertvoll, weil Menschen nach ihnen tauchen müssen. Die ökonomische Logik ist genau umgekehrt: Die Menschen tauchen nach Perlen, weil diese für manche Menschen wertvoll sind. Für diese Wertschätzung kann es unterschiedliche Gründe geben. Jedoch gibt es keine feste Ursache, die immer gleich wirkt. Für manche Menschen ist das Tauchen auch ein Selbstzweck. Sie tun es gerne, auch wenn sie dabei keine Perlen finden. Selbst wenn im Rahmen einer ökonomischen Markt- und Tauschordnung ein zusätzlicher Grund zum Tauchen besteht: die subjektive Wertschätzung anderer Menschen für Perlen, die sie dafür attraktive Gegenangebote machen lässt. Der Nutzen also, den wir von Gütern und Leistungen erwarten, ist in der Regel unabhängig vom Produktionsaufwand. Manchmal schätzen Menschen subjektiv die für sie erbrachte Arbeit als Selbstzweck ein. Auf einem Markt, wo man es mit Fremden zu tun hat, zählen die Produktionsergebnisse. Wenn also beispielsweise jemandem eine bestimmte Speise nicht schmeckt, dann interessiert es nicht, wie lange der Küchenchef an ihr gearbeitet hat. Geschmäcker sind subjektiv, aber nicht beliebig. In den meisten Fällen kann man vorhersagen, ob die Produkte für den Menschen bekömmlich sind oder nicht. Trotzdem ist für Handlungen (also für das Setzen von Präferenzen) einzig das Geschmacksurteil relevant, das aus den erfahrungsbasierten Erwartungen (die also durch das Umfeld und die Vergangenheit generiert wurden) und Launen des handelnden Subjekts hervorgeht. Genau diese Subjektivität macht die Ökonomik so schwierig. Man kann die Gedanken der Menschen nicht einsehen oder berechnen. Man kann nur Studien, Experimente und eigene Erfahrungen für eine Einschätzung heranziehen. Und genau diese Analysen in der Verhaltensökonomie zeigen uns die relevanten Einflussfaktoren für das Entscheiden, das Setzen von Präferenzen und das Verhalten der Menschen.

Was ist Wissen und was ist Annahme?
Das Ziel ist es, die getroffenen Annahmen in der klassischen Ökonomie, die nachweislich nicht die Realität abbilden, durch das Wissen über die Realität zu ersetzen. Dieses Wissen über die Realität wird durch reale empirische Experimente generiert und validiert.

Einen wichtigen Impuls in der ökonomischen Entwicklung gab es nach der Finanzkrise zu Beginn des 21. Jahrhunderts. Da wurde die Mainstream-Ökonomik endlich und völlig zu Recht sachlich und hart kritisiert: Sie würde nur weltfremde Modelle verwenden und habe versagt. Diese Kritik führte schließlich dazu, dass man die gängige neoklassische Theorie mit ihren realitätsfremden Modellen zunehmend in Frage stellte und genauere Analysen durchführte. „Keine der akzeptierten Theorien hat in irgendeiner Volkswirtschaft jemals dauerhaft funktioniert. Keine." (Joseph Stiglitz, Ökonom und Nobelpreisträger)

Dabei stellte sich immer mehr heraus, dass die Erkenntnisse aus der Beobachtung der Realität mit den Erkenntnissen aus der ökonomischen Wissenschaft und deren Theorien nicht übereinstimmen.

Die größten Schwächen, die im Finanzsektor zu der Krise führten, waren, dass die gängigen makroökonomischen Modelle den realen Finanzsektor unzureichend abgebildet haben.

Diese Differenzen lassen sich an zahllosen und überall beobachtbaren Beispielen in der modernen Welt gut veranschaulichen. „Jeder, der glaubt, dass exponentielles Wachstum in einer endlichen Welt für immer weitergehen kann, ist entweder verrückt oder ein Ökonom." (Kenneth Boulding, Ökonom)

Alle Studien zeigen eindeutig, dass sich die Menschen nicht immer rational und eigennützig verhalten, so wie es in der Mainstream-Ökonomik unterstellt wird. Der Homo oeconomicus existiert in der Realität nicht. Man darf daraus jedoch nicht gleich den Umkehrschluss ziehen, dass rationales und egoistisches Verhalten keine Rolle spielen würde. Diesem Fakt muss auch die ökonomische Theorie Rechnung tragen, die mittlerweile gleich mehrere „Revolutionen" hinter sich hat: eine experimentelle, eine verhaltensökonomische und eine empirische. Sie ist von einer Disziplin, die sich in erster Linie an mathematischen Modellen orientierte und zu diesem Zweck den Homo oeconomicus erschaffen hat, um menschliche Handlungen einfach berechnen zu können, zu einer Wissenschaft geworden, die jetzt endlich auch empirisch relevantes Wissen erzeugt, das politisch und für die Gesellschaft von hohem Wert ist. Weil sie sich in den letzten Jahren einem radikalen Wandel unterzogen hat, ist die Ökonomie dadurch zu einer der dynamischsten Wissenschaften geworden.

Insbesondere die Verhaltensökonomie hat vor etwa zehn Jahren auch eine „angewandte Wende" erlebt. Das Resultat dieser Entwicklung kann man eindrucksvoll im Buch „Nudge" („Anschubsen") von Cass Sunstein und Richard Thaler (2008) sehen. Die beiden haben das vorhandene Wissen gesammelt und gezeigt, wie erstaunlich praxisrelevant es ist und wie das menschliche Verhalten funktioniert. Richard Thaler erhielt für seine Arbeit im Jahr 2017 sogar den Wirtschaftsnobelpreis. Demgegenüber gab es früher in der Theorie nur die grobschlächtige Unterscheidung, dass man menschliches Verhalten nur über den Preismechanismus oder über Gebote und Verbote steuern kann. Das spiegelte auch die klassische Dichotomie zwischen Markt und Staat wider. Aber die Verhaltensökonomie hat gezeigt, dass es viele andere Werkzeuge gibt, um Verhalten zu steuern. Häufig sind diese Instrumente auch sehr kostengünstig und erstaunlich einfach implementierbar, weshalb Politiker sie nicht ignorieren sollten. Aus diesem Grund haben mittlerweile auch verschiedene Regierungen verhaltensökonomisch arbeitende Abteilungen eingerichtet. Als Beispiele sind hier Großbritannien, USA, Deutschland, Niederlande, Dänemark und Israel zu nennen.

Ein Hauptargument gegen die Standardökonomik ist ihre Verallgemeinerung von Aussagen. Sie glaubt, sie habe allgemeine Einsichten, die in jedem Kontext ihre Gültigkeit besitzen. Dabei ist ja der Kontext entscheidend dafür, ob eine bestimmte Maßnahme wirkt oder nicht. Nach dieser Erkenntnis wird immer mehr deutlich, dass auch in der Ökonomik also alles relativ ist. Die Ergebnisse – bedingt durch das Verhalten der Subjekte – hängen vom Umfeld ab.

Die moderne Entwicklungsökonomie ist dafür ein gutes Beispiel. Hier werden viele Feldexperimente durchgeführt und es wird untersucht, immer im spezifischen Kontext, ob bestimmte Interventionen wirken. Man kann nicht einfach davon ausgehen, dass das, was in den USA funktioniert hat, auch für Kongo, Senegal und Malawi gilt. Es ist notwendig, eine Intervention auch dort zu testen, und das wird auch bereits umgesetzt. Solche Feldexperimente haben in der Entwicklungsökonomie eine empirische Revolution bewirkt. Erst nach Experimenten in vielen Ländern kann man an einen Punkt gelangen, an dem Verallgemeinerungen möglich sind.

Die Forschung belegt auch eindeutig, dass soziale Präferenzen, wie beispielsweise Fairnessnormen, von großer Bedeutung sind nicht nur in der Gesellschaft, sondern auch in der Wirtschaft. Sogar in Unternehmen zeigt sich das sehr deutlich:

- Jeder guter Human-Resources-Manager weiß, dass er die Menschen gerecht entlohnen muss. Er will kooperative Personen anstellen, die freiwillig etwas für das Gesamtwohl des Unternehmens tun. Man hat herausgefunden, dass Motivation durch finanzielle Anreize nur sehr bedingt wirkt und in vielen Fällen sogar kontraproduktiv ist.

- In der Politik bei der Umsetzung von Reformen spielt beispielsweise der Status-quo-Bias eine wichtige Rolle: Reformen sind in der Regel deshalb so schwer umsetzbar, weil die Menschen auf Bestehendes nicht verzichten wollen. Das hat auch mit dem Bias der Verlustaversion zu tun.
- Notenbanken fürchten auch darum eine Deflation, weil sie wissen, dass sich Nominallöhne kaum senken lassen, um beispielsweise einer zu niedrigen Produktivität auf diese Weise Rechnung zu tragen und trotzdem konkurrenzfähig zu bleiben. Die Lohnstarrheiten haben generell viel mit Fairnessüberlegungen und mit Verlustaversion zu tun. Die Gewerkschaften nutzen diese Ängste aus und wollen – mit guter Intention – die Lohnhöhe der Arbeiter schützen und sichern. Sie wollen also Gutes tun, erreichen aber genau das Gegenteil. Die Wirtschaft kann dadurch dann nicht mehr flexibel auf Produktivitätsschwankungen reagieren, verliert noch mehr ihre Wettbewerbsfähigkeit und weitere Arbeitsplätze gehen verloren.

Es gibt auch viele durch das Management schlecht geführte Unternehmen. Natürlich haben einige gute Manager diese Zusammenhänge intuitiv schon immer verstanden. Aber was ist mit den anderen? In der realen Wirtschaft herrscht eine enorme Vielfalt. Wenn es gelänge, die Managementpraktiken überall zu verbessern, würden wir große Produktivitätsfortschritte erzielen. Eine Aufgabe der Wissenschaft ist es, verallgemeinerbares und anwendbares Wissen zu generieren, das dann weitergegeben und gelehrt werden kann.

Wenn aber Mainstream-Ökonomen die Wirtschaftspolitik gestalten, so stellen sie bald fest, dass man mit den Grundeinsichten nicht sehr weit kommt. Erst die Verhaltensökonomie hat den „Werkzeugkasten" der Ökonomie erheblich erweitert. Hier ein anderes Beispiel für die Instrumente der Verhaltensökonomie:

Viele Amerikaner sparen zu wenig für das Alter und erleiden bei der Pension einen Einkommens- und Konsumknick. Der Staat versucht, dies mit hohen Subventionen für das Sparen zu korrigieren. Dabei gäbe es eine einfache Lösung, die fast nichts kostet: Die Firmen müssten die Pensionskassen – die in den USA nicht obligatorisch sind – so ausgestalten, dass die Angestellten automatisch teilnehmen, aber jederzeit austreten können. Dafür müssten sie aber aktiv kündigen. Man könnte so die Verhaltensträgheit der Menschen für einen guten Zweck ausnutzen, und die Sparquote würde steigen.

Ein traditioneller Mainstream-Ökonom würde argumentieren, dass die Menschen ihre Sparanlagen einfach umschichten und die Sparquote insgesamt nicht steigt. Selbst wenn in 20 Firmen ein solches Programm erfolgreich funktioniert, heißt das noch nicht automatisch, dass es auch gesamtwirtschaftlich erfolgreich ist. Zwar hat eine wichtige Studie zu Dänemark gezeigt, dass die Menschen bei Pensionsreformen keine solchen Umschichtungen vornehmen. Aber eine gesamtwirtschaftliche Evidenz zu den USA gibt es bis jetzt noch nicht.

Man darf dabei nicht vergessen, dass die Wissenschaft immer ein relativ langsamer Prozess ist. Es hat Jahrzehnte gedauert, bis die verhaltensökonomische Evidenz überhaupt so weit kam, dass sie politikrelevant wurde. Es ist in der Realität nicht so, dass jemand mit einer neuen Idee kommt und alle dieser automatisch glauben oder sie gar gleich akzeptieren. „Eine neue Idee wird in der ersten Phase belächelt, in der zweiten Phase bekämpft, in der dritten Phase waren alle immer schon begeistert von ihr." (Arthur Schopenhauer, dt. Philosoph)

Wichtig für die Ökonomie war die oben erwähnte empirische Wende. Viele moderne Ökonomen sehen sich heute nicht mehr als „Marktprediger", sondern als echte Gestalter. Sie wollen konkrete und wirksame Lösungen für Einzelfälle und bestimmte Problemstellungen anbieten – beispielsweise für die Frage, ob man Leistungslöhne für Lehrer einführen soll. Es ist daher wichtig, dass Ökonomen nicht nur zu Wirtschaftsgestaltern werden, sondern auch in immer größerem Maß zu Sozial- und Gesellschaftsgestaltern. So wie auch Ärzte, Statiker oder Konstruktionsingenieure Praktiker sind, die auf Modelle und Theorien zurückgreifen und diese in der Praxis anwenden, um zu heilen, zu bauen oder zu konstruieren. Bauwerke zu bauen, die ständig einstürzen, weil die Berechnungen auf falschen Annahmen und auf nicht der Realität entsprechenden Theorien beruhen, wäre sicherlich keine Lösung und inakzeptabel. Aber genau das war jahrzehntelang in der Wirtschaft der Fall. Die zahlreichen Krisen und Zusammenbrüche sind ein klares Beispiel dafür. „Die Wirtschaftswissenschaft ist das einzige Fach, in dem jedes Jahr auf dieselben Fragen andere Antworten richtig sind." (Danny Kaye, US-amerikanischer Schauspieler, Komiker und Sänger)

Entscheidend in diesem Zusammenhang ist daher auch die Frage, wie man soziale Normen verändern kann. Die Verhaltensökonomen haben das anhand des wichtigen humanitären Themas der Mädchenbeschneidung analysiert. Da ist es gelungen, mit Unterhaltungs- und Aufklärungsfilmen die Haltung der Familien zu dieser Problematik positiv zu beeinflussen. Es geht hier also auch um Fragen mit großer Bedeutung für die Wohlfahrt der Menschheit und nicht ausschließlich nur um die Erzielung besserer Ergebnisse in der Wirtschaft.

Das Ziel ist es, auf einer soliden empirischen Grundlage objektiv und transparent zu arbeiten – auf der Suche nach belegbaren Erkenntnissen. So ist es möglich, Schritt für Schritt die Gesellschaft ein kleines Stück weiterzubringen.

Die Methode der experimentellen Wirtschaftsforschung ist wie eine Befreiung nach der jahrzehntelangen, sehr engen und dogmatischen quantitativen Ökonomik der Vergangenheit.

Es ist wichtig, darüber nachzudenken, wie man die Zusammenarbeit der Menschen in der Wirtschaft wie auch innerhalb der Gesellschaft verändern kann, damit sich die Dinge in der Welt zum Besseren verändern. In diesem abstrakten Sinn ist also jeder moderne Ökonom auch politisch tätig, selbst dann, wenn er sich für eine direkte Beeinflussung der Politik gar nicht interessiert.

Es zeigt sich leider immer wieder, dass in der Praxis Politiker häufig an der Wahrheit überhaupt nicht interessiert sind, sondern ihre eigenen Interessen haben und diese dann verfolgen. Gute Lösungen für die Wirtschaft und Gesellschaft werden dann absichtlich nicht umgesetzt, auch wenn sie erprobt sind und belegbar funktionieren. Deshalb bietet die Verhaltensökonomie auch bei der Analyse des menschlichen Anreizsystems, der Motivation und der Einflussfaktoren neue Konzepte im Zusammenhang mit dem Umfeld der entscheidenden Akteure und versucht diese stärker zu berücksichtigen.

Somit spielt auch der Unterschied zwischen dem Erkennen der Wahrheit und der Verbreitung der Wahrheit eine große Rolle. Denn es sind zwei ganz verschiedene Dinge.

Ökonomen sollten deshalb auch ihre Ressourcen stärker für die Frage einsetzen, wie man die Anreize für Politiker verbessern kann, mehr zum Wohle der Menschen und weniger für ihren eigenen Vorteil zu arbeiten. Denn die Ökonomik wurde schon immer durch die Politik, durch einzelne Gesellschaftsklassen, durch Berufsstände oder durch Vertreter (Lobbyisten) von Wirtschaftsbranchen für deren Eigeninteressen missbraucht.

Und auch solche Fragestellungen werden heute bereits auf dem Gebiet der politischen Ökonomie durch die

Verhaltensökonomen bearbeitet. So ist beispielsweise die aktuelle Governance-Debatte nicht nur für Unternehmen wichtig, sondern auch für die Politik. Die Schweiz kennt hier in vielen Bereichen kluge Regeln, wie die Selbstbindung der Politik durch die Schuldenbremse es beispielsweise zeigt.

Man sollte also Ökonomen das tun lassen, was sie am besten können. Sie sind Wissenschaftler und nicht Politiker. Sie sind nicht dazu da, populär zu sein. Sie sind nur der Wahrheit und der Forschung verpflichtet und dürfen nicht für bestimmte Interessensgruppen arbeiten. Sie müssen die Wissenschaft voranbringen und das Wissen an die Studierenden weitergeben, um so die Welt besser zu machen.

Dennoch ist auch die Frage wichtig: Wie kommt das Wissen aus der Wissenschaft am besten und schnellsten in die Gesellschaft? Dieser Wissenstransfer kann am besten zusammen durch staatliche und privatwirtschaftliche Institutionen organisiert werden. Ein guter rechtlicher Rahmen, eingebettet in demokratische Strukturen mit funktionierenden „Checks and Balances", bildet die beste Voraussetzung dafür.

Normalerweise führt die Dynamik der Zeit dazu, dass Fehler in jedem System langfristig langsam korrigiert werden und Veränderungen sich nach und nach durchsetzen. Dieser Prozess ist auch in der Ökonomik zu beobachten.

So kommt es beispielsweise zu Friktionen der Arbeitsmärkte, wenn diese nicht so geräumt werden, wie es die Theorie besagt. Die Invisible Hand der klassischen ökonomischen Theorie funktioniert in diesem Beispiel eindeutig nicht, weil Marktteilnehmer (in diesem Fall sind es die Firmen) ihre eigenen Interessen verfolgen und freiwillig höhere Löhne als die marktüblichen anbieten. Dies tun sie, um die besten Arbeitnehmer für sich zu gewinnen und dadurch einen Wettbewerbsvorteil zu erlangen. Als Folge dieser freiwillig bezahlten höheren Löhne findet die Friktion des Marktes statt und seine Nichträumung. Sowohl die Politik als auch Lobbyisten stehen mit ihren Zielen und Interessen oft im Widerspruch zum Gemeinwohl und zu den ökonomischen Gesetzmäßigkeiten. Durch die starke und effektive Organisation der verschiedenen Interessensgruppen werden häufig Märkte und die Ökonomie geschädigt und Ungerechtigkeiten, Ungleichheit, Ineffizienzen – oft mit Verschwendung – geschaffen.

Die Verhaltensökonomie bietet uns viele schlüssige und validierbare Erklärungen zu aktuellen Problemen und zeigt eindeutige Zusammenhänge sowie die wichtigsten Faktoren, deren Folgen allesamt mit dem Verhalten der Menschen im Zusammenhang stehen. Diese neuen Erkenntnisse erlauben uns eine völlig neue und ganzheitliche Sicht auf die dringlichsten Problemfragen unserer Zeit. Im Gegensatz zur neoklassischen Mainstream-Ökonomik erklärt die Verhaltensökonomie also auch deren Ursachen, die zu Phänomenen führen, wie beispielsweise:

- Zerstörung der Umwelt
- Soziale Umbrüche innerhalb der Gesellschaft
- Flüchtlingsproblematik
- Auseinanderklaffen der Einkommensschere innerhalb der Gesellschaft
- Reichtumsgefälle in der modernen Welt
- Ungelöste Konflikte und gescheiterte Lösungsansätze in Politik, Wirtschaft und Gesellschaft
- Ungleichheit in der Bildung und bei der Chancenverteilung
- Fehler in der Politik und beim Verhalten von Politikern
- Verhalten von Staaten, von Unternehmen und von Konsumenten (Fairness)

- Konsumverhalten und Konsumexzesse
- Entstehung von Wirtschaftskrisen und Überschuldung einzelner Ländern

Literatur

Krugman P, Wells R (2010) Volkswirtschaftslehre. Schäffer-Poeschel, Stuttgart

Sunstein C, Thaler R (2008) Nudges. Yale University Press, Connecticut

2
Der Mensch

2.1 Was ist wirkliches Wissen und was ist nur Annahme? – Die Bedeutung und Auswirkung von Annahmen und Erwartungen auf die Wirklichkeit

Eine der Grundsatzfragen, um sehr viele Missverständnisse wissenschaftlich analysieren zu können, lautet:

Was ist objektives Wissen – und was ist nur eine Annahme über das, was wir zu wissen glauben? Und was sind die Folgen von dem, was wir zu wissen glauben?

Auch wenn diese Frage relativ banal klingt, so ist es alles andere als trivial, auf einer wissenschaftlich validen Basis eine objektive und überprüfbare Antwort zu finden. Um dieses theoretische Problem zu veranschaulichen, soll hier das Beispiel der Beeinflussung des „vermeintlichen Wissens" des Menschen, beispielsweise durch den bekannten Placebo-Effekt, erläutert werden:

Die Erwartungen und die Erwartungshaltung gegenüber bestimmten Ereignissen führt nachweislich auch zur tatsächlichen Beeinflussung der erwarteten Ergebnisse, und zwar auch dann, wenn diese Erwartungen objektiv gesehen absolut ohne jeglichen Grund sind. So kann man in Experimenten eindeutig nachzuweisen, dass Medikamente eine bessere Wirkung erzielen, wenn Patienten an deren Wirksamkeit glauben.

Diesen Glauben kann man auf verschiedene Weise stärken: indem beispielsweise den Patienten glaubhaft gemacht wird, dass ein Medikament besonders teuer und aufwendig in der Herstellung ist, oder wenn die Medizin besonders bitter schmeckt, starke Nebenwirkungen hat oder die Menge der Medikamente besonders groß ist. Sogar die Farbgebung spielt bei Medikamenten eine Rolle und beeinflusst deren Wirksamkeit.

Ähnlich gestaltet sich dieses Problem der „Realitätsverfälschung" durch menschliche Erwartungen auch bei der Verkostung von Getränken (z. B. Wein oder Bier). Man erhält völlig unterschiedliche Ergebnisse, je nachdem, ob eine Verkostung blind- oder mit dem Wissen und der Kenntnis der entsprechenden Marken durchgeführt wird. Während sich beim Verkosten der bekannten Marken die Geschmacksergebnisse deutlich voneinander unterscheiden, erhält man bei einer Blindverkostung ein eher gleichmäßiges Ergebnis, bei dem die tatsächlichen Unterschiede, wenn überhaupt, dann nur sehr marginal sind.

Somit steht unstrittig fest, dass unsere Annahmen – die jedoch kein Wissen sind – das Ergebnis unserer Wahrnehmung sind und infolgedessen unsere Entscheidungen stark beeinflussen.

Wir glauben zu wissen, aber in Wirklichkeit nehmen wir etwas nur an. Diese Annahmen sind in sehr vielen Fällen falsch oder zumindest nicht zutreffend.

Wichtig ist dabei aber die Tatsache, dass auch konkrete Handlungen aus diesen falschen Annahmen folgen – oft mit ernsthaften Folgen. Um diese Problematik genauer zu untersuchen, soll hier auf ein konkretes Experiment in den USA eingegangen werden, welches durch führende Verhaltensforscher mit entsprechend statistisch validen Parametern durchgeführt wurde:

Eine repräsentative Gruppe der Durchschnittsbevölkerung in den USA wurde nach der Vermögensverteilung innerhalb der US-Bevölkerung befragt. Dazu wurde die US-amerikanische Bevölkerung in zahlenmäßig fünf gleichgroße und homogene Klassen eingeteilt, also jeweils 20 % der Bevölkerung pro Klasse, eingeteilt nach ihrem Vermögen. Die erste Klasse bildeten die 20 % der reichsten Amerikaner, die zweite Klasse die 20 % der zweitreichsten, die dritte Klasse die 20 % der drittreichsten, die vierte Klasse die 20 % der viertreichsten und die fünfte Klasse die ärmsten 20 % der US-Bevölkerung.

Die Probandengruppe – die einen repräsentativen Durchschnitt bildete und ausreichend groß war, um statistisch relevante Daten zu liefern – sollte angeben, wie ihrer Meinung nach unter diesen fünf Klassen à 20 % der Bevölkerung der gesamte Reichtum im Land verteilt sei. Die konkrete Frage, die zu beantworten war, lautete: Wie viel Prozent des Gesamtvermögens der USA besitzt die jeweilige Klasse?

Das Ergebnis dieser Befragung, *was die Probanden denken*, **zeigt die folgende Tabelle:**

	20% der Reichsten	20% der Zweitreichsten	20% der Drittreichsten	20% der Viertreichsten	20% der Ärmsten	SUMME 100%
Besitzen % des Gesamtvermögens der USA	**58,5 %**	**20,2 %**	**12,0 %**	**6,4 %**	**2,9 %**	100%

Datenquellen:
Studie von Michael I. Norton; Perspectives on Psychological Science; 2011; Harvard Business School, Boston, MA, Department of Psychology

https://harvardmagazine.com/2011/11/what-we-know-about-wealth

https://www2.deloitte.com/insights/us/en/economy/issues-by-the-numbers/july-2017/rising-income-inequality-gap-united-states.html

https://www.cbo.gov/topics/income-distribution

Als Zweites wurden die Probanden befragt, was sie denken, wie eine aus deren Sicht (und wie bereits erwähnt: Die Probanden bildeten einen repräsentativen Durchschnitt der US-Bevölkerung) möglichst gerechte Verteilung des Reichtums sein sollte.

Um hier möglichst objektive Ergebnisse erzielen zu können, muss selbstverständlich berücksichtigt werden, dass die repräsentativ ausgewählten Probanden natürlich nicht objektiv mit ihren Angaben sein können, da jeder – abhängig von seinem persönlichen Hintergrund und seiner Herkunft – seine eigene Gruppe tendenziell bevorzugt. Ob willentlich oder unwissentlich.

Um hier also eine Art neutrale Blindtest-Bedingung zu schaffen, wurde auf die Idee von J. Rawls zurückgegriffen: Diese besteht darin, dass man bei der Bewertung einer Gesellschaft in Hinblick auf möglichst große Gerechtigkeit und Chancengleichheit die Frage stellt, wie eine Gesellschaft aussehen muss, in die man gerne eintreten würde – und zwar ohne zu wissen, an welcher Stelle. Im John Rawls Modell treffen Menschen Entscheidungen über die Gesellschaft aus einem sogenannten „Urzustand" heraus, ohne über ihre zukünftige Identität Bescheid zu wissen (also über Geschlecht, Herkunft, Wohlstand, Fähigkeiten, Präferenzen usw.). Rawls argumentiert, dies stelle die beste und objektivste Wahl einer gerechten Gesellschaft sicher. Dieses Modell ist zugleich die Grundlage seiner Gerechtigkeitstheorie (A Theory of Justice; John Rawls 1921–2002), der darin den Zustand der Menschen in einer fiktiven Entscheidungssituation bezeichnet, indem sie zwar über die zukünftige Gesellschaftsordnung entscheiden können, aber selbst nicht wissen, an welcher Stelle dieser Ordnung sie sich später befinden werden, sie stehen also unter einem sogenannten „Schleier des Nichtwissens". Dieser „Schleier des Nichtwissens" stellt erst die notwendige Objektivität für die zu fällende Entscheidung her.

Rawls geht davon aus, dass in diesem „Urzustand" alle Menschen völlig gleich sind und deswegen keine aufeinander oder gegeneinander gerichteten Interessen haben. Ebenso werden sie aus demselben Grunde ihre Entscheidung über die Gerechtigkeitsprinzipien nicht verfälschen.

Diese völlige Gleichheit erreicht Rawls, indem er die folgenden Faktoren des Menschen und des menschlichen Lebens als für Gerechtigkeit neutralisiert:

- geistige, physische und soziale Eigenschaften wie Hautfarbe, Rasse, Geschlecht, Religionszugehörigkeit
- Stellung innerhalb der Gesellschaft, sozialer Status
- materieller Besitz
- geistige und physische Fähigkeiten wie Intelligenz, Kraft
- besondere psychologische Neigungen wie Risikofreude, Optimismus
- Vorstellung vom Guten, Details des eigenen Lebensentwurfs
- Einrichtung der Gesellschaft, etwa ökonomischer und politischer Art
- Niveau der Gesellschaft, zum Beispiel hinsichtlich Zivilisationsfortschritt und Kultur
- Zugehörigkeit zu einer bestimmten Generation

Das Ergebnis der Befragung unter diesen neutralen Bedingungen, **was die Probanden für richtig halten**, zeigt die folgende Tabelle:

	20% der Reichsten	20% der Zweitreichsten	20% der Drittreichsten	20% der Viertreichsten	20% der Ärmsten	SUMME 100%
Sollten haben % des Gesamt- vermögens der USA	31,9 %	22,0 %	21,5 %	14,1 %	10,5 %	100%

Datenquellen:

Studie von Michael I. Norton; Perspectives on Psychological Science; 2011; Harvard Business School, Boston, MA, Department of Psychology

https://harvardmagazine.com/2011/11/what-we-know-about-wealth

https://www2.deloitte.com/insights/us/en/economy/issues-by-the-numbers/july-2017/rising-income-inequality-gap-united-states.html

https://www.cbo.gov/topics/income-distribution

Der Vergleich dieser beiden Ergebnisse zeigt eine erschreckende Diskrepanz zwischen dem, was die Menschen über die Verteilung des Wohlstands denken, und dem, was sie gerne hätten und für gut und gerecht halten, wie Wohlstand und Reichtum innerhalb des Landes tatsächlich verteilt sein sollten. Wie man deutlich sieht, beträgt dieser Unterschied bis zu 360 % (bei der ärmsten Gruppe z. B.: 2,9 zu 10,5)!

Diese Differenz ist eine wichtige Maßzahl. Sie gibt an, wie stark innerhalb der Gruppe eine Art Notwendigkeit besteht, die eingeschätzten Verhältnisse und die wahrgenommene Realität als ungerecht zu empfinden. Implizit gibt diese Differenz den verspürten Wunsch zu Veränderungen an.

In diesem Zusammenhang wird aber erst der nächste Vergleich essenziell: die unverfälschte und objektive Realität. In Wirklichkeit sieht die Vermögensverteilung innerhalb der US-amerikanischen Gesellschaft folgendermaßen aus:

Die Verteilung des Vermögens, **wie es tatsächlich ist**, zeigt die folgende Tabelle:

2 Der Mensch 33

	20% der Reichsten	20% der Zweitreichsten	20% der Drittreichsten	20% der Viertreichsten	20% der Ärmsten	SUMME 100%
Besitzen % des Gesamtvermögens der USA	84,5 %	11,3 %	3,9 %	0,2 %	0,1 %	100%

Datenquellen:
Studie von Michael I. Norton; Perspectives on Psychological Science; 2011; Harvard Business School, Boston, MA, Department of Psychology
https://harvardmagazine.com/2011/11/what-we-know-about-wealth
https://www2.deloitte.com/insights/us/en/economy/issues-by-the-numbers/july-2017/rising-income-inequality-gap-united-states.html
https://www.cbo.gov/topics/income-distribution

Hier soll nicht die Tatsache des extrem weiten Auseinanderklaffens des Reichtums kommentiert und interpretiert werden, so wichtig dies auch wäre. Der Fokus soll hier auf etwas anderes gelegt werden: auf die erschreckende „Wissenslücke", die belegbar existiert und sich offenbart zwischen dem, was die Menschen zu wissen glauben und dem, was in der Realität tatsächlich und objektiv messbar ist. In diesem Experiment also die Diskrepanz zwischen dem, was die Menschen über die Verteilung des Wohlstands in ihrem Land denken, und der Realität, wie Wohlstand und Reichtum innerhalb des Landes tatsächlich verteilt sind.

Wie man hier ganz deutlich sieht, beträgt dieser Irrtum (also die Differenz zwischen dem, was man denkt, und dem, was tatsächlich ist) bis zum neunundzwanzigfachen des Wertes (0,1 zu 2,9)!

Bei diesem Experiment stellte sich auch heraus, dass Menschen Ungleichheit (im Sinne von Ungerechtigkeit) als schlecht und nicht gut empfinden. Erstaunlich jedoch ist, dass die

Probanden in diesem Experiment nicht nur die Ungerechtigkeit bzw. Ungleichheit als schlecht empfanden, schlimmer und noch ungerechter empfanden sie die Konsequenzen daraus, also beispielsweise die aus der ungleichen Wohlstandsverteilung resultierende schlechtere Gesundheitsversorgung, die schlechtere Bildung, die niedrigere Lebenserwartung, die höhere Sterblichkeit von Säuglingen usw. Diese Erkenntnis potenziert die Problematik der zugrunde liegenden Fragestellung noch in ihrer Signifikanz und generiert entsprechend Handlungsnotwendigkeit (Handlungsdruck) bei den Probanden.

Die Erkenntnisse und Ergebnisse aus der Verhaltensforschung und dem beobachteten Verhalten der Menschen in der Wirklichkeit zeigen uns, wie wichtig auch der sogenannte „Placebo-Effekt" ist bei der Bildung oder der Existenz von empfundener Handlungsnotwendigkeit. Die Erwartungsbildung und Erwartungshaltung spielen bei der Handlungsnotwendigkeit die zentrale Rolle.

Die Erwartungen beeinflussen die Präferenzen und somit die Entscheidungsbildung – und damit im Endeffekt auch die Handlungswilligkeit – also die Wahrscheinlichkeit für eine Handlung des Menschen.

Durch eine Manipulation von Erwartungen wird zugleich die jeweilige Situation selbst manipuliert. Somit wird also die reale Situation durch die Manipulation der Erwartungen steuerbar, veränderbar und auch gestaltbar. Diesen Zusammenhang muss man verstehen und seine Wichtigkeit und Konsequenzen sehr genau bedenken! Die Erwartungshaltung ist deshalb als absolut essenziell anzusehen bei der Steuerung und Beeinflussung von Ereignissen.

Was ist also gemäß diesem Experiment innerhalb der Gesellschaft real, und was kommt durch Annahmen, durch Glauben und durch Erwartungshaltungen?

Interpretiert man das, was man glaubt, was ist, in Relation zu dem, was man möchte, wie es sein sollte, als eine Art Maßzahl für Handlungsnotwendigkeit, um Veränderungen herbeizuführen (welche das Ergebnis näher an das heranbringen sollen, was man für gut, richtig, wichtig, gerecht hält) – dann muss jedem die immense Wichtigkeit der oben beschriebenen „Wissenslücke" klarwerden.

Und diese Wissenslücke ist durch den Einsatz entsprechender Instrumente aus der Verhaltensökonomie (Wahrnehmungsverzerrungen/-bias wie z. B. Anchoring, Framing, Priming usw.) relativ einfach steuer- und manipulierbar.

Zusammenfassung:

Um richtig und unverfälscht messen zu können, was der Mensch will oder möchte, ist immer ein „Blindtest" notwendig, der die persönlichen Erwartungen und Präferenzen herausfiltert und damit das Resultat möglicher Verzerrungen neutralisiert.

Nach der Durchführung dieses „Blindtests" offenbart sich das objektive Ergebnis über den Zustand der zu untersuchenden Frage.

Die Differenz zwischen dem Ergebnis des Blindtests und dem Ergebnis dessen, was die Probanden zu wissen glauben, ist das Maß für die sogenannte „Begehrlichkeitslücke" (Desirability Gap).

Anders ausgedrückt: Die Begehrlichkeitslücke ist das, was wir wollen, in Relation zu dem, was wir denken.

Das, was ist, in Relation zu dem, was wir wollen oder was wir denken, was gerecht wäre, ergibt die sogenannte Handlungslücke (Action Gap).

Das, was tatsächlich und objektiv messbar ist, in Relation zu dem, was wir glauben, was ist, ergibt die sogenannte Wissenslücke (Knowledge Gap).

Die Beeinflussung der menschlichen Handlungen durch die Manipulation von Erwartungen ist als extrem wichtig zu betrachten. Diese Beeinflussung ist die wichtige „Stellschraube", die in der Folge entsprechend der zuvor erklärten Zusammenhänge das Maß der Dringlichkeit für das Setzen von Handlungen bestimmt: Werden die Erwartungen (also das, was wir wollen) angehoben, und die gegebene Situation bleibt unverändert (das, was wir haben, bleibt also gleich) – so vergrößert sich die Differenz und somit die Dringlichkeit und Notwendigkeit zum Handeln. Genauso verhält es sich zwischen dem, was wir denken, was richtig und gerecht in der Gesellschaft ist, und dem, was wir wollen. Und so verhält es sich zwischen dem, was wir denken, was richtig und gerecht in der Gesellschaft ist, und dem, was wir denken, was ist, also der empfundenen Situation. In allen diesen Beispielen spielen Erwartungen eine signifikante Rolle und sind für die daraus resultierenden Handlungen – und somit auch für das Ergebnis – entscheidend.

Experiment bei Medikation
Bei den medizinischen Behandlungsmaßnahmen wurde festgestellt, dass die Art und Weise, wie durch die Patienten ein Medikament wahrgenommen wird (Wahrnehmung im Sinne von Erwartung der Wirksamkeit des Medikaments durch den Patienten), eine signifikante Rolle spielt bei der tatsächlich messbaren Wirksamkeit des Medikaments und damit maßgeblich ist für den Erfolg der ganzen Behandlung. So konnte nachgewiesen werden, dass

- eine größere Menge der verabreichten Medizin (auch wenn es sich bei dieser um ein Placebo-Präparat handelt) eine bessere Wirkung erzielt als eine kleine Menge,
- die dem Patienten bekannte Gefahr von Nebenwirkungen der verabreichten Medizin (Placebo) zu der Wirksamkeit in positiver Korrelation steht,
- der Preis und der Aufwand der Herstellung des Medikaments (Placebo) positiv mit seiner Wirkung korreliert sind,
- die Farbgebung der Medizin (Placebo) deren Wirksamkeit beeinflusst (je gefährlicher die Farbe und Verpackung aussieht, desto besser die Wirkung).

Die Auswirkungen auf den Gesundheitszustand nach der Einnahme können objektiv gemessen und wissenschaftlich nachgewiesen werden. Da bei Placebo-Medikamenten eine Wirkung aufgrund der verabreichen Substanzen ausgeschlossen ist (es befinden sich keine Wirkstoffe im Medikament), muss folglich die jeweilige Veränderung im physiologischen Zustand der Patienten als Folge der erwarteten Wirkung des eingenommenen Medikaments – also als Folge der Erwartungen der Patienten – angesehen werden. Die Erwartung allein hat also eine direkte Auswirkung auf das messbare Endergebnis. Interessant in diesem Zusammenhang ist aber die Tatsache, dass die Erwartung nicht nur auf ein mögliches psychologisches Resultat Auswirkungen hat (also beispielsweise, ob ein Patient von empfundenen Schmerzen befreit wird), sondern tatsächlich auch auf messbare und belegbare physiologische Auswirkungen (also beispielsweise Heilungsprozesse, Verspannungen von Gewebestrukturen, Durchblutung, Infektion, usw.).

Placebo und „Reward Substitution"
„Reward Substitution" kann als ein Instrument angesehen werden, welches es dem Individuum erlaubt, notwendige, aber als sehr unangenehme oder mit Schmerzen verbundene Prozesse (z. B. schmerzhafte medizinische Behandlungen) leichter auszuhalten und somit den Erfolg der Behandlung zu erhöhen. Dabei wird der als negativ empfundene Prozess (= Schmerz) mit einem positiv empfundenen Reiz künstlich kombiniert und so seine negative Komponente minimiert oder im Idealfall sogar ganz neutralisiert. Es findet eine Art als positiv empfundene „Entlohnung" statt für das Eingehen auf die mit Schmerzen empfundene Prozedur.

Praktische Beispiele, um Patienten eine mit Schmerzen zusammenhängende Behandlung erträglicher zu machen: Patienten bekommen sofort nach der schmerzhaften

Behandlung ihre Lieblingsmahlzeit, oder Kinder dürfen sich nach erfolgter Behandlung Geschenke aussuchen.

Ergebnis: Die Patienten erwarten nach einer schmerzhaften Behandlung etwas für sie Positives und verbinden mental (durch das wiederholte Praktizieren) das positive Erlebnis mit der schmerzhaften Behandlung. Damit wird das Negative teilweise neutralisiert oder zumindest abgeschwächt.

Es stellt sich die Frage, wie dieser Zusammenhang funktioniert. Dazu wurden interessante Experimente durchgeführt, um herauszufinden, ob es sich bei der Erwartung lediglich um eine Einbildung handelt oder ob tatsächlich eine Veränderung in der Wahrnehmung durch die Sinnesorgane stattfindet.

Folgendes Experiment belegt den Zusammenhang:

Probanden wurden zwei für sie unbekannte Getränke (Blindverkostung) angeboten und sie mussten angeben, welches Getränk besser schmeckt: Beim Getränk A handelte es sich um normales Bier, beim Getränk B handelte es sich um normales Bier mit einem Schuss Balsamicoessig.

Ergebnis: Die große Mehrheit gab an, Getränk B (also Bier mit Essig) sei besser (!).

Dann wurde das Experiment wiederholt, diesmal wussten jedoch die Probanden genau, was sie trinken.

Ergebnis: Alle fanden Getränk A (also normales Bier ohne Essig) besser.

Dieses widersprüchliche Ergebnis lässt nur zwei Möglichkeiten der Wirkungsweise der Erwartungen/des Placebos zu:

1. Entweder verändert die Erwartungshaltung im Gehirn die tatsächliche Empfindung des Geschmacks (d. h. das Gehirn entscheidet, wie die Zunge zu schmecken hat) – also der Proband schmeckt tatsächlich so, wie das Gehirn es erwartet/oder wie das Gehirn es möchte (also verfälscht es das geschmackliche Erlebnis).

2. Oder es werden zwei unterschiedliche Informationssysteme – nämlich das eine vom Gehirn mit der bestimmten Erwartung und das andere von der Zunge (mit dem echten und unverfälschten Geschmack) – zusammengeführt und ergeben das Resultat, indem sich eines durchsetzt, und zwar das stärkere.

Um diese Frage zu beantworten, wurde das Experiment erweitert um die Komponente des Timings:

Eine Gruppe wurde zuerst über die Getränke informiert, und dann haben die Probanden diese gekostet und nach der Verkostung ihre Entscheidung getroffen. Hier wurde der Einfluss der Erwartung zugelassen, und so war auch das Ergebnis: Alle fanden das normale Bier ohne Essig besser.

Die zweite Gruppe verkostete die beiden Getränke zuerst (blind). Sie wurde erst NACH der erfolgten unverfälschten Verkostung, aber VOR der Abgabe der Beurteilung über die Getränke informiert und musste erst danach die Entscheidung/Beurteilung angeben, welches der beiden Getränke besser ist. Hier war das Ergebnis, dass die Mehrheit das Bier mit dem Essig besser fand.

Dieses Experiment beweist, dass das Gehirn – also die Erwartungshaltung– die Sinne selbst und deren Wahrnehmung direkt beeinflusst und verändert. Also beispielsweise den Geschmackssinn in dem hier beschriebenen Versuch. Wie das Gehirn es möchte (oder wie es etwas erwartet), so empfinden wir dann tatsächlich auch den Geschmack!! Es ist also KEINE Einbildung, es ist die tatsächliche geschmackliche Wahrnehmung, die wir so haben, wie das Gehirn es erwartet. Nicht wie es tatsächlich ist.

Eine bloße Einbildung kann durch dieses Experiment ausgeschlossen werden: Denn wäre es nur eine Einbildung über den Geschmack – und nicht die tatsächliche Wahrnehmung des Geschmacks – dann müsste in der zweiten Gruppe, die zuerst probiert hat und erst nach der Kostprobe über das Getränk informiert wurde, die Einbildung das Ergebnis negativ eingefärbt haben. Da aber diese Gruppe das Bier mit Essig mochte, bedeutet dies, dass die Information NACH der Verkostung das Geschmackserlebnis nicht beeinflusste und es erfolgte eine positive Bewertung, die mit dem Blindtest absolut übereinstimmte. Somit ist die negative Bewertung des Geschmacks nur dann möglich, wenn die Information VOR der Verkostung erfolgt und diese Information bzw. die Erwartung dann die Geschmackswahrnehmung negativ verändern muss.

Ergebnis: Das Gehirn verändert durch Erwartungen tatsächlich unsere Wahrnehmung der Dinge. Es ist keine Einbildung, es ist die echte Wahrnehmung, die wir durch eine Erwartung verfälscht empfinden. Wie verändern also Erwartungen genau unsere Welt? Wenn tatsächlich unsere Erwartungen für uns dadurch wahr werden, nur weil wir sie haben und an sie glauben? Wie sehr kann man den Menschen manipulieren, indem man ihn bestimmte Dinge glauben lässt? Wie sehr kann man durch Erwartungen manipulieren? Das Placebo-Experiment mit den wirkungslosen Medikamenten zeigt: sehr! Somit kann das Eintreten von Ereignissen in der Zukunft durch entsprechende Erwartungshaltung ein Stück weit vorhergesagt und beeinflusst werden.

Erwartungen machen das Ergebnis („expectation matters")!

Der Placebo-Effekt ist keine „Einbildung", es ist eine reale Veränderung der Wirklichkeit, die durch ihn stattfindet. Es existiert eine messbare Reaktion. Somit erzeugt die Erwartung eine eigene, neue Realität. Die Erwartung verändert also die Realität. Das ist auch eine Erklärung der ewigen Frage nach der Verbindung zwischen dem Körper und dem Geist beim Menschen.

Das Experiment mit dem Bier zeigte eindeutig, dass die Erwartung entscheidend für die wahrgenommene Wirklichkeit ist. Die Erwartung verändert also eindeutig die

Präferenzen und die Entscheidungen des Menschen. Die Objektivität wird aufgrund der verfälschten Wahrnehmung durch die Erwartung (anders ausgedrückt, durch die Voreingenommenheit) ausgehebelt oder zumindest eingefärbt.

Die Vorwegnahme der zukünftigen Präferenzen ist nichts anderes als die Antizipation von zukünftigen Ereignissen. Diese ist durch die entsprechenden Vorbereitungen des geistigen Zustands (des Mind-Sets) möglich.

Was strebt der Mensch an?
Strebt der Mensch automatisch und immer nach Wissen und Erkenntnis? Dies ist zumindest bei vielen Menschen, insbesondere bei spirituell lebenden Menschen, deutlich zu beobachten. Sie verzichten oft freiwillig und aus freien Stücken und eigener Überzeugung auf weltliche Güter, auf ein Familienleben und widmen sich zeitlebens dem Studium, der Meditation, der Forschung usw., also der Suche nach Erkenntnis. Oder versucht der Mensch – wissend oder unwissend – eine Illusion zu erzeugen, um in einer Weise von anderen Menschen gesehen und betrachtet zu werden, so wie er es möchte? Viele Beobachtungen bestätigen auch diese Theorie.

Ähnlich wie ein Pfau unternimmt er alles in seiner Macht und seinen Möglichkeiten Stehende, um sich bei seinen Mitmenschen interessant, wertvoll, angesehen, gebildet und gesellschaftlich hochstehend zu präsentieren. Er erfindet Geschichten über seine Herkunft, seine Bildung und Ausbildung, bauscht seinen Lebenslauf künstlich auf, spielt im Freundeskreis – sogar auch unter den engsten Freunden – ein regelrechtes Theater über seinen Erfolg, seine Herkunft, seine Mitgliedschaft in gesellschaftlich angesehenen Kreisen und Clubs, er orientiert sehr oft auch seine Interessen und Freundschaften gezielt an Manschen, von denen er Vorteile erwartet, anstatt echte und ehrliche Freundschaft zu suchen.

Oder strebt er mit seinen Taten, Entscheidungen und seinem Verhalten vielleicht Macht an? Das, was der Mensch tatsächlich anstrebt – und warum er es anstrebt – ist ebenfalls eine der wichtigsten Fragen, um das menschliche Verhalten und die Mechanismen dahinter zu verstehen. Denn das, was der Mensch anstrebt, das bestimmt auch seine Motive, seine Motivation, seine Wünsche, seine Träume und dementsprechend auch seine Entscheidungen und Präferenzen. Deswegen ist es aus wissenschaftlicher Hinsicht von enormer Bedeutung, dies zu verstehen.

Eine andere Frage in diesem Zusammenhang ist das Warum. Warum strebt der eine Mensch nach Macht und der andere nach Reichtum und der dritte nach Erfolg und ein vierter wiederum nach Anerkennung? Welche Faktoren haben dazu geführt? Fest steht, dass offensichtlich das menschliche Streben nicht einheitlich ist und dass unterschiedliche Faktoren/Prägungen zu unterschiedlichen Verhaltensweisen führen. Es ist anzunehmen, dass sich die Präferenzen des Menschen im Laufe des Lebens aufgrund seiner Erfahrungen und Erlebnisse herausgebildet haben. Möglicherweise ist es auch je nach seiner individuellen Situation unterschiedlich. Daher ist es wissenschaftlich schwer standardisierbar und mathematisch mit den heutigen Möglichkeiten nicht beherrschbar.

Hier liegt aber offensichtlich ein wichtiger und großer Widerspruch zum Homo oeconomicus und zu den Grundannahmen der klassischen ökonomischen Standardtheorie. Diese setzt voraus, dass alle Menschen einheitlich nur nach eigennütziger Gewinnmaximierung streben und alle also die identischen Motive, Beweggründe, Ziele und Anreize haben.

Als die einzig mögliche Art der Vereinheitlichung des menschlichen Strebens könnte indes nur die permanente Suche nach einer Verbesserung seines momentanen Zustands/Empfindens angesehen werden. Doch der momentane Zustand ist auch individuell unterschiedlich und schon gar nicht objektiv messbar. Denselben Zustand empfindet jeder Mensch sehr subjektiv aus seiner eigenen Sicht anders. Der eine freut sich darüber, wenn er gerade mal genug zu essen bekommt, während ein anderer Mensch unglücklich ist und Selbstmord aus Verzweiflung und Unglück begeht, obwohl er im Überfluss lebt und nicht einmal mehr arbeiten muss. Das Glück des einen kann die Hölle des anderen bedeuten (siehe dazu unter Abschn. 2.2).

Das führt auf den ersten Blick zur Annahme, dass für das Handeln generell die Motivation ursächlich sein muss, welche zu einer Verbesserung der subjektiven Situation des Handelnden führt, oder zumindest eine aus seiner Sicht realistische Hoffnung auf eine bessere und verheißungsvolle Zukunft erzeugt. Dies wäre auch eine schlüssige Erklärung für spirituelles Handeln des Menschen und erklärt gleichzeitig die Grundlage der Religionen.

Wie ein Mensch seine Präferenzen setzt und wie er handelt, lässt sich relativ einfach analysieren:

Jede Entscheidung ist nichts anderes als eine bestimmte Erwartungshaltung an die Zukunft (**E**) (anders ausgedrückt: Was will der Entscheider, oder was hat die Entscheidung in der Zukunft zu erwirken?). Diese Erwartungshaltung wird aus zwei Faktoren gebildet:

a: Wahrscheinlichkeit des Eintritts des Ereignisses und
b: Wert/Gewinn des Ereignisses beim Eintreten

$$\mathbf{E = a \times b}$$

Das ist sehr einfach und leicht zu verstehen. In der Realität jedoch werden sehr oft die falschen Entscheidungen getroffen. Warum ist das so?

Erneut ist das menschliche Wesen bzw. das Verhalten des Menschen die Ursache.

Zum einen ist der Mensch generell sehr schlecht darin, Eintrittswahrscheinlichkeiten zu berechnen. Auch bei deren Abschätzung gibt es zahllose Gründe, die ihn daran hindern (siehe unter Abschn. 2.3).

Zum anderen unterliegt er permanent menschlichen, kognitiven Täuschungen und Verzerrungen, die auch den Wert bzw. den Gewinn beim Eintritt des Ereignisses verzerren.

Und letztendlich ist die Realität auch die, dass der Mensch sehr oft nicht einmal selbst genau weiß, was er eigentlich will. Er glaubt es nur zu wissen, liegt aber eben sehr oft in dieser Annahme falsch (siehe weiter oben).

Daher ist diese so einfache Gleichung aus nur 3 Faktoren gleichzeitig aber eine, in der alle 3 Faktoren dem Menschen die größten Schwierigkeiten bereiten bei der genauen Bestimmung. Und genau das ist auch der Grund, warum richtige Entscheidungen so schwer sind, und weil sie so schwer sind, werden diese Entscheidungen so oft falsch getroffen.

Um mathematisch oder ökonomisch das Verhalten und das Präferenzsetzen der Menschen zu erfassen, wäre das einzig mögliche und richtige Vorgehen eine Clusterbildung in die möglichen vorkommenden Cluster. Im zweiten Schritt müsste dann eine analytische Konkretisierung der jeweiligen Cluster erfolgen mit der Ableitung der jeweils individuellen Lösungen. Das ist praktisch nicht durchführbar, und mathematisch gibt es derzeit noch nicht das Instrumentarium, um derartige Probleme lösen zu können.

2.2 Die relevanten Einflussfaktoren auf das menschliche Verhalten

Triebe als Faktoren, die das menschliche Verhalten determinieren

Hunger, Angst, sozialer Status, Sex, Neugierde, Selbstverwirklichung, Schmerz, Liebe, Sicherheit, Überleben – dies sind die Hauptmotivatoren für das Verhalten, und bei diesen wirkt am ehesten das Abschalten der Vernunft und das Steuern der Handlungen und des Verhaltens durch die In stinkte und Triebe. Die jeweilige Präferenz – und daraus folgend die Entscheidung für eine bestimmte Handlungsoption – ist immer ein Trade-off, welcher determiniert ist durch die Veranlagung, die momentane Situation UND das Umfeld.

Beispiel Bergsteigen:

Bergsteigen ist eine von vielen Tätigkeiten, die eigentlich etwas absolut antievolutionäres sind, denn es ist für den Menschen sehr gefährlich, sinnlos, anstrengend, er verschwendet wertvolle und knappe Ressourcen, riskiert seine Gesundheit und manchmal auch das Leben, es ist oft sehr qualvoll und schmerzhaft usw. Es widerspricht dem Prinzip des Überlebens und des Sicherheitsbedürfnisses. Und trotzdem gibt es zahlreiche Menschen, die es ausüben und die Bergsteigen lieben. Somit muss es auch eine Komponente geben, die so wichtig und so stark ist, dass sie alle diese negativen Attribute neutralisiert oder sogar überkompensiert. Was kann aber so bedeutend und so stark sein, dass es die natürlichsten Instinkte des Menschen überwiegt?

Objektiv betrachtet ist Bergsteigen mehr Strafe (Punishment) als Belohnung (Reward). Es ist erschöpfend, kalt, unbequem und gefährlich. Der entscheidende Faktor hierbei ist aber der Triumph, das Besiegen der Widrigkeiten, das „Achievement". Die Genugtuung und Befriedigung des Bergsteigers werden determiniert von der Anerkennung und Erreichung der Ziele. Je schwieriger die Ziele sind, umso höher ist das Glücksgefühl über das Erreichen dieser und umso höher ist auch die erzielte Anerkennung.

Es ist die Selbstbestätigung, etwas zu schaffen oder zu erreichen, was andere nicht können oder wovor sie sich fürchten. Es ist auch eine Art von Wettkampf – die Competition – und die dadurch dokumentierte Überlegenheit und Leistungsfähigkeit, gepaart mit Stärke und Widerstandskraft. Es geht aber auch hier um die Anerkennung durch andere.

Die Ursache bestimmt immer das Endergebnis („reason drives conclusion"), ob wir es wollen oder nicht. Verstehen wir die Ursachen und kennen wir die Zusammenhänge, können wir gezielt auf die infrage kommenden Ergebnisse schließen. Verstehen wir die wahren Ursachen nicht und kennen wir die Zusammenhänge nicht, werden wir kaum jemals eine schlüssige Erklärung für irgendwelche Ergebnisse finden können.

Die Emotion (Gemütszustand) bestimmt das Verhalten („emotion drives behaviour"). Verstehen wir die Emotionen und können diese steuern, dann können wir das Verhalten auch gezielt beeinflussen, um nicht zu sagen sogar steuern. Dieser Zusammenhang ist in der Wirtschaft besonders wichtig in Bezug auf die Ausgestaltung von effektiven Anreizsystemen für Mitarbeiter von Unternehmen, auf das schnelle und effektive Durchsetzen von Regeln und Gesetzen in der Gesellschaft und auf das effektive Steuern von ganzen Organisationen und Institutionen. Die Motivation ist ursächlich dafür, ob und wie gut und auch wie schnell von Menschen das Gewünschte oder das Notwendige umgesetzt oder implementiert wird.

Das Verhalten erwachsener Menschen unterscheidet sich im Grundsatz nicht von dem der Kinder: Denn genauso wie Kinder, die immer die Erwachsenen in ihrem Verhalten nachahmen – sie wollen ja genauso sein wie die Erwachsenen und die Starken, die ihre Vorbilder sind – ebenso wollen auch die Erwachsenen sein wie deren Vorbilder. Und diesen eifern sie bewusst oder auch unbewusst nach, ebenfalls durch **Nachahmung.** In ihrem Verhalten, im Konsum (die Werbung nutzt dies aus), im Aussehen, im Lebensstil usw. Man handelt so, wie das Vorbild es tut.

Dieses Verhalten der Nachahmung scheint angeboren zu sein, da auch bei Tieren die Nachahmung der Eltern in den Genen liegt. Es scheint evolutionsbedingt und gewollt, da es eine Kopie des Starken produziert und das Überleben wahrscheinlicher macht. Somit wird durch das angeborene Nachahmen automatisch auch die Durchsetzung des Starken präferiert und unterstützt.

In dem Zusammenhang der angeborenen Tendenz zur Nachahmung spielen die heutigen Medien eine extrem wichtige Rolle, da sie global die Informationen transportieren, was stark und daher nachahmenswert ist (Image/Glauben/Meinung/Einstellung etc.). Dar globale Konsum der Medien führt dadurch also zwangsläufig zu einer Verstärkung von neuen und größeren „Hypes" im Vergleich zu früheren Zeiten, als Massenmedien in weiten Teilen der Erde noch nicht so verbreitet waren.

Dieses Phänomen ist gleichzeitig einer der Gründe dafür, dass es ein „Wertparadoxon" in der Ökonomik gibt, welches schlüssig und nachvollziehbar erklärt werden muss.

Der Wert von Wasser und der Wert von Diamanten

Dieses alte und bekannte ökonomische Beispiel zeigt den Widerspruch: Denn Wasser ist für den Menschen lebensnotwendig. Sogar unmittelbar für sein Leben und Überleben. Und es hat einen sehr geringen Marktwert und somit auch monetären Wert/Tauschwert am Markt und in der Folge leider auch eine relativ geringe Wertschätzung. Diamanten haben hingegen keinen wichtigen oder gar lebensnotwendigen Wert für den Menschen. Nicht für sein Überleben, kaum einen in der Industrie, Ökonomie, Forschung, Entwicklung oder Produktion. Und trotzdem besitzen sie einen enormen Marktwert und somit auch monetären Wert/Tauschwert am Markt und werden in der Folge hoch wertgeschätzt. Alle wollen Diamanten, weil sie selten – und nicht, weil sie brauchbar – sind. Vor allem aber, weil sie durch ihre Seltenheit ihren Besitzern Status und Image geben (siehe weiter oben). Diese Tatsache setzt die automatische Spirale in Gang, welche das Produkt immer mehr begehrenswert macht: Dadurch wird es noch teurer, das erhöht weiter den Status, und das macht es weiter teurer usw. Dem Grunde nach ist es eine Irrationalität, denn sogar das Aussehen von Diamanten kann man ohne entsprechende optische Hilfsmittel nicht von dem der Kristalle oder Glas unterscheiden. Somit kann auch ihre Optik nicht für den Wert verantwortlich sein.

Es gibt für Diamanten unendlich viele und billigste Substitute. Trotzdem schmälert dieser Umstand des Kopierens nicht ihren Wert. Wie sollte man also einem Marsmännchen schlüssig erklären, warum etwas, das der Mensch praktisch überhaupt nicht benötigt und das dazu noch genauso aussieht wie ein anderer Stoff (z. B. Glas), so begehrt, so teuer, so wertvoll und so statusbildend ist? Da es aber in der Wirklichkeit genauso ist, muss es dafür auch eine Lösung, einen Grund geben. Der Grund scheint bei genauerer Analyse in der Wechselwirkung folgender Eigenschaften zu liegen:

- selten
- nicht vermehrbar
- statusbildend
- gesucht
- wertvoll
- teuer

Praktische Brauchbarkeit wäre zwar auch von Vorteil, ihre Absenz spielt aber kaum eine Rolle. Auch die Optik scheint keine objektive Rolle zu spielen, da Optik immer subjektiv ist und sehr volatil in der subjektiven Wahrnehmung. Würden Diamanten wie Kieselsteine überall herumliegen, wären sie nichts wert, auch wenn alle anderen Eigenschaften sich nicht ändern würden. Viele Menschen würden sie auch nicht mehr als so schön empfinden, wie sie es tun, wenn sie selten und wertvoll sind. Wären Diamanten künstlich herstellbar und beliebig vermehrbar, würde ihr Wert sehr rapide sinken, bis sie praktisch keinen mehr hätten. Dann wären sie nicht mehr selten, nicht mehr wertvoll, nicht mehr statusbildend, nicht mehr teuer und für viele auch nicht mehr so schön, wie sie es sind, solange sie selten und nicht vermehrbar sind. Die statusbildende Komponente scheint somit auf der Seltenheit und Nichtvermehrbarkeit zu beruhen, und daraus folgt unmittelbar das Gesucht-Sein und die Wertschätzung, wieder gefolgt vom Preis, der am Markt für das Gut zu bezahlen ist. Er kann auch als Tauschwert mit anderen Gütern bezeichnet werden. Würden ab morgen auf der Welt alle Wasserreserven rasch zu Neige gehen, würde der Wert von Wasser zu steigen beginnen. Wasser ist nicht vermehrbar und durch eine Verknappung würde sein Wert steigen. In wasserarmen Gegenden, wie beispielsweise Wüsten, besitzt das Wasser auch einen hohen statusbildenden Wert. Man sieht dies an künstlichen Brunnen und bewässerten Gärten, die Bewunderung hervorrufen und Status symbolisieren und bilden. Wasser ist lebensnotwendig, Diamanten sind es nicht. Würden alle Diamanten weltweit verschwinden, die Welt würde ohne größere Probleme weiterexistieren. Würde alles Wasser verlorengehen, würde die gesamte Menschheit innerhalb von drei Tagen sterben. Das ist ein großer Unterschied. Alle Diamanten würde man in so einem Fall gerne und schnell gegen etwas Wasser eintauschen. Dieses Beispiel spiegelt die ökonomische Signifikanz von Knappheit und Unvermehrbarkeit wider.

Interessant ist die Frage, wie sich der Wert eines knappen und nichtvermehrbaren, unbrauchbaren Guts (Diamanten) verändern würde, wenn plötzlich eine für die Menschen wichtige objektive Eigenschaft dazukäme. Beispielsweise wenn man mit Hilfe von Diamanten die Lebenserwartung um 50 % verlängern oder Krankheiten heilen könnte. Der Wert würde höchstwahrscheinlich steigen, jedoch hinge dieser Anstieg davon ab, ob das Gut dabei nur gebraucht oder verbraucht wird. Beim Gebrauch von Gütern werden diese erhalten und können wiederholt eingesetzt werden. Beim Verbrauch gehen sie bei der Erfüllung der Aufgabe unter und sind unwiederbringlich verloren. So gibt es beispielsweise bestimmte Gewürze, die ähnlich selten sind, nicht vermehrbar und extrem schwer zu beschaffen sind. Trotzdem erreichen sie nicht den Wert von Diamanten. Denn sie sind vergänglich und gehen im Konsum unter. Diamanten hingegen können immer wieder konsumiert (angeschaut, getragen, verschenkt) werden und sind unvergänglich. Diese Beständigkeit macht einen Großteil ihres Wertes aus.

Auch ökonomisch agierende Unternehmen haben entdeckt, dass durch bestimmte Marken oder Produkte ein gesellschaftlicher Status gebildet wird, und benutzen diese Zusammenhänge der menschlichen Eitelkeit dafür, um ihre Gewinne zu maximieren. Eine oft und gerne verwendete Strategie besteht darin, Marken mit einem besonderen Image zu erwerben und ihren Ruf und ihr Image zu nutzen, um die eigenen Produkte (die vom Image her unter dem der erworbenen Marke liegen) besser zu verkaufen. Bei den Automobilfirmen wurde diese Strategie in den vergangenen Jahrzehnten besonders gerne angewendet: So kaufte BMW Bentley und verkauft unter der Marke Bentley BMW-Technologie, Volkswagen kaufte Rolls Royce und verkauft aufgebesserte VWs als Rolls Royce, Mercedes macht das Gleiche mit Maybach, Fiat mit Lancia und mit Alfa Romeo usw. Immer geht es in diesen Fällen darum, im Endeffekt den Wunsch des Konsumenten nach einem Aufstieg im gesellschaftlichen Ansehen auszunutzen und dadurch ökonomische Gewinne zu erwirtschaften. So werden Marken, die über Jahrzehnte mühsam mit bestimmten Attributen aufgebaut wurden und die für bestimmte Werte, Qualitäten und Merkmale stehen – und deshalb dementsprechend gesellschaftlich wahrgenommen werden – regelrecht ausgeplündert und kommerziell verwertet. So lange und so viel, bis schließlich eine Angleichung des Images und des gesellschaftlichen Wertes an das tatsächliche Niveau der Produkte eintritt. Das ist in den meisten Fällen aber ein jahrelanger Prozess, und während dieser Zeitspanne profitieren die Käufer dieser Marken ökonomisch vom gekauften Image.

Geschicktes Marketing setzt bei der Vermarktung von Produkten genau auf diese beschriebenen Effekte von Knappheit, Statusbildung und (vorgetäuschter) Kennerschaft im Sinne von „sich auskennen" bei den selbst so marginalen Unterschieden einer bestimmten Produktgruppe (wie z. B. Wein).

Beispiel:

Eine besonders interessante Beobachtung macht man heute in China. China ist nicht gerade ein Land, welches eine Tradition in Hinblick auf Weinprodukte hätte. Trotz der Jahrtausende alten Historie des Landes mit zweifellos vielen Errungenschaften war weder der Anbau noch der Konsum von Wein in China besonders verbreitet. Im Gegensatz z. B. zu Frankreich oder Italien. Dennoch hat sich in den vergangenen Jahrzehnten, nachdem das Land und die Gesellschaft einen enormen ökonomischen Wachstumsschub durchgemacht haben, in China ein regelrechter „Weinkennertum-Boom" gebildet: Insbesondere betrifft dieser Boom Weine aus dem Bordeaux-Gebiet in Frankreich. Nicht nur, dass Bordeaux-Weine in China extrem begehrt sind und entsprechend hoch im Preis gehandelt werden (übrigens auch die qualitativ eher weniger guten), sogar die leeren Flaschen mit Etikett werden dort zu Höchstpreisen gehandelt, dann neu abgefüllt (NICHT mit Bordeaux-Wein) und erneut verkauft (dann aber natürlich wieder als echter Bordeaux-Wein). Wie ist so etwas möglich? Es ist kein Geheimnis in China und die Menschen wissen, dass diese Praktiken so existieren. Wie ist das aber ökonomisch und verhaltensökonomisch zu erklären?

Um dieses Phänomen zu erklären, muss man zuerst verstehen und wissen, dass es in der chinesischen Gesellschaft – insbesondere bei der in der neueren Zeit zum Wohlstand gekommenen Schicht – mit einem sehr hohen Ansehen verbunden ist, die europäischen Werte, Erziehung, Bildung und Kenntnisse zu besitzen. Sich mit europäischen Weinen auszukennen, gilt daher in China gesellschaftlich fast als eine Vollendung der Bildung und Erziehung und spiegelt einen hohen gesellschaftlichen Status wider. Folglich werden dem aufmerksamen Beobachter, wenn man als Gast die Möglichkeit erhält, an einer chinesischen Gesellschaft teilzunehmen, schon fast bizarre Rituale beim Weinservieren und bei der Verkostung vorgeführt und am Ende Weine serviert, deren Geschmack mit europäischen Weinen wenig zu tun hat. Alle diese übertrieben wirkenden Rituale der Verkostung haben mit der ursprünglichen Funktion – nämlich zu prüfen, ob der Wein korkt – nichts mehr zu tun. Sie dienen nur einem Zweck: den Protagonisten als einen „Kenner" zu profilieren und ihn gesellschaftlich möglichst hoch zu positionieren.

Eine nicht zu unterschätzende Rolle auf den Menschen bzw. auf das Wirtschaftssubjekt spielt dabei die Prägung durch seine Vergangenheit, Erziehung und Herkunft.

China bietet hier in vielerlei Hinsicht ein gutes Anschauungsbeispiel. Es ist zahlenmäßig ausreichend groß, um eine relative Verallgemeinerung bestimmter Beobachtungen und Verhaltensweisen zu erlauben. Es ist ein Land, welches in noch nicht allzu langer Vergangenheit kaum gesellschaftliche Unterschiede kannte, da über viele Jahrhunderte bei praktisch der gesamten Bevölkerung bitterste Armut und Hunger herrschten. Somit bietet es fast ideale analytische Bedingungen in Bezug auf Faktoren, die gesellschaftliche Unterschiede ausmachen, und wie diese funktionieren. In anderen Ländern, wo schon in der Vergangenheit größere Unterschiede innerhalb der Bevölkerung existierten, ist die

Beobachtung und Analyse dieser Faktoren dadurch verfälscht, dass die Menschen bereits in der Vergangenheit durch ihre familiäre Abstammung unterschiedlichen Wohlstand, unterschiedliche Bildung, unterschiedliche Erziehung und unterschiedlichen Zugang zu den Dingen hatten – und daher auch unterschiedlich geprägt wurden und auch noch heute unterschiedlich handeln, sich unterschiedlich verhalten und unterschiedliche Präferenzen setzen. Da aber in China eine schier riesige Anzahl der Population die absolut identischen Voraussetzungen und Prägungen aus der Vergangenheit haben, können die heutigen Unterschiede in Verhalten, Konsum, Wertebildung usw. wesentlich isolierter und „sauberer" statistisch analysiert werden.

Vor noch nicht allzu langer Zeit waren in China alle Menschen gleich und hatten praktisch nichts. Der Theorie zufolge erklärt diese Vergangenheit und Prägung plausibel und schlüssig den „Hunger" und die Motivation nach dem „Sich-Absetzen-vom-Rest" in der heutigen Zeit des aufkommenden Wohlstands.

Jedes Extrem hat beim Menschen immer ein entgegengesetztes Extrem zur Folge. Ein anderes gutes Beispiel, das diesen Zusammenhang gut dokumentiert, ist das Reiseverbot in der ehemaligen DDR und der sich anschließende regelrechte Reisewahn, der nach der Grenzöffnung folgte.

So hat auch Armut zur Folge, dass ein exzessiver Konsum eintritt, wenn die Möglichkeiten dazu gegeben sind. Besonders drastisch kann man dies in relativ großem Ausmaß in einigen asiatischen Ländern sehen, die durch das Wirtschaftswachstum oder durch Öl während der vergangenen Jahrzehnte eine neue Schicht von Menschen hervorgebracht haben, die ein sehr hohes Einkommen bezieht oder mittlerweile sehr wohlhabend geworden ist und sich de facto alles leisten kann. Hier beobachtet man Verhaltensweisen des exzessiven Konsums, die beispielsweise für Europäer (die von welchen aus der Vergangenheit auch einige sehr wohlhabend sind) unverständlich sind. Interessanterweise wird dieser exzessive Konsum auch von weniger wohlhabenden Schichten nachgeahmt, welche sich diesen aufgrund ihres Einkommens eigentlich gar nicht leisten können, die aber trotzdem konsumieren. So entstehen manchmal skurrile Situationen, bei denen beispielsweise Menschen zwar nach außen Luxusgüter exzessiv konsumieren, jedoch nicht genügend Mittel zur Verfügung haben, um sich eine adäquate Wohnung zu leisten, und deshalb zugunsten des exzessiven Konsums die eigene wahre Lebensqualität opfern und beispielsweise in kleinen, engen und oft genug auch schlechten Wohnungen leben – nur um nach außen den Anschein geben zu können, sie würden zu einer besseren und wohlhabenderen Gesellschaftsschicht gehören. Somit ist diesen Menschen die Notwendigkeit des Scheins mehr wert als die tatsächliche Lebensqualität.

Dass eine Prägung durch bestimmte Ereignisse in der Vergangenheit eine unmittelbare Folge in der späteren Zukunft hat, ist nicht nur ökonomisch von größter Bedeutung, sondern auch gesellschaftlich wichtig. So belegen alle durchgeführten Studien den Fakt, dass es auch einen statistisch deutlichen und belegbaren Zusammenhang gibt beispielsweise zwischen Gewalt an Kindern und der später im Erwachsenenalter dieser Kinder ausgeübten Gewalt gegenüber deren Kindern. Gewalt hat zur Folge, dass die Opfer selbst später ebenfalls zur Gewalt neigen und zu neuen Tätern werden. So werden viele frühere Opfer zu späteren Tätern – so traurig diese Tatsache auch sein mag, sie ist statistisch eindeutig belegt. Armut hat darüber hinaus auch zur Folge, dass aus ihr tendenziell ökonomische Ungleichgewichte in den Gesellschaftsstrukturen entstehen und wenig oder gar nicht sozial handelnde und denkende Menschen daraus hervorgehen. Diese Gesellschaften, die sich aus lange sehr armen und totalitären Gesellschaften herausgebildet haben, werden umgangssprachlich als „Turbokapitalismus" bezeichnet, weil eben keinerlei Gemeinwohl und Soziales in ihnen existiert.

Die ständige Suche nach Glück
Der Drang und die Suche nach Glück bilden die Urkraft, die den Menschen zum Handeln antreibt. Wenn er wunschlos zufrieden wäre, würde er nichts Überlebensnotwendiges tun und aussterben. Somit ist seine Eigenschaft, dass er immer das will, was er gerade nicht hat, evolutionsbedingt und sehr wichtig! Sie ist von der Natur und der Evolution so gewollt. Der Mensch bleibt dann dadurch aktiv und strebt immer weiter: nach Anerkennung, nach Aufstieg, nach Sex, nach Reichtum, nach Erfolg, nach Wohlstand, nach Bestätigung, nach immer neuen Siegen und Eroberungen usw.

Er ist nie zufrieden. Sobald er erreicht, was er wollte, wird es für ihn uninteressant und er will sofort das Nächste oder etwas ganz anderes.

Diese evolutionsbedingte Eigenschaft sichert langfristig seine Überlebensfähigkeit und das Verhaltensmuster dahinter, der Antrieb ist die Vermeidung vom Schmerz, Unwohlsein, Unglück und das Streben nach Glück und Befriedigung („Pleasure"). Daraus entstehen Bedürfnisse, die zu Präferenzen führen und dann für reale Entscheidungen verantwortlich sind: im Privatleben, im Beruf und auch im ökonomischen Kontext. Die maximale Anstrengung des Menschen ist nur mit entsprechender Motivation zu erreichen, und diese ist auf das Überleben ausgerichtet. Adaptionen (Anpassungsprozesse) spielen hier eine wesentliche Rolle.

Anpassungsreaktionen – Anpassungsprozesse – Gewöhnungseffekte (Adaptive Responses)
Diese Reaktionen, die im englischen „Adaptive Responses" genannt werden, sind Prozesse, die automatisch ablaufen

als eine Art automatische Antwort auf alles, was der Mensch erlebt und durchlebt. Die Anpassungsreaktionen sind maßgeblich verantwortlich für das Glück und das Unglück, das Menschen in ihrem eigenen Leben subjektiv und direkt empfinden.

Bei diesem beobachtbaren Phänomen handelt es sich um reine Anpassungsreaktionen auf bestimmte Ereignisse. Die Ereignisse können positiver Natur (wie beispielsweise ein Lottogewinn) oder auch negativer Natur (wie etwa Krankheit, Unfall, Verlust eines Menschen) sein.

So sind sich beispielsweise Menschen, die in einer schönen Umgebung, z. B. in den Alpen oder auf malerischen Inseln in der Nähe vom Meer, aufgewachsen sind und dort leben, über die Schönheit der Lage und die schöne Aussicht aus ihrem Haus, über die sie verfügen, gar nicht bewusst. Es ist ihnen nicht bewusst, wie wertvoll genau diese Aussicht für andere wäre. Sie leben mit dieser außergewöhnlichen Umgebung ihr ganzes Leben lang, und es ist für sie nicht außergewöhnlich. Es ist für sie normal und Alltag – sie haben sich eben an die Bedingungen, in denen sie leben, angepasst. Die einheimische Bevölkerung nimmt ihre Umgebung als normal und natürlich gegeben wahr. Die Menschen dort sind oft auch gar nicht daran interessiert, im Meer zu schwimmen oder in den Bergen wandern zu gehen, also die Orte, an denen sie leben, auch aktiv zu genießen. Andere Menschen hingegen, die diese Schönheit der Natur nicht täglich haben und in Städten oder Industriezentren leben, geben viel Geld aus und arbeiten lange dafür, um eben dorthin zu fahren und ihren Urlaub dort zu verbringen. Die einen haben sich an die Bedingungen „angepasst" und empfinden diese als normal und als nichts Besonderes, für die anderen wäre es wie ein Traum oder wie ein Märchen, so leben zu können, und sie leisten sich dieses Leben gerade mal in ihrem Urlaub.

Genau das Gleiche lässt sich generell auch von Wohlstand und Armut sagen, ebenso von Gesund-sein und Krankheit. Der Mensch passt sich an, er passt seine Ansprüche und Erwartungen an, und nach bestimmter Zeit nimmt er seine Umgebung und Situation als gegeben wahr. Ungeachtet dessen, wie diese auch sein mag.

In diesem Zusammenhang ist auch das gelebte Glück oder Unglück zu sehen. Denn kommt es zu einer plötzlichen Veränderung im Leben, so verschiebt sich die persönliche „Zufriedenheitskurve". Wenn uns Menschen etwas Gutes, Glückliches passiert, so verändert sich diese Zufriedenheitskurve und macht einen Sprung nach oben. Wir werden auf einmal glücklicher und denken, dass dieser Zustand so bleiben und anhalten wird.

In Wahrheit jedoch passen wir uns diesem Umstand an, und die Kurve fängt nach gewisser Zeit an zu sinken.

Das gleiche geschieht auch im negativen Bereich, wenn uns etwas unerfreuliches, oder Unglück passiert. Man sagt auch: „Die Zeit heilt alle Wunden", was nichts anderes bedeutet, als dass wir uns der Situation anpassen, die Trauer überwinden und nach einer gewissen Zeit zum „normalen" Zustand zurückkehren.

Was der Mensch im Allgemeinen antizipiert, wird anschaulich in Abb. 2.1 verdeutlicht.

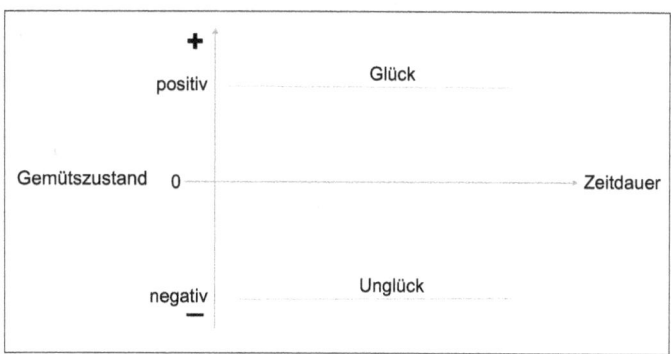

Abb. 2.1 Die Antizipation: Die Darstellung verdeutlicht die Annahme des Menschen, dass eine Verbesserung oder Verschlechterung seiner Situation/seines Glücks durch ein Ereignis (positiv: beispielsweise ein Lottogewinn; negativ: beispielsweise ein Unfall mit Querschnittslähmung) für immer andauert

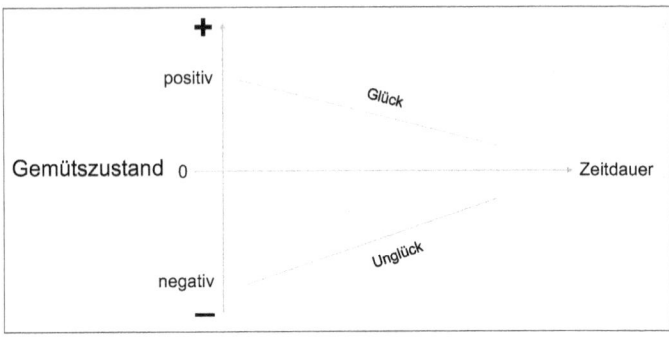

Abb. 2.2 Die Realität: Die Darstellung verdeutlicht die tatsächliche Entwicklung einer Verbesserung oder Verschlechterung der Situation/des Glücks durch ein Ereignis (positiv: beispielsweise ein Lottogewinn; negativ: beispielsweise ein Unfall mit Querschnittslähmung). Das Glück oder das Unglück dauert nicht für immer, sondern mit der Zeit stellt sich der ursprüngliche Zustand wieder ein

Die beiden Linien in Abb. 2.1 verdeutlichen das entsprechende Ereignis und die damit zusammenhängenden Gefühle (positive [+] und negative [−]) über eine bestimmte Zeitdauer. Egal, ob beispielsweise bei einem Lottogewinn oder beim Verlust eines geliebten Menschen, antizipieren wir, dass der daraus resultierende empfundene Zustand in seiner Intensität andauern wird. Dies ist jedoch nicht der Fall, wie alle Beobachtungen und Experimente eindeutig belegen. Die Realität zeigt, dass das empfundene Glück wie auch das empfundene/erlittene Unglück über die Zeit abnimmt und irgendwann den ursprünglichen Ausgangspunkt erreicht. Dies ist das Allgemeinprinzip der Anpassung (Abb. 2.2).

Diese Erkenntnis ist wichtig bei der „Optimierung" von Glück und der „Minimierung" von Schmerz und Unglück.

Es hat sich gezeigt, dass eine Kumulierung von negativen Ereignissen nicht linear und nicht proportional verläuft. Zwei negative Ereignisse mit dem gleich empfundenen Unglück ergeben also nicht das doppelte Unglück, sondern weniger. Identisch verhält es sich auch bei den positiven Ereignissen (Abb. 2.3).

2 Der Mensch

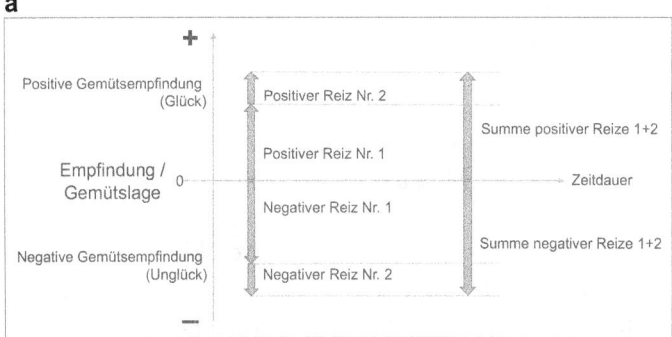

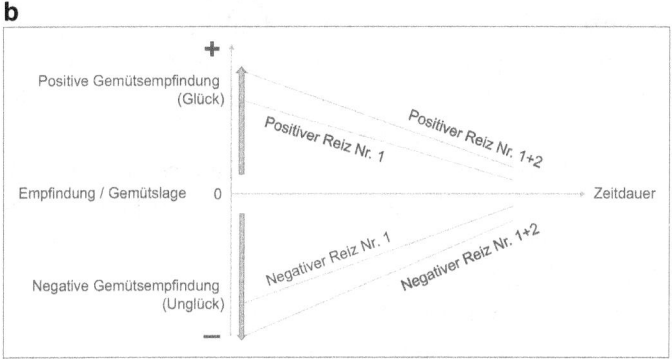

Abb. 2.3 a: Die Darstellung verdeutlicht die Annahme des Menschen, dass eine Verbesserung oder Verschlechterung der Situation/des Glücks durch zwei Ereignisse (positiv: beispielsweise ein Lottogewinn; negativ: beispielsweise ein Unfall mit Querschnittslähmung) sich bei zwei gleichgerichteten Reizen um den jeweiligen Grad verändert (kumuliert). **b**: Die Darstellung verdeutlicht den tatsächlichen Verlauf einer Verbesserung oder Verschlechterung der Situation/des Glücks durch zwei Ereignisse (positiv: beispielsweise ein Lottogewinn; negativ: beispielsweise ein Unfall mit Querschnittslähmung), welche (Verbesserung/Verschlechterung) sich bei zwei gleichgerichteten Reizen um den jeweiligen Grad verändert (kumuliert). Das Glück oder das Unglück vergrößert oder verkleinert sich NICHT um den jeweiligen Wert des Ereignisses, sondern nur um einen Bruchteil dessen. Somit ist also die Summe beider Ereignisse kleiner als die ihrer beiden Werte. Das Glück oder das Unglück dauert auch in diesem Fall nicht für immer, sondern mit der Zeit stellt sich der ursprüngliche Zustand wieder ein

Diese Eigenschaft der menschlichen automatischen Verarbeitung der Ereignisse (Reize) ist wichtig. Um das Wohlergehen/Glück zu maximieren, ist es daher notwendig, die positiven Ereignisse/Reize nicht zeitgleich, sondern sequenziell (zeitversetzt) zu setzen, während die negativen Ereignisse/Reize nach Möglichkeit zeitgleich und kumuliert zu empfangen sind.

Man kann die Anpassungsprozesse als ein Instrument oder als eine Stellschraube betrachten, mit der der Glückszustand des Menschen optimiert werden kann.

Das Glück und die Motivation des Menschen sind in der Realität nicht quantifizierbar und nicht objektiv genau messbar, sie sind immer nur relativ zu anderen Faktoren zu sehen, niemals aber absolut. Der Zusammenhang zum Gesamtumfeld ist hierbei sehr wichtig.

Das ist ein weiterer Gegensatz zur klassischen quantitativen ökonomischen Standardtheorie und zum Homo oeconomicus. Diese besagt nicht nur das Gegenteil, sondern liefert auch andere Ergebnisse.

Die Anwendungsmöglichkeiten für dieses Konzept sind vielfältig: in der Politik, der Gesellschaft, der Medikation, im Beruf, im Alltag usw. (Abb. 2.4).

Anpassungsprozesse bei Schmerzen
Bei Experimenten unter Realbedingungen, bei denen die Probanden Schmerzen ausgesetzt wurden, konnte man drei Hauptgruppen unterscheiden:

- Gruppe A: Menschen, die in ihrem Leben bereits Erfahrungen mit physischen Schmerzen gemacht haben, beispielsweise durch schwere Verletzungen infolge eines Unfalls oder durch Kriegsverletzungen. Dementsprechend hohe Schmerzen konnten diese Probanden aushalten im Vergleich zu den anderen Probanden, die solche Erfahrungen nicht kannten.

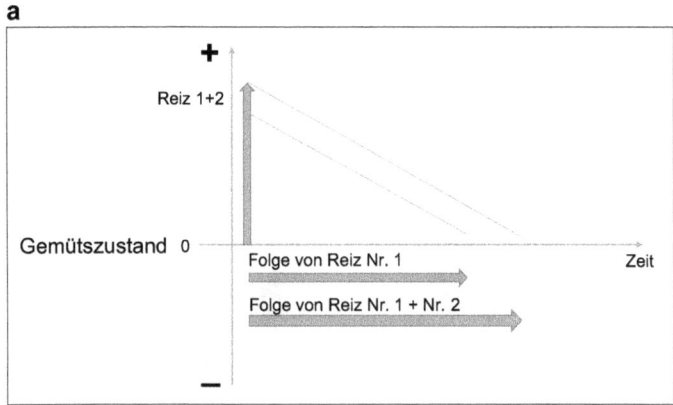

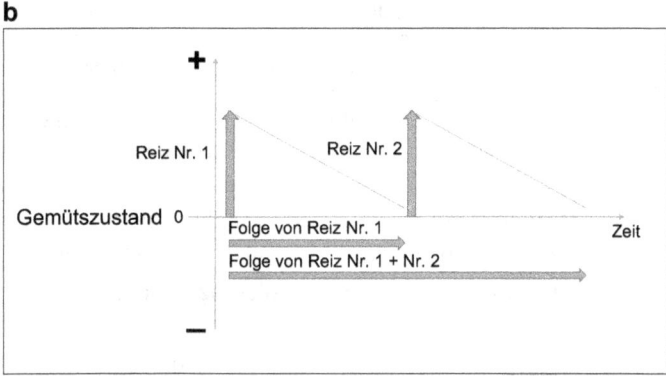

Abb. 2.4 a, b: Die Darstellungen zeigen eine Optimierung der Glücksempfindung bei Individuen, indem man Reize nicht gleichzeitig (parallel), sondern zeitversetzt (sequenziell) setzt. Daraus resultiert eine längere Dauer und somit Maximierung des empfundenen Glücks

- Gruppe B: Menschen, die in ihrem Leben noch keine Erfahrungen mit physischen Schmerzen gemacht haben. Sie konnten durchschnittlich hohe Schmerzen bei den Experimenten aushalten.
- Gruppe C: Menschen, die chronisch und andauernd unter Schmerzen leiden (beispielsweise Migränepatienten

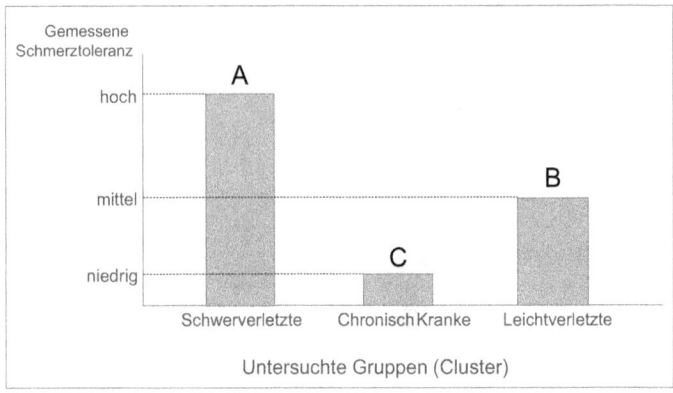

Abb. 2.5 Die Abbildung verdeutlicht die Schmerzresistenz bei verschiedenen Gruppen (Clustern) von Probanden: Gruppe A: Menschen, die in ihrem Leben eine sehr schwere Verletzung erlitten haben oder Schmerzerfahrungen haben; Gruppe B: Menschen die unter chronischen Schmerzen leiden (z. B. Migränepatienten); Gruppe C: Menschen, die in ihrem Leben keine Erfahrung mit schweren Verletzungen oder großen Schmerzen gemacht haben

oder Patienten mit chronischen Gelenkschmerzen). Diese Patienten zeigten erstaunlicherweise extrem niedrige (!) Schmerzresistenz und Schmerztoleranz (Abb. 2.5).

Wie ist das möglich und wie kann man das Ergebnis interpretieren?

Hier spielt interessanterweise die Erwartungshaltung eine entscheidende Rolle: Die Erwartung beeinflusst maßgeblich die Schmerztoleranz!

Wie im vorausgegangenen Kapitel die wichtige Rolle der Erwartung beschrieben wurde, so ist diese auch im Zusammenhang mit der empfundenen Schmerztoleranz maßgeblich. Wie ist dieser Zusammenhang zu erklären?

Die Erklärung liegt in der Tatsache, dass Patienten, die beispielsweise durch Unfälle oder Verletzungen in der Vergangenheit großen Schmerzen ausgesetzt waren, in der Tat eine Art von „Anpassungsreaktion" entwickelt haben.

Wichtig jedoch ist dabei der Fakt, dass alle diese Betroffenen in ihrer Vergangenheit und in ihrer schmerzvollen Rehabilitations- und Genesungsphase eben diese Genesung ZUSAMMEN mit den Schmerzen in Erinnerung haben. Sie verknüpfen also miteinander – bewusst oder unbewusst – die Schmerzen, die mit ihrer eigenen Genesung zusammenhängen (beispielsweise eine Operation oder Rehabilitation) einerseits mit dem Nachlassen dieser Schmerzen andererseits im Laufe der Zeit. Man könnte sagen, dass die Schmerzen unterbewusst positiv mit etwas Gutem – nämlich mit der Genesung – in Verbindung gebracht werden und deswegen als weniger schlimm oder weniger schmerzhaft wahrgenommen werden. Somit ist der Anpassungsprozess eindeutig abhängig von der Interpretation des Signals. Wird das Signal „Schmerz" als Heilung/Genesung/Verbesserung der Situation interpretiert, oder wird dieser interpretiert als Krankheit/Dauerzustand, der keine positive Tendenz hat? Diese Interpretation ist also eine äußerst effektive Stellschraube für die Schmerzempfindlichkeit!

Dies erklärt die messbar höhere Schmerztoleranz der Gruppe der Menschen, die früher große Schmerzen aufgrund einer Verletzung hatten, gegenüber anderen Menschen OHNE eine solche Erfahrung.

Im Gegensatz dazu sind Patienten mit einer ständigen Schmerzerfahrung, die mit der Zeit nicht besser wird oder geheilt werden kann, im deutlichen Nachteil. Diese Menschen können die Schmerzen, die sie seit Langem haben und unter welchen sie chronisch leiden, NICHT positiv mit einer Verbesserung ihrer Situation in Verbindung bringen. Für sie bedeuten Schmerzen NICHT Heilung oder Genesung. Für sie sind Schmerzen immer nur negativ mit einem schlimmen Zustand korreliert. Sie können KEINE Erwartung einer Verbesserung mit den Schmerzen entwickeln, und deswegen empfinden sie die Schmerzen immer als maximal negativ. Dies ist dann auch der Grund dafür, warum diese Menschen

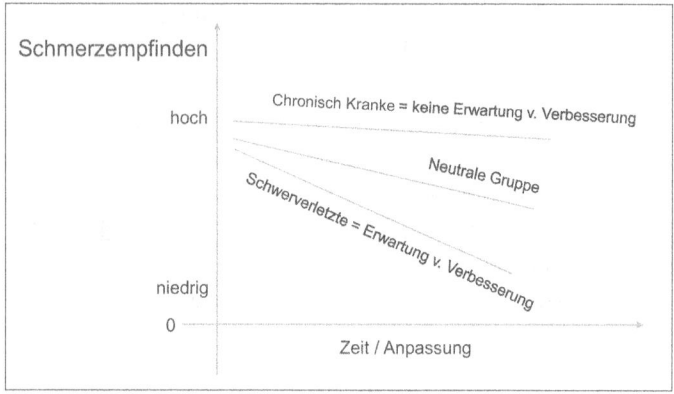

Abb. 2.6 Schmerzempfinden nach Clustern und Erwartungen: Die Abbildung zeigt die mit dem Schmerzsignal verbundene Erwartung: Gruppe A verbindet mit zugefügten Schmerzen eine Verbesserung ihrer Situation, z. B. eine Heilung der Verletzung. Sie interpretiert den Schmerz als etwas Positives und daher findet auch eine entsprechend deutliche Anpassungsreaktion an den Schmerz statt. Gruppe B verbindet mit dem Schmerz den gewohnten Zustand, welcher maximal unbefriedigend ist (chronische Schmerzen), ohne Hoffnung auf eine Verbesserung der Situation. Eine Anpassungsreaktion an den Schmerz ist daher minimal. Gruppe C ist die Referenzgruppe. Somit wird hier die Interpretation des Signals „Schmerz" deutlich: Die individuelle Interpretation des Schmerzes durch die Schmerzbetroffenen hat eine signifikante Auswirkung auf deren Schmerztoleranz.

mit der Zeit viel empfindlicher auf Schmerzen reagieren als Menschen ohne dieses Problem (Abb. 2.6).

Adaptive Reaktionen (Anpassungsprozesse) sind also belegbar abhängig von der Interpretation des entsprechenden Signals durch das Gehirn. Diese Interpretation durch das Gehirn ändert sich je nach den momentanen Umständen und dem Umfeld! Sie stellt mithilfe des Umfelds also eine extrem wichtige und wirkungsvolle Stellschraube zur Steuerung der Resultate dar!

Anpassung und soziale Normen

In der Realität des sozialen Lebens und der Gemeinschaft lässt sich eine relativ hohe Symmetrie und Korrelation bei

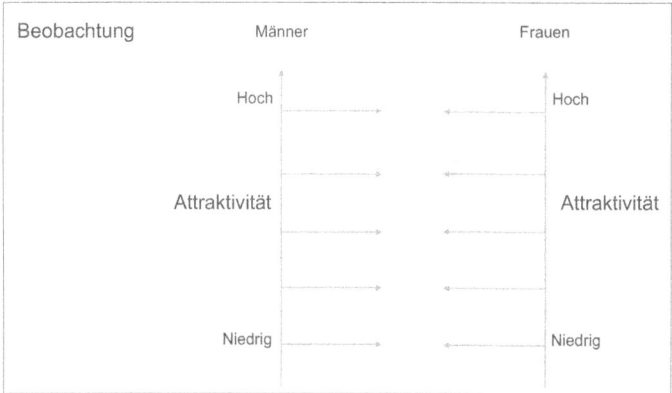

Abb. 2.7 Die Abbildung verdeutlicht die natürlichen Anpassungsprozesse bei der Partnersuche

einigen menschlichen Faktoren beobachten. Beispielsweise fällt die Häufigkeit auf, mit der die Attraktivität von zwei Partnern (Ehepaar) eine erstaunlich hohe Korrelation aufweist. Dies kann nicht zufällig sein, denn es ist statistisch überprüfbar, dass optische Attraktivität sich gegenseitig anzieht. Graphisch kann man diese Beobachtung in einem Diagramm veranschaulichen (Abb. 2.7).

Auch experimentell kann man nachweisen, dass eher attraktive Menschen einen attraktiven Partner suchen, mittelmäßig attraktive Menschen suchen eher einen mittelmäßig attraktiven Partner und weniger Attraktive suchen entsprechend auch weniger attraktive Partner.

Hier könnte man eventuell untersuchen, ob die Attraktivität auf verschiedene Art und Weise wahrgenommen wird. Dies ist jedoch nicht der Fall, denn auch weniger attraktive Menschen finden objektiv attraktive Menschen attraktiver.

Warum suchen dann aber weniger attraktive Menschen in der Regel auch weniger attraktive Partner und nicht attraktivere? Wie wird ein so offensichtliches Gleichgewicht hergestellt und diese Korrelation im „Markt" erreicht?

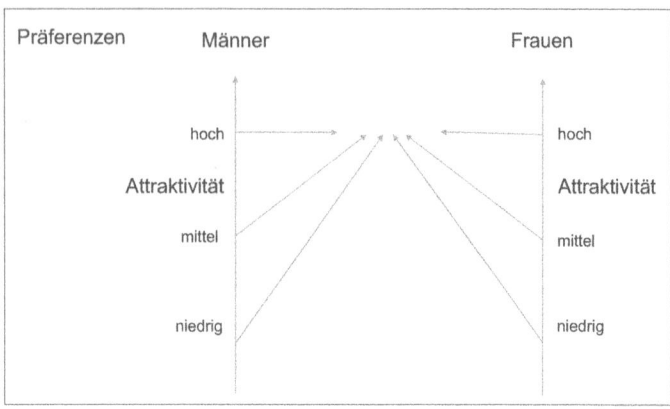

Abb. 2.8 Die Abbildung verdeutlicht die bevorzugte Attraktivität bei den verschiedenen Gruppen

Hier gibt es drei Erklärungsmöglichkeiten:

1. Es findet keine Anpassung statt, und alle suchen immer nur die/den attraktivsten Partner: → Dies ist jedoch nicht der Fall. Denn weniger Attraktive würden unter diesen Umständen keinen Partner finden. Das Gleichgewicht würde nicht zustande kommen.
2. Es findet eine Veränderung der persönlichen Präferenzen/des Geschmacks statt (also findet man weniger attraktive Partner attraktiv, um glücklich zu sein): → Dies zeigt sich auch als nichtzutreffend, die Attraktivität wird objektiv durch alle gleich beurteilt (siehe Abb. 2.8).
3. Es findet eine Neubewertung der Wichtigkeit der Präferenzen statt, wobei die Attraktivität an Wichtigkeit verliert und andere Präferenzen gewinnen: → Das scheint der Fall zu sein. Statt die Attraktivität als wichtigstes Attribut zu berücksichtigen, rücken andere Attribute (z. B. Humor, Intelligenz, Charakter) in den Vordergrund. Dadurch wird eine Anpassung herbeigeführt und ein Gleichgewicht erreicht.

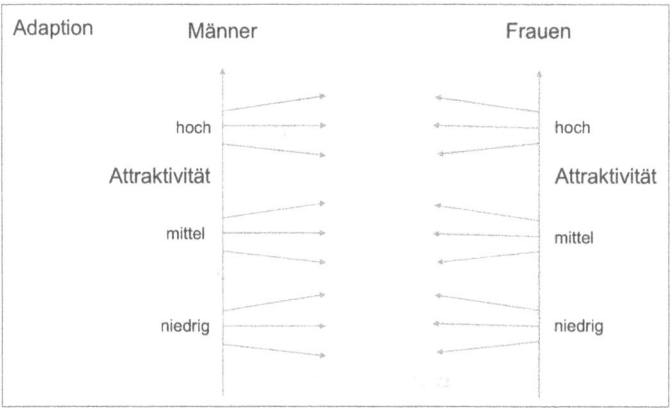

Abb. 2.9 Die Abbildung zeigt das durch die Adaptionsprozesse entstandene Gleichgewicht

Ergebnis: Der Mensch passt sich guten wie auch negativen Veränderungen an. Alles ist in Relation zu seinem Umfeld und anderen Dingen in seinem Leben zu sehen. Hier spielen die Vergangenheit und die momentanen Umstände die entscheidende Rolle (Abb. 2.9).

Die menschlichen Anpassungsprozesse sind auch in anderer Hinsicht von Bedeutung: im Zusammenhang mit Konsum allgemein – unabhängig davon, ob es sich um Alkohol (Drogen), Schmerzmittel (Medikamente), Konsum von Waren oder Konsum von Vergnügungen handelt. Nach einer Zeit stellt sich der Normalzustand ein und der Mensch ist immer mehr um weiteren Konsum bemüht (= versucht die Dosis zu erhöhen), um die für ihn befriedigende Menge zu erhalten. Um also eine bestimmte Wirkung eines Guten zu erzielen, muss stetig die Dosis erhöht werden. Das ist eine Folge von menschlichen Anpassungsprozessen. Diese sind im medizinischen Bereich, im sozialen Bereich, im psychologischen Bereich und im ökonomischen Bereich (hier nennt man es „abnehmbarer Grenznutzen") zu finden.

Vor diesem Hintergrund erstaunt die Jahrtausende alte Weisheit des Verzicht-übens als Tugend!

Die Realität und alle Ergebnisse der durchgeführten Experimente widersprechen der Theorie des Homo oeconomicus diametral, der keine solche Anpassungsprozesse kennt und immer vollkommen objektiv ohne jegliche Beeinflussung die jeweilige Situation beurteilt.

Die klassische ökonomische Standardtheorie berücksichtigt in keiner Weise die Realität.

Emotionalität vs. Rationalität
Je emotionaler ein Zustand aufgeladen ist, in dem der Mensch seine Entscheidungen zu treffen hat, umso höher ist die Wahrscheinlichkeit, dass nicht sein Verstand und seine „Ratio" – also die Bereiche im Gehirn, die für die rationalen Entscheidungen verantwortlich sind – eingesetzt werden, sondern seine Instinkte und Reflexe, also sein emotionales Denken (siehe hierzu im Abschn. „Triebe – Bedürfnisse – Wünsche – Präferenzen – Entscheidungen", System 1 und System 2 Denken).

Selbstüberschätzung
Beispiel Experiment Selbstüberschätzung (Self-Overconfidence):

In einem Labor werden männliche Probanden nach ihrer eigenen und persönlichen Einschätzung gefragt, ob sie sich selber gegenüber den übrigen Probanden aus der Gruppe

a. als eher bessere Autofahrer als der Durchschnitt aus dieser Gruppe,
b. als durchschnittlich gute Autofahrer oder
c. als eher schlechtere Autofahrer als der Durchschnitt aus dieser Gruppe

einschätzen.

Ganz gleich, wie eine solche Probandengruppe zusammengesetzt ist, ist es auch absolut unabhängig vom tatsächlichen Können der Probanden, muss jedes statistisches das Ergebnis sein, dass links und rechts vom Durchschnitt die gleiche Anzahl steht – denn der Durchschnitt muss logischerweise bei dieser Fragestellung immer in der Mitte sein. Das erstaunliche Ergebnis dieses Experiments ist jedoch, dass die Probanden sich generell zu etwa 2/3 besser als der Durchschnitt ihrer eigenen Gruppe sehen. Nachdem dies aus statistischen und logischen Gründen nicht möglich ist, ist die einzig mögliche Erklärung für diese Eigeneinschätzung die sogenannte „Self-Overconfidence". Das heißt, die Probanden überschätzen maßlos ihre eigenen Fähigkeiten. Dieses Experiment kann man beliebig oft wiederholen und es auch in unterschiedlichen Ländern und Kulturen durchführen. Das Ergebnis wird immer in etwa das gleiche sein. Somit handelt es sich um eine generell vorhandene Selbstüberschätzung insbesondere bei den Tätigkeiten, die man sehr oft ausübt.

Macht man das identische Experiment mit Frauen, erhält man in etwa eine Gleichverteilung. Somit hält sich die Anzahl der Frauen, die sich besser als der Durchschnitt einschätzen, und die Anzahl derer, die sich schlechter als der Durchschnitt einschätzen, in etwa die Waage.

Einige Wissenschaftler haben daraus den Schluss gezogen, dass Männer im Allgemeinen eher zur Selbstüberschätzung neigen als Frauen. Dies ist jedoch ein Denkfehler und falsch. Der Grund für das unterschiedliche Ergebnis liegt darin, dass der Inhalt der Frage – nämlich die Selbsteinschätzung des eigenen Könnens beim Autofahren – bei Männern in der Regel wesentlich emotionaler ausgeprägt ist als bei Frauen. Wiederholt man dieses Experiment dann aber mit einem anderen Inhalt, beispielsweise, ob man sich als Mutter für überdurchschnittlich, durchschnittlich oder unterdurchschnittlich gut einschätzt, oder ob man sich im eigenen Modegeschmack und Stil für überdurchschnittlich,

durchschnittlich oder unterdurchschnittlich gut einschätzt, dann erhält man auch bei Freuen ähnlich hohe Werte an Selbstüberschätzung von 2/3 zu 1/3.

Somit muss man ausdrücklich alle Untersuchungen, die aus diesem Experiment die Folgerung ziehen, Männer würden generell eher zur Selbstüberschätzung neigen, mit einer gewissen Skepsis ansehen.

Die wichtige und richtige Schlussfolgerung, die aus diesem Experiment zu ziehen wäre, ist die, dass Menschen generell bei Themen, in welchen sie selber emotional stärker involviert sind, dazu neigen, ihre eigenen Fähigkeiten zu überschätzen.

Eine Erklärung dafür ist möglicherweise auch in der Evolutionsgeschichte zu suchen: Diese hier beschriebenen und untersuchten Verhaltensweisen scheinen angeboren zu sein. Man sieht Ähnliches auch im Tierreich, wo beispielsweise eine mit Größe und Schönheit einhergehende Selbstüberschätzung zu beobachten ist: Ein Pfau etwa versucht, durch seine Federn seine Größe und Schönheit zu „frisieren", um sich einen Vorteil gegenüber den anderen zu verschaffen. Die Natur wird dies so eingerichtet haben, um die Fortpflanzung der betreffenden Lebewesen zu begünstigen und das Überleben zu sichern. Die von sich überzeugten Tiere (oder auch Menschen) kommen eher zum Zug bei der Partnerwahl.

Auch bei den Menschen ist ein sehr ähnliches Verhalten – also etwas vorgeben, was nicht der Wirklichkeit entspricht – zu beobachten: So kaufen sich beispielsweise viele Menschen in den ärmeren Ländern Attrappen von Mobiltelefonen und tun auf der Straße so, als würden sie damit telefonieren. In Europa kaufen sich Menschen, die aus unterprivilegierten Verhältnissen stammen, oftmals ein extra großes bzw. teures Auto, um zu dokumentieren, dass sie zu einer wohlhabenderen Schicht gehören als es der Fall ist. Bei Berufs- und Funktionsbezeichnungen gibt es heute anscheinend nur noch Manager, Leiter, Vizepräsidenten und Direktoren. Und wenn ein Unternehmen Schwierigkeiten hat, seine Produkte zu verkaufen, dann verkündet es eine „limitierte Auflage", um auch die letzten im Lager liegenden Reste loszuwerden. Hinter alledem steckt das natürliche und evolutionsbedingte Bedürfnis, sich vom Rest (vom Konkurrenten) abzusetzen, sich besser, größer, reicher, erfolgreicher oder schöner zu geben, als man in Wirklichkeit ist, und den gesellschaftlichen Status zu verbessern, um so das Überleben bzw. die Fortpflanzung zu sichern.

Bestechlichkeit

Bestechlichkeit wird definiert als die ungerechtfertigte oder ungesetzliche Bezahlung oder Annahme von Geld oder Vorteilen, um bestimmte Handlungen zu erzwingen. Man muss jedoch unbedingt auch die Zusammenhänge und das Umfeld bei solchen „Transaktionen" mitberücksichtigen. Wird z. B. ein Elternpaar mit einem entführten Kind erpresst, so ist streng genommen die Bezahlung des Lösegelds ebenfalls als eine ungerechtfertigte bzw. ungesetzliche Zahlung zu sehen – also als eine Form von Bestechung, um das zu bekommen, was man will und begehrt. Auch wenn dieses Beispiel sehr extrem ist und möglicherweise von vielen NICHT als Bestechung angesehen wird, so sind hier die Abstufungen, die man alle durch zahllose Beispiele veranschaulichen kann, unendlich vielfältig.

> **Beispiele:**
> - Annahme von Geld oder sonstigen Vorteilen für einen Gefallen oder für eine Leitung in einer Situation, in der die eigene Familie (z. B. aufgrund von Hunger) ums Überleben kämpft
> - Annahme von Geld oder sonstigen Vorteilen für einen Gefallen, wenn man den eigenen Kindern/der Familie eine gute Ausbildung ermöglichen möchte

- Annahme von Geld oder sonstigen Vorteilen für einen Gefallen, wenn man der eigenen Familie einen gesellschaftlichen Aufstieg ermöglichen möchte
- Annahme von Geld oder sonstigen Vorteilen für einen Gefallen, wenn man für die eigene Familie eine Absicherung für die Zukunft schaffen möchte
- Annahme von Geld oder sonstigen Vorteilen für einen Gefallen, wenn man für die eigene Familie Wohlstand und Reichtum schaffen möchte
- Annahme von Geld oder sonstigen Vorteilen für einen Gefallen, um sich verwirklichen zu können
- Annahme von Geld oder sonstigen Vorteilen für einen Gefallen, wenn man die eigenen egoistischen Interessen befriedigen möchte usw.

Aus diesen Abstufungen wird ersichtlich, dass eine ethische imaginäre Grenze zwar irgendwo verläuft – wo genau dies aber ist, wird immer ein Diskussions- und Streitthema sein. Hier determiniert das, was man als wichtig ansieht und nur ein Schätzenswert sein kann, automatisch den Begriff „Moral". Für jede Tat und für jede Handlung gibt es immer bestimmte Gründe. Jedoch sind es die Umstände der jeweiligen Situation, die bei der Bewertung der Handlung die entscheidende Rolle spielen.

Wichtiger jedoch ist aber die notwendig daraus resultierende Schlussfolgerung zum Thema Bestechung: Es ist klar ersichtlich und logisch, dass mit zunehmend besseren Verhältnissen des Umfelds (Wohlstand und materielle Ausstattung der Individuen) die objektive Notwendigkeit für korruptes Verhalten abnimmt. Die Folge dessen macht die weltweite Problematik der Korruption verständlich und erklärbar.

Somit ist jeder Mensch bestechlich, der Unterschied liegt lediglich in der Höhe des Preises oder des Vorteils. Der Preis der Bestechung ist wiederum abhängig

1. von den äußeren Faktoren und vom Umfeld des betroffenen Menschen (Not, Armut, Hunger, Geiz, Neid, …),
2. von seinen Werten, von seiner moralischen Stärke und von seiner Einstellung,
3. von der psychischen Verfassung.

Hier kann das Extrembeispiel von oben (Entführung und Lösegeldzahlung) angeführt werden. Dabei muss man klar und deutlich eine methodische Kritik an der Interpretation der Ergebnisse einiger Experimente in der Verhaltensökonomie üben, in welchen das Fairnessverhalten experimentell untersucht wurde und wo angeblich die Höhe der auf dem Spiel stehenden Summe, bzw. die Größe des Vorteils als nicht relevant für das Verhalten und die Fairness der Akteure gewesen sein soll. Wie oben zu sehen ist: Wenn es um sehr, sehr viel für den Betroffenen geht (Kinder, eigenes Leben, Überleben, finanzielle Absicherung etc.), wird niemand diese hohen Werte dem eigenen „fairen" Verhalten opfern und nicht einen Bestechungsvorteil annehmen. Dies ist nachvollziehbar und macht jede experimentelle Überprüfung auch absolut überflüssig.

Menschen sind, wie sie nun einmal sind, und man muss diese Fakten akzeptieren. Je ärmer und gefährlicher die Verhältnisse und das Umfeld sind, desto ausgeprägter ist analog dazu das käufliche/korrupte Verhalten der Beteiligten – und zwar unabhängig davon, ob die Gründe für andere Menschen nachvollziehbar sind oder nicht! Darüber muss man sich immer im Klaren sein und diese Tatsache auch akzeptieren.

Fairness
Wichtig im Zusammenhang mit „Fairness" ist die Frage, ob „Fairness" – also ein Gerechtigkeitsempfinden – universell ist (beispielsweise genetisch bedingt und bei allen Menschen angeboren), oder ob es kulturelle Unterschiede gibt und Fairness daher anerzogen oder angelernt ist. Hier kann möglicherweise ein Blick ins Tierreich wichtige Indizien liefern: Es ist zu beobachten, dass Tiere durchaus gut kognitiv

verstehen, was in einer bestimmten Situation richtig (z. B. fair) ist und was nicht. Wird beispielsweise ein Hund immer mit einem Keks belohnt, wenn er Stöckchen holt, dann wird er es als ungerecht empfinden, wenn auf einmal ohne Grund die Belohnung ausbleibt. Und diese empfundene Ungerechtigkeit wird das Tier seinem Halter deutlich signalisieren. Diese und ähnliche Effekte kann man überall im Tierreich beobachten und eindeutig zuordnen.

Die Schlussfolgerung daraus ist, dass es eine Art Ur-Form der „universellen Gerechtigkeit" geben muss, die allen intelligenteren Lebewesen genetisch angeboren sein muss.

Tiere, z. B. Hunde und Affen, empfinden nachweisbar Ungerechtigkeit und reagieren teils sehr heftig darauf. Ein bemerkenswertes Experiment, um das Verhalten von Tieren im Zusammenhang mit Gerechtigkeitsempfinden zu untersuchen, stammt von dem niederländischen Wissenschaftler Frans de Vaal. Er wollte untersuchen, wie sich Tiere in verschiedenen Situationen verhalten, die sie als ungerecht empfinden, und welche Auswirkungen und Formen die beobachteten Verhaltensweisen annehmen (Brosnan und de Waal Frans 2003).

Beschreibung des Experiments:

Aus einer Gruppe von Rhesusaffen wurden jeweils zwei Tiere willkürlich ausgesucht und lernten, spielerisch bestimmte leichte Aufgaben zu lösen. Affen sind sehr intelligente und verspielte Tiere, und deshalb machten sie von sich aus gerne bei diesem spielerischen Experiment mit.

Dann begann man damit, den Tieren für jede richtig gelöste Aufgabe ein Stück Gurke als Belohnung zu geben. Da Rhesusaffen Gurken anscheinend mögen, nahmen sie diese sehr gerne an und hatten am spielerischen Lösen der Aufgaben, wo es dazu auch noch etwas Leckeres als Belohnung gab, bei diesem Experiment offensichtlich Freude. Die Tiere waren untereinander mit einer Glaswand getrennt und bekamen die Belohnung immer nach dem Lösen der Aufgabe abwechselnd durch das Gitter von vorne.

Nach einiger Zeit veränderte man das Setup dahingehend, dass man dem einen Tier für das richtige Lösen der Aufgaben weiterhin Gurken gab, während das andere Tier plötzlich für die gleiche Tätigkeit Weintrauben bekam. Nichts war sonst verändert. Die Aufgaben blieben gleich, die Gurken für das andere Tier blieben gleich, nur konnte es jetzt durch die Glaswand genau sehen, dass der andere Affe keine Gurken mehr bekam, sondern Weintrauben. Hier muss man wissen, dass Rhesusaffen Weintrauben lieben und weitaus lieber essen als Gurken.

Streng rational betrachtet, besteht die Option des Tieres darin, am Experiment freiwillig teilzunehmen oder nicht. Es kann entscheiden, die ihm angebotene Belohnung zu fressen oder nicht. Dies ist auch die Lösung der klassischen ökonomischen Standardtheorie. Der rational denkende Homo oeconomicus würde natürlich die Belohnung annehmen und weiterhin das tun, was ihm Spaß und Freude macht, denn alle anderen Optionen sind für ihn weniger vorteilhaft und damit nicht rational.

In diesem Experiment zeigte sich, dass ein Tier in einer derartigen Konstellation, in der es mitbekommt, dass es gegenüber dem anderen Tier benachteiligt wird, ganz anders reagiert: Es fängt zuerst an, die ihm angebotenen Gurken nicht anzunehmen, beginnt dann, aufgeregt zu schimpfen und zu schreien, bei einer Fortführung des Experiments rüttelt es wild und wütend an den Gitterstäben und zum Schluss wirft es sogar die ihm weiterhin angebotenen Gurken nach dem Experimentator.

Es findet also eine sehr heftige Reaktion statt, die darauf schließen lässt, dass das Tier eine Art ungerechte und ungute Situation empfindet.

Das lässt den Schluss zu, dass bei Lebewesen bereits durch die Natur oder durch die Evolution eine Art angeborenes Gerechtigkeitsgefühl oder eine „Werteskala" angelegt ist. Diese determiniert, was als gerecht und was als ungerecht empfunden wird, und ist in Situationen und

Konstellationen dafür verantwortlich, dass es zu heftigen Abwehrreaktionen kommt, wenn diese Werte verletzt werden.

Als Zweites wird aus diesem Experiment deutlich, dass Tiere auf eigene Vorteile verzichten und sogar so weit gehen, dass sie zum eigenen Nachteil handeln, wenn sie sich einer ungerechten Situation ausgesetzt fühlen.

Als Drittes ist die Feststellung zu machen, dass durch diese empfundene Ungerechtigkeit sogar Aggression entstehen kann.

Als Viertes ist zu erkennen, dass die Höhe der Entlohnung selbst gar nicht wichtig ist für eine Handlung. Denn auch ohne eine Entlohnung haben die Tiere nur aus reinem Spaß und Freude an der spielerischen Aufgabe mitgemacht. Sobald jedoch entlohnt wird, dann spielt die *gerechte* Verteilung und Höhe dieser Entlohnung eine extrem wichtige Rolle.

Dieses Experiment ist durchaus auch auf Menschen übertragbar, und die Ergebnisse sind insgesamt aus der Sicht von Kompensationstheorien und gesellschaftlicher Organisationssteuerung von größter Bedeutung.

Ökonomisch interessant ist die Erkenntnis, dass beispielsweise innerhalb einer Belegschaft im Unternehmen eine als ungleich und ungerecht empfundene Entlohnung zu internen Spannungen, zum Streit, zum Absenken der Produktivität und sogar zur Wut mit Schädigungspotenzial führen kann, die durch negative Handlungen kanalisiert wird und das Unternehmen, Mitarbeiter, Kunden oder das Inventar letzten Endes schädigen kann.

Insbesondere bei der Diskussion über Managergehälter berücksichtigen viele Organisationen nicht die Signifikanz dies Themas der empfundenen Ungerechtigkeit innerhalb des Unternehmens und argumentieren beispielsweise mit einer überdurchschnittlichen oder übertariflichen Entlohnung der Belegschaft. Es fehlt offensichtlich in diesem Zusammenhang das Verständnis für die hier dargelegte Problematik: Selbst eine zig-fache Überbezahlung von zwei Mitarbeitern über dem üblichen Marktniveau wird zu Problemen unter diesen beiden führen, wenn einer von ihnen – ohne einen schlüssigen und ersichtlichen Grund – noch besser entlohnt wird als der andere. Menschen können anscheinend besser mit weniger leben, wenn es gerecht verteilt ist, als mit viel, das aber ungerecht verteilt ist.

Die Folge von so gelagerten Ungerechtigkeiten in der Verteilung ist eine offensichtlich evolutionsbedingte und somit angeborene Wut, die im Extremfall zur Gewaltbereitschaft führen kann.

Wenn also den Lebewesen ein Gerechtigkeitsempfinden angeboren ist, dann muss es zwangsläufig auch bestimmte, definierbare, universelle Grundsätze für diese „universelle Gerechtigkeit" geben. Die zu klärende Frage wäre dann, welche Grundsätze es sind und welche Grenzen es für diese Grundsätze gibt und wo diese genau liegen. Die Biologie und Anthropologie bilden hier eine große Schnittmenge zu diesem, heute noch völlig unerforschten Thema, und auch die Philosophie muss ihren Standpunkt dazu genau abklären.

Vertrauen
Das Vertrauen und Sich-Verlassen auf andere wurde durch die Evolution des Menschen über Jahrtausende hinweg entwickelt. Eine Aufteilung der Aufgaben z. B. bei der Jagd ergab wesentlich bessere Erfolgschancen auf Beute und erhöhte so die Überlebenschancen der ganzen Gruppe. Eine Aufteilung der Aufgaben und das Sich-Verlassen auf andere führte auch zu einer Erleichterung (Effizienz) der komplexen Aufgabe (z. B. Jagd), zu einer erhöhten Erfolgsquote (Effektivität) und somit zu wesentlich besseren Endergebnissen und damit letztendlich zur besseren Versorgung der Gruppe oder des Stammes.

Das Vertrauen spielt dabei die zentrale Bedeutung. Der Einzelne muss sich auf den oder die anderen verlassen. Er muss sich während der Ausführung der Tätigkeit (z. B. der Jagd) auf die Tätigkeit und Arbeit der anderen verlassen können – er muss sich aber auch bei der Aufteilung der Beute auf sie verlassen können, indem sie jeden berücksichtigen. Das Vertrauen muss einerseits bei der Jagd vorhanden sein, andererseits auch später bei der Verwertung des Ergebnisses der gemeinsam durchgeführten Handlung, bei der Verteilung der Beute. Nur wenn das „Sich-auf-andere-verlassen-Können" existiert und in der Gruppe vorhanden ist, funktioniert das effektive System der Arbeitsteilung und Spezialisierung. Davon profitieren dann alle, also die ganze Gruppe oder Gemeinschaft.

Ebenso funktioniert es mit dem Vertrauen und dem Sich-aufeinander-verlassen-Können auch heute in unserer hochkomplexen Gesellschaft. Von dieser werden bestimmte Güter angeboten, die auch auf Vertrauen basieren und von welchen alle profitieren.

So bezeichnet man Güter, die auf Vertrauensbasis für jeden zur Verfügung gestellt werden, als öffentliche Güter („Public Goods"). Sie funktionieren jedoch nur dann, wenn einzelne Menschen nicht egoistisch ihre eigenen Ziele maximieren und diese Güter nicht maximal konsumieren, sondern nur in dem Maß, in dem sie auch tatsächlich benötigt werden.

Ein Beispiel, wie „öffentliche Güter" funktionieren, und was ihre Schwachstellen sind im Zusammenhang mit Vertrauen, verdeutlicht folgendes Experiment:

Eine Gruppe von Probanden (z. B. 20 Probanden) bekommt eine bestimmte Menge Geld ausbezahlt, z. B. 10 EUR pro Person.

Nun hat jeder in der Gruppe folgende Möglichkeiten, wie er handeln kann:

a) Er kann das Geld einstecken und nach Hause gehen oder

b) Er kann das Geld in einen gemeinschaftlichen Topf anonym einwerfen. Die Summe des eingeworfenen Geldes aus diesem Topf wird anschließend gezählt, verfünffacht und dann zu gleichen Teilen an ALLE Teilnehmer ausbezahlt (also ohne zu berücksichtigen, wer einbezahlt hat und wer nicht, weil das Einwerfen des Geldes anonym geschieht und nicht nachtverfolgt werden kann, wer eingeworfen hat und wer nicht).

Ergebnis aus dem Experiment:
In der ersten Runde bezahlt jeder der 20 Teilnehmer seine 10,- EUR. Es werden insgesamt in den Topf 20 × 10 EUR = 200 EUR eingeworfen. Diese werden nach der Auszählung verfünffacht (200 EUR × 5 = 1000 EUR) und dann zu gleichen Teilen auf alle 20 Teilnehmer aufgeteilt (1000 EUR: 20 = 50 EUR). Jeder Proband bekommt also das Fünffache des einbezahlten Betrags zurück: Einbezahlt hat jeder 10 EUR, herausbekommen hat jeder nach der Auszählung 50 EUR. Es ist ein gutes „System" für jeden, und alle profitieren davon. Es entsteht eine Art Gleichgewicht für die optimale Lösung für alle.

Bald aber geschieht etwas, das mit der egoistischen Maximierung von Einzelnen erklärbar ist: Wenn nämlich der Einzelne sein Geld behält und nicht in den Topf einzahlt, dann profitiert er trotzdem von der Verfünffachung des durch die anderen eingezahlten Geldes – und hat ZUSÄTZLICH noch das Geld, das er selber nicht eingezahlt hat. Wenn also 19 Teilnehmer ihre 10 EUR einzahlen, dann werden 190 EUR in den Gemeinschaftstopf eingeworfen. Diese 190 EUR werden dann verfünffacht (190 EUR × 5 ergibt 950 EUR). Die Auszahlung für jeden ist dann 950 EUR geteilt durch 20 = 47,50 EUR pro Teilnehmer. Jeder der 20 Teilnehmer im Experiment erhält dann 47,50 EUR. Einer, der aber seine 10 EUR nicht in den Topf eingezahlt hat, profitiert dadurch, dass er am Ende

47,50 EUR von der Ausschüttung bekommt UND zusätzlich die 10 EUR behalten hat, somit hat er am Ende insgesamt 57,50 EUR. Er hat seinen Gewinn auf Kosten der anderen Teilnehmer maximiert.

Dies merken und verstehen die anderen Teilenehmer des Experiments, auch wenn sie nicht wissen, wer von ihnen es war, da alles anonym durchgeführt wird. Die sofortige Folge ist, dass in der nächsten Runde niemand mehr einzahlt, und jeder lieber seine 10 EUR behält. Das Vertrauen ist verloren und die Gruppe insgesamt hat ein neues Gleichgewicht erreicht, bei dem zwar jeder 10 EUR bekommt, aber nicht mehr 50 EUR generieren kann.

Somit gibt es bei dieser Konstellation zwei Equilibriums: eines, bei dem jeder mitmacht und sein Geld einzahlt. Dieses Equilibrium ist aber relativ schwach und geht verloren, sobald Einzelne aus der Gruppe beginnen, egoistisch zu handeln und ihre Interessen zu maximieren. Und ein zweites, ein stabiles und robustes Equilibrium, bei dem niemand mitmacht – und die Gemeinschaft somit auch keinen Vorteil mehr hat. Das Vertrauen wurde zerstört, der Vorteil für alle ging durch das unsoziale Handeln einzelner Mitglieder der Gruppe verloren.

Diese Erkenntnis ist der Schlüssel für die Konzipierung und Implementierung gesellschaftlicher Maßnahmen.

Auf die lange Sicht ist der entscheidende Faktor, um in entwickelten Gemeinschaften zu guten oder sogar optimalen Ergebnissen zu gelangen:

- Bildung von guter Reputation
- Bildung von Vertrauen
- Angemessene Bestrafung (hier hat die Evolution beim Menschen das Gefühl der „Rache" entwickelt, um die wichtige Komponente „Vertrauen" zu schützen; siehe auch unter „Ultimatum-Spiel")
- Langanhaltende Partnerschaften

- Nach Möglichkeiten Bildung von objektiven Bewertungsmaßnahmen (z. B. Bewertung und Veröffentlichung einzelner Geschäftspartner nach durchgeführten Transaktionen, etwa so, wie die Bewertung der Transaktionen bei Amazon oder ebay)

Der Aspekt der langanhaltenden Partnerschaft mit Vertrauen ist freilich umso verlässlicher und stabiler, je ähnlicher die beiden Partner sich sind und hängt davon ab, ob sie aus der gleichen oder zumindest aus einer ähnlichen Gruppe stammen und ob sie dementsprechend über einen möglichst identischen Hintergrund (Erziehung, Kultur, Sitten, soziale Konventionen usw.) verfügen. Je größere Unterschiede es hier gibt, umso instabiler sind solche langanhaltenden Partnerschaften. Dies gilt für den ökonomischen ebenso wie für den sozialen oder privaten Bereich, z. B. in zwischenmenschlichen Beziehungen.

Die aktuelle ökonomische Standardtheorie, die von einem menschlichen Verhalten ausgeht, das nach dem Muster des Homo oeconomicus funktioniert, kommt zum eindeutigen Ergebnis: Der Homo oeconomicus ist rational und er kennt das Umfeld. Er kennt daher auch die anderen Teilnehmer im Umfeld, und da es sich bei allen anderen auch um solche mit dem Verhalten des Homo oeconomicus handelt und jeder nur an seinem eigenen Vorteil interessiert ist, weiß er, dass niemand in dieser Konstellation sein Geld einzahlen würde. Er selber würde es natürlich auch nicht tun. Eine soziale Gemeinschaft käme nie zustande. Bessere Ergebnisse aufgrund von Vertrauen und Arbeitsteilung wären ebenfalls nicht möglich.

Im Gegensatz dazu – und zwar experimentell nachweisbar – zeigt die Realität, dass echte Menschen aber bei dieser Konstellation tatsächlich Geld einzahlen. Dies widerlegt wieder einmal mehr die klassische ökonomische Standardtheorie und belegt ihre falschen Grundannahmen und auch die falschen Ergebnisse und Schlussfolgerungen.

Analog dazu belegt auch das in der Forschung bekannte „Diktator-Spiel" diese mit der ökonomischen Standardtheorie nicht in Übereinstimmung zu bringende menschliche Handlungsweise. Die dazugehörende Komponente mit der Bestrafung des Partners unter der Bedingung, dafür eigene Verluste in Kauf nehmen zu müssen, aus Gründen der Rache für gebrochenes Vertrauen, ist mit dem Ultimatum-Spiel eindeutig belegbar und widerspricht diametral der Standardtheorie.

Die Logik und die Erklärung hinter dem Phänomen der „Rache" sind einerseits der moralische Kodex des Menschen selbst, die gesellschaftliche Konvention und andererseits auch die Empörung der Allgemeinheit oder der anderen Teilnehmer/Partner und deren soziale Sanktionen (z. B. Entzug der Freundschaft).

So ist, ökonomisch gesehen, beispielsweise altruistisches Verhalten in der klassischen ökonomischen Standardtheorie gar nicht abgebildet. In der Wirklichkeit jedoch spielt Altruismus in der Evolution, ökonomisch und sozial eine nicht zu unterschätzende Rolle. Altruismus ist ein wichtiges gesellschaftliches Thema und hat mit Ansehen, mit Motiven für Handlungen und damit auch direkt mit ökonomischen Prozessen viel zu tun. Vieles in der Anthropologie, in der Biologie, in der Gesellschaft und auch in der Ökonomie ist nur durch die Existenz von Altruismus möglich und erklärbar. Deswegen wird auch viel in Strafmaßnahmen investiert. Auch dies zeigt einen Gegensatz zur Theorie und zum Handeln des Homo oeconomicus.

Altruismus spielt übrigens nicht nur in der menschlichen hochentwickelten Gesellschaft eine wichtige Rolle. Sogar in der Natur und bei Tieren gibt es erstaunliche Beobachtungen von altruistischem Verhalten. So ist beispielsweise von den Vampirfledermäusen bekannt, dass diese ihre Beute nach der Rückkehr von der Nahrungssuche mit anderen Tieren, die keine Beute machen konnten, teilen.

Diese Vampirfledermäuse besitzen ein hochentwickeltes Sozialverhalten. So praktizieren sie eine gegenseitige Fellpflege, was ein unter primitiven Tieren unübliches soziales Verhalten ist. Vor allem aber teilen sie sich mit ihren hungrigen Artgenossen ihre erbeutete Nahrung. Diese würgen sie hoch und füttern andere Tiere damit, die keine Nahrung bei der Nahrungssuche finden konnten.

Eine Vampirfledermaus stirbt, wenn sie in zwei oder drei aufeinanderfolgenden Nächten keine Nahrung zu sich nimmt. Zwischen 7 und 30 % der Tiere scheitern jedoch in einer Nacht bei ihrer Nahrungssuche. Die Gründe dafür sind Krankheit, Verletzung, Geburt oder ganz einfach Erfolglosigkeit beim Beuten. Aufgrund des dringenden (Nahrungs-)Blutbedarfes und der Schwierigkeiten, Beute zu finden, spielt das Heraufwürgen und Teilen der eigenen gefundenen Nahrung mit anderen Tieren der Gruppe eine wichtige Rolle für das Überleben der ganzen Gruppe und somit auch der Spezies. Ohne Teilen der Nahrung läge die jährliche Todesrate der Tiere hochgerechnet bei 82 %, tatsächlich aber beträgt sie nur 24 %.

Wenn ein solches Tier eine nach menschlichen Maßstäben „selbstlose" Handlung ausführt, kann dies nur aus zweierlei Gründen geschehen: Entweder ist es zum Nutzen seiner Verwandten, insbesondere der Nachkommen, oder zum Nutzen seiner selbst – damit ihm also selbst ebenfalls entsprechend geholfen wird, wenn es in die Lage kommt und Hilfe benötigt. Diesen Mechanismus bezeichnet man auch als „reziproken Altruismus". Das Blutteilen/Nahrungsteilen der Vampirfledermäuse ist das beste Beispiel für diesen „reziproken Altruismus". Schätzungen zufolge gewinnt ein hungriges Tier durch eine Nahrungsspende 18 Stunden bis zum Hungertod, während das Spendertier nur rund 6 Stunden verliert. In Summe profitieren also beide Tiere von diesem Verhalten. Somit erhöht sich die Effizienz des Gesamtsystems durch eine funktionierende Kooperation und Vertrauen gegenüber egoistischem Verhalten signifikant, und es scheint durch die Evolution zu dieser Optimierung der Überlebenswahrscheinlichkeit gekommen zu sein, denn dieses Verhalten der Tiere ist angeboren. Aus diesen beobachteten und messbaren Fakten lässt sich mit relativ einfachen Mitteln ein mathematisches Optimum berechnen.

Abgesehen von der Versorgung des eigenen Nachwuchses – was im Tierreich absolut üblich ist – hängt die Frage, ob eine Vampirfledermaus zum Teilen ihrer Nahrung bereit ist, auch von der Wahrscheinlichkeit ab, diese Leistung auch einmal wieder zurückzubekommen, bzw. von der Tatsache, ob das bittende Tier früher schon einmal mit dem jetzt Angebettelten geteilt hat. Voraussetzung dafür ist, dass die Tiere einander individuell erkennen und ein Vertrauen und Fairness zwischen ihnen existiert (= soziale Norm).

Die gegenseitige Fellpflege (= soziales Verhalten) spielt eine wichtige Rolle beim Identifizieren der einzelnen Artgenossen. Wenn ein hungriges Tier einem anderen das Fell pflegt, so kann der angebettelte Artgenosse dieses identifizieren und erkennen, ob es selbst schon einmal geteilt hat. Dies verdeutlicht die Wichtigkeit und die Funktion des „Social Proof" sogar im Tierreich und die Tatsache, dass auch primitive Lebewesen Gerechtigkeit und Fairness innerhalb bestimmter Grenzen verstehen müssen. Bestimmte angeborene Verhaltensweisen lassen sich auch beim Menschen gut beobachten. Ein gutes Beispiel für eine Art „soziale Anerkennung", die in heutiger Zeit extrem populär ist und für ganze Massen von Menschen außerordentlich wichtig zu sein scheint, ist das große Verlangen nach „Likes" in den sozialen Medien. Hier gibt es mittlerweile spezialisierte Anbieter, die gegen Bezahlung eine bestimmte Anzahl dieser „Likes" künstlich für die Kunden generieren.

Entscheidend für den reziproken Altruismus sind die sehr stabilen Gruppen, die die Tiere bilden, in denen die einzelnen Individuen sehr lange, möglicherweise lebenslang zusammenbleiben. Dies könnte als eine Art soziale Gemeinschaft angesehen werden.

Verhaltensmuster wie der reziproke Altruismus, soziales Verhalten oder Teamwork erhöhen meistens die Effizienz des Gesamtsystems, was die Wahrscheinlichkeit für das Überleben des Einzelnen und der auch der Gemeinschaft erhöht. Die Evolution hat diese Verhaltensweisen, über die der heutige Mensch nur staunen kann, über Jahrmillionen hervorgebracht. Die Tiere wissen instinktiv, wie sie sich verhalten müssen, wie sie jagen, wann sie angreifen, was sie fressen sollen und wann sie flüchten müssen. Diese Verhaltensweisen sind genetisch vorgegeben, weil sie sich bewährt und über einen langen Zeitraum als nützlich gezeigt haben und sich deswegen gegenüber anderen Verhaltensweisen, die sich nicht so nützlich gezeigt haben, durchsetzen konnten.

Identisch verhält es sich auch mit dem Herdentrieb, der vielen Tieren und auch dem Menschen angeboren ist und der auch für eine bessere Überlebenssicherung verantwortlich ist und die Effizienz beim Verteidigen erhöht. Ein anderes anschauliches Beispiel ist ein Fischschwarm, wo jeder Fisch intuitiv weiß, wohin er sich zu bewegen hat, um Räubern in der großen Gruppe keine Chance zu bieten. Das alles ist eine Folge von Evolution, Perfektionierung und Weitergabe von Informationen bzw. Genetik.

Die Ehrlichkeit
Nachdem das Vertrauen in der Ökonomie wie auch in der geschichtlichen Entwicklung des Menschen eine so wichtige Rolle spielt und nachdem jeder weiß, dass die Realität, sei es in der Politik, in zwischenmenschlichen Beziehungen oder auch in der Wirtschaft, übervoll ist mit Betrug, List und Täuschung, ist es auch für die Wissenschaft unumgänglich, diesen Themenkreis zu untersuchen, zu analysieren und die Zusammenhänge zu erklären.

Auch hierzu wurden experimentelle Untersuchungen durchgeführt, um die Ehrlichkeit der Menschen zu studieren. Wie ehrlich einzelne Menschen oder Menschengruppen sind, lässt sich relativ einfach testen. Wichtiger jedoch als die Ehrlichkeit per se zu überprüfen, ist es, herauszufinden, welche Faktoren es gibt, die die Ehrlichkeit beeinflussen und wie genau sich diese Faktoren auswirken.

Experiment:

Eine Probandengruppe wurde gebeten, vorgegebene Rechenaufgaben auf einem Blatt in einem offenen Klassenzimmer zu lösen. Für jede gelöste Aufgabe bekam jeder Proband Geld ausbezahlt. Die bemessene Zeit für die Aufgaben war absichtlich zu kurz, sodass es von vornherein unmöglich war, alle Aufgaben innerhalb der vorgegebenen Zeit zu lösen. Im Durchschnitt konnten innerhalb dieser Zeit 4 von 10 Aufgaben gelöst werden.

Im ersten Testaufbau wurden die Probanden dadurch zum Mogeln verleitet, dass sie nach dem Ablauf der Zeit ihre Blätter mit den Ergebnissen ohne Angabe ihres Namens in eine geschlossene Box einwarfen und beim Verlassen des Raumes bei der Auszahlung selber angeben mussten, wie viele der Aufgaben sie gelöst hatten. Entsprechend bekamen sie das Geld ausbezahlt.

Im zweiten Testaufbau wurde eine gebriefte Person unter den Probanden platziert. Diese Person stand für jedermann deutlich sichtbar gleich nach dem Beginn des Experiments auf, sagte, dass sie alle Aufgaben gelöst habe, warf das leere Blatt in die Box und ließ sich die volle Summe für die angeblich gelösten Aufgaben auszahlen. Dies geschah mit Absicht so offensichtlich, damit jeder klar erkenne konnte, dass diese Person keine einzige Aufgabe bearbeitet, geschweige denn gelöst hatte.

Im dritten Testaufbau konnten die Probanden nach dem Einwerfen der Lösungen dem Leiter des Experiments mitteilen, wie viele Aufgaben sie gelöst hatten. Danach gingen sie um die Ecke und konnten anonym aus einer gemeinsamen Kasse alleine und unbeobachtet die entsprechende Summe Geld für die gelösten Aufgaben entnehmen.

Im vierten Testaufbau bekamen die Probanden für die Anzahl der angegebenen gelösten Aufgaben kein Geld, sondern Jetons. Diese Jetons konnten sie dann um die Ecke gleich wieder alleine und unbeobachtet gegen echtes Geld umtauschen.

Im fünften Testaufbau wurden die Probanden, bevor sie die Aufgaben lösen sollten, gebeten, aus dem Gedächtnis die 10 Gebote aufzuschreiben. Danach wurden die Aufgaben gelöst, dann die Blätter erneut namenlos in eine Box eingeworfen, anschließend das Ergebnis angegeben und das Geld ausbezahlt.

Zusammenfassung der Ergebnisse dieser Experimentreihe:

Menschen mogeln durchgehend alle, wenn es für sie eine Gelegenheit dazu gibt, doch sie mogeln nur ein wenig und schöpfen nicht die ganzen Möglichkeiten des Mogelns aus, die sich ihnen durch die Situation bieten.

Werden im Zusammenhang mit dem Handeln moralische Werte ins Gedächtnis gerufen (beispielsweise durch das Aufschreiben der 10 Gebote), geht das Mogeln deutlich zurück.

Existiert ein Umfeld, in dem offensichtlich durch andere betrogen wird, ohne dass dies Konsequenzen hat, oder wird dieser Zustand sogar offen toleriert, dann steigen Unehrlichkeit und Betrug sprunghaft an.

Die „Entfernung vom Geld" spielt beim Betrügen eine wichtige Rolle: Die Probanden mogelten bei der Angabe ihrer Ergebnisse und gaben höhere Werte an. Bei der anderen Möglichkeit des Betrügens, nämlich sich mehr Geld aus der Kasse zu nehmen, betrogen sie nicht. Auch beim Umtausch der Jetons zum Bargeld wurde nicht betrogen, es wurde also nicht zu viel Bargeld entnommen. Es wurden aber falsche Ergebnisse angegeben, um im Anschluss mehr Bargeld, entnehmen zu können, als einem zustand.

Hierzu wurde ergänzend ein weiterer Test durchgeführt. Auf dem Campus von mehreren Universitäten wurden

a) mehrere Getränke im Wert von 1 USD in Küchen von Studentenwohnheimen platziert und
b) einige 1-Dollar-Scheine in Küchen von Studentenwohnheimen liegen gelassen.

Auch bei diesem Test war das Ergebnis, dass die fremden Getränke sehr schnell verschwanden (ausgetrunken wurden), das fremde Geld jedoch unberührt blieb.

Interpretation der Ergebnisse:

Der Mensch betrachtet anscheinend das Betrügen als eine Art Balanceakt zwischen dem Maximieren seines Nutzens und dem Selbstrespekt, welchen er nicht sich selbst gegenüber verlieren möchte. Deswegen betrügt und schummelt er, um zwar einen gewissen Vorteil für sich zu generieren, jedoch gerade so viel, dass er sich nicht durch ein schlechtes Gewissen und Gewissensbisse quälen muss. Für seine Handlungen braucht der Mensch immer Rechtfertigungen, die er sucht, um diese Handlungen (Mogeln) begründen zu können. Man könnte es vielleicht so am besten ausdrücken: Es wird gerade so viel gemogelt, dass man sich selbst noch im Spiegel anschauen kann. Menschen hassen Interessenskonflikte und versuchen diese so zu vermeiden. Deswegen mogeln sie nur gerade so viel, wie es ihr Gewissen zulässt, und schöpfen in der Regel nicht die maximalen Möglichkeiten aus, die ihnen eine Situation bietet. Bieten sich Möglichkeiten an, das Mogeln zu rechtfertigen oder zu entschuldigen, dann werden diese Möglichkeiten maximal ausgenutzt.

Bei den Interessenskonflikten spielen Faktoren wie gesellschaftliche Akzeptanz, gesellschaftliche Normen,

Zugehörigkeit zu einer bestimmten Gruppe oder Klasse mit besonders hohen moralischen Werten, aber auch die „Entfernung vom Geld" eine signifikante Rolle.

Wird der Mensch – auch wenn es nur unterbewusst oder nur nebenbei ist – an bestimmte moralische Regeln, Prinzipien Gesetze oder Kodexe erinnert, erhöht sich für ihn die Schwelle zum Mogeln, und die Rate an Ehrlichkeit steigt.

Findet der Mensch Gründe, die das Mogeln für ihn rechtfertigen oder erleichtern (z. B. die anderen mogeln auch, Unehrlichkeit ist bereits einkalkuliert, man selber sei auch Opfer eines Betrugs gewesen und kann jetzt eine Art „Ausgleich" herstellen, indem man nun ebenfalls betrügt), dann steigt die Tendenz zur Unehrlichkeit stark an.

Wird über einen Zeitraum wenig ohne irgendwelche Konsequenzen gemogelt, so wird die Unehrlichkeit sprunghaft ansteigen und irgendwann zum maximalen Betrug führen.

Gruppenzugehörigkeit und deren Werte spielen eine wichtige Rolle: Fühlt man sich zu einer Gruppe zugehörig, die beispielsweise besonders hohe moralische Standards vertritt und diese repräsentiert, ist die Bereitschaft zur Unehrlichkeit viel niedriger, die Ehrlichkeit also überdurchschnittlich.

Je weiter die „Entfernung vom Geld" in einer Situation ist, desto eher mogeln die Menschen und sind unehrlich. Es fällt ihnen viel leichter, falsche Angaben über ihre Leistung und über die Ergebnisse zu machen, um sich dadurch dann mehr Geld zu erschleichen, als direkt mehr Geld aus einer Kasse zu entnehmen und zu stehlen. Auch Geldderivate, wie beispielsweise Jetons, führen zur Erhöhung der Distanz zum Geld und somit zum Anstieg der Unehrlichkeit. Es kommt auch auf eine schlüssige Erklärung und eine „innere Begründung oder Rechtfertigung" an, warum das Geld einem zusteht. Und bei dieser „inneren Rechtfertigung" unehrlich zu sein, ist dann einfach.

Fairness und Ehrlichkeit stehen im Interessenkonflikt mit unehrlichen Handlungen. Hier gibt es ein inneres Abwägen zwischen dem „reinen Gewissen" und dem möglichen Vorteil durch das unehrliche Handeln. Dieser innere Konflikt erzeugt eine kognitive Dissonanz, ein Gefühl, welches nach Lösungen verlangt. Die gängige Lösung bei unehrlichen Handlungen eines Individuums ist die, dass das Individuum sich künstliche Rechtfertigungsgründe zurechtkonstruiert, warum es so handelt, wie es handelt. Bei der Konstruktion dieser Rechtfertigungsgründe spielt das Umfeld eine entscheidende Rolle: Betrügen im Umfeld alle anderen offensichtlich auch, wird das Nichtbetrügen als die eigene Benachteiligung empfunden. Und benachteiligt werden möchte niemand , daher fangen auch ehrliche Menschenunter solchen Umständen schnell zu betrügen an.

Somit sind folgende Faktoren für das Thema Ehrlichkeit und Betrug von entscheidender Bedeutung:

- die Umgebung,
- die Verlockung,
- die Pseudorechtfertigung für den Betrug,
- die Distanz vom Geld.

Wirtschaftliche Gründe hingegen, wie beispielsweise Maximierung der eigenen Vorteile, scheinen eine eher untergeordnete Rolle zu spielen.

Die Thematik der sozialen Normen spielt beim Umfeld eine entscheidende Rolle, denn hier findet naturgemäß eine starke gegenseitige Beeinflussung statt. Das Handeln und Verhalten der Menschen bildet langfristig das Set der sozialen Normen (die Kultur). Und diese sozialen Normen sind das Maß, das im Augenblick der Entscheidung zur Handlung als Richtwert vorliegt. Langfristige gesellschaftliche Veränderungen (z. B. bedingt durch Einwanderung aus anderen Kulturkreisen) haben Einfluss auf die sozialen Normen und können diese im Laufe der Zeit verändern. Es ist ein Thema im Zusammenhang mit der Kulturveränderung allgemein, das nicht nur die Ökonomie betrifft. Für die

Ökonomie ist das Verhalten der Menschen maßgeblich und muss transparent und objektiv nach wissenschaftlichen Kriterien untersucht werden. Auch die Zusammenhänge und die Faktoren, die eine Veränderung der Verhaltensweisen der Menschen bewirken, müssen verstanden werden. Deswegen darf dieses Thema hier nicht unerwähnt bleiben. Verändert sich die Kultur, dann verändern sich die Werte und Normen mit der Zeit. Dadurch verändern sich zwangsläufig messbare Ergebnisse beim menschlichen Verhalten und seinen Entscheidungen, die kulturabhängig sind (beispielsweise durch das Verändern des moralischen Kodex oder ethischer Werte). Das ist ökonomisch relevant, das ist soziologisch relevant, und das ist im Endeffekt auch juristisch relevant.

Die Ergebnisse der durchgeführten Experimente zum Thema Ehrlichkeit widersprechen diametral den Annahmen zum Verhalten des Homo oeconomicus und somit auch allen daraus abgeleiteten Gesetzen in der ökonomischen Standardtheorie. Auch hier zeigt sich die ökonomische Standardtheorie als nur bedingt in der realen Welt anwendbar.

Der Mensch betrachtet immer das, was er nicht hat, als erstrebenswert
Das, was er hat und kennt, ist für ihn mit eher weniger Interesse verbunden, weniger reizvoll (Nachbars Kirschen schmecken besser) und deshalb auch weniger begehrenswert.

Beispiel:

Ein Strandhaus am Meer ist der große Traum der allermeisten Menschen. Für Inselbewohner jedoch, die in der Nähe vom Meer aufgewachsen sind und dort leben und ein Strandhaus ihr Eigen nennen, ist es Teil ihrer Normalität. Sie sehen nichts Besonderes darin. Im Gegenteil – diese Menschen träumen meistens von einem Leben in der Stadt mit besserer Infrastruktur und besseren sozialen und kulturellen

Angeboten. Das Gleiche beobachtet man bei den Bergbewohnern. Ganz egal, wie schön und malerisch ihre Lebensumgebung ist, nur die wenigsten von ihnen nutzen die Möglichkeiten, um zu wandern oder bergzusteigen. Diese Trendsportarten sind erst im Zuge des aufkommenden Tourismus in den Bergen entstanden durch die teils aus weiter Ferne angereisten Menschen aus Städten, die die Schönheit der Bergwelt entdeckten. Das einfache Leben in den Bergen oder in der Nähe des Meeres ist der Traum unzähliger Stadtmenschen geworden.

Solche Beispiele zeigen, dass der Mensch immer einen Anreiz verspürt für das, was er nicht hat oder nicht haben kann. Auf der anderen Seite aber begehrt er auch Dinge, mit denen er nicht richtig umgehen kann, die er nicht immer entsprechend nutzen kann und die ihm nicht immer unbedingt Freude und Spaß bereiten. Dies tut er aus Gründen der sozialen Anerkennung („Social Proof"). So begehrt er beispielsweise Autos, die er oft nicht einmal richtig fahren kann (meistens handelt es sich dabei um exklusive Sportwagen, mit denen er überwiegend angeben möchte, anstatt sie für das zu benutzen, wofür sie gebaut wurden, nämlich um Rennen zu fahren). Die Hersteller passen sich diesem Verhalten natürlich an und maximieren ihre Gewinne dadurch, indem sie Produkte bauen (also Autos in diesem Beispiel), die zwar wie Renn- und Sportautos aussehen, jedoch mit solchen nichts mehr gemeinsam haben. Sie müssen von jedem noch so schlechten Autofahrer sicher beherrschbar sein, aber dabei den Anschein des echten Sportwagens vermitteln. Ähnlich hat sich auch das Golfspielen entwickelt. Obwohl es in Wirklichkeit vielen Manschen gar nicht um den Sport selbst geht, melden sie sich in Clubs an und betreiben das „Hobby" mehr aus Gründen des gesellschaftlichen Status („Social Proof") als aus echter Passion.

Andere wiederum versuchen ihre soziale Anerkennung und Zugehörigkeit zu der angestrebten Gesellschaftsschicht dadurch zu erreichen, indem sie beginnen, so zu tun, als würden sie sich für Kunst interessieren; und das, obwohl sie ganz offensichtlich davon nichts verstehen und in Wirklichkeit auch niemals etwas über Kunst lernen wollten, wenn es für sie nicht gesellschaftlich förderlich wäre. Auch hier ist der Grund für das Handeln nur das Angeben, dass sie zu einer exklusiven Schicht gehören, die Kunst sammelt und/oder fördert. Grund ist demnach nur das Bedürfnis nach Anerkennung innerhalb der Gesellschaft und die Hoffnung auf einen gesellschaftlichen Aufstieg.

So ergibt sich aus diesen Beispielen und aus dieser Problematik eine sehr wichtige Frage für die Ökonomik und für die Ökonomie: Was sind eigentlich die wahren Interessen des Menschen? Denn um die richtigen Anreize in der Wirtschaft und Gesellschaft setzen zu können – beispielsweise in der Kompensationstheorie – muss man natürlich die Natur der wahren Interessen und Wünsche der Menschen kennen und ihre Mechanismen verstehen.

In diesem Zusammenhang macht es einen fundamentalen Unterschied aus, ob man davon ausgeht, dass der Mensch ohne eine Belohnung lieber gar nichts tun und im Bett bleiben würde, oder ob er gern etwas Sinnvolles tun, etwa einen Sprachkurs belegen würde, wozu viele z. B. ihren Urlaub nutzen (also Arbeit an einem Thema, ohne dafür bezahlt zu werden).

Glück

Wenn alle Menschen immer glücklich wären, gäbe es keinen Druck, etwas zu tun oder etwas zu verändern oder zu verbessern. Es gäbe keine Triebe, denn erst diese machen einen Mangel fühlbar und spürbar und erzeugen dadurch Handlungen. Ohne diese Triebe und Mangelempfindungen würde die Menschheit aussterben. Sie würde in Agonie versinken, würde sich hängen lassen, würde sich nicht anstrengen. Sie würde nicht arbeiten, würde sich nicht einmal versorgen. Es gäbe auch keinen Wettbewerb, keine Konkurrenz, keinen

Wettkampf. Es gäbe keine Gewinner oder Verlierer, aber auch keine Entwicklung und somit auch keine Evolution. Gäbe es einen Zustand nur mit vollkommenem Glück, dann gäbe es auch keine Motivation, sich für irgendetwas anzustrengen oder für etwas zu kämpfen und zu siegen oder etwas zu erobern. Dann gäbe es auch keine Fortpflanzung. Ein solcher Zustand würde nur kurz andauern und dann den Tod der Spezies bedeuten.

Möglicherweise gibt es ein Optimum, bei dem die besten Bedingungen für den Menschen und sein Fortbestehen vorhanden sind. Wenn dem so wäre, dann würde es zwangsläufig bedeuten, dass jeder erdenklich mögliche Zustand zwischen diesem Optimum und dem „vollkommenen Glück", das den Tod aller bedeutet, die Bedingungen für das Fortbestehen des Menschen sukzessive schlechter werden lässt. Vereinfacht ausgedrückt bedeutet es nichts anderes als das: Wenn es den Menschen zunehmend besser geht und sie das Glück immer weiter mehren, wirkt sich ab einem bestimmten Punkt jede weitere Vermehrung von Glück negativ für den Menschen und für die Menschheit aus.

2.3 Die Ursache von Beweggründen, Entscheidungen und Handlungen

Der Mensch ist zu dem geworden, was er ist – mit all seinen Irrationalitäten und Bias –, weil die **Evolution** ihn während der Hunderttausende von Jahren andauernden Evolutionsgeschichte und Entwicklung so gemacht hat. In der Evolution allein sind alle Gründe und Ursachen zu suchen für die Fragen zum menschlichen Verhalten, die wir heute haben. Es gab gute Gründe dafür, dass es so ist, wie es ist, auch wenn uns heute dabei einiges als irrational und unlogisch erscheint.

Beispiele dafür sind Verlustaversion, Status-quo-Bias, zeitliche Präferenzierung, Unbeherrschbarkeit im „heißen" emotionalen Zustand usw. All diese Dinge sind jedoch nur aus heutiger Sicht unlogisch, unvorteilhaft oder nachteilig. Während der langen Evolution waren diese Eigenschaften und Mechanismen sehr wichtig, um das Überleben der menschlichen Spezies zu sichern! Das Motto: zuerst „ich" und zuerst „jetzt", war wichtig, um zu überleben. Das ist die Voraussetzung dafür, dass ICH überlebe und überhaupt später existiere und in die Lage komme, um auch anderen helfen zu können. Analogien dazu finden wir auch heute noch in extremen Situationen: Beispielsweise bei der Handhabung der Sauerstoffmaske in Flugzeugen beim Eintreten von Druckverlust: Zuerst müssen immer die Erwachsenen sich selber helfen und erst dann sollen sie anderen Hilfe anbieten. Das ist bis heute das Gesetz in Notfällen und Notsituationen. Und das ist auch gut so und hat einen guten Grund: Würde man zuerst anderen helfen wollen, könnte es passieren, dass man es nicht mehr schafft, selber genügend Sauerstoff zu bekommen, und in der Folge würden dann beide sterben.

Im heutigen Überfluss jedoch haben sich die Dinge komplett geändert und gedreht: Da die genetische Programmierung nicht so schnell reagiert und durch die lange Vergangenheit größtenteils noch im „Gefahrenmodus" geblieben ist, hat man heute manchmal den Eindruck, dass manches beim „angeborenen" Verhalten unlogisch ist.

Die angeborenen Verhaltensweisen prägen uns Menschen jedoch unbemerkt auf Schritt und Tritt. Durch sie können viele Handlungen und deren Ursachen erklärt werden. So beispielsweise auch die Motive für Entscheidungen und deren Stärke und Intensität.

Die Evolution ist somit ursächlich für die Motivation aller Lebewesen, etwas zu tun – oder es sein zu lassen. Diese angeborene Motivation dient allein der Erhaltung der jeweiligen Spezies. Bei den Menschen ist zu beobachten, dass es Präferenzen, Entscheidungen und Motivationen gibt für Wagemut, Risiko, Neugierde usw. Nur so lassen sich Wagnisse zu erklären, wie beispielsweise die Besteigung der höchsten Berge oder die Entdeckung neuer Kontinente oder neuer Planeten, des Weltalls und des Mondes. Diese Eigenschaft ist nicht zu bestreiten und sie ist durch die Evolution wohl gewollt – auch wenn sie viele ihrer Träger das Leben kostete.

Dabei ist jedoch zu bedenken, dass genau diese Eigenschaft nicht bei allen Menschen vorhanden ist. Somit wird gewährleistet, dass nicht alle ein unkalkulierbares Risiko eingehen und zumindest dieser Teil der Menschen überlebt. Der risikotragende Teil hat jedoch für die Erhaltung der Spezies ebenfalls eine wichtige Aufgabe und Funktion: Er trägt dazu bei, dass neue, bessere Verhältnisse und Grundlagen für den Rest der Menschen erschlossen und erreicht werden. Somit ist dies nicht als „Verschwendung" seitens der Evolution anzusehen, sondern dient durchaus einer sehr wichtigen und evolutionären Aufgabe. Diese risikotragenden Mitglieder der Gemeinschaft sind nämlich die Protagonisten, Visionäre, Entdecker und manchmal auch Revolutionäre. Sie sind die Vorbilder und die Helden und genießen oft ein hohes Ansehen. Die Belohnung der evolutionären Entwicklung scheint es zu sein, dass diese Menschen aufgrund ihrer Eigenschaften von den anderen als begehrenswert und sexy angesehen werden und sehr gefragt sind.

Möglicherweise ist dies der notwendige Mechanismus, damit diese wichtige Eigenschaft nicht ausstirbt. Warum sollte denn sonst aus der Evolutionssicht eine potenzielle Mutter das Risiko eingehen und sich an einen Partner binden, bei dem die Wahrscheinlichkeit hoch ist, dass er nicht überlebt und sie mit dem Nachwuchs allein lässt? Es gibt keine. Daher würde diese für die Evolution und das Überleben wichtige Eigenschaft zwangsläufig aussterben, gäbe es nicht diesen Heldenstatus und seine erhöhte Anziehungskraft.

Als geschichtliche Beispiele kann man eine lange Reihe solcher charismatischer Personen aufzählen: Ob Kolumbus, Luther, Jesus, Moses, Che Guevara, Lenin, Napoleon usw. – alle waren bekannte Führer in der Menschheitsgeschichte, die den Lauf der Welt verändert haben, oft ihr eigenes Leben riskierten oder sogar verloren und von unzähligen Menschen viele Generationen lang als Helden betrachtet wurden. Sie nahmen hohe Risiken auf sich, anscheinend aus dem Gefühl einer starken Präferenz gegenüber anderen Alternativen und Optionen, die sie hätten wählen können. Dadurch haben sie dazu beigetragen, dass die Entwicklung der Menschheit und damit auch die Evolution einen großen Sprung machen konnte – ohne hier eine Wertung darüber abgeben zu wollen, ob dieser Quantensprung positiv oder negativ zu betrachten ist. Auf jeden Fall können auf diese Art und Weise neue Möglichkeiten, neue Ressourcen und neue Wege erschlossen werden. Dies kann oft einen Ausweg aus einer aussichtslosen Lage und damit Rettung bedeuten.

Da diese Individuen als Führer oder gar als Helden verehrt werden, möchten viele so sein wie sie und orientieren sich an ihnen, oft sogar noch jahrzehntelang nach ihrem Tod. Denn jeder möchte begehrenswert, geachtet und hoch angesehen sein. Diese Attribute sind anscheinend wichtig für die Entwicklung des Menschen und dienen der Fortpflanzung und der Erhaltung der Spezies.

Echtes Heldentum ist aber – und war es auch schon immer – sehr selten. Es zeigt sich meistens in Ausnahmesituationen und nicht im Alltag. Für den Alltag sind andere Vorzüge und Stärken wichtig. Die Evolutionsgeschichte lehrt uns, dass im Allgemeinen die Stärke und Überlegenheit des Menschen gegenüber allen anderen Lebewesen und sein Überleben im Wesentlichen durch Planung (Intelligenz),

Kooperation (Vertrauen) und Teamgeist (Zusammenhalt und Arbeitsteilung) determiniert ist.

Die Jagd ist hierfür ein anschauliches Beispiel: Ein einzelner Höhlenmensch würde kaum etwas gegen ein viel stärkeres und größeres Tier ausrichten. Er ist zu langsam, zu schwach und hat von Natur aus keine Waffen (Gift, Stachel, Reiszähne). Somit muss er mit Hilfe seiner Intelligenz die der Situation entsprechende Waffe bauen, sich mit seinen Artgenossen organisieren, um die Beute einzukreisen oder eine Falle zu stellen, sodass das Tier schließlich gemeinsam erlegt wird. Die oben genannten Attribute haben sich daher als sehr nützlich erwiesen und haben sich deshalb auch mithilfe der Evolution durchgesetzt.

Deswegen kann man davon ausgehen, dass auch die Eigenschaft des Teamplayers beim Menschen angeboren ist. Sie ist wichtig und ermöglicht effektiver eine gute Arbeitsteilung. So kann man streng genommen sehen, dass die effektive und effiziente Arbeitsweise durch eine Aufteilung der Einzelschritte auf mehrere Mitglieder nicht Adam Smith mit seinem Beispiel der Herstellung von Nägeln erfunden hat, vielmehr wurde diese Arbeitsteilung bereits lange zuvor von Löwen und Wölfen in der Natur praktiziert. Vieles spricht dafür, dass dieses Verhalten den Lebewesen durch die Natur gegeben ist, also in den Genen liegt, und sie es daher nicht einmal erlernen müssen. Dadurch sind sie genetisch mit einem Vorteil ausgestattet und haben langfristig bessere Chancen zum Überleben.

Auch der Mensch hat durch die Natur, also durch seine Gene, bestimmte Voraussetzungen und Verhaltensweisen mitbekommen. Er ist ein Herdentier, und seine ihm vererbten Verhaltensweisen und Triebe sind wichtig für sein Überleben. In der Gemeinschaft (Herde) ist er sicher und kann durch Arbeitsteilung (Spezialisierung) bessere Ergebnisse erzielen. Bei der Jagd ist er erfolgreicher und stärker. Das macht sich natürlich unstritig in seinen Verhaltens-

weisen bemerkbar: Menschen im Allgemeinen neigen zur Gruppenbildung, schließen sich gerne in Clubs und Vereinen mit Gleichgesinnten zusammen, leben in sozialen Verbänden, schließen Lebensgemeinschaften (Ehe) und gründen Familien usw. Externe, also offensichtlich nicht zu der jeweiligen Gemeinschaft dazugehörende werden hier als „Fremdkörper" oder Störenfriede per se empfunden.
Beispiele:

In einer Hausfrauenstrickgruppe meldet sich plötzlich der regionale Wrestling-Champion an und möchte beim regelmäßigen Stricken mitmachen.
In einem Radrennverein, dessen Mitglieder jeden Tag eine 150 km lange Trainingsstecke absolvieren, meldet sich jemand an, der nicht einmal Radfahren kann.
In einem Sportschützenverein meldet sich jemand an, der auf einem Auge blind ist und am anderen einen Dioptrien-Wert von 12 hat.
Bei den Wiener Philharmonikern beantragt jemand die Aufnahme, der kein Musikinstrument spielen kann.

Diese Beispiele haben mit einer Diskriminierung nichts zu tun. Sie sind Beispiele für das Bedürfnis von Menschen, die bestimmte gemeinsame Eigenschaften besitzen oder pflegen und gemeinsam praktizieren. Andere Personen, die ganz offensichtlich für den jeweiligen Zweck ungeeignet sind und nicht diese spezifischen Eigenschaften oder Kenntnisse haben, werden ganz klar und auch verständlich als „nicht zur Gemeinschaft zugehörig" angesehen. Das mag man gutheißen oder nicht, kritisieren oder auch nicht. So ist es nun einmal in der Welt, in der wir leben, und so ist auch die Natur. Nicht jeder kann den Weltrekord im Schwimmen brechen und nicht jeder kann der König von England werden. Den Menschen sind durch die Natur und auch durch die gesellschaftlichen Konventionen Grenzen gesetzt. Es gibt Voraussetzungen, die manchmal nicht erfüllt werden können.

Sollte die Neigung des Menschen, sich zu Gruppen von gleichgesinnten Individuen zusammenschließen zu wollen, durch die Evolution vorgegeben oder genetisch ursächlich (also angeboren) sein, dann wäre dies auch die Erklärung für das Ausschließen von anderen Individuen, die aufgrund fehlender Eigenschaften nicht zu dieser Gruppe dazugehören.

Eine besondere Rolle bei dem Mix von bestimmten Voraussetzungen, um zu einer Gemeinschaft zu gehören, spielt das Vertrauen. Warum aber ist gerade Vertrauen so wichtig?

Das Vertrauen war nicht nur in der Evolution wichtig, wo sich die Menschen bei der Jagd aufeinander verlassen mussten, um größere und schnellere Tiere zu erlegen. Das Vertrauen war nicht nur ein wichtiger Faktor für eine effektivere und effizientere Jagd und ursächlich für eine bessere Versorgungssituation des Menschen.

Je höher der Entwicklungsstand der menschlichen Gesellschaft ist, desto wichtiger ist der Faktor Vertrauen: Denn die Arbeitsteilung kann ohne Vertrauen nicht existieren. Die soziale und hocheffiziente Gesellschaft würde ohne Vertrauen und ohne Verlässlichkeit zusammenbrechen. Das Vertrauen ist aber auch der entscheidende Faktor bei der Bildung und dem Aufbau von Wissen und Know-how. Vertrauen ist die Basis der fairen Zusammenarbeit, die sich für jeden auszahlen muss. Vertrauen in die Ergebnisse und Aussagen von wichtigen Institutionen generiert tatsächlich auch das Wissen einer Gesellschaft. Ein einfaches Beispiel hierfür ist das Wissen über die Tatsache, dass unsere Welt die Form einer Kugel hat. Dieser Fakt widerspricht jeder menschlichen Intuition, die davon ausgehen muss, dass die Welt flach ist. Denn wir bewegen uns das ganze Leben lang auf einer Ebene. Nur die Wissenschaft und der **Glaube und das Vertrauen in die Erkenntnisse** und Forschungen geben uns Menschen die Sicherheit darüber, dass die eigene Intuition falsch und die Erde tatsächlich eine Kugel ist.

Es ist sehr schwierig, starke INTUITION des Menschen zu verändern. Intuition entsteht einerseits durch Fokussierung auf bestimmte Themen, die für den Menschen interessant sind, und andererseits durch Vertrauen in andere. Vertrauen in sogenannte Opinion-Leader, in Wissenschaft und Forschung, in Religion und oft auch in Medien. Dass hier eine enorme Gefahr des Missbrauchs gegeben ist, um beispielsweise die Fokussierung der Menschen auf bestimmte Themen zu leiten und sie dadurch zu manipulieren, liegt auf der Hand.

Triebe – Bedürfnisse – Wünsche – Präferenzen – Entscheidungen
Das menschliche Gehirn verarbeitet die Informationen auf zwei unterschiedliche Arten. Die eine funktioniert völlig automatisch und liefert Ergebnisse. Ohne dass der Mensch sich anstrengen oder nachdenken muss, liefert ihm das Gehirn sofort Interpretationen und Lösungen. Das Sehen funktioniert auf diese Weise, aber auch Erlerntes, das wir automatisiert haben: Fahrradfahren, Autofahren, Gehen usw. Wir tun all diese Dinge, ohne darüber wirklich nachzudenken. Nur wenn dieses System an seine Grenzen gerät, wird ein zweites System eingeschaltet. Dieses arbeitet dann bewusst, mit einer notwendigen Anstrengung, und ist im Vergleich zum ersten System sehr langsam. Als Beispiel kann man komplexe mathematische Berechnungen nennen oder strategische Überlegungen und Planungen.

Man kann diese beiden Systeme oder Arbeitsweisen vereinfacht als System 1 und System 2 bezeichnen.

Das schnelle, emotionale System liefert oft andere Ergebnisse als das langsame rationale System. Deshalb ist es wichtig zu verstehen, wie der Mechanismus funktioniert, der dafür verantwortlich ist und wann welches der beiden Systeme zum Einsatz kommt.

Das wichtigste Kriterium, das für die Entscheidung verantwortlich ist, welches der beiden Systeme eingesetzt wird, ist die Kapazität des Systems 1. Alles, was dieses System abarbeiten kann, wird automatisch und ohne eigenes Zutun abgearbeitet. Nur wenn die Kapazität für eine automatische und schnelle Lösung nicht ausreicht, wird System 2 „zu Hilfe gerufen". Dies geschieht auch in dem Fall, wenn das ermittelte Ergebnis oder die Interpretation der Signale durch das System 1 einen Widerspruch oder eine Irrationalität liefert. Dann wird durch System 2 eine Überprüfung vorgenommen.

Ein anderes Kriterium, wann welches System zum Einsatz kommt, liegt in der Stärke des Reizes. Alle Experimente und Versuche sprechen eindeutig dafür, dass diese Reizstärke auch dafür verantwortlich ist, in welchem Umfang das System 1 oder System 2 des Gehirns die Steuerung für das Handeln übernimmt. Also ob die Ratio oder die Instinkte und Triebe die Handlung steuern und bestimmen. Es ist somit die Reizstärke, die die Schaltung im Gehirn determiniert, ob System 1 oder System 2 arbeitet.

Bei drohender Gefahr oder in Stresssituationen übernimmt ausschließlich das schnelle, automatische System 1 die Kontrolle. Der Mensch reagiert dann reflexartig und im Affekt. Wenn Gefahr im Verzug ist, gibt es keine Zeit zum Überlegen und Nachdenken. Der Mensch muss sich auf seine angeborenen Mechanismen und Instinkte verlassen können und z. B. wegrennen oder ausweichen. System 1 greift also auf gelernte und angeborene Mechanismen zurück und leitet keine langwierigen Denkprozesse ein. Diese Arbeitsweise produziert indes manchmal auch falsche Ergebnisse, dann muss System 2 durch Nachdenken korrigierend eingreifen. Aber auch System 2 hat seine Limitationen. Auch dieses erkennt nicht die eigenen Fehler. Diese Fehler in der Interpretation und Verarbeitung bestimmter Informationen sind in der Psychologie gut erforscht und heißen Bias (man kann dies am besten übersetzen mit: Voreingenommenheit oder Neigung, ohne die Fakten ausreichend zu berücksichtigen). Diese Bias können beispielsweise sein: Anchoring, Priming, Framing usw. Auch optische Täuschungen sind solche Fehlinterpretationen des Gehirns, die in Wirklichkeit richtig durch das Auge wahrgenommen werden (also eigentlich keine optischen Täuschungen, sondern gedankliche Täuschungen sind, aber falsch durch die Verarbeitung im Gehirn interpretiert werden, sodass wir dadurch etwas anders „sehen", als es in der Wirklichkeit ist (Abb. 2.10)).

Das System 2 hat aber auch eine kognitive Limitierung. Da die heutige Welt viel komplexer ist als es die frühere war, für die der Mensch durch die Natur aber ausgestattet wurde, kommt es aufgrund dieser Komplexität manchmal auch zu

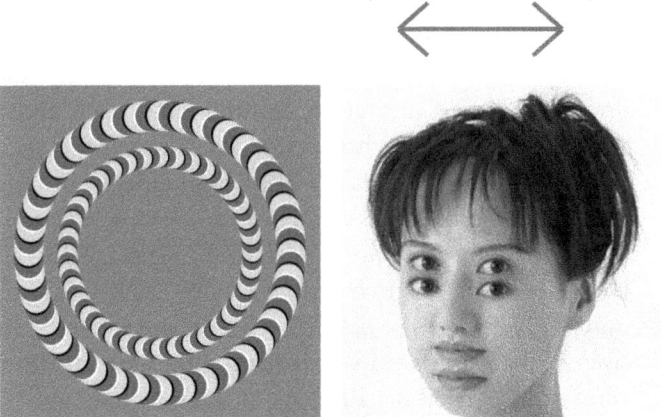

Abb. 2.10 Optische Täuschung: Die Abbildungen zeigen beispielhaft, wie das menschliche Gehirn die empfangenen Signale falsch interpretiert und so eine Verzerrung der Wahrnehmung/Wirklichkeit zustande kommt

Fehlentscheidungen. Daher ist es für die Ökonomie und die Gesellschaft sehr wichtig, diesem Umstand Rechnung zu tragen und beispielsweise intelligentere Produkte zu entwickeln, die selbsterklärend sind, intelligente Prozesse in Gesellschaft, Wirtschaft und Produktion zu implementieren und dadurch den Menschen zu unterstützen. Zudem müssen verständlichere und logischere Gesetze, Organisationen, Methoden und Regeln entwickelt werden, um die Komplexität zu reduzieren und so Fehler im menschlichen Verhalten zu minimieren.

Die beiden Gehirnfunktionssysteme 1 und 2 arbeiten allem Anschein nach auch sehr eng zusammen mit den folgenden Faktoren:

- den angeborenen Bedürfnissen (Maslowsche Bedürfnispyramide: Weiter unten arbeitet vermehrt System 1, je weiter man sich nach oben bewegt, umso mehr übernimmt System 2);
- den angelernten und/oder durch die Gesellschaft erzeugten Erfahrungen, welche zusammen die Vergangenheitsprägung des Menschen bilden. Diese Prägung aus der Vergangenheit ist beispielsweise in bestimmten Situation deutlich zu sehen, in denen Menschen aufeinandertreffen, die unterschiedliche Vergangenheiten und daher auch unterschiedliche Prägungen haben und sich demzufolge auch unterschiedlich verhalten. Als Beispiel sind hier bestimmte Kompensationshandlungen zu nennen. Das sind Handlungen, die ein bestimmtes Defizit in der Vergangenheit als Ursache haben. So fielen etwa nach der DDR-Grenzöffnung die damaligen ostdeutschen Bürger mit ihrem exzessiven Einkaufsverhalten von Bananen auf. Oder die neue chinesische Schicht der Reichgewordenen fällt auf mit ihrem regelrechten Drang, ihren Wohlstand durch die verschiedensten Statussymbole nach außen zu zeigen;
- dem vorherrschenden und prägenden Zeitgeist und den darin enthaltenen Stereotypen;

- den psychisch beeinflussenden Faktoren wie Erwartungen, Voreingenommenheit, Anchoring, Framing, Priming, Bias usw.;
- dem momentanen emotionalen Zustand des jeweiligen Individuums.

Alle diese Faktoren determinieren das tatsächliche Verhalten des Menschen, das sich durch das Setzen von Präferenzen und das Treffen von Entscheidungen manifestiert.

Dabei spielt die Vergangenheit eine extrem wichtige Rolle, weil sie für das Individuum in der Gegenwart prägend ist! Durch diese Prägung bzw. Erfahrung wird sein Verhalten und seine Präferenzsetzung in der Gegenwart determiniert. Diese Determination vieler Individuen innerhalb einer Gesellschaft erzeugt so den vorherrschenden Zeitgeist in der jeweiligen Gesellschaft. Dieser ist als maßgeblicher „Influencer" anzusehen für weitere Präferenzen, Entscheidungen und Verhaltensweisen.

Die menschliche Motivation
Jeder Mensch möchte nützlich sein und fühlen, dass er gebraucht wird. Das ist die Basis der Motivation. Um das Gefühl des Gebrauchtwerdens zu bekommen, gehen Menschen manchmal sehr weit: So kommt es vor, dass Feuerwehrmänner Feuer legen, um anschließend zum Löschen gerufen zu werden. Noch drastischere Beispiele sind Kranken- und Altenpfleger, die absichtlich bei Patienten lebensgefährliche Situationen verursachen (z. B. Herzversagen), um sie anschließend retten zu können. Dies sind keine Einzelfälle und auch keine Zufälle. Dies ist ein starker Zusammenhang mit dem menschlichen Gefühl von Gebrauchtwerden und Wichtig-Sein.

Dieses Gefühl des Wichtig-Seins ist sicherlich auch einer der Hauptantriebsgründe bei vielen Revolutionären, Vordenkern und Vorkämpfern. Denn diese opfern sehr oft alles, gehen unglaubliche Risiken ein und zahlen manchmal für ihr Tun mit dem eigenen Leben. Eine andere Begründung für diese Verhaltensweisen, die so stark wäre, ist nicht ersichtlich.

Dieses Ergebnis wird auch in Experimenten bestätigt. So beschreibt beispielsweise der US-amerikanische Verhaltensökonom Dan Ariely diese Erkenntnis in seinen Experimenten mit Legosteinen oder Origamifiguren. In diesen Experimenten wurden Probanden gebeten, aus Legosteinen bestimmte Figuren zu bauen oder aus Papier Figuren zu falten. Dabei wurde – das war der Auftrag des Experiments – die Arbeit der Testpersonen unterschiedlich wertgeschätzt. Die Wertschätzung der abgegebenen fertiggestellten Figuren wurde den Probanden unterschiedlich entgegengebracht: Von offenkundig gezeigtem Desinteresse über sachliche Kenntnisnahme bis zu Lob und Begeisterung über die Arbeit der Probanden. Dabei wurde jeweils die Leistung, also die produzierte Menge und Qualität gemessen. Fühlten sich die Probanden wertgeschätzt, stiegen die Leistung und die Qualität der abgelieferten Arbeiten signifikant mehr an, als wenn keine Wertschätzung gezeigt wurde.

Die Erkenntnisse aus empirischer Forschung (Experimente unter Realbedingungen)

Es ist empirisch und auch experimentell zu beobachten, dass die **Befriedigung von angeborenen Trieben** nicht zwangsläufig zur Folge hat, dass der Trieb nachlässt, vielmehr nimmt dieser manchmal sogar zu, weil eine Gewöhnung an seine Befriedigung eingetreten ist. Ganz deutlich zu beobachten ist dies beispielsweise bei den Mengen an Nahrung, die man zu sich nimmt. Fängt der Mensch an, mehr zu essen, wird er sich an die erhöhte Aufnahme von Essen gewöhnen. Das Gleiche tritt ein beim Konsumieren von Gütern, bei der Einnahme von Drogen, bei der Erlangung von Macht, Status usw.

Einer der wichtigsten angeborenen Mechanismen ist die „Adaption". Der Mensch ist äußerst anpassungsfähig, nicht nur physisch, sondern auch psychisch. Er passt sich hervorragend an Negatives, aber auch an Positives an. An Mangel und an Überfluss. Dies hat eine starke Auswirkung auf den empfundenen Zustand von Glück oder Unglück bzw. Mangel, und somit determiniert es die entsprechende Präferenz des Menschen zu seinen Handlungen. Diese Anpassungsprozesse determinieren langfristig das Maß des Glücks oder Unglücks, das durch den Menschen gerade empfunden wird, und somit ist es maßgeblich auch für seine Präferenzsetzungen und Entscheidungen verantwortlich (siehe auch unter Abschn. 2.2 Anpassungsreaktionen – Anpassungsprozesse – Gewöhnungseffekte [Adaptive Responses])

Die Evolution gab allen Tieren und Menschen Triebe und Instinkte, um zu überleben und um sich fortzupflanzen. Sie gab dem Menschen zwar auch den Verstand, sie baute allerdings eine Art „Vorrichtung" ein, die den Verstand in bestimmten Situationen ausschaltet oder zumindest limitiert. Dann funktioniert der Mensch (und handelt) nach den ihm gegebenen Trieben und Instinkten, also nach der genetisch vorgegebenen Programmierung. Wichtig für sein Überleben ist dieser Mechanismus insbesondere bei Kampf, Flucht, Fortpflanzung, Essen etc.

Die Essenz dieser Erkenntnis ist: Befriedigung der Triebe und Bedürfnisse dient in erster Linie dem Überleben, in zweiter Linie dazu, den sozialen Status und die Akzeptanz in der Gemeinschaft zu erhöhen, denn der Mensch ist kein Einzelgänger. In der Gruppe überlebt er besser, und darauf ist er programmiert. Somit wird er auch durch die Gemeinschaft bzw. die Gesellschaft stark beeinflusst: Es gibt Normen und Erwartungen an ihn, die er zu erfüllen hat. Das ist wichtig für die Gemeinschaft selbst, aber auch für ihn, denn die Zugehörigkeit zur Gruppe/Gemeinschaft/Gesellschaft sichert ihm andererseits auch das Überleben. Es ist somit für beide Seiten – für das Individuum UND für die Gemeinschaft – ÜBERLEBENSWICHTIG, daher ist hier die gegenseitige Beeinflussung so groß und so signifikant!

Empirisch kann man dies dadurch belegen, dass Menschen sich trotz identischem „Hintergrund" – also Abstammung, Gene, Kultur, Entwicklung, Geschichte, Normen, Erziehung, geografischen Gegebenheiten usw. – komplett unterschiedlich verhalten, wenn sie in unterschiedlichen Systemen oder Gesellschaften leben.

Das anschaulichste Beispiel hierfür ist in der jüngeren Geschichte in Deutschland zu sehen. Hier handelt es sich um komplett die gleichen Familien, die gleichen Menschen und die gleichen Voraussetzungen. Nur die Gesellschaftsform, in der diese Menschen lebten, war verschieden, mit unterschiedlichen Werten und Regeln: Egal, was man betrachtet, ob das Verhalten selbst, die einzelnen Entscheidungen oder den sogenannten „Zeitgeist" in der jeweiligen Zeit und Gesellschaftsform, alles hat sich praktisch diametral in Bezug auf das Verhalten unterschieden. während der Zeit der Nationalsozialisten in Deutschland, während der Zeit der Kommunisten in Deutschland, während der konservativen 50er-Jahre, während der Zeit des Aufbegehrens in den 70er-Jahren oder während der 80er-Jahre im Überfluss. Nichts anderes ist so aussagekräftig über das menschliche Verhalten und Handeln, die Beweggründe, Motive und Werte bei Entscheidungen und Handlungen im Zusammenhang mit dem jeweiligen Umfeld und den Rahmenbedingungen, unter denen diese stattfanden. Es ist das gleiche Volk, es sind die gleichen Gene (also die gleiche menschliche „Hardware"), die gleiche Kultur, Geschichte usw., und trotzdem waren das Verhalten und die Verhaltensformen komplett verschieden.

Diese müssen zwangsläufig einzig und allein durch die Gesellschaftsform, also durch das Umfeld, den „Rahmen", vorgegeben sein. Eine andere Erklärung ist ausgeschlossen.

Wie könnten sonst Mauerschützen, Spitzel, Denunzianten und Henker nach der Wende des Systems als ganz normale Bürger in einer freien und demokratischen Gesellschaft unauffällig leben und komplett andere – gegensätzliche – Ideale vertreten? Egal ob GESTAPO oder STASI-Mitarbeiter?

Alles Verhalten der Menschen scheint vom Hintergrund abzuhängen. Heute zu behaupten, man selber wäre kein Nazi während der Nazizeit und kein Kommunist während des Kommunismus, ist einfach, aber naiv. Würden die entsprechenden Rahmenbedingungen vorliegen, dann wären wir – die heutigen Menschen – höchstwahrscheinlich in unseren Handlungen, Präferenzen und Entscheidungen genauso, wie es die Menschen zur damaligen Zeit waren. Und es ist unerheblich, von welcher Nationalität wir reden.

Ein überzeugter Hippie in den 60er-Jahren wäre bestimmt keiner geworden – trotz seiner gegebenen Veranlagung –, wenn er in den 2000er-Jahren leben und aufwachsen würde. Warum? Weil er komplett anders geprägt wurde durch das Umfeld, in dem er lebte und aufwuchs. Und deshalb hätte er auch komplett andere Präferenzen, er würde anders handeln und anders leben.

ERKENNTNIS: Gesellschaft prägt maßgeblich die Individuen und deren Präferenzen, Entscheidungen und Verhalten.

Das System „Zuckerbrot und Peitsche" (PAIN & PLEASURE) ist der „Treibstoff" für alle Handlungen und Motivationen

Evolutionstheorie kann als ursächlich prägend für das Verhalten und somit auch für die Ökonomik angesehen werden. Denn die Ökonomik entsteht und besteht aus dem Verhalten der Menschen. Viele Verhaltensmuster und Verhaltensursachen sind uns Menschen angeboren und durch unsere jahrtausendalte Entwicklung vorgegeben. Grund dafür war unsere Überlebensfähigkeit. Somit existieren auch heute noch bestimmte einprogrammierte Verhaltensmuster, ob wir es wahrhaben wollen oder nicht; die Verhaltenstheorie belegt dies eindeutig. Das System „Pain + Pleasure" ist der effektivste „Treibstoff" für die Befriedigung der angeborenen Triebe und die Ursache für „Needs" (Wünsche), die regelrecht nach Erfüllung verlangen. Diese „Needs" determinieren die Präferenzen, die Präferenzen determinieren die Entscheidungen und die maximale Anstrengung bzw. Motivation ist ausgerichtet auf das Überleben. So ist es in unserer Genetik durch die Evolution angelegt, und es zeigt sich als sehr erfolgreich und effektiv: Denn der Mensch hat bisher erfolgreich überlebt und steht über allen anderen Lebewesen!

Diese Energie wird einerseits durch POSITIVE Gefühle bereitgestellt („Pleasure"): Lust, Liebe, soziales Verhalten, Mitgefühl usw. Das sind alles positive Beweggründe für das menschliche Handeln. Die Energie für unser Handeln wird aber andererseits auch durch NEGATIVE Gefühle bereitgestellt („Pain"): Hunger, Neid, Hass, Gier, Schmerz, Frust, Eifersucht, Rache etc.

Die Zusammenstellung, also der Mix aus den positiven und den negativen Faktoren und deren Intensität, determiniert den Handlungsdruck für die jeweiligen Handlungen. Je höher der Handlungsdruck ist, desto höher ist die Wahrscheinlichkeit, dass die Handlungen reflexartig und durch das emotionale System im Gehirn gesteuert werden, und desto geringer ist die Wahrscheinlichkeit, dass das rationale und analytische System an der Steuerung der Handlungen beteiligt ist. Auch die Fokussierung auf die Handlung selbst – mit entsprechender Vernachlässigung der Konsequenzen – tritt ein. Die Stellschrauben für eine Beeinflussung der Handlungen ist nur in den zuvor genannten beiden positiven und negativen Faktoren zu sehen. Können diese Faktoren verändert werden, so können die daraus resultierenden Handlungen beeinflusst werden. Eine mediale Beeinflussung der Menschen funktioniert genau durch die

Beeinflussung dieser beiden Faktoren. Sie ist sehr hoch, sehr wirksam und lang anhaltend über einen entsprechenden Zeitraum. So findet die klassische Manipulation von Menschen statt.

Beispiel für die Wirksamkeit der medialen Manipulation: Alle Diktatoren haben die mediale Wirkung auf die Bevölkerung entdeckt und nutzen diese maximal zu ihren eigenen Gunsten aus. Die Massenmedien sind für heutige Diktatoren mittlerweile wichtiger geworden als das Militär. Dieses hat in der Vergangenheit die Hauptrolle gespielt.

Beispiel für die Stärke der negativen Faktoren: Hass ist einer der stärksten Motivatoren. Er ist so stark, dass durch Hass angetriebene Menschen sogar Dinge tun, die nicht nur der gehassten Person schaden, sondern auch ihnen selbst. Dies wird oft beispielsweise in Kriegen instrumentalisiert, denn durch Hass angetrieben, kämpfen Soldaten anders als nur nach Befehlen. Aber auch in friedlichen Gesellschaftsstrukturen freuen sich beispielsweise die Finanzämter jedes Jahr über Tausende von Anzeigen verhasster Arbeitskollegen, Nachbarn oder hassender Exfrauen, die ihre Kollegen oder Männer anonym beim Finanzamt anzeigen, um ihnen dadurch Probleme zu bereiten und sie finanziell zu schädigen. Dass in den meisten Fällen im Endeffekt auch sie selbst aus den daraus resultierenden Verfahren Nachteile haben, nehmen sie in Kauf.

Genau diese Problematik ist Gegenstand vieler und aufsehenerregender Tests und Experimente in der Verhaltensforschung. Wahrscheinlich das bekannteste Experiment hier ist das sogenannte Ultimatum-Spiel: Von zwei voneinander getrennten Probanden wird dem einen Geld gegeben, dem anderen nicht. Jedoch hat der erste, der das Geld erhalten hat, die Möglichkeit, freiwillig mit dem zweiten Probanden zu teilen. Der zweite Proband hat zwar kein Geld bekommen, dafür hat er aber die Möglichkeit zu entscheiden, ob das ausbezahlte Geld (unabhängig davon, wer von den beiden es hat und unabhängig davon, ob und wie es aufgeteilt wurde) behalten werden darf oder zurückgegeben werden muss. Somit ist der erste Proband angehalten, das Geld, welches er erhalten hat, mit dem zweiten Probanden zu teilen, um zu verhindern, dass dieser dafür sorgt, dass keiner der beiden etwas bekommt.

Ergebnisse dieses Experiments zeigen, dass Menschen bei ungerechter Teilung bereit sind, auf ihren Anteil des Geldes freiwillig zu verzichten und es mit ihrer Entscheidung verhindern, dass ein anderer mehr Geld bekommt als sie selbst. Dieses Ergebnis ist deshalb von besonderem Interesse, weil die gängige Standardtheorie davon ausgeht, dass der Mensch ein eigennütziges Wesen ist und, sobald er einen Vorteil hat – also in diesem Experiment irgendeinen Betrag erhält –, diesen Vorteil, also das angebotene Geld, nimmt und behält und niemals freiwillig weggibt, nur um einem anderen zu schaden.

Dieses Verhalten des In-Kauf-Nehmens eines eigenen Nachteils, nur um einen anderen zu schädigen, erfordert offensichtlich eine sehr starke Motivation und großen Antrieb. Man denkt dabei sofort an Neid, Missgunst und Rache. Doch die eigentliche Frage ist: Warum existieren diese Gefühle und Beweggründe überhaupt und welche Aufgabe können sie theoretisch haben?

Es ist durchaus möglich, dass die Genetik für Missgunst, Neid und Rache ursächlich sein könnte. Denn bevor ein anderer einen Vorteil hat mir gegenüber, ist es besser, wenn beide nichts haben oder bekommen und daher die gleiche Ausgangssituation und gleiche Bedingungen beibehalten bleiben und niemand von beiden einen Vorteil gegenüber dem anderen erhält. Alles, was den Konkurrenten relativ besser stellt, muss verhindert werden, um selber keine relativen Nachteile zu haben und um nicht gegenüber anderen in eine schwächere Position zu kommen. Die eigenen Gene sollen weitergegeben werden, und nur die Stärksten kommen zum Zug. Nur wenn man selbst einen relativen Vorteil gegenüber anderen hat, ist man auch bereit, den gleichen Vorteil anderen Konkurrenten zu gewähren.

Rachegefühle könnten aber auch als soziale Sanktionen gelten, um zukünftig abzuschrecken und um nicht Dinge zu tun, die einen selbst oder die eigene Gruppe schädigen oder gefährden.

Eine Erklärung für die Struktur und Stärke der Beweggründe für Handlungen lässt sich nur in der Genetik finden. Es kann nicht angelernt sein, es ist angeboren. Eine schlüssige und logische Erklärung könnte etwa bei den negativen Faktoren die Tatsache sein, dass jedes Wesen Benachteiligungen bei der Fortpflanzung vermeiden und verhindern möchte. Daher schädigt es willentlich den/die Konkurrenten, die vielleicht einen Vorteil haben, um so einen Ausgleich der Chancen und eine relative Angleichung zu erzielen (= Verbesserung der eigenen Situation gegenüber den Konkurrenten). Bei den positiven Faktoren ist hingegen zu beobachten, dass Handlungen nur stattfinden, wenn die Person selbst im Vorteil und unangefochten ist . Aus der starken Position heraus zeigt man Mitleid oder soziale Verantwortung und hilft. Ganz deutlich kann man diese Verhaltensweisen bei schnell reich gewordenen Menschen beobachten, die aus ärmsten Verhältnissen kommen. Sie waren früher sehr oft rücksichtslos und unsozial allen anderen gegenüber und bereicherten sich sehr oft (manchmal auch ungesetzlich) an anderen. Nachdem sie dann aber zu Reichtum kamen und unanfechtbar wurden, begannen sie auf einmal, sich sozial und wohltätig zu engagieren.

Die Rolle der Evolution beim menschlichen Handeln und Entscheiden

Geht man von der Annahme aus, dass die Evolution Lösungen hervorbringt, die nicht willkürlich sind, sondern einen bestimmten Sinn und Grund haben, nämlich sich ständig weiterzuentwickeln, zu verbessern und so das langfristige Überleben zu sichern, dann ist es aus Sicht der Evolution überhaupt nicht sinnvoll, alle Lebewesen im Lauf der Zeit im gleichen Maße zu „verbessern". Eine „Verbesserung" aller um den gleichen Wert bzw. im identischen Maß hat als Folge für niemanden eine Auswirkung (siehe auch „Konzerteffekt", Abschn. 3.2). Auch eine Ausstattung mit unnützen „Fakes" (z. B. beim Pfau, der sich größer und schöner macht mit seinen Federn als er es eigentlich ist) ist im Endeffekt nur kontraproduktiv, weil statt der Entwicklung von „Fakes" auch tatsächlich etwas Sinnvolleres, Nützlicheres und Wichtigeres (wie z. B. Geschwindigkeit, Ausdauer, Stärke) hätte entwickelt und verbessert werden können. Investments in „Fakes" sind nur in den wenigen Ausnahmefällen sinnvoll, wo der Aufwand für ihre Erschaffung unverhältnismäßig niedriger ist als deren Nutzen. Das ist in der Natur aber selten der Fall. Daher sehen wir diese Phänomene relativ selten (siehe Abschn. „Täuschung, Angeberei und Eitelkeit" im Folgenden).

Eine evolutionäre Weiterentwicklung eines Lebewesens, die einen effektiven Vorteil bringt, geht immer nur auf Kosten der anderen Lebewesen, die diese Modifikation nicht haben und daher dadurch einen Nachteil erleiden (einen Wettbewerbsnachteil). Das ist auch eine Ursache für den ständigen Kampf und Wettbewerb um Verbesserungen und Modifikationen: Wer wird schneller und mit einfachen Mitteln verhältnismäßig zu den anderen Mitbewerbern besser, kräftiger, ausdauernder?

Die Natur stattet die Lebewesen mit angeborenen Verhaltensmustern aus, die sehr gut sind und in ihrer Umgebung exzellent funktionieren. Deswegen wissen Tiere, was zu tun ist, obwohl es ihnen niemand beigebracht hat. So folgen sie instinktiv dem Wetter und dem Wasser in der Steppe Afrikas, finden nach dem Schlüpfen am Sandstrand von Hawaii zielsicher das Meer oder ducken sich instinktiv im Gras, wenn sie einen Räuber in ihrer Nähe sehen. Durch die angeborenen Verhaltensmuster sind sie in ihrem Verhalten indes auch limitiert. Sie verhalten sich genauso, wie es die Natur genetisch vorgegeben und einprogrammiert hat. Andere theoretische Verhaltensmöglichkeiten scheiden also für sie aus. Auch wenn der Mensch sich und seine Intelligenz für etwas Besonderes hält, so ist doch zu bedenken, dass er zu 99,4 % genetisch mit Affen übereinstimmt. Menschen und Affen sind beispielsweise als soziale Wesen durch die Natur genetisch seit Millionen von Jahren vorgegeben. Dies hat auch dafür gesorgt, dass sie erfolgreich überleben und sich allen Widrigkeiten zum Trotz durchsetzen konnten. Um aber sozial zu sein, um in einer Gemeinschaft erfolgreich zu leben, gemeinsam und organisiert zu jagen und sich versorgen zu können, bedarf es einer guten Kommunikation. Soziale Verhaltensformen existierten bereits, lange bevor es die Sprache als Kommunikationsmittel gab. Auch heute gibt es diese bei vielen Tieren nicht, die nicht durch Laute kommunizieren können. Um gemeinsam erfolgreich zu jagen, zu leben und sich zu organisieren, wird durch Emotionen und beispielsweise durch Gestikulieren oder Gesichtsausdruck kommuniziert. Deswegen ist bis heute – und das auch beim Menschen – die Kommunikation über Emotionen die schnellste und am besten verständliche Form der Kommunikation. Sie funktioniert unbewusst.

Das bedeutet nichts anderes als ein Verhalten, welches durch Emotionen von anderen bestimmt oder zumindest stark beeinflusst wird. Somit gibt es auch soziale Effekte, die durch die Natur verursacht sind und die Kräfte in uns Menschen freisetzen, die uns bewegen, steuern und beeinflussen, uns so oder so zu verhalten, zu reagieren oder zu handeln. Wir sind sehr viel mehr limitiert, als es uns lieb ist und als wir es uns vorstellen können. Zu glauben, dass der Mensch durch seinen Geist die meisten durch die Natur und Evolution veranlagten Verhaltensweisen überwunden hätte, wäre töricht und naiv.

Täuschung, Angeberei und Eitelkeit

Ein Pfau macht sich durch seine angeborenen Verhaltensmuster, indem er sich aufplustert und seine bunten Schwanzfedern auffächert, in bestimmten Situationen für seine Umgebung „besser" (schöner, bunter, größer), als er es in Wirklichkeit ist. Er gibt an. Diese Verhaltensweise ist bei ihm angeboren, also genetisch bedingt, und muss daher eine bestimmte Funktion erfüllen. Diese ist in nichts anderem zu sehen als in der Verschaffung eines bestimmten Vorteils gegenüber den anderen Tieren. Das bedeutet, dass eine gezielte Fehlinformation an andere, also eine Täuschung und Irreführung, in der Natur und Evolution durchaus vorgesehen ist, um seine Existenz und Spezies erhalten zu können. Es ist keine Erfindung des Menschen, sondern eine Erfindung der Natur. Somit sind auch die Produktion von „Fakes" und absichtliche Irreführungen und Täuschungen anderer keine Erfindung von Menschen, sondern sie sind möglicherweise auch uns bereits genetisch gegeben.

Beispiele für menschliche Verhaltensweisen, wo mit „Fakes" vorgetäuscht und angegeben wird, mit etwas, das man in Wirklichkeit nicht hat, sind überall zu finden.

Beispiele:

So gibt es in ärmeren afrikanischen Ländern, wo sich viele Menschen noch kein Mobiltelefon leisten können, einen großen Markt an Telefonattrappen. Diese werden gekauft, und Menschen laufen dann auf den Straßen herum mit diesen Attrappen am Ohr und tun so, als würden sie telefonieren. Somit täuschen sie vor, etwas (ein Telefon) zu haben oder so wohlhabend zu sein, um sich ein Telefon leisten zu können, was nicht der Wirklichkeit entspricht.

Andere Menschen müssen sich unbedingt ein großes (teures) Auto „auf Pump" kaufen, obwohl dieses ihren wirtschaftlichen Verhältnissen überhaupt nicht angemessen ist, nur um das Umfeld zu täuschen und mit etwas anzugeben, was sie in Wirklichkeit gar nicht haben. Je niedriger der gesellschaftliche Stand und je schlechter die wirtschaftlichen Verhältnisse sind, desto höher ist die Neigung zu dieser Tendenz ausgeprägt.

Im Allgemeinen wird auch bei Auskünften zum Beruf und bei der Beschreibung der Tätigkeiten im Beruf im Zusammenhang mit Verantwortung, Know-how, Verdienst und der eigenen Wichtigkeit mehr angegeben und vorgemacht, als es in der Wirklichkeit der Fall ist.

In der Gesellschaft wird angegeben mit Mitgliedschaften in exklusiven Clubs, Vereinen und Bekanntschaften, die in Wirklichkeit nicht – oder zumindest nicht in dem vorgegebenen Umfang – existieren.

Alle diese Verhaltensweisen sind jedem von uns aus dem alltäglichen Leben bestens bekannt. Kaum jemand fragt sich dabei nach den Gründen und Ursachen und woher diese stammen. Prahlerei und Angeberei sind keine seltenen Eigenschaften; wissenschaftlich wurden sie bisher trotzdem nicht ausreichend untersucht. Einzig die Industrie und die Wirtschaft kennen diese Eigenschaft anscheinend sehr gut. Sie nutzen sie geschickt aus, um die eigenen Gewinne mit ihr zu steigern und zu maximieren. Sie haben erkannt, dass für die meisten Menschen der gesellschaftliche Status extrem wichtig ist. Deswegen versuchen sie, ihre Produkte so zu gestalten, dass diese den Käufern einen möglichst hohen gesellschaftlichen Status zu suggerieren versuchen!

2.4 Die Kompensationstheorie

Erklärung: Die klassische Kompensationstheorie aus der aktuell anerkannten ökonomischen Standardtheorie besagt, dass der Mensch mit zunehmend besserer Bezahlung kontinuierlich immer mehr motiviert wird und dementsprechend auch mit der Höhe der Bezahlung seine Leistungsbereitschaft und seine Leistung stetig steigen. Die Theorie geht davon aus, dass der Mensch ohne eine Bezahlung nicht arbeiten würde und dass die Bezahlung für seine Arbeitsleistung als eine Art Entschädigung zu sehen ist dafür, dass er beispielsweise nicht im Bett liegen bleibt, sondern stattdessen zur Arbeit geht.

Dieser Theorie widerspricht schon die Tatsache, dass Menschen generell auch Dinge tun, für die sie nicht bezahlt werden und die auch nicht wichtig sind (für das Überleben). Die Voraussetzung dafür sind nur Freude und Erfüllung. So gehen Menschen beispielsweise ihren Hobbys nach und spielen Tennis oder Fußball, manchmal bis zur völligen Verausgabung, und zwar OHNE dafür bezahlt zu werden. Diese Tatsache muss die Arbeitswelt verstehen und die alte Standardtheorie müsste sie berücksichtigen. Geld bzw. Lohn muss nicht unbedingt als Entschädigung für Arbeit und Zeit angesehen werden. Dann könnte man neue und intelligentere Kompensationsmodelle definieren (Abb. 2.11).

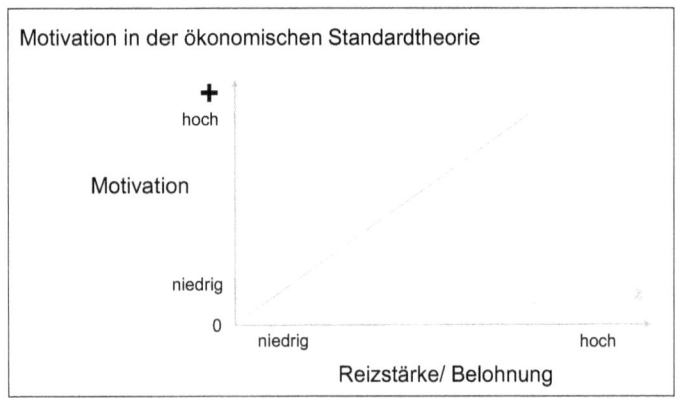

Abb. 2.11 Die Abbildung zeigt die Annahme der klassischen ökonomischen Theorie zur menschlichen Motivation: Je höher die Belohnung, desto höher die Motivation und die Leistung

Dass die Annahme aus der Standardtheorie absolut unbegründet ist und nicht stimmt, kann jeder selber beobachten. Auch Menschen, die nicht mehr Geld benötigen und nicht zu arbeiten brauchen, gehen verschiedenen Betätigungen nach, seien es Hobbys oder Ziele, die sie sich selber stecken und die sie erreichen möchten. Das Argument also, der Mensch würde nichts tun, wenn er nicht arbeiten müsste, ist absolut und empirisch belegbar falsch.

Daher muss in logischer Konsequenz auch die vorherrschende Motivationstheorie falsch sein, die auf genau dieser Annahme basiert und dementsprechend folgert, dass mit zunehmendem Geld auch zunehmende Motivation und Performance zu erzielen ist.

Dies ist sogar gleich aus zweierlei Gründen falsch:

1. Motivatoren (wie oben beschrieben, werden nicht die richtigen Motivatoren eingesetzt)
2. De-motivatoren: In der Praxis wird die Tatsache vollkommen vernachlässigt, dass ab einer bestimmten Lohnhöhe das Geld nicht mehr als Motivator wirkt, sondern seine Funktion ins Gegenteil kippt. Der Mensch fängt an, weniger zu arbeiten und weniger zu leisten. Gleichzeitig aber steigt der Stressfaktor, weil mehr Geld auf dem Spiel steht, und mehr Geld bedeutet immer mehr Stress. Mehr Stress – also automatisch ein höherer Erregungszustand des Betroffenen – hat immer zur Folge, dass seine Leitung zu sinken beginnt.

Zu hohe Bonuszahlungen führen zum übermäßigen Stress und zu Ängsten, die verbunden sind mit dem Eingehen von übermäßigen Risiken, Betrugsgefahr und Leistungsrückgang. Die Realität bestätigt dies in zahlreichen Fällen, wo Banker verhaftet werden, Manager sich vor Gericht verantworten müssen oder Riesenbetrügereien in Unternehmen stattfanden wie bei Enron, Deutsche Bank, VW usw. Die begünstigenden Faktoren für unehrliches Verhalten sind:

a. Entfernung vom Geld
b. Entfernung von der Tat (sogenannte Schreibtischtäter, Online-Täter). Viele Experimente belegen diese Zusammenhänge (Geld wird selten direkt gestohlen, aber Angaben werden gefälscht, um mehr Geld ausbezahlt zu bekommen)
c. Fokussierung auf die Gegenwart und Außerachtlassung der Konsequenzen in der Zukunft
d. Je höher das Stresslevel ist, desto mehr werden die menschlichen Instinkte angesprochen und desto weniger spielt die Ratio eine Rolle

Rattenversuch von Yerkes und Dodson und die daraus abgeleitete Leistungskurve:
Am Anfang des letzten Jahrhunderts untersuchten die beiden Wissenschaftler Yerks und Dodsen den Zusammenhang, der zwischen der Leistung und dem Zustand der Erregung besteht. Dazu experimentierten sie mit Tieren, indem sie deren Lernleistung unter verschieden starken Stromschlägen (Schmerz/Erregungszustand) testeten. Sie konnten nachweisen, dass die Leistungsbereitschaft anfangs mit einem steigenden Zustand der Erregung steigt, dann jedoch abflacht und bei Überreizung stark absinkt, bis sie den Wert 0 erreicht.

Es erübrigt sich zu erwähnen, dass Versuche, die Schmerzen verursachen, inakzeptabel sind (Abb. 2.12).

Dass auch die gängige Praxis der Mitarbeitermotivation nicht den Fakten über die Motivationsgesetze in der Realität entspricht, lässt sich auch experimentell beweisen. Dabei wird zuerst unterschieden, ob es sich bei der Art der Arbeit um physische/mechanische Arbeit handelt oder um intellektuelle bzw. kreative Arbeit.

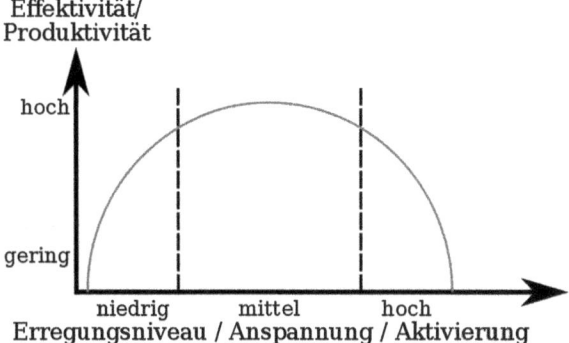

Abb. 2.12 Die Abbildung zeigt das Ergebnis des Yerks-Dodson-Experiments

Experiment mit **manueller** Arbeit:
Dabei sollen Probanden mechanisch Knöpfe möglichst schnell abwechselnd drücken. Mit zunehmender Bezahlung lässt sich zwar die Anzahl der Betätigungen leicht steigern, jedoch nur bis zu einer bestimmten Grenze.

Experiment mit **kreativer** Arbeit:
Hier sollen Probanden aus Legosteinen Kunstfiguren zusammenbauen. Jede abgegebene fertige Figur wird mit Geld entlohnt (Abb. 2.13).

Bei diesem Experiment hat sich gezeigt, dass nicht die Bezahlung für die Anzahl der abgegebenen Figuren (also für die Perfomance) ausschlaggebend war. Vielmehr spielte eine Rolle, wie die Teilnehmer den Umgang und das Setup der „Bezahlung" empfanden. Am schlechtesten waren die Ergebnisse, wenn die Probanden selber die zusammengesetzten Figuren in einen Mülleiner werfen mussten und ihr Geld holten, ohne dass der Leiter des Experiments diese Figuren (das Endergebnis) überhaupt beachtete. Wesentlich bessere Ergebnisse wurden erzielt, wenn die fertigen Figuren bei der Bezahlung begutachtet wurden und dann das Geld ausbezahlt wurde. Am besten war das Ergebnis bei der Versuchsanordnung, wo die Figuren in einer Vitrine

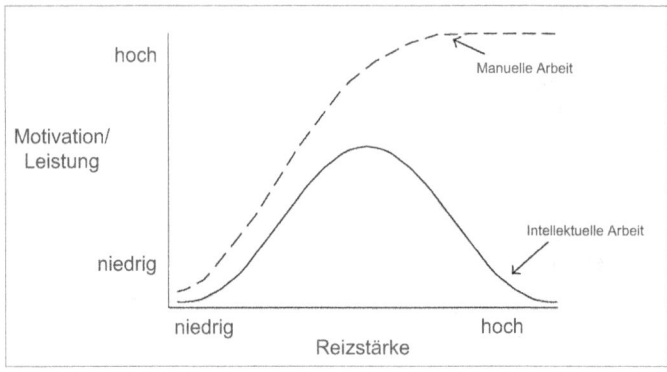

Abb. 2.13 Die Abbildung zeigt den Unterschied in der Leistung/Motivation zwischen manueller und intellektueller Arbeit

aufgestellt, aufbewahrt und kategorisiert wurden. Der ausbezahlte Geldbetrag spielte hingegen kaum eine Rolle.

Ergebnis:

Der Mensch lässt sich monetär nur sehr bedingt motivieren. Lediglich bei mechanischen und körperlichen Arbeiten lässt sich durch zusätzliche Bezahlung eine zusätzliche Motivation erzielen und die Leistung zusätzlich steigern. Bei intellektuell anspruchsvolleren und kreativen Tätigkeiten jedoch muss der Mensch einen Sinn und Anerkennung hinter seiner Arbeit sehen. Sinnlos empfundene Arbeit wird widerwillig verrichtet. Motivation durch zusätzliche Bezahlung ist dann kaum wirksam.

Die Sinnhaftigkeit hinter der Arbeit ist der Schlüssel zur wahren Motivation des Menschen. Deswegen arbeiten Menschen auch sehr viel, sehr lange und sehr hart an vielen Aufgaben, obwohl sie dafür gar keine Bezahlung bekommen, nämlich bei ehrenamtlichen Tätigkeiten, oder sie tun es als Hobby, weil es ihnen Sinn und Erfüllung gibt.

Es gibt aber auch andere „Energien" und Motivationsquellen für das Handeln des Menschen und sein Arbeiten, einige davon sind sogar sehr stark:

2 Der Mensch 123

- Altruismus und der Wunsch, anderen Menschen zu helfen
- Selbstverwirklichung oder der Wunsch, seine eigenen Sehnsüchte zu erfüllen oder etwas Besonderes zu erreichen
- Hass und der Wunsch, etwas unbedingt zu verändern
- Liebe
- Rache und der Wunsch, ein bestimmtes Ergebnis herbeizuführen
- Eitelkeit und der Wunsch, anderen etwas zu zeigen oder zu beweisen
- Gerechtigkeit oder Ungerechtigkeit

Die meisten der oben aufgezeigten Punkte sind faktisch selbsterklärend. Beim Gerechtigkeitsempfinden ist es hingegen nicht gleich auf den ersten Blick so eindeutig und klar, warum sich ein Motivator für Handlungen dahinter versteckt.

Eine eindrucksvolle Erklärung dazu liefert das Affenexperiment des niederländischen Verhaltensforschers Frans de Vaal. Er konnte experimentell beweisen, dass empfundene Ungerechtigkeit eine sehr starke Handlungsenergie freisetzen kann, und, viel wichtiger noch, dass es anscheinend ein in der Natur gegebenes und vielen Lebewesen angeborenes Gerechtigkeitsempfinden gibt. Kommt es zu dessen Verletzung und entsteht ein Ungerechtigkeitsempfinden (beispielsweise als Folge einer ungleichen Kompensation für die gleiche Leistung), sind Aggressivität und schädigendes Verhalten die Folgen.

Experiment:

Aus einer Gruppe Affen im Zoo wurden zwei Affen herausgenommen und in einen Raum gebracht, der durch eine Glasscheibe getrennt war. Den durch die Glasscheibe getrennten Tieren wurde beigebracht, spielerisch einige leichte Aufgaben zu lösen. Da Affen intelligent und verspielt sind, machten sie dieses Spiel gerne mit.

Anschließend begann man damit, den Tieren abwechselnd für jede richtig gelöste Aufgabe ein Stück Gurke als

Belohnung zu geben. Das fanden die Affen noch besser und machten weiter gerne mit.

Im nächsten Schritt ging man dann dazu über, dem einen Tier für die richtigen Lösungen weiterhin Gurken zu geben, während das andere Tier jetzt für die gleichen gelösten Aufgaben süße Weintrauben bekam. Die Tiere konnten sich und den Experimentator durch die Glasscheiben sehen.

Beobachtet wurden die Reaktionen. Während das Tier, das die Weintrauben bekam, sich über diese freute, nahm das andere Tier, das weiterhin nur die Gurken als Belohnung bekam, diese nicht mehr an und verlangte unmissverständlich durch wilde Gestik und Schreie ebenfalls nach Weintrauben.

Da es diese nicht bekam, wurde es aggressiv, schlug gegen die Scheiben und fing an, mit den nicht angenommenen Gurken den Experimentator zu bewerfen.

Ergebnis und Interpretation:

Trotz der Tatsache, dass beide Tiere sogar ohne eine Belohnung gerne freiwillig und aus Spaß an dem Spiel mitmachten, wurde die Situation instabil, nachdem eine „Belohnung" für die Tätigkeit eingeführt wurde, sobald diese „Belohnung" nicht gleich für beide Tiere war. Die heftige Reaktion lässt eindeutig auf die Stärke des Motivators „Gerechtigkeit" schließen.

Folge dieser Erkenntnisse:

Auch bei der Relation Leistung/Geld wird eine zu hohe Kompensation bestimmter Mitarbeiter (Management/„weiße Elefanten") als ungerecht empfunden. Die Konsequenz daraus ist – analog zum Affen-Experiment – Aggressivität und die Tendenz zum schädigenden Verhalten. Dabei können die Gefühle und daher die Motivation in extremen Fällen so stark sein, dass der betroffene Mensch sogar eigene Schädigung in Kauf nimmt, solange der/die anderen auch geschädigt werden. Die extremste Form dieses Gefühls und dieser Motivation aufgrund empfundener Ungerechtigkeit oder Verletzung ist in Aktionen zu sehen, bei denen Menschen sogar ihr eigenes Leben dafür geben, nur um anderen Menschen zu schaden (Beispiel Selbstmordattentäter oder Kamikazepiloten).

Als Motivator in der Arbeitswelt kann man daher offensichtlich nicht nur die Bezahlung der Mitarbeiter betrachten. Ein sehr wirksames Instrument für die Motivation ist es, die Arbeit so zu gestalten, dass die Menschen dahinter eine sinnvolle Tätigkeit sehen können. Es muss versucht werden, eine Identifikation mit der zu verrichtenden Tätigkeit zu erzielen, die für den Menschen eine motivierende Herausforderung bietet. Wenn sich der Mensch mit seiner Tätigkeit identifizieren und sich dadurch verwirklichen kann, wenn er stolz ist auf das, was er tut, und damit auch einen gesellschaftlichen Status erwirbt, dann wird er die maximale Leistung abgeben und die bestmögliche Arbeit verrichten. Genau diese Faktoren ergeben das optimale Modell der modernen Arbeitsgesellschaft.

Denn alle diese Faktoren sind ausschlaggebend, weil sie determinierend für die psychische Hygiene des Mitarbeiters sind!

Das „New Model of Labour" der klassischen ökonomischen Theorie des Adam Smith und sein Beispiel der optimierten Herstellung von Nägeln durch maximale Arbeitsteilung einerseits und die Theorie von Karl Marx über die Entfremdung des Arbeiters vom Produkt, von der Arbeit und letztendlich von seinem eigenen Leben andererseits sind hier die beiden Extreme, zwischen welchen sich die Wirklichkeit abspielt.

Der Ökonom Marx erkannte richtig die allzu theoretische und nur oberflächliche Sichtweise der neoklassischen Ökonomen. Er erkannte und verstand das Verhalten und die Signifikanz der Motivation und des sozialen Umfelds von realen Menschen im Arbeitsprozess. Deswegen beschrieb er die Problematik des menschlichen Verhaltens in einem Arbeitsprozess, der so sehr strukturiert und arbeitsteilig gegliedert ist, dass der einzelne Arbeiter nur einen ganz bestimmten und genau definierten Handgriff zu tun hat. Marx erkannte folgerichtig in dieser „optimierten" Arbeitsweise die unvermeidliche Entfremdung des Menschen vom Produkt, welches er herstellt (bzw. an dessen Produktion der Arbeiter lediglich beteiligt ist), und er folgerte aus dieser Entfremdung auch ganz richtig den Verlust der Sinnhaftigkeit und des Verständnisses für die zu erledigende Arbeit (oder den bestimmten Handgriff). Mit dem Verlust des Sinns für die eigene Tätigkeit und zusätzlich mit dem Nichtvorhandensein der Anerkennung der geleisteten Arbeit sind eine Motivation und ein gutes Ergebnis der Tätigkeit des Menschen ausgeschlossen. (Vergleiche hierzu das Experiment mit dem Bau der Figuren aus Legosteinen im Abschn. „Selbsterfüllung ist der größte Motivator!")

Heute und besonders bei besseren, höherwertigeren, oder qualifizierteren Arbeiten ist dieser Fakt noch wichtiger: Denn wie zuvor erläutert, ist bei manuellen Tätigkeiten eine zusätzliche Motivation innerhalb bestimmter Grenzen mit zusätzlichem Geld noch möglich. Bei geistigen/intellektuellen Tätigkeiten jedoch ist eine Motivation mit rein monetären Anreizen beinahe unmöglich. Da der Anteil der manuellen Arbeit am Gesamtarbeitspensum stetig abnimmt, müsste die Wirtschaft diesem Umstand Rechnung tragen und die Anreizsysteme entsprechend der Entwicklung anpassen. Das findet jedoch nicht annähernd statt. Im Gegenteil: Heute sehen die Kompensationsmodelle so aus, dass der leistungsabhängige Anteil der Bezahlung – also der Anteil der Bonuszahlungen – mit hierarchischer Ebene zunimmt. Je höher die Position ist, desto höher ist der leistungsabhängige Anteil der Entlohnung, also die Boni. Ein sinnhaftes und effektives Anreizsystem sollte genau die umgekehrte Form aufweisen.

Je höher die Entwicklungsstufe der Gesellschaft und der Arbeitsprozesse ist, umso wichtiger ist die Sinnhaftigkeit der Tätigkeit, die der Mensch zu verrichten hat. In der Informationsgesellschaft ist dieser Aspekt umso wichtiger. Daher sind auch die Kommunikation und die Vernetzung bei Arbeitsteilung extrem wichtig. Der Mensch muss wissen, was und warum er das tut, was er tut.

Die SINNHAFTIGKEIT der Arbeit ist ein extrem wichtiger Faktor nicht nur für den Menschen selbst, der die Arbeit verrichtet, sondern auch für die zu erzielende Leistung. Dieser Zusammenhang wurde empirisch in Experimenten unter Realbedingungen nachgewiesen. Es waren Experimente, bei denen Probanden eine kreative Tätigkeit ausüben mussten und für ihre Arbeit mit realem Geld bezahlt wurden. Die Probanden mussten aus Legosteinen bestimmte Fantasiefiguren bauen. Pro fertiggestellte Figur bekamen sie eine zuvor vereinbarte Geldbelohnung ausbezahlt. Die Figuren wurden unter verschiedenen Bedingungen fertiggestellt und dabei die Anzahl der Figuren – also die Performance der Probanden – gemessen:

– Mit offensichtlichem Desinteresse des Experimentators für die fertiggestellten Figuren. Sie wurden einfach ohne Begutachtung vor den Augen der Probanden in einen Abfalleimer geworfen.
– Mit normaler Begutachtung und Notierung des Ergebnisses durch den Experimentator.
– Mit großem Interesse des Experimentators und Lob der Probanden mit anschließender Ausstellung der fertiggestellten Figuren in einer Vitrine.

Da die Probanden jedes Mal die gleiche Belohnung für die Figuren bekamen und sie ihre Gewinne, also ihren Verdienst maximieren wollten, könnte es ihnen vollkommen egal sein, was der Experimentator von den Figuren denkt und sie müssten gleich schnell arbeiten. Doch das eindeutige Ergebnis dieses Experiments war, dass das Umfeld, welches mit Abstand die größte Produktivität ermöglichte, das war, in dem die Erzeugnisse und die Arbeit der Probanden wertgeschätzt wurden.

Je höher die Wertschätzung des Menschen und seiner Arbeit ist, desto zufriedener ist dieser und desto besser ist die abgelieferte Arbeit. Wertschätzung ist nicht mit der Höhe der Belohnung austauschbar.

Selbsterfüllung ist der größte Motivator!
Menschen tun Dinge gerne auch ohne eine monetäre Entlohnung, also kostenlos. Die Voraussetzung für dieses Handeln ist jedoch Freude und Erfüllung in dem, was sie tun. Ob es ein Tennismatch mit dem Freund ist, wo man bis zur Verausgabung alles gibt, oder ob es eine zeitaufwendige Tätigkeit für einen Verein für Tierschutz oder Naturschutz ist, in dem man sich einbringt. Alle diese Dinge werden in der Gesellschaft gern und auch sehr oft getan und Milliarden von Arbeitsstunden investiert und geleistet.

Beispiel:
Der Nachbar braucht Hilfe beim Reifenwechsel und bittet um Unterstützung.

1. Jeder, der kann, hilft normalerweise, ohne Geld dafür zu verlangen.
2. Kaum jemand würde diese Arbeit tun und dem Nachbarn helfen, wenn er dafür einen lächerlich niedrigen Lohn (beispielsweise 1 EUR) bezahlt bekäme.
3. Jeder würde diese Arbeit aber bestimmt verrichten (und zwar unabhängig davon, ob es für den Nachbarn ist oder für einen Fremden) für einen extrem hohen Lohn (beispielsweise 10.000 EUR) (Abb. 2.14).

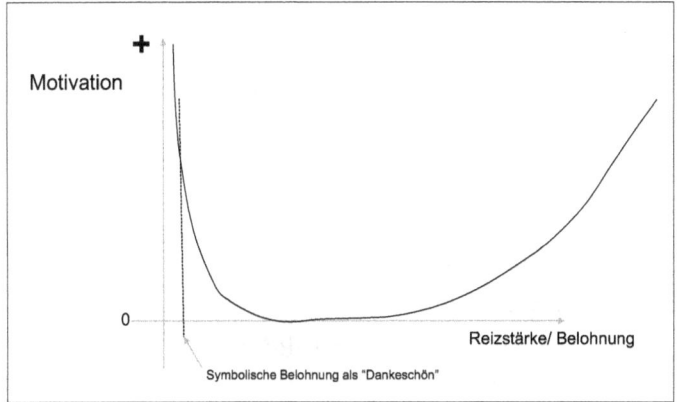

Abb. 2.14 Motivation und soziale Leistungen: Die Abbildung zeigt den Motivationsverlauf bei Leistungen im sozialen Kontext

Wenn man dies erkennt und die Mechanismen der Beweggründe und Motivationen versteht, dann muss die arbeitgebende Seite in der Wirtschaft über die Gestaltung der Arbeitsplätze und über die richtige Gestaltung der Entlohnung und Bonusregelung der Angestellten nachdenken!

Motivationstheorie

Das zuvor gezeigte Beispiel mit Legosteinen lehrt uns, dass die Motivation von einer gefühlten sinnvollen und sinnstiftenden Arbeit abhängt. Das Gegenteil dessen ist eine Art Sisyphus-Arbeit, die als stupide, sinnlos und ohne ein Ziel empfunden wird. Jeder wird sofort verstehen, dass für diese Art von Arbeit keine Motivation möglich ist.

Die Anerkennung ist ein weiterer wichtiger Aspekt für die Motivation. Experimente haben gezeigt, dass die Performance wesentlich besser war, wenn die Probanden für ihre Leistung wertgeschätzt und gelobt wurden und man ihnen Aufmerksamkeit schenkte.

Aber auch der sogenannte „Endowment-Effekt", auch bekannt als „IKEA-Effekt" (siehe Glossar), spielt beim

Thema Motivation eine nicht zu unterschätzende Rolle: Arbeitet man an einem Thema, einer Sache oder in einem Unternehmen, das einem selbst gehört oder zu dem man sich zugehörig fühlt, dann bewertet man und wertschätzt die Arbeit, die Produkte und die Sache selbst wesentlich höher ein, als wenn man nur als extern bezahlte Arbeitskraft „stupide" seine bezahlte Arbeitsleistung abliefert.

Je höher die Entwicklungsstufe der Arbeit und der Gesellschaft ist, desto größer ist auch der zu erzielende Unterschied in der Leistung durch entsprechende Motivation. In einer industriell geprägten Welt ist der Unterschied etwas kleiner, in einer wissensgeprägten Welt ist der Unterschied größer. Genau in diesem Spannungsfeld bewegen sich auch die unterschiedlichen Anschauungen und Theorien von Adam Smith und Karl Marx einerseits zum Produktionsprozess selbst und andererseits im Bezug zum Produktionsfaktor Arbeit.

Tatsache ist, dass der Mensch keine Maschine ist und dass er seine Leistung nicht unter allen Bedingungen gleich abgeben oder abliefern kann. Daher ist es wichtig, eine Umgebung und ein Setup zu gestalten, welche die Produktivität durch Motivation erhöhen. Und das gelingt individuell verschieden durch einen Mix von Faktoren wie beispielsweise guter Bezahlung, Sinnhaftigkeit, Kreativität, Herausforderung, Teilhaberschaft, Identifikationsmöglichkeit, Stolz, Status, Lob und Ansehen etc.

Die Ursachen von systematischen Fehlern und Fehleinschätzungen

Der Mensch unterliegt nicht nur in seinem Denken ständigen „Verzerrungen" und systematischen Denkfehlern. Auch in der optischen Wahrnehmung wird er oft getäuscht. Jeder kennt zahlreiche Bilder und Zeichnungen, die als sogenannte „optische Täuschungen" bezeichnet werden. Diese Bezeichnung ist streng genommen falsch.

Denn die „optische Täuschung" ist im eigentlichen Sinn keine OPTISCHE Täuschung, sondern eine „GEDANKLICHE Täuschung". Das menschliche Auge nimmt nämlich das Bild oder die Zeichnung so wahr, wie sie ist. Das Signal über das Gesehene und Wahrgenommene wird vom Auge ans Gehirn geleitet, wo es dann zum Bild verarbeitet wird. Im Gehirn gelangt es ins Bewusstsein. Im Gehirn wird das Signal entsprechend dem Zusammenhang, der Situation, dem Kontext und entsprechend der eigenen Erfahrung interpretiert. Im Bewusstsein wird dann das GESEHEN, was wir sehen. Das alles spielt sich im Gehirn und im Bewusstsein ab.

Wichtig für das Verständnis ist die Tatsache, dass das Gehirn uns die eigentlichen Bilder liefert, die wir sehen. Das Gehirn liefert uns auch die Gedanken, die wir haben, und die uns entscheiden lassen. Das Gehirn liefert uns Interpretationen, Zusammenhänge und Ergänzungen.

Genau daraus entstehen manchmal Verzerrungen und Fehler. Diese sind dem Menschen oft gar nicht bewusst. Die Bewusstseinstäuschungen sind schwerer zu erkennen und zu verstehen als die optischen Täuschungen, denn Letztere sind oft durch reine Logik zu identifizieren. Bewusstseinstäuschungen sind hingegen wesentlich schwieriger zu identifizieren.

So müssen wir es akzeptieren, dass wir oft etwas glauben und von etwas überzeugt sind, das falsch ist. Und wir wissen, dass wir auch sehr oft Dinge sehen, die in Wirklichkeit anders sind, als wir sie sehen. Mit dieser Erkenntnis müssen wir versuchen, die Welt und die Wissenschaften zu überprüfen.

Im Zusammenhang mit der Ökonomik gibt es einige Themen, die zu überprüfen sind, um festzustellen, ob wir nicht auch hier einer Verzerrung oder Täuschung unterliegen. Eines dieser Themen ist die menschliche Motivation. Wie wir zuvor gesehen haben, ist das klassische und logische Modell über die Motivation des Menschen grundlegend falsch. Die Motivation steigt nicht mit der Höhe der Entlohnung. Sie beginnt ab einem bestimmten Punkt sogar zu sinken (siehe Yerkes-Dodson-Erklärung und Grafik in Abschn. 2.4).

Die Folge dieser Diskrepanz zwischen der Realität und der Theorie ist einfach und verständlich zu erklären: Legt man die beiden Kurven („Kompensationsmodell aktuell" und „Kompensationsmodell Realität") übereinander, so verdeutlicht dies schon optisch die auseinanderklaffende Lücke. Diese Lücke ist nichts anderes als der Fehler – oder auch das Ungleichgewicht –, welches in der Realität existiert bei der Implementierung von falschen Anreizen/Bonussystemen. In der Konsequenz bedeutet dies, dass Menschen nicht motiviert werden, um ihre bestmögliche Leistung zu erbringen, sondern ungewollt, um beispielsweise überhöhte Risiken (für sich selbst oder für die Firma, für die sie arbeiten) einzugehen. Genau das wird durch eine genaue Beobachtung der Realität bestätigt (insbesondere in der Bankenbranche der vergangenen Jahrzehnte).

Dass Höchstleistungen kaum mit monetären Anreizen zu erzielen sind, zeigen nicht nur die hier gezeigten Experimente. Auch in der realen Welt kann jeder Interessierte sehen, dass große Leistungen und riesige Anstrengungen nicht die Folge von finanziellen Anreizen sind.

Beispiel 1:

Bergsteigen ist in Wirklichkeit Qual, Erschöpfung, Kälte und Gefahr für Leib und Leben. Eine Motivation, dies zu tun, ist schwer auszumachen. Trotzdem ist es eine bei vielen Menschen beliebte Sportart, die Leistungsfähigkeit, Stärke und Überlegenheit dokumentiert. Die Menschen opfern ihre Wochenenden, ihre Jahresurlaube und ihr Geld, um diese Sportart ausüben zu können. Auch wenn es psychologisch und ökonomisch mehr „Punishment" als „Reward" ist (siehe auch Erklärung und die Argumente im „Das System ‚Zuckerbrot und Peitsche' (PAIN & PLEASURE) so

2 Der Mensch 133

ist es der Treibstoff für alle Handlungen und Motivationen"). Der entscheidende Faktor hierbei, wie so oft, ist: „ACHIEVEMENT". Anerkennung des Erreichten.

Die menschliche Genugtuung und Befriedigung werden normalerweise determiniert von der Nützlichkeit, der Anerkennung und den Zielen.

Bei Anerkennung spielt in der modernen Gesellschaft Marketing und Kommunikation des jeweiligen Themas eine große Rolle. Marketing ist der entscheidende Schlüssel, der für alle Akteure eine tatsächliche Veränderung in der Wahrnehmung erzeugen kann. Marketing macht aus Dingen, die niemand tun würde oder nach denen sich niemand umdrehen würde, durch geschickte Kommunikation und Erzeugung von neuen Überzeugungen und Wünschen Trends. Somit muss Marketing als Steuerungsfaktor behandelt und angesehen werden.

Beispiel 2:

Auch Bungeejumping ist, ähnlich wie Bergsteigen, nichts anderes als die Befriedigung des Verlangens nach Selbstbestätigung oder Bestätigung durch andere. Es hat nicht einmal etwas mit Naturgenuss oder mit Gesundheit zu tun.

Würde man Menschen aufgrund finanzieller Anreize diese Dinge tun lassen, wäre der Erfolg sehr gering.

Eine schlüssige Erklärung für die Motivation zu extremen Leistungen durch die Evolution und Natur könnte man in der Auswahl der Mutigsten und Stärksten sehen. Sie unterscheiden sich durch diese besonderen Leistungen vom Rest und diese Unterscheidung bringt ihnen Vorteile bei der Fortpflanzung. Wären Gefahr und Wagemut unsexy, würde höchstwahrscheinlich niemand auf Achttausender klettern und am Seil von Hochhäusern springen.

Und genau diese Erkenntnis müssen auch die Motivationsmodelle in der Wirtschaft berücksichtigen. Der Manager, der sich als den Macher und Umsetzer sieht, wird nicht nur durch finanzielle Anreize, sondern auch durch Ansehen,

Wertschätzung und Anerkennung seiner Leistung und Einzigartigkeit gegenüber allen anderen motiviert werden können. Der Buchhalter wiederum wird durch das ihm entgegengebrachte Vertrauen und die Anerkennung seiner Zuverlässigkeit und Korrektheit im Zusammenhang mit der Wichtigkeit für das Unternehmen und sein gutes Wissen aller Anwendungsvorschriften motiviert. Der Pförtner oder das Pflegepersonal werden aufgrund ihres Beitrags am guten Funktionieren der Firma, dem guten Teamgeist aller und der Sicherstellung ihres (normalerweise leicht austauschbaren) Arbeitsplatzes und sozialer Anerkennung motiviert usw.

Die menschliche Motivation ist immer im Zusammenhang mit dem Verhalten zu sehen.

Alle Experimente und Untersuchungen über das menschliche Gehirn lassen vermuten, dass es zwei unterschiedliche Verarbeitungsarten der Reize bzw. der Informationen gibt. Die intuitive, automatische, sehr schnelle und unbewusste, die praktisch autark, reflexartig, emotional und selbstständig funktioniert, und die bewusste, langsamere, die durch aktives Sich-Überwinden und Nachdenken rational und logisch funktioniert. Oft werden diese beiden Funktionsweisen des Gehirns auch als System 1 und System 2 bezeichnet.

Insbesondere das schnelle, intuitive System 1 interpretiert selbstständig die jeweilige Situation und den Kontext sehr schnell und bietet Ergebnisse. Durch diese Interpretation der Situation und des jeweiligen Ereignisses, aber auch durch die Erfahrungen aus der Vergangenheit, die in diese Verarbeitung ebenfalls einfließen, kommt es manchmal zu systematischen Fehlern.

Das System 2 wiederum interpretiert nicht, sondern verarbeitet alles logisch und rational. Dies erfordert einen sehr hohen Aufwand. Da jedes System in Bezug auf die Leistung Limitationen hat, ist es möglich, dass nicht alle Informationen verarbeitet werden können oder dass diese nicht erkannt werden können. Somit passieren auch Fehler.

Diese kognitive Limitierung gewinnt zunehmend an Bedeutung, weil die Komplexität in der Welt kontinuierlich zunimmt. Das ist eine weitere Ursache, die Fehler produziert. So werden immer mehr Intelligenz und geistige Leistungsfähigkeit benötigt.

Dieser Tatsache muss Rechnung getragen werden. Bei neuen Produkten, bei besseren Prozessen, bei der Gesetzgebung, bei Organisationen in der Wirtschaft, Gesellschaft und beim Staat, bei den Methoden, die immer weiterentwickelt und verbessert werden, bei den Regulierungen usw.

Nach dem Nobelpreisträger Daniel Kahnemann produzieren die beiden Arbeitssysteme des Gehirns eine Art von Konsens zwischen dem sogenannten „Sceptical"-Teil und dem „Believer"-Teil.

Es gibt bestimmte bekannte und mittlerweile sehr gut erforschte Faktoren, die systematisch Fehler im menschlichen Gehirn produzieren. Diese systematischen Fehler werden Bias genannt (Priming, Anchoring, Framing usw.).

Die folgende Liste stellt eine Übersicht der bekannten und am häufigsten vorkommenden kognitiven Verzerrungen dar.

Name der kognitiven Verzerrung	Beschreibung
Ankerheuristik, auch Anchoring Bias	Die Tatsache, dass Menschen bei bewusst gewählten Zahlenwerten von momentan vorhandenen Umgebungsinformationen beeinflusst werden, ohne dass ihnen dieser Einfluss bewusst wird
Attributionsfehler, auch Correspondence Bias	Die Neigung, die Ursache für ein beobachtetes Verhalten zu oft in (feststehenden) „Charaktereigenschaften" der handelnden Person und zu selten in den (variablen) Merkmalen der jeweiligen Situation zu suchen

Name der kognitiven Verzerrung	Beschreibung
Backfire-Effekt	Die Neigung, Fakten zu ignorieren, wenn sie der eigenen Überzeugung widersprechen
Belief Bias, auch Überzeugungsbias	Die Tendenz zu glaubwürdigen Schlussfolgerungen
Bestätigungsfehler, auch Confirmation Bias	Die Neigung, Informationen so auszuwählen und zu interpretieren, dass sie die eigenen Erwartungen erfüllen
Bias Blind Spot	Die Tendenz, sich für unbeeinflusst zu halten
Clustering-Illusion, siehe auch Apophänie u. Pareidolie	Die Neigung, in Datenströmen Muster zu sehen, selbst wenn gar keine da sind
Cross-Race-Effect	Schlechtere Wiedererkennensleistung von Gesichtern, die nicht der eigenen Ethnie entstammen, im Vergleich zu Gesichtern der eigenen ethnischen Gruppe
Default-Effekt	Übermäßige Bevorzugung derjenigen Option, die in Kraft tritt, wenn ein Akteur keine aktive Entscheidung trifft
Déformation professionnelle	Die Neigung, eine berufs- oder fachbedingte Methode oder Perspektive unbewusst über ihren Geltungsbereich hinaus auf andere Themen und Situationen anzuwenden
Dunning-Kruger-Effekt	Die Tendenz inkompetenter Menschen, das eigene Können zu überschätzen und die Kompetenz anderer zu unterschätzen
Emotionale Beweisführung	Die Neigung, eine empfundene Emotion als Beweis für eine Annahme zu betrachten
Gender-Bias	Die Neigung, generische als spezifische Maskulina/Feminina zu lesen bzw. den Rollenklischees entsprechende Vermutungen anzustellen (z. B. Baggerführer = Mann, Flugbegleiterin = Frau)

Name der kognitiven Verzerrung	Beschreibung
Halo-Effekt	Die Tendenz, von bekannten Eigenschaften einer Person auf unbekannte Eigenschaften zu schließen
Hot-Hand-Phänomen	Eine zufällige Häufung von Erfolgen im Sport und Glücksspiel als „Glückssträhne" ansehen
Illusorische Korrelation	Die fälschliche Wahrnehmung eines Kausalzusammenhangs zweier Ereignisse
Impact Bias	Die psychischen Auswirkungen eines vorgestellten negativen Ereignisses wie Verlust des Arbeitsplatzes oder Trennung vom Partner werden in Dauer und Tiefe systematisch zu stark erwartet
Kontrasteffekt	Die intensivere Wahrnehmung einer Information, welche zusammen mit einer im Kontrast stehenden Information präsentiert wird
Kontrollillusion, auch Illusion of Control	Die falsche Annahme, zufällige Ereignisse durch eigenes Verhalten kontrollieren zu können
Law of the Instrument	Beobachtung, dass Menschen, die mit einem Werkzeug (oder einer Vorgehensweise) gut vertraut sind, dazu neigen, dieses Werkzeug auch dann zu benutzen, wenn ein anderes Werkzeug besser geeignet wäre (auch: „Maslows Hammer")
Post-purchase-Rationalisation	Rechtfertigung des Erwerbs nach dem Kauf einer wenig sinnvollen Sache
Recall Bias, auch Erinnerungsverzerrung	Fehlerquelle vor allem in retrospektiven Studien
Rückschaufehler, auch Hindsight Bias	Die verfälschte Erinnerung an eigene Vorhersagen, die bezüglich eines Ereignisses getroffen wurden, nach dem Eintreten des Ereignisses
Status-quo-Verzerrung	Tendenz der Bevorzugung des Status quo gegenüber Veränderungen

Name der kognitiven Verzerrung	Beschreibung
Scope Neglect, auch genannt Scope Insensitivity	Das Nichtbeachten der (geringen) Größe eines Problems. Zum Beispiel erklären sich Menschen in einer Studie bereit, im Durchschnitt 78 US-Dollar für die Rettung von 20.000 Vögeln zu bezahlen. Werden sie hingegen nach ihrer Zahlungsbereitschaft zur Rettung von 2000 Vögeln gefragt, kommt im Durchschnitt beinahe der gleiche Wert heraus.
Selbstüberschätzung, auch Vermessenheitsverzerrung	Die Überschätzung des eigenen Könnens und eigener Kompetenzen
Selbstwertdienliche Verzerrung und Lake-Wobegon-Effekt	Verzerrungen, die der Aufrechterhaltung eines positiven konsistenten Selbstbildes dienen
Self-Reference-Effekt	Schematisierender Effekt des Selbstkonzepts
Truthahn-Illusion	Die Neigung, einen Trend zu extrapolieren, ohne ihn zu hinterfragen. Die Sicherheit wächst permanent mit dem Trend. Daher ist zum Zeitpunkt des Trendbruchs die Sicherheit am größten, ebenso wie der Schock über den Trendbruch.
Verlustaversion	Die Tendenz, Verluste höher zu gewichten als Gewinne
Zwei-Faktoren-Theorie der Emotion	Die Neigung, situative Hinweisreize zur Kausalattribution von Emotionen heranzuziehen

Money Changes Everything („The Pain of Paying")

Ist bei menschlichen Interaktionen Geld im Spiel, so verändert dieses komplett die Situation und auch die „Spielregeln". Man stelle sich eine Situation vor, bei der beispielsweise jemand zur Einladung eine Weinflasche als Gastgeschenk mitbringen möchte. Da er aber ein

„Vernunft-orientierter" Ökonom ist und den Wert des Geschenks maximieren möchte und den Weingeschmack des Gastgebers nicht kennt, hält er kurz inne und entscheidet, dass er den Preis, der die Weinflasche kostet, beispielsweise 70 EUR, lieber dem Gastgeber als Bargeld gibt. Rational gesehen ist dies durchaus eine gute Lösung: Der Gastgeber bekommt keine Flasche Wein die ihm möglicherweise gar nicht schmeckt, er kann seinen Lieblingswein selber kaufen und der Gast muss nicht fürchten, ein falsches Geschenk mitgebracht zu haben. Die für die Einladung ausgegebenen 70 EUR würden ökonomisch sehr effizient angelegt und den Nutzen maximieren. Trotzdem wäre aus sozialer Sicht diese Idee eher inakzeptabel. Der Grund hierfür ist die Tatsache, dass Geschenke zwar ökonomisch äußerst ineffizient sind, sozial jedoch sind sie sehr wertvoll, und manche lassen sich mit Geld nicht einmal ausreichend bewerten.

Ist kein Geld im Spiel, so gelten andere Regeln und Werte, als wenn Geld eine Situation komplett verändert. Denn Geld beinhaltet komplett andere Normen (Marktnormen, Finanznormen, monetäre Normen) als persönliche, also soziale Dinge bzw. Geschenke, die mit sozialen Normen im Zusammenhang stehen.

Ist bei Interaktionen kein Geld im Spiel, dann scheinen im Allgemeinen gängige soziale Normen zu gelten. Kommt Geld ins Spiel, verändert sich das Wertesystem, also auch die Norm, schlagartig.

Beispiel:

Bei einem Experiment wurden Cola-Flaschen im Wert von 1 USD in Studentenwohnheimen in den Kühlschränken in dortigen Küchen platziert. Es dauerte nicht lange und die Studenten bedienten sich an der Cola – die ihnen ja nicht gehörte. Die Flaschen waren sehr schnell leergetrunken. In den gleichen Wohnheimen wurden

1-Dollar-Scheine auf Fensterbänken und Küchentischen liegengelassen. Diese Geldscheine lagen sehr lange dort und wurden nicht entwendet.

Warum also fällt es leicht, sich aus einem Kühlschrank eine Cola im Wert von 1 USD zu nehmen, die einem nicht gehört, und warum fällt es offensichtlich wesentlich schwerer, Geldscheine im Wert von 1 USD zu stehlen? Der Grund dafür ist, dass die Menschen unterschiedliche Wert- und Normvorstellungen haben.

Mit diesem Hintergrund der unterschiedlichen Normen und Werte muss man auch viele gesellschaftliche Probleme betrachten. So wird beispielsweise Kinderbeschneidung aufgrund sozialer oder religiöser Normen durchgeführt, also wegen der Dokumentation der Zugehörigkeit zu einer bestimmten Gruppe. So stark können sich solche Normen auf das menschliche Handeln auswirken. Ginge es hier nur ums Geld, würde höchstwahrscheinlich niemand sein eigenes Kind willentlich verletzen oder verstümmeln lassen. Verwerflich sind Beschneidungen an Kindern beiderlei Geschlechts aus moralisch-ethischer Hinsicht, aus medizinischer Hinsicht UND sogar auch aus religiöser Hinsicht: Denn eine Beschneidung unterstellt implizit, dass Gott Fehler bei seiner Schöpfung gemacht hat und Unvollkommenheit geschaffen hat, die dann der Mensch nach der Geburt des Kindes durch die Beschneidung korrigieren muss. Der Mensch korrigiert also Gott in diesem Fall, denn nur so kann man diesen religiösen Akt interpretieren. Dies ist ein besonders drastisches und grausames Beispiel für die scheinbar grenzenlose Irrationalität des Menschen.

Man muss bei menschlichen Handlungen generell nach den Motiven unterscheiden. Arbeitet der Mensch für Geld, wird er für seine Arbeit bezahlt, so gelten komplett andere Regeln, Gesetzmäßigkeiten und Motive – daher auch eine andere Motivation –, als wenn er aus freien Stücken, aus persönlichen Gründen, aus seinem sozialen Empfinden oder einfach aus Spaß arbeitet.

Jeder hilft gerne seinem Nachbarn oder auch einem Fremden, wenn dieser eine Reifenpanne hat, freiwillig und ohne Bezahlung. Doch die Wenigsten würden gerne vom Beruf her für andere die Räder an ihren Autos wechseln, um so den eigenen Lebensunterhalt zu verdienen. Ganz egal, wie hoch die Bezahlung wäre.

2.5 Die Rolle von Opportunitätskosten beim Setzen von Präferenzen und bei Entscheidungen

Nicht nur die Verlustaversion, sondern auch die Opportunitätskosten generell beeinflussen die Menschen mehr, als man denkt. Diese Tatsache wird in der Ökonomik extrem unterbewertet, unterschätzt und teilweise sogar gar nicht berücksichtigt.

Beispiel:

Man bekommt einen Lottoschein geschenkt. Diesen vergisst man abzugeben.

Variante 1. Schein gewinnt NICHT: Keine große Freude über das Geschenk, aber auch KEIN Ärger über das vergessene Abgeben. Resultat ist IDENTISCH mit einer Situation, in der es nicht zu dem Geschenk (Lottoschein) gekommen wäre. Diese Situation kann mit „0" bewertet werden, auch wenn sie in Wirklichkeit positiv sein müsste, denn es hat ja ein Geschenk stattgefunden und wird immer einen gewissen positiven Wert haben, insbesondere sozialen.

Variante 2. Der Lottoschein gewinnt den Jackpot: Eine Riesenenttäuschung, Ärger, Schmerz und Unglück treten ein. Auch wenn real KEIN Verlust stattgefunden hat und die Situation vollkommen mit der oben zu vergleichen ist oder sogar besser sein müsste als eine, in der kein Geschenk (Lottoschein) gemacht worden ist.

Genau das Gegenteil ist aber der Fall! Die Erklärung liegt in den hohen Opportunitätskosten, die durch diese Situation entstanden sind, auch wenn **kein** tatsächlicher Verlust eintrat.

Opportunitätskosten werden in der Ökonomie systematisch unterschätzt.

Ein anderes Beispiel im Zusammenhang mit Opportunitätskosten verdeutlicht das irrationale Verhalten:

Auf dem Weg zu einer Theatervorstellung hatten Probanden einen 20-EUR-Schein im Portemonnaie und die Theaterkarte im Wert von 20 EUR. Diese Eintrittskarte ging auf dem Weg verloren. Bei der Frage, ob die Probanden im Theater ihre restliche 20 EUR für eine neue Eintrittskarte ausgeben würden, antwortete die große Mehrheit mit NEIN. Der Grund hierfür ist, dass der Theaterbesuch dann mit einem Preis von 40 EUR assoziiert wird, und das sind für die meisten Probanden viel zu hohe Opportunitätskosten, da sie für dieses Geld lieber etwas anderes kaufen.

Bei einem anderen Versuch hatten Probanden auf dem Weg zum Theater zwei 20-EUR-Scheine im Portemonnaie und kein Ticket. Auf dem Weg ins Theater verloren sie einen der Scheine. Bei der Frage, ob die Probanden im Theater ihren übriggebliebenen 20-EUR-Schein für eine Eintrittskarte ausgeben würden, antwortete die große Mehrheit mit JA. Der Grund hierfür ist, dass der Theaterbesuch geplant ist und mit dem verlorengegangenem 20-EUR-Schein nicht in Verbindung gebracht wird – der Theaterbesuch kostet nach wie vor 20 EUR, und das wollten sie auch für die Vorstellung ausgeben. Das wird nicht als zu teuer angesehen.

Hier gibt es zwei komplett unterschiedliche Resultate, obwohl beide Fälle absolut identisch sind (in beiden Fällen ist ein Stück Papier im Wert von 20 EUR verloren gegangen).

Psychologisch wichtig für den Menschen ist, was er als Möglichkeit empfindet, zu tun und lassen. Also welche Handlungsoptionen er hat und welche er nicht hat. Es ist dabei vollkommen unwesentlich, ob er dann diese Optionen auch tatsächlich wahrnimmt oder nicht. Ob er das, was er kann – also diese Möglichkeiten –, nutzt oder nicht. Es ist zu beobachten, dass Menschen den Mangel an Möglichkeiten als sehr stark und extrem störend und belastend bewerten. Sobald dann aber die Möglichkeiten da sind, werden sie auf einmal nicht genutzt. Das ist ein Paradoxon. Wichtiger für den Menschen ist offenbar nur das Wissen und die Gewissheit, bestimmte Handlungsoptionen zu haben, als diese dann wirklich auch zu nutzen.

Das würde auch den Zusammenhang mit der Beobachtung erklären, dass der Mensch das, was er hat, nicht schätzt, und das, was er nicht hat, das begehrt er umso mehr. Bekommt er es dann, dann verliert er schnell das Interesse daran (siehe Beispiel mit den Bergen bei Bergbewohnern und Traumstränden bei Inselbewohnern zu Beginn des Kapitels).

Es gibt viele Beispiele für ein ähnliches Phänomen aus dem Alltag: Man träumt lange von einem bestimmten Motorrad, einem speziellen Oldtimer oder einem Traumwagen. Wenn man sich nach vielen Jahren endlich seinen Traum erfüllt hat, stellt man nach kurzer Zeit fest, dass man damit kaum noch fährt, es nicht benutzt, wie man es sich vorgestellt hatte und die Neuanschaffung in der Garage verstaubt.

Ein anderes Beispiel sind viele Menschen aus der Grenzregion des ehemaligen Ostblocks rund um Wien. Dort war durch den eisernen Vorhang jahrzehntelang die Reise nach

Wien – trotz der kurzen Distanz – unmöglich. Es war der sehnlichste Wunsch der Menschen, nach Wien reisen zu können. Nachdem dann die Grenzen fielen und ein Ausflug nach Wien für jedermann möglich war, wurden die Möglichkeiten nicht genutzt. Es war zur Normalität geworden und hatte deshalb vollkommen am Reiz verloren.

Zusammenfassend kann man feststellen, dass gute und viele Alternativen automatisch immer auch hohe Kosten der „vergebenen Möglichkeiten" bedeuten. Es sind die Kosten für die Optionen, die man nicht wahrgenommen hat. Das verursacht erheblichen Stress. Und je besser die vergebenen Möglichkeiten waren, desto höher sind die Kosten und desto höher sind auch der Stress oder der Schmerz über den Verlust.

Je höher die Opportunitätskosten sind, desto höher ist auch die Bereitschaft der betreffenden Person, gegen Gesetze, Moral oder die eigenen Prinzipien zu verstoßen, um diese Kosten zu vermeiden oder zu umgehen. Die Höhe der Kosten zwingt sozusagen das Individuum dazu, so zu handeln, damit die Kosten vermieden oder umgangen werden. Das kann manchmal zu gesetzeswidrigen oder unmoralischen Handlungen führen oder diese zumindest begünstigen.

Dies klingt sehr theoretisch, man kann die Problematik mit folgendem Beispiel aber veranschaulichen: Jemand kann sich nicht zwischen zwei wunderbaren Idealpartnern entscheiden. Die Entscheidung für den einen Menschen ist automatisch eine Entscheidung gegen den anderen Menschen. Erfolgt dann eine Entscheidung, so ist die Versuchung sehr groß, selbst gegen die Prinzipien der Moral die Beziehung auch zum anderen Partner (gegen den man sich entschieden hat) fortzuführen. Je „besser" hier die beiden Partner sind, umso höher ist der Schmerz und Verlust, den man erleidet, wenn man sich für den einen entscheidet. Und je größer der Schmerz ist, desto größer sind die Tendenz, die Motivation, der Anreiz und die Wahrscheinlichkeit, dass man den anderen Partner nicht aufgibt.

Ähnlich gelagert ist der Fall, wenn beispielsweise die Anreize bei der Kompensation für die Arbeit zu hoch sind. Dann sinkt nämlich nicht nur die Performance des Individuums (aufgrund des zu hohen Stresses), sondern dann steigt auch noch die Gefahr und die Wahrscheinlichkeit für illegale Handlungsweisen, um die hohen Kompensationen zu sichern oder zu maximieren. Genau diese Problematik führte bei Bankangestellten zu Beginn des 21. Jahrhunderts zu immensen Betrügereien im Finanzsektor und zu Krisen des ganzen Systems.

2.6 „Relativitätstheorie" in der Ökonomik

Die Erfahrung des Menschen und seine Vergangenheit prägen signifikant seine Ziele, Wünsche, seinen Bedarf und seine Entscheidungen in der Gegenwart und ist somit relevant auch für die Zukunft!

Wer prägende Erfahrungen machte (beispielsweise extreme Armut, Gewalt, Trauma etc.), dessen Präferenzen und somit Entscheidungen in der Gegenwart werden dadurch determiniert.

Statistisch relevant und bewiesen ist beispielsweise die Gewalt an und bei Kindern und Jugendlichen und deren Folgen.

Wer im Überfluss lebt und aufwächst, hat ganz andere Präferenzen als jemand, der in bitterer Armut aufgewachsen ist, auch wenn sich diese beiden Personen in der Gegenwart komplett im IDENTISCHEM Zustand befinden würden.

Somit sind die Präferenzen, Entscheidungen und Handlungen immer RELATIV zu dem zu sehen, was die Betroffenen früher erlebten!

Extreme Armut in großen Teilen von Asien in jüngerer Vergangenheit hat somit auch einen extrem großen Einfluss bzw. ist die Ursache für die heutige Präferenzsetzung der Menschen, nachdem ein Aufschwung die Armut größtenteils beseitigte und teilweise sogar Wohlstand aufkam. Diese Präferenzierung hin zu materiellen Gütern und das Zeigen des Wohlstands und das Angeben damit sind die Konsequenz der Armut in der Vergangenheit.

Es ist empirisch beobachtbar, dass eine Zurschaustellung von Reichtum, seine Übertreibung und Überbewertung bei Schichten und Menschen zu beobachten ist, die in der Vergangenheit eher als unterprivilegiert galten oder aus ärmeren Regionen stammen. Dies ist in den reicheren westeuropäischen Ländern bei Türken, Russen, Asiaten, Chinesen, Afrikanern und Angehörigen der Unterschicht deutlich zu beobachten.

In diesem Zusammenhang ist auch die Präferenzsetzung beim Wert des menschlichen Lebens in Relation zu Geld eindeutig unterschiedlich. Also die Bereitschaft, gefährliche, verbotene, unmoralische, gesellschaftlich inakzeptable Dinge für Geld zu tun: So wird ein Upper-Class-Bürger nicht bereit sein, das Gleiche zu tun wie ein Emporkömmling aus der Unterschicht, auch wenn sich beide in identischer Situation befinden. Warum ist das so? Weil es eine unterschiedliche Erwartungshaltung der beiden gibt darüber, dass materieller Wohlstand den Status bzw. Wert in der Gesellschaft bestimmt oder verbessert. Und der soziale Status ist eine starke Triebfeder für Handlungen!

Geld befriedigt die Bedürfnisse des Mittellosen mehr als die des im Wohlstand aufgewachsenen und lebenden Menschen. Es ist für den einen das wesentlich seltenere und daher auch begehrtere Gut als es für den anderen ist. Deswegen werden auch beide nicht bereit sein, das Gleiche zu tun, um dieses Gut zu bekommen. Und genauso verhält es sich mit dem sozialen Aufstieg. Daher ist auch die Jagd nach und die Zurschaustellung von Geld und Wohlstand mehr bei in Armut aufgewachsenen und durch Armut geprägten Personen zu beobachten als bei solchen, die im Wohlstand aufgewachsen sind.

Geld hat bei Menschen, die in Armut aufgewachsen sind, einen wesentlich höheren Wert als bei den anderen. Es ist ein Tauschmittel, mit welchem sie Produkte erwerben können, die sie begehren und die für sie auch wertvoll sind. Wenn also für diese Menschen Geld einen hohen „Wert" hat, so bedeutet es nichts anderes, als dass es für diese Menschen sehr wichtig ist, die Möglichkeit zu haben, Produkte erwerben zu können. Also zu konsumieren. Oder zumindest die Freiheit zu haben, dies zu tun.

Der Begriff „Wert" ist verschieden interpretierbar: Die Ökonomik beispielsweise verwendet diesen Begriff anders als die Philosophie und als es sonst im Sprachgebrauch üblich ist. Ein bedeutender Ökonom der sogenannten „Wiener Schule", Carl Menger (1923), definierte diesen Begriff im ökonomischen Sinne als *„die Bedeutung, welche konkrete Güter oder Güterquantitäten für uns dadurch erlangen, dass wir in der Befriedigung unserer Bedürfnisse von der Verfügung über dieselben abhängig zu sein uns bewusst sind"*. Somit ist aus dieser Sicht „Wert" der Nutzen, der in konkreten und knappen Gütereinheiten Handlungswirksamkeit erlangt. Der „Wert" zeigt also das Verhältnis oder die Beziehung zwischen der realen Welt und dem subjektiv motivierten Handeln der Menschen. Carl Menger schreibt: „Der Wert ist demnach nichts den Gütern Anhaftendes, keine Eigenschaft derselben, ebenso wenig aber auch ein selbstständiges, für sich bestehendes Ding". Daher ist der ökonomische Wert auch nicht messbar oder quantifizierbar. Der Wert ist etwas komplett anderes als der Preis! Denn hinter Preisen stehen meistens Werte, hinter Werten aber nicht notwendigerweise Preise.

Ökonomische Werte sind daher nicht nur subjektive Überzeugungen einzelner Marktteilnehmer. Werte werden genau an der Schnittstelle zwischen den subjektiven Motiven der Menschen und den objektiven Gegebenheiten und Beschränkungen sichtbar. Sie sind weder Meinungen oder Prinzipien. Sie sind der sichtbare Ausdruck der relativen Knappheit der Mittel in Hinblick auf die unsichtbaren (und durch die Vergangenheit und das Umfeld geprägten) Ziele und Wünsche der Menschen. Wenn also etwas ökonomisch „wertvoll" ist, so stellt es keine normative Aussage über die jeweilige Sache oder Leistung dar. Denn wie wir wissen, können auch nichtfunktionierende, unbrauchbare, hässliche, unmoralische, gefährliche, absurde, vorgetäuschte, unnütze, kaputte Dinge ökonomisch „wertvoll" sein. Also auch Geld, welches durch keine realen Güter bzw. Werte gesichert ist und nichts anderes darstellt als bedrucktes Papier, an dessen „Wert" die Menschen glauben. Denn die Ökonomik ist in dieser Hinsicht absolut wertneutral. Sie versucht das Handeln der Marktteilnehmer zuerst zu verstehen, bevor eine normative Beurteilung erfolgt. Dies darf jedoch nicht mit Beliebigkeit verwechselt werden. Denn moralische Werturteile müssen durchaus zulässig sein und nicht alles, was Menschen in ihrem Handeln als ökonomisch „wertvoll" ansehen, ist sinnvoll, legitim oder gut.

Die Erkenntnis, dass in der Realität der Ökonomie alles relativ ist, widerspricht dem Modell des Homo oeconomicus aus der ökonomischen Standardtheorie. Denn dieser weiß alles und leitet alles rational ab. In Wirklichkeit aber wissen Konsumenten praktisch nichts. Sie zahlen 1000 EUR für einen Fernseher – nicht, weil sie wissen, dass dieser so viel wert ist, sondern weil das Geschäft diesen Preis vorgibt. Und genauso ist es mit dem Hamburger, mit dem Espresso, mit Wein, mit dem Auto usw. Experimente haben deutlich gezeigt, dass Produkte wesentlich besser verkauft werden, wenn ein identisches Produkt zum wesentlich höheren Preis dazugestellt wird.

Der Mensch liebt es, Dienstleistungen und Produkte geschenkt zu bekommen. Er lässt jedoch außer Acht, dass er auf eine andere Weise für solche „Geschenke" bezahlen wird und dass dann der Preis meistens viel höher ist und das Geschäft, das er macht, ein für ihn Nachteiliges wird. So muss man bei kostenlosen Bankkonten meistens umso höhere Preise beispielsweise für die EC-Karte oder für einzelne Transaktionen zahlen, bei einem Telefonvertrag ohne Grundgebühr muss man mehr bezahlen für die Gesprächszeit und bei irgendwelchen kostenlosen Supermarktprodukten muss man mit seiner wertvollen Zeit bezahlen, indem man sich mit irgendwelchen Gutscheinen oder anderen Produkten auseinandersetzen muss.

Auch soziale Normen haben bestimmte Kosten. So wird wahrscheinlich jeder Nachbar einem helfen, wenn er beispielsweise beim Wechseln des Autoreifens darum gebeten wird. Niemand würde ernsthaft Geld für Nachbarschaftshilfe verlangen. Würde man für eine solche Hilfe dem Nachbarn 5 EUR anbieten, so würde man ihn beleidigen. Würde man seinem Nachbarn aber 500 EUR anbieten, damit er beim Reifenwechsel hilft, dann würden wohl die meisten nicht ablehnen. Somit wird deutlich, dass bei 0 EUR jeder gerne hilft. Was darüber liegt, führt zur Ablehnung und Beleidigung. Erst ab einer entsprechend hohen Summe wird wieder geholfen.

2.7 Veränderungsprozesse und warum diese in den meisten Fällen scheitern

Der Mensch legt in seinem Verhalten eine gewisse Trägheit an den Tag. Er verändert seine Einstellungen, Prioritäten und sein Verhalten nur sehr schwer und langsam. Er ist ein Gewohnheitstier und tut sich sehr schwer mit der Veränderung seiner Gewohnheiten. Eine Veränderung des Statusquo-Zustands ist interessanterweise generell in der Natur immer mit erhöhtem Aufwand verbunden: Egal ob wir uns die physikalischen Gesetze ansehen, wenn beispielsweise Wasser seinen Aggregatszustand verändert, oder eine Masse bewegt werden muss. Auch in der Chemie können wir beobachten, dass das Starten einer Reaktion immer mehr Aufwand, also Energie, kostet, als eine bereits laufende Reaktion beizubehalten. Es ist in der Natur immer mit einem höheren Energieaufwand verbunden, einen Status quo zu verändern, als diesen zu erhalten. Außerdem muss jedes Mal für eine solche Veränderung ein bestimmter kritischer Wert von Energiezufuhr überschritten werden, damit eine Änderung überhaupt mess- und sichtbar wird.

Wir wissen auch aus Experimenten, dass der Mensch ein Problem hat mit der sogenannten Selbstkontrolle. Er neigt generell dazu, Dinge nicht gleich zu tun, sondern sie zu verschleppen. Oft werden Dinge erst dann erledigt, wenn es kurz vor dem Termin ist, manchmal sogar erst, wenn es schon zu spät ist. Ein Setzen von künstlichen „Sicherheits-Deadlines" ist deshalb extrem wichtig, um das Problem der Verschleppung in den Griff zu bekommen. Damit auch diese Technik wirkt, müssen diese künstlichen Termine mit empfindlichen Strafen verbunden werden.

Beispiel: Rechtzeitige und für den Patienten sehr wichtige (aber leider auch sehr unangenehme) Termine bei einer

Krebsuntersuchung werden mit einer Vorauszahlung von 100,- EUR gesichert bzw. garantiert. Damit wird der Patient „motiviert" diesen Termin/die Untersuchung wahrzunehmen. Sagt der Patient ab, verliert er das Geld.

Warum Veränderungen nur „von oben" erfolgreich sein können
Es gibt drei entscheidende Faktoren, die bei Veränderungsprozessen die Hauptrolle spielen und diese zu einem nur schwer durchführbaren Unterfangen machen. Es sind:

a) Verlustangst/Verlustaversion,
b) Status-quo-Bias,
c) Endowment-Effekt.

Die Verlustangst führt dazu, dass die Betroffenen befürchten, nach dem erfolgten Veränderungsprozess weniger zu haben als zuvor. Es können Ängste im Zusammenhang mit Geld/Einkommen, Status, Macht, Arbeitsplatz, Expertise, Ansehen usw. sein.

Die Tendenz zum Status quo ist eine kognitive Verzerrung, die zu einer natürlichen übermäßigen Bevorzugung des Status quo gegenüber Veränderungen bei Betroffenen führt. Anders ausgedrückt wollen Menschen generell, dass die Dinge ungefähr so bleiben, wie sie sind, und sich nicht verändern. Diese Tendenz wurde in verschiedenen Fachgebieten gründlich erforscht und bewiesen, so auch in der Politikwissenschaft und Wirtschaftswissenschaft.

Der „Endowment-Effekt" ist eine Erkenntnis aus der Verhaltensökonomik. Sie besagt, dass Menschen dazu tendieren, das als besser einzuschätzen, was sie haben, als das, was sie (noch) nicht haben.

Die meisten Veränderungen in der Wirtschaft und auch in der Gesellschaft betreffen außerdem überwiegend und überproportional stark die eher unteren Schichten der Gesellschaft. Und genau diese Menschen müssen aber die Veränderungen auf der Arbeitsebene umsetzen und zugleich dann auch noch die Konsequenzen aus diesen Veränderungen tragen. Aus dieser Konstellation folgen eine unvermeidbare Unsicherheit, Angst und dann auch eine Abneigung gegen Veränderungen. Hier auf der überwiegend operativen Ebene der Abarbeitung von vorgegebenen Aufgaben fehlt zudem auch die übergeordnete, globale und allumfassende Sicht auf die jeweiligen Themen und Fragestellungen.

Erschwerend hinzu kommt eine Eigenschaft von Verwaltungsorganisationen, die man das „Peter-Prinzip" nennt:

Das Peter-Prinzip ist eine Theorie, die von Laurence J. Peter aufgestellt wurde (Peter und Hull 2001). Sie besagt, dass in einer Organisationshierarchie jeder Beschäftigte dazu neigt, so lange aufzusteigen, bis er zu der Position gelangt, die ihn überfordert, wo er also unfähig ist. Peter formulierte diese Theorie zusammen mit Raymond Hull in dem Buch „The Peter Principle", das 1969 bei William Morrow in New York erschien.

Die Hauptaussage dieser Theorie ist, dass jedes Mitglied einer ausreichend komplexen Organisation oder Hierarchie so lange befördert wird, bis er das Maß seiner absoluten Unfähigkeit erreicht hat. Dies stellt dann das persönliche Maximum seiner Karriere dar. Weitere Beförderungen sind unter normalen Umständen nicht mehr möglich. Laurence Peter: „Nach einer gewissen Zeit wird jede Position von einem Mitarbeiter besetzt, der unfähig ist, seine Aufgabe zu erfüllen."

Es müssen freilich genügend Hierarchiestufen vorhanden sein. In dem Buch von Peter und Hull werden viele Beispiele für Hierarchien in den verschiedensten Organisationen in Wirtschaft und Verwaltung analysiert und die Unfähigkeit der dort Beschäftigten detailliert beschrieben. Außerdem werden auch Gründe für die Beförderung analysiert. Peter kommt zum Ergebnis, dass es einerseits Beförderungen von als unfähig bekannten Angestellten gibt, die nur deshalb stattfinden, um unter den anderen Mitarbeitern einen Anreiz auszulösen, dass jeder andere auch befördert werden kann. Hierdurch wird eine Stabilisierung der Hierarchie innerhalb der Organisation erreicht. Andererseits werden auch Titel oder Abteilungen ohne Kompetenzen geschaffen (die es vorher nicht gab), um einen unfähigen Mitarbeiter quasi loszuwerden.

Die Verteilung der einzelnen Stufen der Inkompetenz vergleicht Peter mit der Gaußschen Normalverteilungskurve. Daraus leitet er die logische Frage ab, wer in einer solchen Hierarchie dann die eigentliche Arbeit verrichtet. Er kommt zum Ergebnis, dass nicht alle Mitglieder einer bestimmten Organisation zur gleichen Zeit ihre jeweilige Stufe der Unfähigkeit erreichen und deshalb die Arbeit durch diejenigen Mitarbeiter gemacht wird, die ihre höchste Stufe noch nicht erreicht haben und die daher mit ihrer Kompetenz noch etwas leisten können (Abb. 2.15).

Es herrscht in jedem Amt und bei jeder Position der Wille des dort tätigen Menschen (oft des Beamten), sein eigenes Amt und seine Macht zu mehren (siehe dazu weiter vorne Wunsch

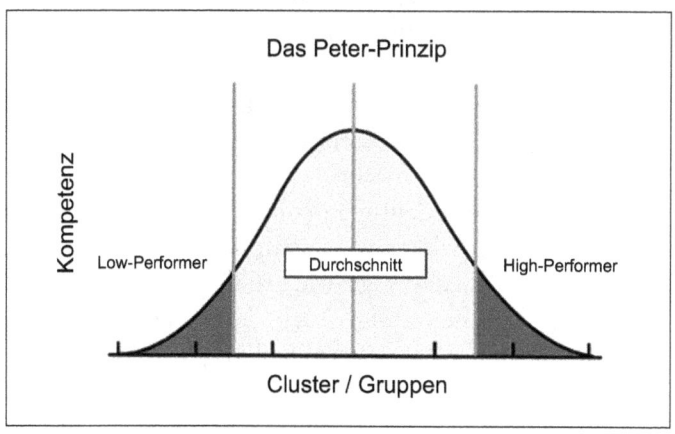

Abb. 2.15 Die Abbildung zeigt das Ergebnis des Peter-Prinzips

nach Anerkennung, „Social Proof", Wunsch nach gesellschaftlichem Aufstieg, Wunsch, gebraucht zu werden usw.)

Es fehlt aber auch gleichzeitig sehr oft die entsprechende Erfahrung, Ausbildung, Bildung und Intelligenz, um über den eigenen Tellerrand zu schauen.

Oft ist die bessere Lösung für das ganze System die schlechtere individuelle Lösung für den einzelnen „kleinen" Mitarbeiter im System, denn dieser verbleibt auf der Position, wo er noch etwas leistet.

Die Folge ist ein „innerer" permanenter Widerstand gegen Veränderungsprozesse.

Die klassische Aufteilung der meisten Strukturen kann man in 3 Schichten vornehmen:

1. Führungsschicht/Geschäftsleitung/Vorstand
2. Nomenklatur/Beamtentum/Management/Leitende Angestellte
3. Volk/Arbeiter/Tarifangestellte

In der Hierarchie vom unteren Ende initiierte Veränderungs- und Changeprozesse werden tendenziell von der Nomenklatur und vom Mittelmanagement unterdrückt und verhindert und haben somit von vornherein kaum eine Chance auf Erfolg.

Der beste und am meisten erfolgsversprechende Weg, eine Veränderung durchzusetzen, ist von oben und wenn die unterste Ebene mitmacht.

Eine besondere Bedeutung in diesem Zusammenhang ist die Frage des Verhaltens von institutionellen Angestellten und Beamten. Also die Frage, wie sich die Bürokratie verhält und welche Ziele sie verfolgt. Auch hier ist es offensichtlich, dass es immer einen Interessenskonflikt gibt zwischen dem, was gut für das System ist, dem, was gut für die Politik und die Vorgesetzten der Bürokraten ist und dem, was gut für die Bürokraten selbst ist, also welche Interessen sie verfolgen. Jeder dieser Akteure hat eigene Interessen und wird somit auch in seinen Entscheidungen mehr oder weniger von diesen Interessen beeinflusst. Das soll nicht heißen, dass der jeweilige Bürokrat/Beamte automatisch gegen seine Treuepflicht verstoßen wird. Es heißt zunächst nur, dass dieser in den meisten Fällen eben durch die Situation per se in einem gewissen Dilemma bezüglich seiner Interessen, seiner Entscheidungen und seinen Präferenzen steckt.

Zu glauben, dass Staatsangestellte und Beamte ausschließlich und immer nur die Interessen der Gemeinschaft und des Staates, dem sie dienen, verfolgen würden, wäre naiv und töricht. Dies kann nur als eine Annahme für die Rechtfertigung eines Apparats angesehen werden, ähnlich der Annahme des Homo oeconomicus in der Wirtschaftstheorie.

In der Realität verfolgen die wenigsten Menschen den gesellschaftlichen Wohlstand. Menschen verfolgen in Wirklichkeit meistens ihre eigenen, ganz subjektiven Ziele. Bei Beamten sind diese subjektiven Ziele gegeben durch das Umfeld, in dem sie arbeiten, beispielsweise die Erhöhung und Ausdehnung ihres eigenen Einflussbereichs und die Verbesserung ihrer Stellung im Amt und/oder in der Organisation (Nomenklatur) oder die Erhöhung ihres Gehalts. Das ist absolut normal und natürlich. Das ist auch menschlich. Man muss dies jedoch unbedingt berücksichtigen.

Zu den natürlichen Interessen ist zu zählen: regelmäßiges Einkommen, ein möglichst hohes Einkommen, ein mögliches Nebeneinkommen zu erzielen, Einfluss, Macht, gesellschaftliche Stellung sowie die Möglichkeit, sein Amt und seine Ziele mit möglichst geringem Aufwand zu erreichen und zu führen.

So ist der Amtsinhaber mit Budgetverantwortung immer daran interessiert, für seinen Bereich oder für sein Amt ein möglichst hohes Budget zu bekommen. Damit kann er seinen Einfluss, seine Position und sein Ansehen steigern. Die Höhe des Budgets ist somit für den Amtsinhaber/Bürokraten das oberste Ziel, denn dadurch werden alle nachgelagerten Ziele mit bedient. Genau deswegen sind die Bemühungen bei Beamten überall zu beobachten, dass sie nach einer Maximierung des Haushalts für ihr Amt/ihren Bereich streben und niemals, dass sie das Budget von sich aus zu minimieren versuchen. Um ihre eigenen Ziele zu erreichen, nutzen sie ihre „monopolistische" Stellung (= spezifische Dienste des jeweiligen Amts) wie auch ihre Informationsüberlegenheit gegenüber Dritten aus.

In modernen demokratischen Gesellschaftssystemen ist es de facto unmöglich, Beamte zu entlassen oder deren Löhne zu kürzen. Genauso unmöglich ist es, die Bürokratie zur Sparsamkeit zu motivieren oder zu zwingen, auch wenn dies im Interesse des Staates, der Gesellschaft und der Politik wäre. Aus gutem Grund und oft per Gesetz sind die Kompetenzen der Politiker gegenüber den Beamten stark beschnitten. Darüber hinaus sind die Amtsinhaber über Informationen, Zusammenhänge und die Netzwerke ihrer Ämter besser informiert als alle anderen. Dieser Mix aus verschiedenen Gründen ist die Ursache für ein teilweises Versagen einer effektiven Kontrolle über die Verwaltungsorganisation (Bürokratie).

Es ist ein ähnliches Problem wie das in der Wirtschaft bekannte „Principal-Agent-Problem": Bei diesem verfolgen die Eigentümer einer Firma (z.B. die Aktionäre) und die, welche das operative Geschäft leiten- also das Management- unterschiedliche Interessen, haben verschiedene Motive fürs Handeln und verfolgen sehr oft auch unterschiedliche Ziele.

Unter rein ökonomischen Bedingungen ist das beste Kontrollinstrument für Finanzangelegenheiten die doppelte Buchführung. Eine gute Buchführung erlaubt normalerweise einen Einblick in die Funktionsweise der Firma oder der Behörde und den Grad der Erreichung der Ziele (z. B. des Profits einer Firma). Da aber staatliche Verwaltung und Behörden oft keine klar definierten Ziele haben, die finanziell messbar wären, erweist sich also auch das Instrument der Buchführung zur Steuerung und Kontrolle als wenig brauchbar. Daher ist ein generelles Problem bei der Budgetierung von Behörden die genaue Messung und Bestimmung des tatsächlich benötigten Budgets, und man hält sich aus Gründen der Vereinfachung beispielsweise an die Höhe der Vorjahresbudgets.

Eines der (menschlichen) Hauptinteressen von Staatsangestellten ist deren Traum von Vergrößerung des eigenen Amtes. Da dies ein permanenter Zustand ist, ist die langfristige Tendenz, dass es auch zu Vergrößerungen kommt, unbestreitbar. Allein dadurch ist das überproportionale Wachstum des öffentlichen Sektors in allen entwickelten Ländern erklärbar. Genauso wie das Kapital die Eigenschaft besitzt, neues Kapital zu akkumulieren und sich zu vermehren, so haben auch bürokratische Strukturen immer weiter die Tendenz, zu wachsen. Diese Tendenz tragen sie systemisch in sich, sie ist ein Teil des Wesens bürokratischer Strukturen und Organisationen. Mit ihrem Wachstum aber wächst auch gleichzeitig ihre Tendenz, sich mit internen Problemen und Aufgabenstellungen zu beschäftigen anstatt mit Aufgaben, die sie eigentlich zu erfüllen haben und deretwegen sie überhaupt entstanden sind und existieren. Diese internen Probleme und Fragestellungen sind beispielsweise Personalfragen, rechtliche Fragen oder Fragen der Verteilungskompetenzen. Somit entsteht langsam eine eigenartige Situation: Staatsangestellte (Beamte), die in der Exekutive und Verwaltung als untergebene Mitarbeiter von durch das Volk gewählten Vertretern arbeiten (z. B. eines Ministers, der weisungsbefugt ist), befinden sich in einer stärkeren Position als diese selber. Sie haben die Macht der Informationen, des Netzwerks, sind unkündbar und ihre Löhne können weder gekürzt noch leistungsabhängig definiert werden. Der gewählte Vorgesetzte jedoch ist von ihnen (von ihrer Arbeit und ihrem Wohlwollen) abhängig und nur auf Zeit in seiner Funktion. Diese Konstellation zeigt den großen Widerspruch zwischen den Interessen der Beamten und den Interessen der Wähler und des Volkes.

Eine Erhöhung der öffentlichen Ausgaben ist immer im Interesse der staatlichen Bürokratie (Verwaltung). Steigen öffentliche Ausgaben, dann vergrößert sich der öffentliche Sektor und damit steigt auch Zahl seiner Angestellten. Mit dem Anwachsen von staatlichen Institutionen wächst automatisch auch die Macht der Bürokratie (Nomenklatur/ Staatsorgane). Aus diesem Grund und wegen dieses klaren Zusammenhangs werden Staatsangestellte und Bürokraten immer diejenigen Politiker und Parteien unterstützen, die sich wiederum für einen starken (und großen) öffentlichen Sektor einsetzen. Langfristig führt diese Situation unweigerlich zu einer mehr oder weniger starken Kollision der drei staatlichen Gewalten, der Legislative (Politik), der Exekutive mit der Bürokratie gegen die Interessen und den Willen des Bürgers und Wählers und letzten Endes auch der Judikative.

Da die Ämter eine Art Monopolstellung genießen, müsste diese Situation geändert werden, um eine effektive Regulierung und transpatente Steuerung und Kontrolle zu ermöglichen. Beispielsweise wäre die Schaffung von Konkurrenz eine solche Möglichkeit. Auch bestimmte Privatisierungsmaßnahmen könnten ein adäquates Instrument gegen diese Monopolstellung und die daraus folgende negative Haltung der Bürokraten darstellen.

Veränderungen, Veränderungsprozesse, Change-Prozesse spielen in der Gesellschaft und Politik eine sehr wichtige Rolle. Auch in der Ökonomie selbst sind diese essenziell. Sei es beim Finden von Kompromisslösungen, der Beendigung von Streitigkeiten oder sogar von Kriegen oder beim Schließen von Frieden und Erreichen von Partnerschaften und Allianzen. Bei allen diesen so wichtigen Entwicklungen für die Menschheit ist ein Veränderungsprozess die Grundlage.

Die Veränderung, also das Abrücken vom Status quo und Einschlagen einer neuen Richtung bzw. das Machen von Zugeständnissen erfordert einen Willen, eine Motivation zu diesem Schritt.

Psychologisch gesehen ist dies jedoch für beide beteiligten Parteien von Vornherein sehr schwierig:

A. Was man besitzt, möchte man verteidigen und behalten. Daher fällt es unverhältnismäßig schwer, darauf auf einmal zu verzichten.
B. Gewinne werden psychologisch wesentlich niedriger/geringer bewertet als Verluste. Das führt dazu, dass bei einem objektiv neutralen Tausch, bei dem jede Partei genauso viel bekommt wie sie aufgegeben hat, beide Parteien diese Transaktion als für sie schlecht und benachteiligend empfinden werden.
C. In den meisten Fällen findet der Verlust gleich nach dem Abschluss der Vereinbarung bzw. des Kompromisses statt, der entsprechende Gewinn liegt jedoch in der Zukunft. Dinge in der Gegenwart werden jedoch viel stärker präferiert als die, die in der Zukunft liegen.
D. Die Status-quo-Situation wird von beiden Parteien als gegeben und sicher bewertet, unabhängig davon, wie gut oder schlecht diese tatsächlich für sie ist. Die zukünftige Situation wird psychologisch immer als unsicherer angesehen.
E. Menschen hassen es, enttäuscht zu werden. Enttäuschungen versuchen sie daher um jeden Preis zu vermeiden. Der Preis für eine Enttäuschung ist überproportional hoch. Der Preis hingegen für eine nicht genutzte Möglichkeit für einen Vertrag oder Kompromiss oder die Möglichkeit einer Verbesserung ist im Vergleich zum Preis für eine Enttäuschung wesentlich niedriger.
F. Das Aufgeben von erreichten Erfolgen, erzielten Gewinnen und gewonnener Macht oder Stärke in der Gegenwart wird gegenüber nicht sicheren – weil in der Zukunft liegenden – Gewinnen bzw. Vorteilen psychologisch als sehr hoch und schmerhaft bewertet und gefühlt.

G. Subjektiv wird die eigene Vertrauenswürdigkeit wesentlich höher eingeschätzt und bewertet als das Vertrauen in die Gegenpartei. Diese Asymmetrie in der Wahrnehmung des Vertrauens ist ein wichtiger Grund für die schwachen Ergebnisse von Change-Prozessen.
H. Generell wird jeder Veränderungsprozess als eine (teilweise) Aufgabe von Sicherheit oder Kontrolle über etwas betrachtet. Sicherheit besitzt für den Menschen einen extrem hohen Wert. Das Gefühl von Aufgabe der eigenen Sicherheit (auch wenn dies nur eine teilweise Aufgabe von einigen Bereichen sein kann) ist schwer zu kompensieren. Und dieses Gefühl besteht immer auf beiden Seiten eines jeden Deals, jedes Vertrags und jeder Vereinbarung.
I. Keine Seite möchte das Risiko eingehen, beim Scheitern eines Changes als naiv, dumm oder unerfahren dazustehen.

Dies sind alles Gründe, die das Verändern einer Situation durch eine beidseitige Vereinbarung aus psychologischen Gründen extrem erschweren. Dies ist aber auch die Erklärung und der Grund dafür, warum solche Prozesse immer eine Führungspersönlichkeit brauchen, die Vertrauen genießt.

Somit kann man folgern, dass je nach Situation die Faktoren Verlustangst, Status-quo-Bias, Opportunitätskosten und Trägheit des Verhaltens (Verschleppung) in ihrem spezifisch in der jeweiligen Situation vorliegenden Mix den Change-Prozess erschweren. Diese Faktoren bilden die Stellschrauben, um solche Prozesse erfolgreich durchzuführen.

ERKENNTNIS:

Status-quo-Bias + Risikoaversion + Verlustaversion + Trägheit des Verhaltens (Verschleppung) machen Change- und Transformationsprozesse generell schwierig. Zusätzlich zu den beiden zuvor genannten Faktoren Verlustangst und Status-quo-Bias. Hinzu kommt die Problematik mit dem 3-Schichten-Modell (Topentscheider-Nomenklatur/Bürokraten/Mitarbeiter):

Das 3-Schichten-Modell ist eine Erkenntnis aus der empirischen Beobachtung der Funktionsweise aller Organisationen: Sie zeichnen sich durch einen Aufbau aus 3 Schichten aus. Die oberste Schicht ist die Regierung oder das Topmanagement oder die Leitung/Geschäftsführung. Die mittlere Schicht ist das Management oder die Verwaltung. Die unterste Schicht sind die Angestellten, die Arbeiter oder das Volk.

Diese Einteilung kann man in der Funktionsweise und Organisationsstruktur von Betrieben oder auch Staaten ganz deutlich beobachten. Jede dieser Schichten hat ihre ganz eigenen Spezifika, Ziele und Interessen. Diese Struktur und ihre Funktionsweise zu verstehen und die Interessen der Menschen dahinter zu erkennen ist ein wesentliches Element bei der Analyse von Veränderungsprozessen.

Die Signifikanz des Zeitfaktors für erfolgreiche Veränderungsprozesse

Wie wichtig die Vergangenheit bei ökonomischen und sozioökonomischen Betrachtungen ist, wird deutlich, wenn man bedenkt, dass die Gegenwart eigentlich etwas Nichtexistierendes ist – auch wenn der Mensch das Gefühl hat, in der Gegenwart zu leben. Gegenwart ist dieser unendlich kleine (daher nicht existente) Augenblick, in dem die lange und existierende Vergangenheit in die Zukunft übergeht, oder anders ausgedrückt, wo die Vergangenheit die Zukunft berührt. Somit gestaltet und prägt die Vergangenheit direkt und unmittelbar die Zukunft. Die Vergangenheit und das darin Geschehene kann man nicht ausblenden oder nicht ungeschehen machen, wenn man sich mit der Zukunft beschäftigt. Denn alles was jetzt ist, kommt aus der Vergangenheit, ob wir es wahrhaben wollen oder nicht. Die Vergangenheit ist der einzige Grund und Ursache für das Jetzt.

Auch bei dem Setzen von Präferenzen und Entscheidungen orientiert sich der Mensch an seinen Erfahrungen, also an der Vergangenheit. Er kauft einen Kaffee für 3 EUR, weil er ihn schon zigmal an verschiedenen Orten zu diesem

Preis gekauft hat. Er kennt es aus der Erfahrung – aus der Vergangenheit –, dass dieser Preis in Ordnung ist. Deswegen kauft er keinen Kaffee für 15 EUR. Diesen hält er aufgrund der Vergangenheit – seiner Erfahrungen – für zu teuer. Diese Entscheidung hat mit einem Geschmackserlebnis und seiner Bepreisung überhaupt nichts zu tun. Möchte der gleiche Konsument ein Glas Champagner bestellen, dann bestellt er diesen ohne Probleme für 15 EUR. Er weiß aus der Vergangenheit, also aus seiner Erfahrung, dass dieser Preis in Ordnung ist.

In beiden Fällen handelt es sich um vergleichbare Güter, nämlich um Getränke. Es ist nicht ersichtlich, warum der Geschmack eines Weines mehr oder anders bewertet werden sollte als der eines Heißgetränks. Der einzige Grund, warum der Konsument unterschiedliche Preise bezahlt, ist der, dass er Vergleiche anstellt und überlegt, was er für das Gleiche bereits in der Vergangenheit bezahlt hat. Wäre die Vergangenheit eine andere gewesen, und hätte er 3 EUR für Champagner und 15 EUR für Kaffee bezahlt, dann würde er in der Gegenwart diese Preise bezahlen und den Champagner für 3,50 EUR ablehnen.

Ein anderes Beispiel aus einem Experiment des Ökonomen Dan Gilbert von der Harvard University:

Den Probanden wurde eine Urlaubsreise für 1500 USD angeboten, die zuvor 2000 USD gekostet hat. Die meisten Probanden gaben an, das Angebot annehmen zu wollen.

Die gleiche Urlaubsreise wurde für 1400 USD angeboten, nachdem sie früher 700 USD gekostet hat. Niemand aus der Gruppe der Probanden gab an, Interesse an der Urlaubsreise zu haben und sie erwerben zu wollen!

Fazit:

Menschen vergleichen Preise mit ihrer Erfahrung aus der Vergangenheit und machen NICHT den Vergleich mit den möglichen Optionen, die sie in der Gegenwart haben. Dies führt sehr oft zu Fehlentscheidungen.

Signifikanz des richtigen Rahmens oder des richtigen Setups des Umfelds, um gute Ergebnisse bei Veränderungsprozessen zu erzielen

Die menschliche Natur unterliegt ständig den verschiedensten „Verlockungen" des Umfelds. Dies wurde seitens der Natur bzw. der Evolution so angelegt, damit der Mensch möglichst viele Gelegenheiten bekommt zu überleben. In der modernen Welt heutzutage bedeuten aber „Verlockungen" keinesfalls immer eine Verbesserung seiner Situation und sind schon gar nicht wichtig für sein Überleben. Der Mensch hat sich seine eigene Welt geschaffen, er hat sich durch Industrieproduktion und Überfluss von Nahrung und Gütern ein Umfeld geschaffen, in dem „Verlockungen" oder ein weiterer exzessiver Konsum mehr schaden als nützen. So muss er heute in zunehmendem Maß seine Ratio einsetzen und seine angeborenen Triebe unterdrücken.

Ein gutes Beispiel für diese Verschiebung von Trieben zu Ratio ist seine ständige „Verlockung", immer mehr und immer weiter zu konsumieren und sein Geld auszugeben und nicht zu sparen. Insbesondere in Gesellschaften wie der USA ist dieser exzessive Konsum, der auf Kosten des Sparens und Bildens von Reserven als Altersvorsorge geht, ökonomisch gefährlich.

Die Ökonomen, Soziologen und Politiker wissen um diese Problematik. Trotzdem ist es extrem schwierig, die Einstellung der Bevölkerung dahingehend zu ändern, dass sie mehr Vorsorge für das Alter betreibt.

Hier bietet die Verhaltensökonomie gute Instrumente, um derartige gesellschaftliche Probleme signifikant zu verbessern. Es wurde ein „save more tomorrow plan" entwickelt. Dieser Plan berücksichtigt die allgemeine Motivation von Menschen:

1. Sie wollen keine Konsumeinschränkungen,
2. sie wollen eher in der Zukunft als heute Vorkehrungen treffen und

3. sie wollen in der Regel alles belassen, wie es im Moment ist, und wollen sich nicht mit wichtigen Entscheidungen beschäftigen.

Und genau auf diesen Grundeigenschaften baut dieser „save more tomorrow plan" auf und nutzt sie zu seinen Gunsten: Man möchte und kann Menschen auch nicht zwingen, etwas zu tun. Neue Arbeitnehmer bekommen aber Arbeitsverträge, in welchen eine freiwillige Altersvorsorge bereits automatisch beinhaltet ist.

Zu 1. Wenn diese explizit nicht gewünscht wird, kann sie jederzeit gekündigt werden. Dazu müssen aber die Arbeitnehmer selber und aktiv kündigen – sie müssen also selber tätig werden. Daher führt das „alles belassen, wie es ist" automatisch zur Teilnahme an der Altersvorsorge.

Zu 2. Die Altersvorsorge wird finanziert aus den zukünftigen Lohnsteigerungen. In der Gegenwart ändert sich für die Arbeitnehmer nichts.

Zu 3. Es werden gegenwärtige Abstriche am Gehalt vermieden und dadurch gegenwärtige Konsumkürzungen aufgrund eines niedrigeren Gehalts (bedingt durch Zahlungen für die Altersvorsorge) vermieden.

Dies ist ein Beispiel für eine intelligent angewendete verhaltensökonomische Maßnahme seitens des Staates. Der Staat soll aber nicht alles im menschlichen Leben regeln. Manchmal sind jedoch kleine Hilfen sehr pfiffig: Es gibt Länder, die bei der Ausarbeitung öffentlicher Regeln gezielt auf verhaltensökonomische Ansätze zurückgreifen. Mit den sogenannten „Nudges" (Anstupser) versuchen sie, bestimmte Verhaltensweisen ohne Zwang positiv zu beeinflussen. Man denke etwa an die Fliegenabbildungen in Urinalen, um deren Sauberkeit zu verbessern. Durch diese simple Maßnahme, die Männer dazu animiert, beim Wasserlassen besser zu zielen, konnte der Flughafen Amsterdam Schiphol seine Reinigungskosten für die Toiletten um

8 Prozent senken. Oder der britische Fiskus konnte durch einen Hinweis auf die gesellschaftliche Norm 2,8 Mio. Pfund eintreiben, indem er auf seinen Mahnschreiben betonte, dass „neun von zehn Personen ihre Steuern pünktlich zahlen". Der Mensch selber muss sich über sein Leben und seine Entscheidungen Gedanken machen und kann auch alleine, um sich vieles einfacher zu machen, auf diese Instrumente aus der Verhaltensökonomie zugreifen.

Es gibt aber auch zahllose Beispiele und Möglichkeiten, wie man selber bessere Leistungen und Ergebnisse erzielen kann. So kann man beispielsweise durch eine Veränderung des Set-ups wesentlich bessere Lernergebnisse erreichen, beispielsweise beim Lernen von Sprachen: Man kann eine Sprache in der Schule oder in einem Abendkurs lernen. Alle Vokabeln und die Grammatik müssen mühsam auswendig gelernt werden. Es ist zu beobachten, dass durch eine Veränderung dieses Rahmens, indem man sich beispielsweise in jemanden verliebt, der aus dem Land stammt, dessen Sprache man lernen möchte, und dorthin umzieht, die Lernkurve wesentlich schneller verläuft und viel einfacher und spielerischer die neue Sprache erlernt wird. Obwohl alle relevanten Faktoren wie Intelligenz, Lernfähigkeit oder auch das Gehirn selbst unverändert bleiben, tritt ein schnelleres und besseres Ergebnis ein – nur aufgrund der Veränderung der Rahmenbedingungen.

So gibt es unendlich viele Dinge, die zwar wichtig sind, die man aber nicht gerne tut (z. B. Zahnarztbesuch, Krebsvorsorge usw.). Diese unangenehmen Dinge werden oft verschleppt, verschoben und abgesagt. Eine Möglichkeit, eine solche zukünftige Verschleppung, die gefährlich sein kann, zu verhindern ist, heute Vorkehrungen zu treffen, welche es einem selber zukünftig erschweren, die entsprechende Angelegenheit zu verschleppen. So können beispielsweise Pfandzahlungen getätigt werden, welche verfallen, sollte ein Termin nicht wahrgenommen werden.

Ein anderes Beispiel für ein Setup der Bedingungen im Umfeld für entsprechende Motivation oder Leistung von komplexen Systemen (z. B. in Verwaltungsstrukturen) ist das Modell der Entlohnung bzw. Bezahlung. So hat beispielsweise eine Regierung verschiedene Möglichkeiten der Zahlung von Gehältern bei Botschaftern (Personen) und den Botschaften (Büros, Gebäude, Infrastruktur). Es gibt die Möglichkeit der Bezahlung des Botschafters, der für seine Botschaft die Verantwortung trägt, inklusive oder exklusive der Aufwendungen für die Botschaftskosten. Alternative 1: Im ersteren Fall wird also gezahlt: das Gehalt + die Kosten für die Repräsentanz – demnach ein Anreiz, um Kosten für die Repräsentanz zu sparen. Die Folge wäre, dass die Repräsentanz darunter leiden würde. Diese Lösung ist schlecht fürs Land, aber gut für den Botschafter. Alternative 2: Der Botschafter erhält nur sein Gehalt, und die Repräsentanzkosten werden separat beglichen. Die Folge bei dieser Konstellation ist eine gute Repräsentanz, das Gehalt und die Leistung des Botschafters sind transparent, es gibt weniger Anreiz zum Manipulieren und Betrügen und im Endeffekt ist diese Lösung kostengünstiger fürs Land. Der Nachteil ist allerdings, dass die entsprechende Planungsstelle und Kontrollstelle existiert, die diese organisatorisch etwas aufwendigere Lösung gewährleisten muss.

Dies sind nur wenige Beispiele, die beliebig ausgeweitet werden könnten und die veranschaulichen sollen, wie wichtig es in der Realität ist, das entsprechende Umfeld und sein Setup zu schaffen, und welche Auswirkungen das Umfeld auf die Resultate haben kann.

Ein „Frame", also ein Rahmen, determiniert das Umfeld, und dieses Umfeld ist maßgebend für die Beeinflussung der Akteure und damit auch für die Funktionsweise eines Systems und für die Ergebnisse.

Die zahlreichen Beispiele belegen, dass die Wahrnehmung des Menschen (durch seine Sinne) extrem verfälscht ist und er sehr oft eine andere Realität wahrnimmt, als sie tatsächlich existiert. Hier stehen wir in der Forschung noch praktisch in den Anfängen. Wir kennen immer noch sehr wenig.

Beim genauen Nachprüfen stellen wir fest, dass der Mensch auch in anderen wissenschaftlichen Disziplinen immer noch sehr wenig weiß und sich mit theoretischen Modellen (sozusagen als eine Art „Krücke") behelfen muss, um die Realität zu erklären, sei es in der Physik, in der Biologie, in der Medizin oder in den Sozialwissenschaften. Die große Schwäche besteht darin, dass diese Tatsache nur ungern zugegeben wird. Zu jedem beliebigen Zeitpunkt in der Menschheitsgeschichte herrschte immer die gängige Meinung, man sei sehr fortschrittlich und weit entwickelt. Ganz gleich, ob in der Zeit der Pharaonen, im Mittelalter oder heute. Immer erst im Nachhinein werden einem die Defizite, Absurditäten und Fehler bewusst, die gemacht wurden. Und auch im Nachhinein treten die Ungerechtigkeiten und der Spott, mit welchen die jeweiligen Protagonisten in der Vergangenheit immer zu kämpfen hatten, klar zutage. Beispiele dafür sind Galileo Galilei, Johannes Keppler, Nikolaus Kopernikus oder Charles Darwin, um nur einige Namen zu nennen. Nur, weil niemand im Mittelalter wusste, was Elektrizität war, bedeutete das nicht, dass Elektrizität nicht existierte. Nur weil der Mensch etwas nicht kennt oder es noch nicht entdeckt hat, bedeutet es noch lange nicht, dass es nicht existiert. Genau diese Situation herrscht auch heute. Deswegen sollten und dürfen wir uns nicht Neuem verschließen und müssen neue Erkenntnisse zwar überprüfen – und können diese auch hinterfragen – aber nicht von Vornherein als falsch oder als unmöglich abtun, ohne die empirischen Ergebnisse zu berücksichtigen. Wir sollten stattdessen sehr bescheiden zur Kenntnis nehmen, dass wir immer noch das meiste in unserer Welt und im Universum nicht kennen, nicht verstehen und das meiste auch niemals verstehen werden.

Folgen

Es gibt zahllose Beispiele und Experimente für das reale menschliche Verhalten, die im Gegensatz stehen zu dem angenommenen Verhalten beim Homo oeconomicus und somit zur neoklassischen Standardtheorie. Eines der bekanntesten Beispiele aus der experimentellen Forschung ist das „Ultimatum-Spiel". Auch die Unterschiede beim Handeln im sozialen Kontext (kein Geld im Spiel) oder im ökonomischen Kontext (Geld im Spiel) stehen im diametralen Gegensatz zur ökonomischen Standardtheorie, genauso wie auch jede Tätigkeit im Zusammenhang mit Wohltätigkeit und Charity. Auch sind die Verhaltensweisen unterschiedlich bei verschiedener Distanz zum Geld oder beim Verhalten, bei dem sich der Betroffene selbst schädigt. Es handelt sich bei diesen vielen Beispielen nicht um Ausnahmen, es sind die bei Weitem und die am meisten verbreiteten Handlungsweisen in der Realität. Echte Rationalität ist sehr rar in der Welt, in der wir leben. Diese existiert eigentlich nur theoretisch in der ökonomischen Standardtheorie und in der Mathematik. In der Theorie und in der Logik steigt die Leistung mit den Boni (ja, es klingt einfach und logisch – leider entspricht es nicht der Wirklichkeit). Angestellte und Chefs von Unternehmen handeln sehr oft gegen die Interessen ihrer eigenen Unternehmen. Die Folgen all dieser Irrationalitäten sind verheerend: Versagen der Märkte, Fehlplanungen, falsche Prognosen, wiederkehrende Krisen, Verluste, Zusammenbrüche, Ineffizienz, Vergeudung von Ressourcen und Zerstörung von Umwelt, Verschwendung, Fehlverteilung und Ungerechtigkeit.

Es gibt keine andere Erklärung für das alles als die, dass die Theorie, nach der sich alles richtet, berechnet und erklärt wird, falsch und fehlerhaft sein muss. Die ökonomische Standardtheorie ist falsch, denn sie bildet nicht die Realität ab und geht von falschen Voraussetzungen aus. Sie bildet eine nichtexistierende und nur angenommene, sterile und oberflächliche Rationalität und Logik ab, die aber mit der Wirklichkeit dieser Welt nichts zu tun hat.

Ähnlich wie Häuser einstürzen, wenn sie nach falschen physikalischen Gesetzen und Berechnungen gebaut werden, bricht die Wirtschaft in zahllosen Beispielen auch immer wieder zusammen. Die Ökonomie ist kein mathematisches System, in dem der Mensch zwar agiert, aber keine Rolle spielt in Hinblick auf die Funktionsweise. In Wirklichkeit ist die Ökonomie das System, das aus dem menschlichen Verhalten gebildet wird. Das ist ein fundamentaler Unterschied.

Jede Berechnung, Theorie oder Prognose, welche diese Umdrehung der Tatsachen nicht berücksichtigt, muss falsch sein und zu falschen Ergebnissen führen. Als nichts anderes muss daher die aktuelle klassische Sichtweise auf die Ökonomie betrachtet werden – und alle darin beinhalteten Annahmen und Theorien.

Alle hier behandelten Themen sind nicht theoretischer Natur. Sie sind wissenschaftlich untersucht und experimentell getestet und nachgewiesen worden. Alle Ergebnisse und Beobachtungen belegen und zeigen ganz eindeutig, dass eine Abbildung und Erklärung der Realität durch die Ökonomische Standardtheorie nicht erfolgen kann. Jede Theorie und jede Abbildung der realen Welt müssen zwingend das wirkliche Verhalten des Menschen berücksichtigen. Eine NEUE ökonomische Theorie (die auch brauchbare Ergebnisse liefern soll) muss zukünftig mit den verhaltensrelevanten ökonomischen Fakten neu geschrieben werden. Eine verhaltensorientierte Neuausrichtung der herrschenden Wirtschaftstheorie wäre der erste Schritt in die richtige Richtung.

Ökonomie ist nicht ein mathematisch definiertes System, in dem sich der Mensch bewegt! Ökonomie ist das Produkt aus dem Verhalten des Menschen und den Wechselwirkungen, welche dieses Verhalten erzeugt. Deswegen kann keine Ökonomie (und keine ökonomische Theorie) das menschliche Verhalten ausklammern oder nicht berücksichtigen! Ökonomik kann immer nur im Kontext mit dem menschlichen Verhalten gesehen werden.

Die Ableitung einer neuen, brauchbaren ökonomischen Theorie ist nur aus den Erkenntnissen der Verhaltensökonomik möglich. Eine ökonomische Theorie muss auf den Gesetzmäßigkeiten des menschlichen Verhaltens basieren.

Mit den Erkenntnissen der Verhaltensökonomie könnte die Welt eine andere – viel bessere – sein. Die Menschen hätten viel bessere und brauchbarere Produkte, die Arbeit wäre angenehmer und die Motivation viel besser. Die Umwelt wäre nicht so stark geschädigt, und Menschen würden miteinander viel besser und intelligenter umgehen.

Das Argument, die Welt ist besser denn je, gilt nicht. Es ist ein allgemeines Totschlagargument, das nur den Anschein der Logik hat und immer gilt. Nach dem Motto: Der glückliche Sklave ist der erbittertste Gegner von Freiheit (von Marie von Ebner-Eschenbach). Niemand, der Fakten und empirische Beobachtungen unter realen Bedingungen akzeptiert, kann die daraus resultierenden Erkenntnisse in Frage stellen. Die Menschheit braucht neues Denken in der Politik, in der Wirtschaft und in der Gesellschaft (Arbeitswelt, Rentner, Zuwanderer, Studenten, Besteuerung etc.).

Literatur

Brosnan S, de Waal Frans BM (2003) Monkeys reject unequal pay. Nat Int J Sci 425:297–299

Marx K (1867) Das Kapital. Otto Meisner, Hamburg

Menger C (1923) Grundsätze der Volkswirtschaftslehre. Hölder Pichler Tempsky, Wien

Peter LJ (2014) The Peter principle. Harper Collins, New York

Peter LJ, Hull R (2001) Das Peter-Prinzip oder die Hierarchie der Unfähigen. Erscheinungsjahr: 1969. Übersetzt von Michael Jungblut, 12. Aufl. Rowohlt-TB, Reinbek bei Hamburg. ISBN 978-3-499-61351-7

Rawls J (1971) A theory of justice. Harvard University Press, Cambridge

Smith A (1776) The Wealth of Nations. William Strahan, London

3

Das Kapital

Wendet man sich dem Thema des Kapitals zu, muss man feststellen, dass eine sehr divergente Sicht und Einstellung dazu besteht und dass auch in der Vergangenheit die Interpretationen dazu und das Verständnis darüber sehr unterschiedlich waren. Interessanterweise sind diese vielen Unterschiede immer abhängig von dem jeweils vorherrschenden Entwicklungsstand der Gesellschaft, dem jeweiligen Wohlstand, der unterschiedlichen Bildung der Menschen und nicht zuletzt auch von der Zeit selbst, in der man sich gerade befand. Es wird deutlich, dass die Definition dessen, was man unter „Kapital" versteht und wie man es interpretiert, in der Vergangenheit extrem unterschiedlich ausfiel. Deswegen bieten sich uns heute die unterschiedlichsten Lehrmeinungen und Sichtweisen – und als Folge dessen können diese, je nach dem gerade vorherrschenden Interesse, ökonomisch, gesellschaftlich und politisch eine nicht unerhebliche und nicht zu unterschätzende Sprengkraft beinhalten.

Da hier Kapital in einem ökonomischen (volkswirtschaftlichen) Kontext behandelt wird und die Ökonomie sich mit dem Menschen, mit seinen Bedürfnissen, mit der Produktion von Gütern unter dem Einsatz von Ressourcen und mit der Verteilung der Güter auf Märkten beschäftigt, soll Kapital verstanden werden als ein reiner Produktionsfaktor, der zur Produktion von Gütern eingesetzt werden kann. Diese Güter können Produkte aller Art sein (z. B. industrielle, medizinische oder landwirtschaftliche Produkte), aber auch Dienstleistungen (also immaterielle Produkte). Kapital ist ein notwendiger Produktionsfaktor, ein Oberbegriff sozusagen für Produktionsfaktoren wie menschliche Arbeit, Maschinen, Know-how oder landwirtschaftliche Böden (die dem Menschen die notwendigen Nahrungsmittel liefern). Der Begriff „Kapital" wird nicht nur für die unmittelbar investierten Produktionsgüter benutzt, sondern auch für Geldmittel, weil mit diesen Produktionsgüter (z. B. Arbeit, Maschinen, Boden ...) erworben werden können. Es spielt dabei keine Rolle, woher das Geld kommt. Sparen, Unternehmensgewinn oder Kredite können für die Bereitstellung von Kapital genutzt werden.

Auch Ausbildung und Erziehung (= Leistungspotenzial der Arbeitskräfte), als Humankapital bezeichnet, sind ein Produktionsfaktor. Dieser Begriff erklärt sich aus den zur Ausbildung dieser Fähigkeiten hohen finanziellen Aufwendungen und erhöht signifikant die Ertragskraft. Es muss davon ausgegangen werden, dass Humankapital durch bewussten Einsatz von Ressourcen wie „Lernen" und „Trainieren" produziert wird.

So kann die Ausbildung einer Arbeitskraft zum Spezialisten durchaus als Kapitalbildung angesehen werden.

> Die Bildung von (Human-) Kapital erhöht die Produktivität der übrigen Produktionsfaktoren und führt damit zu höheren Erträgen, die wiederum zur weiteren Kapitalbildung beitragen.

3 Das Kapital

Das Kapital besitzt – wie andere Wirtschaftsgüter – die Eigenschaft der Knappheit. Aus der Eigenschaft der Knappheit entsteht zwangsläufig der Kapitalzins. Der Kapitalzins ist sozusagen eine „Nutzungsgebühr" für das Zur-Verfügung-Stellen des Kapitals. Das Kapital wird nur gegen diese „Nutzungsgebühr" (= Kapitalzins) eingesetzt. Die Knappheit des Kapitals kann natürlichen Ursprungs oder künstlich erzeugt worden sein. Die künstliche Verknappung des Kapitals ist ein politisch wie auch gesellschaftlich hochwichtiges und brisantes Thema.

In der Betriebswirtschaftslehre hat „Kapital" eine etwas andere Bedeutung. Sie leitet sich aus der Bilanzierung ab. Denn im betriebswirtschaftlichen Zusammenhang steht die Finanzierung mit Eigen- und Fremdkapital auf der Passivseite der Bilanz von Unternehmen. Dadurch wird ausgedrückt und dokumentiert, wie die Produktionsfaktoren, welche das Unternehmen zur Herstellung der Produkte und Dienstleistungen einsetzt, beschafft werden (aus eigenen Mitteln oder aus geliehenen Mitteln).

Mittelherkunft steht auf der einen Seite der Bilanz und Mittelverwendung auf der anderen Seite. Dies führt zu vielen unterschiedlichen und teilweise auch zu sehr spezifischen Begriffen von „Kapital" (Eigenkapital, Fremdkapital, betriebsnotwendiges Kapital, gezeichnetes Kapital ...), und sorgt somit oft für eine allgemeine Verwirrung des Begriffs. Fälschlicherweise wird Kapital oft mit „Vermögen" verwechselt oder mit „Geld".

In der Soziologie gilt „Kapital" als die Ressource, die den Menschen für die Durchsetzung seiner Ziele zur Verfügung steht. Dabei gibt Kapital keinerlei Indikation darüber ab, welche Ziele der Mensch anstrebt, und auch nicht, ob diese Ziele dem menschlichen Wesen entsprechend und förderlich sind. Denn wie jeder genau weiß, können angestrebte Ziele und Wünsche oft widersprüchlich und manchmal sogar kontraproduktiv sein.

Da die Menschheit aus einer sehr entbehrungsreichen Vergangenheit und Evolution kommt, wurde „Wohlstand" auch gleichgesetzt mit einer maximalen Ausstattung von materiellen Gütern (Konsumgütern). Dies bedeutete früher Sicherheit und hohe Wahrscheinlichkeit zum Überleben. Erst die neue, in den letzten Jahren aufgekommene Verhaltensökonomie mit ihrer experimentellen Forschung hat gezeigt, dass Menschen, die im und mit Wohlstand aufgewachsen sind und keine Entbehrungen mehr kennen, ein anderes Verständnis vom „Wohlstand" haben: Wohlstand im Sinne von „Wohl der Menschen in der Gesellschaft". Die Folge ist auch eine andere und breitere Bedeutung des Begriffs „Kapital".

Wenn in der Vergangenheit „Kapital" verstanden wurde als Einsatz von Produktionsfaktoren zur Maximierung des materiellen Ertrags (was im Endeffekt entweder Konsum oder Aufbau vom neuem Kapital bedeutet), so muss heute „Kapital" nicht nur als dieser Einsatz verstanden werden, sondern zusätzlich auch als Pflege – mit der Konsequenz, nicht unbedingt eine Maximierung des Ertrags zu erzielen, sondern eine Maximierung des Wohlergehens und des Glücks der Menschen zu erreichen.

Wichtig ist dieser Punkt insbesondere im Zusammenhang mit den im vorherigen Kapitel analysierten Prozessen der Adaption (Anpassungsprozesse).

Die Folge dieser Entwicklung und der gewonnenen Erkenntnisse über den Menschen und sein Verhalten ist also eine komplett neue, viel breitere und unterschiedliche Sicht und Betrachtungsweise der Dinge. Wenn der Mensch nicht als ein Homo oeconomicus betrachtet wird, sondern tatsächlich so, wie er ist, wie er lebt und wie er sich in allen Experimenten und auch empirisch zeigt, wenn er durch seine Genetik und durch die lange Evolution bestimmte Veranlagungen in sich trägt und durch die Umstände und das Umfeld, in dem er aufwächst und sich entwickelt, in seinen Bedürfnissen und Präferenzen geprägt wird – dann muss die Ökonomie diesen Fakten auch entsprechend Rechnung tragen. Dann ist der Mensch eben ein soziales Wesen, manchmal nicht rational und bestimmt nicht immer nur gewinnmaximierend handelnd. Er strebt vor allem nach Glück und Zufriedenheit, und dies hat einen enormen Effekt auf den Einsatz des Kapitals und auf die Verfolgung seiner Ziele.

Ab einem bestimmten Lebensstandard und Bildungsniveau zeigt es sich, dass ein möglichst hohes Einkommen NICHT ein Endziel bzw. Zweck ist, sondern andere, teils immaterielle Ziele überwiegen. Zwar bleiben ökonomische Ziele weiterhin relevant, doch der Aufbau und die Erhaltung von Kapital und Kapitalstrukturen sind nicht immer das oberste Ziel und haben nicht immer die oberste Priorität bei den getroffenen Präferenzen und Entscheidungen. Faktisch gibt es zu dieser Frage sehr unterschiedliche Sichtweisen – je nach Kultur und Gesellschaft und je nach der Zeit, die man gerade betrachtet.

> Kapital ist NICHT Konsumgut. Konsumgut und Kapital sind Gegensätze!

> **Allgemeines Beispiel:**
> Eine Milchkuh stellt für einen Landwirt Kapital dar, denn sie produziert Milch und Dünger. Dieselbe Kuh wird jedoch zum Konsumgut, wenn sie geschlachtet und gegessen wird.

> Kapitalkonsum führt bei Menschen und auch in Gesellschaften langfristig zur Mittellosigkeit und zur Verarmung.

> **Beispiel:**
> Besitzt jemand eine bestimmte Menge Geld – ganz unwesentlich, wie hoch der Betrag ist und ob es sich dabei um Bargeld oder um Bankguthaben handelt – welches er für seine Konsumbedürfnisse auszugeben gedenkt, so handelt es sich dabei NICHT um Kapital!
> Nur zum Anlegen/Investieren bestimmte Geldmittel werden als Kapital bezeichnet.

Je höher die Ausstattung der Gesellschaft durch das Kapital ist, desto weniger „wertvoll" ist es und desto höher ist die Wahrscheinlichkeit, dass dieses Kapital nicht zur Bildung von weiterem Kapital eingesetzt wird, sondern zum Mehren des „Glücks" der Menschen.

Kapital ist aber meistens ein knappes Gut. Es muss von der Umwelt und/oder von den menschlichen Konsumwünschen abgerungen werden. Günstig für die Bildung von Kapital ist Privateigentum. Privateigentum bietet günstige Anreize, den gegenwärtigen Konsum einzuschränken zugunsten des Aufbaus von Ersparnissen und Investitionen (= Kapital), um zu produzieren und Gewinne zu erzielen. Dieser Zusammenhang und diese Gesetzmäßigkeit der Ökonomie widersprechen diametral dem Gedanken des Kommunismus.

Alle Gesellschaftsformen, die das Privateigentum abschaffen, erleiden zwangsläufig schwere Probleme bei der Produktion von Gütern. Sie sind per Logik dazu verurteilt, Mangel zu leiden und gezwungen, weiteres Kapital (z. B. in Form von Rohstoffen) zu verkaufen, um ausreichend Konsumgüter zum Überleben zu generieren.

Dieser Zusammenhang und Naturgesetz war auch der Grund für das Scheitern des kommunistischen Systems in allen Ländern, die es eingeführt haben. Das letzte heute noch als kommunistisch geltende Land ist China. Und auch China ist kein wirklich kommunistisches Land mehr, weil in den letzten Jahrzehnten privates Eigentum, Unternehmertum und Gewinnerzielung erlaubt und sogar unterstützt wurden.

China ist hier ein gutes Beispiel, um den Zusammenhang zu verstehen: Während das „kommunistische Proletariat" – also die Arbeiter und Bauern (überwiegend auf dem Land in wirklich noch kommunistisch geprägten Strukturen) – unter bitterer Armut leiden und kaum auf staatliche Unterstützung hoffen können, generieren die neuen Unternehmer, Händler und Dienstleister (Kapitalisten) in den Städten neues und teils großes Kapital und Reichtum.

> Nur ein kontinuierlicher Kapitalaufbau kann eine Gesellschaft nachhaltig wohlhabender machen. Die entsprechenden sozialen und staatlichen Verwaltungsstrukturen müssen hier den notwendigen Rahmen bilden und vorliegen. Funktionieren die staatlichen Strukturen und die Wirtschaft mit dem Kapitalaufbau, so prosperiert die Gesellschaft.
> Umverteilung aber – im Sinne von falsch verstandener Entwicklungshilfe – zerstört langfristig die Anreize und führt bzw. verleitet zum Kapitalkonsum.

Eine eindrucksvolle Bestätigung dieser theoretischen Feststellung liefern alle Länder des ehemaligen Ostblocks, wo eine regelrechte Wohlstandsexplosion innerhalb von kürzester Zeit stattfand, nachdem vom kommunistischen System zum markwirtschaftlichen (also privatwirtschaftlichen) System transformiert wurde. Bei dieser Transformation traten jedoch auch die negativen Erscheinungen an den Tag: Die Ungleichheit zwischen den Menschen innerhalb der jeweiligen Gesellschaft stieg stetig und wurde immer größer. Unmut, Wut und Unzufriedenheit machten sich breit. Die Kriminalität nahm signifikant zu. Politische und soziale Spannungen entstanden.

So zeigte sich drastisch und in der Realität, dass Politik und Wirtschaftspolitik ein essenzieller Bestandteil von Ökonomie sind und einen entscheidenden Einfluss haben auf den Einsatz und die Wirkung von Kapital.

3.1 Bildung und Aufbau von Kapital

Neues Kapital wird gebildet, indem bereits vorhandenes und existierendes Kapital eingesetzt wird: ob ein ungenutztes Grundstück zur landwirtschaftlichen Fläche verwandelt wird oder als Grund für eine Produktionsstätte oder ein neues Geschäftsgebäude dient, ob Arbeit, Zeit und Wissen investiert werden, um eine neue Geschäftsidee zu entwickeln und diese dann umzusetzen, oder ob Ersparnisse in Geschäftsprojekte investiert werden. Alle diese Beispiele zeigen, wie durch den Einsatz von Produktionsfaktoren und Kapital neues Kapital und neue Werte entstehen.

Kapital kann aber genauso vernichtet werden und ist diesem Risiko ständig ausgesetzt. Wer Kapital vorhält, trägt immer das Risiko, es zu verlieren. Kapitalverluste können eintreten durch Naturkatastrophen, durch Diebstahl, durch Systemumbrüche, durch Wirtschaftskrisen, durch Fehlinvestitionen, durch menschliches Unvermögen, durch Betrug und durch Schlamperei. Die Möglichkeiten, die zu einem Kapitalverlust führen, sind schlicht unzählig.

Für eine Gesellschaft ist es besonders wichtig, das Kapital einerseits vor Verlusten zu schützen und andererseits für dessen möglichst gerechte Verteilung innerhalb der Gesellschaft zu sorgen. Außerdem sollten möglichst gute Rahmenbedingungen geschaffen werden, damit sich das Kapital vermehrt und dadurch die Gesellschaft prosperiert. Diese Ziele in einem gesunden Balanceakt zu halten, ist die Aufgabe der Politik.

Kapital ist weder gut noch schlecht. Kapital zu besitzen ist wichtig, es bedeutet aber auch Verantwortung und Risiko. Beim Kapital kommt es darauf an, was man aus ihm macht. Kapital ist die notwendige Voraussetzung für einen gesellschaftlichen Wohlstand. Kapital bedeutet aber durch sein Wesen auch immer Macht für seinen Besitzer. Macht

3 Das Kapital **181**

und Kapital sind zwei Faktoren, die eng miteinander in Verbindung stehen. Wie das Kapital, so kann man auch Macht für Gutes oder auch für Schlechtes einsetzen. Kapital und Macht sind von sich aus wertneutral (im Sinne von moralischem Wert), das Entscheidende dabei ist der Mensch und das, was er daraus macht.

Da Menschen dem Grunde nach relativ irrationale und sehr oft auch unberechenbare Wesen sind, ist es für eine Gesellschaft wichtig, transparente Regeln für Macht und auch für Kapital sowie für deren Nutzung und Ausübung aufzustellen und Kontrollmechanismen zu implementieren. Diese müssen jedoch in einem gesunden Verhältnis und in Balance sein mit den Rahmenbedingungen, die für Kapital, für den individuellen Menschen, für die Ökonomie und für die soziale Gesellschaft gut und wichtig sind.

Jede Gesellschaft ist anders: Die Gesellschaften sind unterschiedlich weit entwickelt, sie besitzen eine unterschiedliche Kultur und Historie, sie haben unterschiedliche Werte und verfolgen unterschiedliche Ziele – daher kann es hier keine einheitliche und optimale Lösung geben. Diese muss immer wieder neu austariert und ausgearbeitet werden. Das ist die Aufgabe der Politik.

Die Bildung von Kapital hängt von allen diesen zuvor genannten Punkten maßgeblich ab. Dieser Zusammenhang verdeutlicht zugleich die Wichtigkeit aller anderen Faktoren, die in diesem komplexen System von Wirtschaft, Gesellschaft, Politik, dem menschlichen Verhalten und dem Kapital zusammenhängen. Man kann keinen der Faktoren für sich allein verändern, ohne dass sich dies auf alle anderen Faktoren auswirkt. Diese Zusammenhänge machen auch deutlich, warum es nicht zielführend sein kann, sich nur auf die Maximierung von Kapitalwachstum zu konzentrieren, ohne dabei auch die anderen Faktoren zu berücksichtigen.

3.2 Die Akkumulation von Kapital und ihre Ursachen

Kapital hat immer etwas mit Produktion (von Gütern oder von Dienstleistungen) zu tun, auch mit der Produktion von neuem Kapital. Das Gegenteil davon ist Konsum oder Sparen. Allein diese Definition und zugleich Voraussetzung, ist die Begründung dafür, dass das Kapital immer dorthin abwandert, wo die besten Bedingungen für seinen Einsatz und seine Vermehrung vorliegen, also wo es profitabel ist. Dies ist eine der Hauptursachen für die kontinuierliche weltweite Kapitalfluktuation, für massive Kapitalflüsse, für die Kapitalakkumulation und schließlich auch für die Kapitalkonzentration. Abstrakt könnte man auch sagen: Geld zieht neues Geld an.

Paradoxerweise führt Kriminalität manchmal zu einer entgegengesetzten Tendenz der Kapitalakkumulation: wenn beispielsweise illegale Geschäfte auf Märkten stattfinden, von denen das Kapital unter normalen Umständen abfließen würde.

> **Beispiel:**
>
> Ein Großteil von Wirtschaftskriminalität bildet die Steuerhinterziehung. Je ungünstiger die Steuersituation auf einem bestimmten Markt ist, desto höher ist der Anreiz dafür, dass das vorhandene Kapital abgezogen wird und aus dem Markt abfließt. Entgegen dieser Tendenz wirken freilich andere Faktoren, wie beispielsweise die Sicherheit und gute Infrastruktur des Marktes oder eine hohe Produktivität der dortigen Wirtschaftssubjekte.
>
> Es gibt aber durchaus Grenzfälle, wo gerade die Entscheidung, das Kapital aus einem Markt nicht abzuziehen, nur dadurch zustande kommt, indem der Entscheider die Profitabilität seines Investments dadurch erhöht, indem er einen Steuerbetrug begeht. Durch die Reduktion der Steuerbelastung erhöht er also gesetzeswidrig seinen Profit. Damit wird durch eine illegale Handlung die Rentabilität des

> eingesetzten Kapitals so weit erhöht, dass dieser nicht abgezogen wird, sondern auf dem ursprünglichen Markt verbleibt. Insbesondere auch bei illegalen Geschäftstätigkeiten (z. B. Drogengeschäfte, Waffengeschäfte, Menschenhandel etc.) werden enorme Renditen erwirtschaftet, die maßgeblich zu einer starken Akkumulation von Kapital beitragen. Denn die so generierten Gewinne können nicht so einfach reinvestiert oder in den Geldkreislauf eingebracht werden, ohne dabei die illegale Geschäftstätigkeit zu gefährden.

Dabei ist zu beachten: Je höher die Strafen für diese illegalen Geschäfte sind, desto höher sind die Renditen aus diesen Geschäften und desto höher ist demzufolge auch die Kapitalakkumulation. Begründung:

Die Ökonomie des Kapitals und der Kriminalität

Kriminalität führt nicht nur gesellschaftlich, sondern auch ökonomisch zu viel stärkeren und negativeren Auswirkungen, als allgemein angenommen wird. In der allgemeinen ökonomischen Theorie ist z. B. der Diebstahl eines Gutes gesamtökonomisch per se kein so gravierender und großer Verlust. Denn in der Gesamtwirtschaft hat sich nach der gängigen Theorie in der Summe der Gesamtwerte nichts geändert: Das gestohlene Gut hat ökonomisch gesehen lediglich „den Besitzer gewechselt". Die Gesamtökonomie ist nach dem Diebstahl genauso arm oder reich wie vor dem Diebstahl. Der eigentliche Schaden ist nur im Vertrauensverlust zu sehen, den die Gesellschaft/der Markt durch den Diebstahl erlitten hat, sodass sie deswegen zukünftig möglicherweise den einen oder anderen Investor oder Anleger (also Kapital) verliert. Dieser wirtschaftliche Schaden liegt demzufolge in der Zukunft.

Hinzu kommt eine weitere Komponente der echten Wertvernichtung: Zieht man die unterschiedlichen Bewertungen des gestohlenen Gutes durch den rechtmäßigen Eigentümer einerseits und die durch den Dieb andererseits in Betracht, so wird offensichtlich, dass nach einem Diebstahl die gesamtwirtschaftliche Situation einen weiteren, echten materiellen Verlust erleidet. Dieser Verlust entspricht der Differenz dieser beiden Bewertungen des gestohlenen Gutes (durch den ursprünglichen Besitzer und durch den Dieb) Diese Differenz kann erheblich sein und wird in der Ökonomie durch den Endowment-Effekt erklärt.

Auf der anderen Seite wird durch „prosperierende Kriminalität" auf Märkten auch sehr viel Kapital angezogen und akkumuliert. Insbesondere dann, wenn es sich um „gut entwickelte" Märkte handelt. So wie gut entwickelte Finanzplätze wie London, New York, Frankfurt, Zürich oder Singapur die Finanzindustrie anziehen – weil die Infrastruktur vorhanden ist, Arbeitskräfte mit entsprechendem Know-how da sind und die rechtlichen Voraussetzungen passen (Sicherheit, Einklagbarkeit) – so ziehen wiederum andere „Märkte" mit anderen Voraussetzungen kriminelle Kartelle und Organisationen an. Da diese mit ihren illegalen Geschäften enorme Gewinne erwirtschaften, bringen sie natürlich auch große Mengen an Kapital mit.

Bestehen Institutionen, Mechanismen, Prozesse, Firmen und Möglichkeiten, diese Gelder in den Kreislauf zu transferieren (die Möglichkeiten hierfür sind unzählig), dann entsteht ökonomisch gesehen ganz normales Kapital, dem man nicht ansehen kann, ob es aus unversteuertem Geld, aus Drogenhandel oder etwa aus Kinderarbeit stammt. Für die betreffende Region und die dort lebenden Menschen bedeutet es Arbeit, Einkommen, Wohlstand und gute Möglichkeiten.

Dies ist der Grund dafür, warum die Bevölkerung, manche Behörden oder manchmal sogar auch Regierungen nicht sehr motiviert sind, effektive Maßnahmen gegen entsprechende Kriminalität zu ergreifen.

Dieser Fakt eröffnet eine Sichtweise, welche im Zusammenhang mit der ökonomischen Theorie steht. Denn durch

3 Das Kapital

diese Zusammenhänge gibt es auch einen nicht zu unterschätzenden Einfluss auf die Entscheidung der Gesellschaft für den sogenannten „Pareto-besseren Zug". Dieser beschreibt die Relation eines erfolgten Gesamtverlustes zum erzielten Gesamtgewinn nach einer Veränderung im System. Diese Problematik sollte aber z. B. bei der Berechnung von Kosten für Sicherheit oder von volkswirtschaftlichen Schäden unbedingt berücksichtigt werden!

Beispielsweise bei der Drogenkriminalität könnte die Ökonomie unter Berücksichtigung der Verhaltensanalyse gute und intelligente Instrumente liefern, um zu einer Verbesserung der Situation beizutragen. Denn auch hier spielt die menschliche Motivation für die Nachfrage und das Angebot der entsprechenden Drogen oder Stoffe die entscheidende Rolle:

Die Drogenkonsumenten (Nachfrager) sind bekanntermaßen von den Drogen abhängig. Das bedeutet, dass sie eine bestimmte Menge dieser Droge in einem bestimmten Zeitraum benötigen. Durch ihre Abhängigkeit ist die Nachfrage ökonomisch gesehen extrem unelastisch, was nichts anderes bedeutet, als dass sie die bestimmte Menge an Drogen benötigen – und zwar zu jedem Preis. Die Nachfrage ist somit relativ unabhängig vom Preis.

Das bedeutet wiederum, dass im Falle einer Preisänderung kaum eine Veränderung der Nachfrage folgen würde. Denn es ist verständlich, dass niemand bei einer theoretischen Preisreduktion auf beispielsweise ein Zehntel des ursprünglichen Preises die 10-fache Menge an Drogen konsumieren würde.

Der Drogenkonsum ist somit sehr unelastisch und eine Steigerung der Nachfrage ist nur möglich, indem man neue Konsumenten „akquiriert".

Diese Voraussetzungen sind ökonomisch gesehen optimal für eine Maximierung des Gewinns bei der Versorgung – also beim Angebot des nachgefragten Guts. Die Ware Droge ist das Kapital der Anbieter, also der kriminellen Drogenhändler. Bei ihnen ist verständlicherweise das Interesse groß, das angebotene Gut für den höchstmöglichen Preis zu verkaufen bzw. das Kapital für eine maximal hohe Rendite zu investieren.

Da die Konsumenten, bedingt durch ihre Abhängigkeit, bereit sind, alles, was sie haben, für das Gut (Drogen) zu bezahlen, bezahlen sie auch genau diesen (maximalen) Preis dafür. Das ist eine Folge der Preisbildung auf Basis des ökonomischen Gesetzes von Angebot und Nachfrage.

Der Grund, warum das Drogenproblem gesellschaftlich nicht unter Kontrolle zu bringen ist, ist der, dass die Gesellschaft die denkbar ungeeignetsten Instrumente einsetzt, um es zu lösen: Die Gesellschaft versucht, mit harten Strafen die Drogenkriminalität zu bekämpfen. Ungeeignet sind diese Instrumente deswegen, weil sie in keiner Weise die Interessen und Motivationen der beteiligten Menschen und Gruppen berücksichtigen.

Denn die Verhängung von Haftstrafen und strengen Regeln wirkt aus vielerlei Gründen bei der Lösung dieses Problems nicht:

- Einerseits werden Angebot, Verkauf und Vertrieb des Gutes von Menschen organisiert, die offensichtlich sowieso wenig – oder gar nichts – von irgendwelchen moralischen oder ethischen Grundsätzen halten, geschweige denn von einer staatlichen oder sozialen Rechtsordnung.
- Zum anderen kommen diese Menschen oft bereits aus einem kriminellen Milieu und sind somit vor Haft, Gefängnis und Bestrafungen weniger ängstlich als der Durchschnittsbürger.
- Und zuallerletzt – und das ist vielleicht der wichtigste Aspekt – führen Verbote, strengere Strafen und somit ein höheres Risiko für die Anbieter und Verkäufer dazu, dass das Gut noch limitierter wird und somit begehrter, aber vor allem teurer. Dies ist aus zwei Gründen der Fall:

1. weil eine Art „Risikoaufschlag" für die Beschaffung draufgeschlagen wird und
2. weil es schwieriger zu beschaffen sein wird.

Dies alles führt zwangsläufig zu noch höheren Preisen und dadurch zu noch höheren Gewinnen auf der Angebotsseite und somit zu einer sehr hohen Motivation (= Anreizsetzung) zur ökonomischen Gewinnmaximierung, also zum Interesse und Ansporn, die Geschäftstätigkeit noch weiter auszuweiten. Diese ist, wie anfänglich erläutert, nur dadurch möglich, indem man neue Konsumenten für das Gut Droge gewinnt.

Und somit schließt sich der Kreis der katastrophalen Politik des Staates gegen das Drogengeschäft:

Die Anbieter werden letztendlich durch den Einsatz der falschen Instrumente dazu motiviert, ihr Geschäft immer weiter auszuweiten und immer weiter neue Konsumenten beispielsweise durch „kostenloses Ausprobieren" zu gewinnen.

Würde der Staat die Grundregeln des Verhaltens und der Motivation von Menschen hier berücksichtigen, so müsste er mit einem ganz anderen Ansatz versuchen, das Drogenproblem zu lösen.

Überall dort, wo große Gewinne und Renditen zu erzielen sind, wird Geschäftstätigkeit und Kapital angezogen. Der Schlüssel wäre hier, dafür zu sorgen, dass mit dem Gut „Drogen" nicht viel Geld zu verdienen ist. Um das zu erreichen, gibt es zwei Wege:

a. auf der Angebotsseite durch die Schaffung einer Konkurrenzbezugsquelle, z. B. durch Apotheken, und
b. auf der Nachfrageseite durch eine Betreuung der Betroffenen und deren Versorgung bzw. das Zur-Verfügung-Stellen von Ersatzpräparaten.

Auch ein Mix beider Alternativen ist möglich und führt zwangsläufig zu einer drastischen Reduktion der Nachfrage – gefolgt vom Preisverfall des Gutes, gefolgt vom Gewinneinbruch der Dealer und Händler und schließlich gefolgt von der Aufgabe der Geschäftstätigkeit der Drogenhändler.

Selbstverständlich müssten die betroffenen Konsumenten durch organisierte Maßnahmen versorgt werden. Die gesellschaftlichen Kosten hierfür würden jedoch nur einen Bruchteil dessen betragen, was heute gegen die organisierte Kriminalität im Drogengeschäft ausgegeben wird.

Der größte Vorteil aber würde in der Tatsache liegen, dass nicht immer wieder neue Menschen absichtlich, nur aufgrund der wirtschaftlichen Interessen von Kriminellen, süchtig gemacht werden.

Eine ähnliche Problematik liegt auch anderen Arten der Kriminalität zugrunde. Basierend auf der Theorie der Motivation und der Beweggründe, also des menschlichen Antriebes, könnten bei der Berücksichtigung dieser Theorie und dann auf deren Basis ausgearbeiteten ganzheitlichen Lösungen viel effektivere und bessere Ergebnisse bei der Bekämpfung der organisierten Kriminalität und auch der Wirtschaftskriminalität erzielt werden als durch die alleinige strenge und harte Bestrafung. Denn speziell im Bereich von Terrorismus ist es bekannt, dass Strafen keinerlei abschreckende Wirkung haben – im Gegenteil, sie werden manchmal von den Kriminellen sogar als eine Art Auszeichnung angesehen.

Wenn also der Mensch in der Realität kein Homo oeconomicus ist, sondern eher ein „Homo interesticus" oder „Homo incentivicus", dann muss man analysieren, was genau die Interessen, Anreize und Beweggründe sind, die die Menschen dazu motivieren, diese Straftaten zu begehen.

Der erste Schritt zur Lösung des Problems wäre also eine möglichst objektive und genaue Analyse der Gesamtumstände und des Umfelds, um zu verstehen, was diejenigen dazu bewegt und wodurch sie motiviert werden, ein bestimmtes Verbrechen zu begehen. Was sind die „Incentives", die diese Menschen aus dem

3 Das Kapital 189

Verbrechen ziehen? (Beispielsweise glaubt ein Attentäter, in den Himmel zu kommen, wenn er einen Anschlag verübt und unschuldige Menschen tötet.)

Nachdem geklärt wäre, warum Menschen so handeln, müssten in der weiteren Folge die genauen Gründe analysiert werden, warum gerade diese Motive und Incentives für die Betroffenen gelten. (Beispiel Terrorismus: Was ist der Grund dafür, sein Leben beenden und in den Himmel kommen zu wollen? Beispiel Wirtschaftskriminalität: Was ist der Grund dafür, dass Investoren für eine höhere Rendite das Risiko eingehen, ins Gefängnis zu kommen und warum sind ihnen gesellschaftliche Normen und juristische Regeln nicht wichtig?). Denn nur wenn die wahren Beweggründe bekannt sind, können sie auch eventuell beseitigt bzw. verändert werden. Das ist der eigentliche Kern einer wirklich guten und nachhaltigen Lösung.

Ein genaues Verständnis für die Gründe der Handlungsmotive ist die notwendige Voraussetzung für eine Ausarbeitung von Möglichkeiten, wie diese Gründe eliminiert bzw. in eine andere Richtung umgeleitet werden können. Das heißt konkret, wie diese Gründe und Incentives „um-bewertet" werden können. (Im obigen Beispiel wäre somit die Frage zu klären, warum jemand so wenig Lebensmut, Lebenswillen und Anreiz hat, um weiterzuleben und es deshalb vorzieht, sein eigenes Leben zu beenden in der Hoffnung, dass es ihm danach besser gehen wird, dass er also glücklicher und erfüllter [weiter-]leben wird.)

Im nächsten Schritt müsste dann also die Suche nach den Faktoren folgen, die geeignet sind, eine Veränderung der zuvor identifizierten Gründe zu erzielen. Es würde nichts nützen, eine gute Analyse des Problems zu haben, alle Faktoren zu kennen, aber nicht zu wissen, wie man die Situation verändern kann. Deshalb ist dieser Schritt nach der Suche der richtigen und wirksamen Faktoren, die eine Veränderung der Gründe möglich machen, von großer Bedeutung. (Im obigen Beispiel des Terrorismus könnte vielleicht so ein Ergebnis der Analyse sein, dass es sich um Ausgrenzung, Ungerechtigkeitsgefühl, Diskriminierung, Hoffnungslosigkeit, Minderwertigkeitsgefühle, Armut usw. handelt und dadurch bestimmte Menschengruppen die Zuversicht und den Lebensmut verlieren und beginnen, nach „Alternativen" für sich zu suchen.)

Hat man die entsprechenden Faktoren identifiziert, dann wäre der letzte Schritt dieses Lösungsansatzes die entsprechende und richtige Umsetzung, also die Implementierung der zuvor identifizierten Lösung. Die Umsetzung ist also dann die konkrete Arbeit, die dazu führen wird, die Gesamtsituation und die Umstände nach und nach zu verändern und zu verbessern, damit keine Menschen mehr irgendeine Art von Motivation beziehen, unerwünschte Handlungen (= Anschläge) durchzuführen. (Konkret: Welche Maßnahmen sind geeignet und wirksam, um bestimmten, zuvor identifizierten Gruppen von Menschen mehr Hoffnung, Glück und Zuversicht zu geben, um sie davon abzubringen, ihr Leben und das der anderen zu verachten und nicht zu beenden, um ins Paradies kommen zu wollen?)

Es ist offensichtlich, dass diese Art von Problemlösung nicht „auf Knopfdruck" funktioniert. Es ist ein längerer Prozess, der allerdings wesentlich wirkungsvoller und nachhaltiger ist als alles andere, was derzeit zur Verfügung steht und angewendet wird.

Parallel zur Umsetzung wäre es ratsam, eine passende Messmetrik zu entwickeln, mit der man eine Messung und Verfolgung der erzielten Ergebnisse bewerten könnte. Im Idealfall könnte eine derartige Messmetrik dann auch dazu beitragen, bei der Implementierung weiteres Verbesserungspotenzial zu identifizieren und noch genauer zu erkennen, an welchen Stellen bei der Umsetzung nachzubessern ist.

Zusammengefasst lassen sich also motivationsbedingte Handlungen generell durch die folgenden Schritte beeinflussen oder steuern:

- Motivation verstehen (Warum tut jemand etwas?)
- Analyse der Gründe (Was sind die Gründe für seine Motive?)
- Suche nach Faktoren zur Veränderung der Gründe (Was verändert seine Gründe?)
- Implementierung der identifizierten Faktoren
- Laufende Überwachung und Messen der Ergebnisse mit punktueller Anpassung

Verhaltensforscher haben beispielsweise herausgefunden, dass es bei illegalen Organisationen wie beispielsweise Kartellen oder bei kriminellen Organisationen wie der Mafia, erstaunlicherweise seitens deren Mitglieder eine teilweise sehr stark ausgeprägte Präferenz gibt, sich an gegebene Regeln zu halten. Diese Erkenntnis wird durch die Theorie gestützt, welche besagt, dass jede erdenkliche Organisation nur dann gut funktionieren kann, wenn sie klare Regeln hat und diese auch von den Mitgliedern getragen und deshalb eingehalten werden. Somit gibt es auch eine Art Kodex oder Verhaltensregeln.

Der springende Punkt dabei ist, dass das Einhalten von beispielsweise gesetzeswidrigen Absprachen eines Kartells und gleichzeitig das faire Verhalten und Handeln untereinander, nicht zum Wohle der Gesellschaft führen. Es führt immer nur zum Wohle der jeweiligen kleinen Gruppe oder Organisationseinheit.

Ein sehr ähnlicher und bekannter Effekt ist das strikte und strenge Einhalten von internen Regeln bei kriminellen und mafiaähnlichen Organisationen. Hier gibt es klare Regeln, klare Strukturen, klare Befehlshierarchien – und diese werden auch respektiert und strikt eingehalten.

Somit muss man zwangsläufig aus dieser Erkenntnis den Schluss ziehen, dass Mitglieder von gesetzeswidrigen und illegalen Organisationen durchaus in der Lage sind und auch die Motivation und Präferenz haben, Regeln, Gesetze und Vorschriften zu respektieren und einzuhalten. Auch wenn diese Regeln nicht die eines Staates oder eines Landes sind, sondern die einer anderen Organisationsstruktur. An der Tatsache selbst, dass es Beweggründe für Menschen zur Einhaltung bestimmter sozialer Normen gibt, ändert dies nichts.

Akzeptiert man dieses Ergebnis, dann muss die Frage gestellt werden, warum diejenigen Menschen, die solchen Organisationen angehören, die sozialen Normen dieser Organisation befolgen und nicht die des Staates?

Es muss Gründe geben, welche diese Menschen haben, die ihre Präferenzen dahingehend verändern, dass sie es vorziehen, die Normen einer illegalen Organisation zu befolgen anstatt die Normen eines Landes.

Da der Mensch ein nach Glück und Zufriedenheit strebendes Wesen ist und sein Zugehörigkeitsgefühl zu einer Gemeinschaft und das Ansehen in der Gesellschaft für ihn wichtige glücksbringende Faktoren sind, liegt es nahe zu vermuten, dass das Zugehörigkeitsgefühl das ausschlaggebende Kriterium dafür ist, für welche Gesellschaftsordnung oder Organisation sich ein Individuum entscheidet. Diejenige Organisation also, in der sich das Individuum am besten aufgehoben fühlt, zu der es sich hingezogen fühlt und in der es anerkannt werden möchte, bringt subjektiv durch Anerkennung die größte Genugtuung für ihn. Dafür entscheidet er sich. Als Konsequenz befolgt er auch die Regeln dieser Organisation und präferiert diese Regeln vor denen der übrigen Gesellschaft eines Landes.

Kleinere Organisationsstrukturen verstehen es auch sehr gut, ihre Mitglieder sehr gut, sehr schnell und sehr effektiv zu integrieren. Die Integration bei großen staatlichen Organisationen ist hingegen weitaus schlechter. In einer nicht gelungenen Integration ist eine der Hauptursachen der aktuell vorliegenden Probleme zu suchen. Denn insbesondere heute, in der globalisierten und hoch mobilen Welt mit Massenwanderungen (sei es aus ökonomischen Gründen oder aus politischen Gründen oder aus Gründen von Verfolgung oder Krieg), steigt die Anzahl von suchenden bzw. aus ihrer Heimat oder der heimischen Struktur entrissenen Menschen rasant an. Der Mensch ist jedoch ein Herdentier und sucht instinktiv immer nach Zugehörigkeit zu einer Gruppe. Und wenn es für ihn verschiedene Alternativen gibt, dann schließt er sich im Zweifelsfalle der Gruppe an, die es ihm am einfachsten macht, integriert und aufgenommen zu werden, in der er sich heimisch fühlt und von der er respektiert wird.

Somit ist es nicht abwegig, von einer Art „Wettbewerb der Integration" zu sprechen zwischen den verschiedenen Organisationen, die teilweise auch offensiv um neue Mitglieder werben. Es geht um Geld, Macht, Strategie und Einfluss. Auch das ist Ökonomie. Das ist die spannende Schnittstelle zwischen gleich mehreren Disziplinen wie Ökonomie, Soziologie, Psychologie und der Rechtswissenschaft. Hier kann bei solchen und ähnlich gelagerten Fragestellungen die Ökonomie sehr gute Lösungen und Lösungswege anbieten.

Kapitalakkumulation findet auch statt, weil es einen großen Unterschied am Markt bzw. in der Wirtschaft gibt in Hinblick auf die Marktgröße und die Stärke von Marktteilnehmern. Dieses Delta ist die Größendifferenz zwischen den kleinen Marktteilnehmern, welche keinen Einfluss auf den Markt haben und Preisnehmer sind, und den großen Marktteilnehmern, die durch ihre Größe die Märkte und Preise beeinflussen können, weil sie eine große Marktmacht besitzen. Diese großen Marktteilnehmer nutzen die vorhandene Marktmacht zu ihrem Vorteil aus und verdrängen die kleinen Konkurrenten aus profitablen Bereichen und Nischen. So sichern sie sich einfach die besten Opportunitäten, Deals und Geschäfte.

> **Beispiel:**
> Eine gängige Methode, um lästige kleinere Konkurrenten loszuwerden, ist es, ein möglichst ähnliches Produkt am Markt zu platzieren wie das des Konkurrenten. Das eigene Produkt wird subventioniert. Es verdient also kein Geld, sondern kostet Geld. Dieses Geld wird aber investiert. Es wird investiert, um Kunden vom Kaufen des ähnlichen Produkts der Konkurrenzfirma abzuhalten bzw. abzuwerben, um diese so wirtschaftlich zu schädigen und sie aus dem Markt zu verdrängen oder um sie zu übernehmen.

Durch ihre Größe haben große Marktteilnehmer auch die Möglichkeit, mittelgroße und kleine Konkurrenten aufzukaufen und diese dann zu fusionieren. Dadurch schaffen sie legal stückchenweise die für die Ökonomie und den Wettbewerb wichtige Konkurrenz und den Wettbewerb ab. Auf diese Art und Weise entstehen im Laufe der Zeit oligopolistische oder gar monopolistische Strukturen und Marktpositionen. Weitere Gewinne und weiteres Kapital können so immer weiter und weiter generiert werden.

Erreichen Investoren, Banken oder Unternehmen eine kritische Größe und werden dann für die Nationalökonomie systemrelevant, dann hat dies zur Folge, dass ein quasi maximaler Schutz gegen deren Scheitern künstlich errichtet wird. Dieser Zustand wird oft auch als „too big to fail" bezeichnet. Damit wird ausgerückt, dass das Subjekt zu groß und zu wichtig für die Wirtschaft und die Gesellschaft ist, als dass man zulassen könnte, es Konkurs gehen zu lassen.

Wirtschaftskrisen, Pleitewellen, Strukturwandel und Kollapse betreffen nicht alle Gruppen und Wirtschaftssubjekte im Markt gleichermaßen. Wenn große Unternehmen durch Zahlungen der Steuerzahler geschützt werden, dann zahlen den Preis der Krisen und Verwerfungen die kleineren und schwächeren Unternehmen. Die Folge dessen ist eine signifikante Tendenz zur Akkumulation des Kapitals bei den bereits sowieso kapitalstarken Subjekten.

3 Das Kapital 195

Doch nicht nur Unternehmen generieren eine Kapitalakkumulation. Auch große private wie auch institutionelle Investoren tragen zu dieser Tendenz maßgeblich bei, zusätzlich begünstigt durch die allgemeine Globalisierung und den technologischen Fortschritt, der eine einfache und sehr schnelle Kapitalbewegung ermöglicht.

Diese globalen und technologischen Entwicklungen haben beispielsweise zur Folge, dass in de facto allen Städten die kleinen Geschäfte, Läden und Handelsunternehmen verschwinden. Ob es die kleine Familienbäckerei ist, der Tante-Emma-Laden, das Buchgeschäft oder der regionale Metzger mit Fleischhandlung. Alle diese Geschäfte hat es Jahrhunderte gegeben, sie waren ein Teil der Kultur, sie hatten eine wichtige Versorgungs- und Wirtschaftsfunktion und sie konnten lange profitabel und ausreichend für das Familieneinkommen leben und überleben. Heute können sie es nicht mehr. Auch wenn die Nachfrage weiter vorhanden ist, die Kosten der Ladenflächen und Immobilen wurden für sie zu hoch. Auch Wohnraum und Büros in Städten und Ballungszentren sind überproportional teuer geworden.

Die Gründe für diese Situation sind hauptsächlich bei den Investoren und dem „globalen Kapital" zu sehen. Denn durch die in den letzten Jahrzehnten stattgefundene regelrechte Explosion des weltweiten Wohlstands sind Investments des neu geschaffenen Kapitals rar und knapp geworden. Es gibt zu viel Kapital und zu wenig Investitionsmöglichkeiten. Kapital will immer investiert und vermehrt werden. Durch die Globalisierung werden außerdem auch Investments in Gebieten und Regionen möglich, die früher unzugänglich waren. Damit kommt es zu einer Situation, dass beispielsweise in europäischen Städten auch asiatische und afrikanische Investoren vermehrt tätig sind und Grundstücke, Häuser und Wohnungen kaufen. Diese kaufen sie überwiegend aus Investitionsüberlegungen und weniger, weil sie diese brauchen oder nutzen würden. Somit steigen einerseits die Preise der Immobilien, und andererseits bleiben viele Immobilien in Bestlagen ungenutzt und stehen leer. Oft wird auch eine Vermietung nicht in Betracht gezogen, weil die zusätzlichen Einkünfte nicht benötigt werden und der Aufwand dafür nicht betrieben werden möchte. Ab einer bestimmten Höhe des Wohlstands wird versucht, den bequemsten und einfachsten Weg zu gehen, auch wenn dabei auf weitere zusätzliche Einkünfte (Mieteinnahmen) verzichtet wird. Auch das Kapital scheint daher eine Grenznutzenfunktion zu haben.

Die weltweite Folge dieser Entwicklung ist das Ansteigen der Preise und Mieten für die Normalbevölkerung – insbesondere in attraktiven Wirtschaftsmetropolen – sowie die Verknappung des Wohnraums, weil viele durchschnittliche Wohnungen und Häuser verkauft und/oder zu Luxusimmobilien umgestaltet werden, und irgendwann ist durch diese Entwicklung sogar die klassische Mittelschicht von diesem Problem der Verknappung und Verteuerung betroffen und kann sich einen adäquaten Wohnraum kaum noch leisten.

Durch das allgemeine Steigen der Preise für Wohnraum und Büros steigen auch die Preise der Immobilien und somit die Renditen der Investoren. Das befeuert weiter die oben beschriebene Entwicklung. Diese Spirale dreht sich immer weiter und die normale Bevölkerung verarmt immer mehr, alt eingesessene Geschäfte verschwinden immer mehr aus dem Stadtbild und Investoren werden dabei immer wohlhabender, weil ihre Renditen stetig steigen.

Die Akkumulation von Kapital findet im großen, aber auch im kleinen Maßstab statt. Man sieht dies auch an den ganz kleinen Beispielen, die auf allen Märkten der Welt unzählige Male zu beobachten sind. Selbst dort, wo man es nicht erwarten würde, weil Markttransparenz vorliegt: Beispielsweise sind die Kosten für das Aufladen von Einheiten auf ein Mobiltelefon pro Jahr oder pro Monat tatsächlich wesentlich höher, wenn man sich nicht einen Paketvertrag leisten kann, mit risikofreier Abbuchung der Telefongesellschaft vom Konto es Inhabers. Die Aufladung ist technisch und logistisch aufwendiger, die Telefoneinheiten müssen verwaltet und gezählt werden, die Administrationskosten sind höher, das Ausfallrisiko steigt, dass der Kunde die nächste Periode nicht mehr bezahlen wird und die Nummer gesperrt werden muss usw. All das macht die Kosten für eine Telefoneinheit für diesen Kunden teurer als für den Kunden, der sich das Paket mit Flatrate leisten kann.

Auch bei der Führung von Bankkonten genießen wohlhabendere Kunden Kosten- und Preisvorteile. Je wohlhabender ein Bankkunde ist, desto besser sind seine Konditionen für das Führen des Kontos, für Überziehungszinsen, für Geldanlagen, für Hypotheken und Kredite, und umso mehr Leistungen werden ihm auch kostenlos angeboten. Kritische Kunden jedoch müssen für alles bezahlen – teilweise sogar im Voraus, um jegliche Risiken für die Finanzinstitute zu minimieren. Somit zahlen sie für weniger und schlechtere Leistung mehr als die wohlhabenden Kunden bezahlen müssen für wesentlich mehr und bessere Leistung.

Sehr wohlhabende Kunden und bekannte Menschen genießen sogar sehr oft kostenlosen Service, freien Eintritt und erhalten Geschenke ganz umsonst, da sie auch als Werbeträger für die Unternehmen gesehen werden (Hotels, Fahrzeughersteller, Bekleidungsindustrie, Restaurants usw.).

Auch bei den Investments gibt es Unterschiede zwischen der Größe und der „Leistung": Je höher das Investitionsvolumen ist, desto besser sind in der Regel die Kondition, die angeboten werden. Das hängt mit den Verwaltungs- und Administrationskosten zusammen, aber auch mit dem Risiko. Nach dem Motto: „too big to fail" werden meistens Investments ab bestimmten Volumina abgesichert und somit wesentlich risikoloser (Abb. 3.1, 3.2 und 3.3).

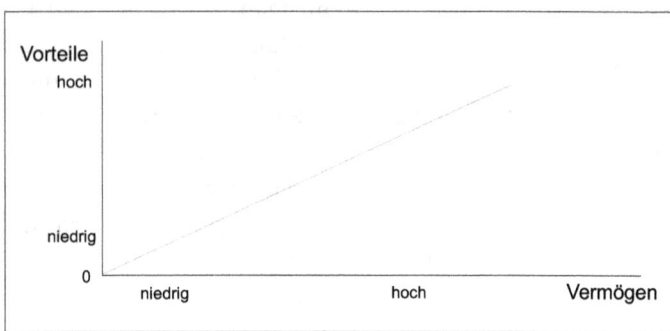

Abb. 3.1 Die Darstellung verdeutlicht den Zusammenhang zwischen dem vorhandenen Vermögen und den daraus resultierenden Vorteilen

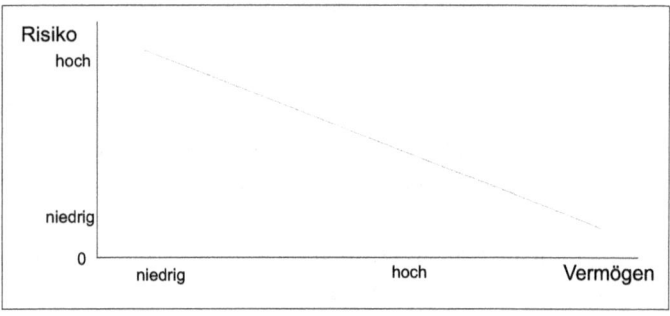

Abb. 3.2 Die Darstellung verdeutlicht den Zusammenhang zwischen dem investierten Kapitalvolumen und dem Risiko des Verlustes

> Je wohlhabender ein Marktteilnehmer ist, desto geringer ist der Prozentsatz seines Einkommens, den er für seinen notwendigen Lebensunterhalt ausgeben muss, und desto höher ist der Prozentsatz, den er für die Bildung von weiterem Kapital einsetzen kann.

Ab einer bestimmten Einkommenshöhe kann auch kein weiterer Konsum mehr stattfinden – wenn bereits das absolute Maximum konsumiert wird. Das bedeutet, dass trotz

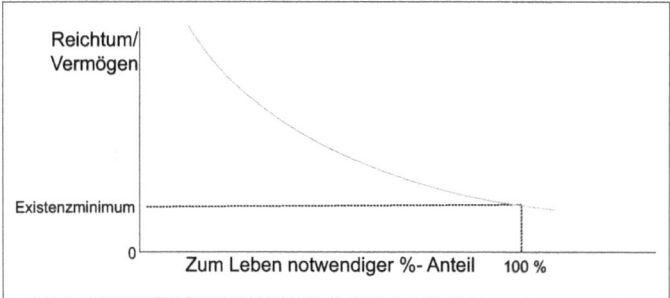

Abb. 3.3 Die Darstellung verdeutlicht den Zusammenhang zwischen dem vorhandenen Reichtum eines Individuums und dem prozentuellen Anteil, den er zum Bestreiten seines Lebensunterhalts benötigt

Maximalkonsum und keinem Konsumverzicht noch überschüssiges Einkommen zum Investieren vorhanden ist und weiteres Einkommen erwirtschaftet. Dieses Einkommen wird folglich von anderen Menschen erschaffen, die Konsumverzicht üben, der nicht ausreichend hoch entlohnt wird, oder durch Arbeit, die nicht adäquat vergütet wird (Abb. 3.4).

Ab einer bestimmten Einkommenshöhe werden auch die Lebenskosten (wie hoch diese auch sein mögen) nur aus den Zinseinnahmen beglichen. In diesem Zustand wird nichts mehr produziert und auch kein Konsumverzicht geübt. Trotzdem findet ein Maximalkonsum statt, ohne dass es aber dabei zu einer Reduktion des vorhandenen Kapitals kommt. Sind die Zinseinkünfte so hoch, dass trotz des Maximalkonsums noch weitere Mittel übrigbleiben und das Vermögen weiter vermehren, findet ein Vermögensaufbau statt, der auf Zinseszinsen basiert. Dieser Zustand ist gefährlich für jede Gesellschaft, weil andere Marktteilnehmer die Leistung erbringen müssen, weil eine gefährliche Einkommensschere entsteht und sich sukzessive vergrößert und weil das Gefühl von Ungerechtigkeit entsteht und wächst (Abb. 3.5).

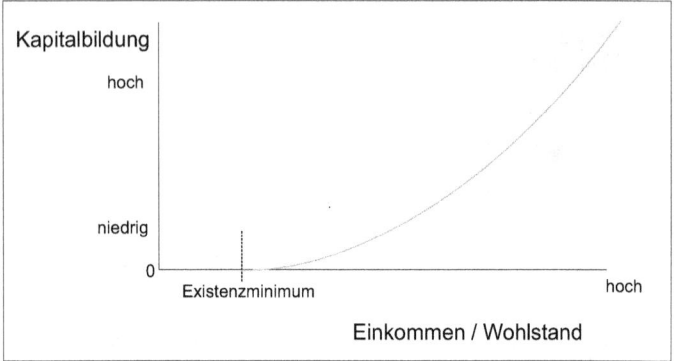

Abb. 3.4 Die Darstellung verdeutlicht den Zusammenhang zwischen dem vorhandenen Reichtum eines Individuums und seiner Möglichkeit zur Kapitalbildung oder zum Aufbau vom neuen Kapital

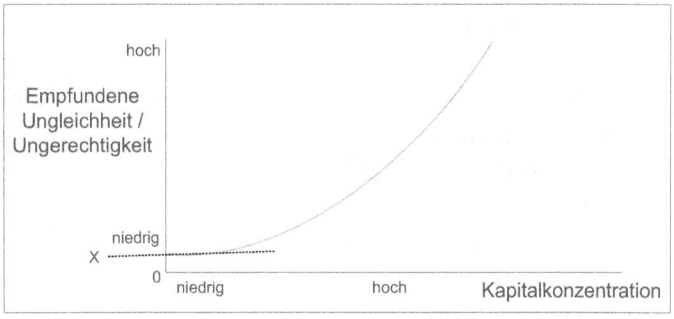

Abb. 3.5 Die Abbildung skizziert den Zusammenhang zwischen der Konzentration des Kapitals/des Vermögens und der empfundenen Ungleichheit/Ungerechtigkeit bei der Bevölkerung, er ist ein Indiz für die soziale Stabilität oder Instabilität. Zu beachten ist der Wert X: Dieser zeigt eine gegebene Rate an Unzufriedenheit, die jedoch andere Ursachen hat und nicht mit der Kapitalkonzentration im Zusammenhang steht

Die Kapitalakkumulation kann aber auch mit der Grenznutzentheorie begründet werden. Denn je mehr Kapital man besitzt, desto geringer ist der Nutzen für jede weitere Einheit des Kapitals, die man dazugewinnt. Diese letzte Einheit des gewonnenen Kapitals kann man für andere Güter tauschen, die man z. B. noch nicht hat und deshalb subjektiv höher bewertet. Je wohlhabender jemand ist, desto weniger ist ihm ein bestimmtes Gut wert, weil alles eine Sättigungsgrenze hat. Wird dann ein zusätzliches Gut gegen ein anderes Gut getauscht oder gegen Geld verliehen an jemanden, der es braucht, jedoch nicht sehr wohlhabend ist, dann tauscht jemand, der viel hat und viel besitzt und der sich möglicherweise an der Sättigungsgrenze befindet und für den das Gut deshalb einen geringen Wert hat, mit jemand anderem, der viel weniger hat – vielleicht auch fast nichts außer dem, was er tauscht. Für diesen Tauschpartner ist das Gut, welches er tauscht, natürlich viel wertvoller als für den anderen, der sich schon an der Sättigungsgrenze befindet. Dieser Zustand erzeugt eine Asymmetrie in der Wertschätzung, in der Bepreisung und in der Bezahlung zugunsten des Wohlhabenden. Darüber hinaus spricht auch eine tendenziell größere Markmacht des wohlhabenderen Tauschpartners zu seinen Gunsten und für seinen Vorteil beim Tauschgeschäft. Diese Asymmetrie ist ein weiterer Grund für eine Tendenz zur Akkumulierung von Wohlstand und Kapital.

> **Anschauliches Beispiel:**
>
> Ein Landwirt produziert mehrere Tonnen Getreide. Die erste produzierte Tonne ist für ihn am wichtigsten, denn diese Tonne Getreide garantiert ihm und seiner Familie gerade das nackte Überleben. Die letzte produzierte Tonne jedoch – nachdem er viele Tonnen Getreide produziert hat und damit alle seine nachgelagerten Bedürfnisse befriedigen konnte – generiert keinen weiteren Wert für ihn. Diese Tonne Getreide kann er nur einlagern (= sparen) oder tauschen. Ein anderer Landwirt mit null Tonnen Getreide muss jedoch mit seiner Familie ebenfalls überleben und deswegen ist er bereit, alles, was er besitzt, zu zahlen, um diese eine Tonne Getreide zu bekommen, die ihm und seiner Familie das Überleben sichert, aber für den anderen Landwirt keinen zusätzlichen Wert bietet.

Im obigen Beispiel würde der Landwirt also alles, was er besitzt und was ihm wichtig und wertvoll ist, für die Tonne Getreide des anderen Landwirts – für den diese nichts mehr wert ist – geben. Dies zeigt deutlich die Asymmetrie zwischen zwei unterschiedlichen Tauschpartnern und die Tendenz zum Vorteil des stärkeren bzw. wohlhabenderen Tauschpartners. Diese Tendenz ist eine weitere Ursache für die Akkumulation vom Kapital und Vermögen.

Analog verhält sich die Situation mit Geldgeschäften. Diese beinhalten das Leihen und Verleihen von Geld gegen Bezahlung. Der Preis des Geldes, also die Bezahlung für das Verleihen des Geldes, ist der Zins, zu dem das Geld verliehen wird.

Zinsen

Zinsen kann man als Bewertungsunterschiede betrachten, die mit dem Faktor Zeit zusammenhängen. Dies wird am ehesten verständlich, wenn man die Diskontierung von Wechseln und die Bewertung von Pachtgütern analysiert. Ein Wechsel, eine Anleihe oder ein Bond ist nichts anderes als ein Zahlungsversprechen in der Zukunft. Man kann Güter mit Wechseln bezahlen, es findet also ein Tausch statt: Güter gegen Versprechen. Genauer noch: gegenwärtige Güter gegen zukünftige Güter. Ähnlich einem Gutschein, welcher erst ab einem bestimmten Datum eingelöst werden kann. Bei diesem Beispiel wird sofort offensichtlich, dass die Preise für die heutigen Güter nicht exakt den Preisen der Gutscheine mit Versprechungen entsprechen können. Die Differenz im Wert ist einem immer existierenden Vertrauensproblem und Ungewissheit in der Zukunft geschuldet. Doch selbst bei einem theoretischen Ausschließen dieser Ungewissheit in der Zukunft wäre ein Gutschein für X heute am Markt bestimmt nicht X in der Zukunft wert. Denn der Mensch bewertet intuitiv und – wie die Verhaltensökonomie mittlerweile nachgewiesen hat – Güter und Werte heute höher als die in der Zukunft.

Ein weiterer Grund für diese Wertdifferenz ist die zeitliche Präferenz der Menschen, ihre Bedürfnisse nicht zu verschieben und nicht zurückzustellen. Den Aufschub der Befriedigung ihrer Bedürfnisse oder sogar ihren Konsumverzicht lassen sich Menschen immer bezahlen. Die Zeitpräferenz ist ein Faktor, der ebenfalls die Sparneigung der Menschen beschreibt. Dies ist ein weiterer Grund für die Wertdifferenz, also für Zinsen. Somit besteht ein klarer Zusammenhang zwischen Kapitalaufbau und Zeitpräferenz. Der Kapitalaufbau benötigt einen längeren Handlungshorizont. Kurzfristigkeit ist ein Symptom verarmender Gesellschaften und Wirtschaftsakteure. Dieser Zusammenhang lässt sich in der Geschichte immer wieder eindrucksvoll beobachten. Es ist ein Naturgesetz, wenn man eine künftige materielle Besserstellung wünscht, dass in der Gegenwart unbequeme Entscheidungen getroffen werden müssen.

So muss man bei hoher Zeitpräferenz sehr viel mehr zukünftige Güter bzw. Versprechen bieten, damit ein Konsumverzicht akzeptiert wird. In kapitalarmen Systemen/Märkten mit einer hohen Zeitpräferenz herrschen deshalb auch hohe Zinssätze.

Hohe Zinsen bedeuten allgemein, dass es weniger attraktiv ist, zu konsumieren und zu verbrauchen, gleichzeitig aber, dass es attraktiv ist, diese anzubieten und sich den Konsumverzicht (teuer) bezahlen zu lassen.

Der allgemeine Zinssatz auf heutigen Märkten wird nicht mehr durch Angebot und Nachfrage von Ersparnissen bzw. Kapital bestimmt. Zinssätze werden heute durch die gezielte Geldpolitik von Staaten manipuliert. Die Zentralbanken intervenieren an Märkten durch ihre Geldschöpfung so lange, bis die Zinssätze ihren Vorgaben oder Vorstellungen entsprechen.

Ein weiterer Grund für Zinsen ist das Risiko des Ausfalls. Das Verlustrisiko besteht immer und überall. Ein eingegangenes Risiko lässt sich jeder Akteur entsprechend der eingeschätzten Ausfallwahrscheinlichkeit bezahlen.

Zinsen sind also nicht nur der „Preis" für das Verleihen des Geldes. Zinsen sind darüber hinaus auch als eine Entlohnung zu sehen für einen Konsumverzicht des Verleihers. Denn dieser verzichtet auf das Ausgeben des Geldes, welches er verleiht, um seine eigenen Wünsche und Bedürfnisse mit dem Konsum zu befriedigen. Gibt er das Geld aus, kann er es nicht mehr verleihen. Gibt er es nicht aus und verzichtet auf den Konsum, kann er es verleihen und erst nach der Rückzahlung erst wieder ausgeben und konsumieren. Somit muss er den Konsum bis zur Rückzahlung des Geldes verschieben, und dies lässt er sich in Form des Zinses bezahlen bzw. entschädigen. Er lässt sich sozusagen das Warten auf die Befriedigung seiner eigenen Bedürfnisse bezahlen mit den Zinsen, die er verlangt.

Anders verhält es sich im Falle eines Verleihers, der sich aufgrund seines Vermögens schon an der Sättigungsgrenze befindet, der also bereits so wohlhabend ist, dass er schon alle seine Konsumwünsche befriedigen kann und trotzdem noch Geld übrighat, welches er verleihen oder investieren kann. Dieser Geldverleiher bekommt also durch den Zins einen Preis bezahlt für Konsumverzicht und fürs Warten, obwohl er gar keinen Konsumverzicht und keine Wartezeit hinnehmen musste. Er generiert also weiteres Geld, ohne dass es dafür einen plausiblen Grund gibt. Er profitiert somit von dem gemachten Geschäft bzw. Tausch wesentlich mehr und in höherem Maße als andere Marktteilnehmer, die tatsächlich einen Konsumverzicht und Wartezeit hinnehmen müssen. Dies ist ein weiterer und wichtiger Grund für die Akkumulation von Geld und Vermögen sowie für einen systembedingten Vorteil der ökonomisch stärkeren Marktteilnehmer.

Ein Phänomen der heutigen Zeit ist eine Verschiebung der Werte hin zu materiellen und weg von immateriellen Werten. Nachdem wir eine hochentwickelte Technologie der Märkte haben, ist ein Tauschen von Waren (= materiellen Werten) beliebig und de facto weltweit möglich. Der Tausch wird durch Geld erleichtert, denn Geld entwickelte sich als eine „Maßeinheit" für materielle Werte und ermöglicht dadurch einen unbegrenzten und sicheren Tausch aller Güter untereinander. Durch die Tastsache, dass sich aber Geld selbst zu einem Substitut für materielle Werte entwickelt hat, gibt es für das Geld schwerlich eine Sättigungsgrenze. Denn es kann ja für alles Beliebige eingetauscht werden und kann Werte auch relativ lange und sicher in sich aufbewahren. Und das, ohne zusätzliche Lagerkosten zu verursachen, so wie andere Güter.

Im obigen Beispiel kann der Landwirt seine Tonne Getreide viel schwerer und nicht so lange aufbewahren: Er benötigt dafür Gebäude (= Kosten), Platz, er muss aufpassen, dass kein Ungeziefer das Getreide frisst und dass es nicht verrottet. Nach bestimmter Zeit wird das Getreide aber trotzdem unbrauchbar und schlecht. Diese Probleme und Nachteile hat der Geldverleiher/Investor/Kapitalist nicht. Daher ist er viel mehr bemüht, das Gut, mit dem er arbeitet (= Geld) zu „horten". Das Geld wird selbst zu einem Gut und zum Selbstzweck. Daher hat auch Geld kaum eine Sättigungsgrenze. Und daher ist auch das Geld immer mehr und mehr ein Maß geworden nicht nur für Werte, sondern auch für Erfolg, Sicherheit, Status und soziale Stellung in unserer kapitalistischen Gesellschaft. Und somit zu einem wertvollen „Gut" für seine Besitzer.

Ein weiterer Grund für die Akkumulation von Geld und Kapital liegt bei den staatlichen Regulatoren und bei der Gesetzgebung selbst: Der moderne Staat produziert stets mehr und mehr Gesetze und Regulierungen. Dadurch entstehen unvermeidlich Bürokratie und Hürden für alle Wirtschaftssubjekte. Heute kann in Europa beispielsweise kein Unternehmen mehr existieren, ohne einen Steuerberater zu beschäftigen. Diese Komplexität an Vorschriften und Regeln war in der Vergangenheit nicht vorhanden.

Diese Hürden sind für kleinere Unternehmen, Einmannbetriebe und Selbstständige wesentlich schwieriger zu meistern – und in Relation zum Geschäftsvolumen auch teurer – als sie es für Großunternehmen sind, die leicht über die entsprechenden Ressourcen und Kapazitäten verfügen. Die großen und internationalen Konzerne leisten sich Spezialisten, die es ihnen ermöglichen, die Flut der weltweiten Vorschriften und Gesetze für ihren eigenen Vorteil so einzusetzen, dass sie jeweils die in den einzelnen Ländern nutzen, welche ihrem Geschäftsmodell gerade den besten Vorteil bieten. Es ist eine natürliche und logische ökonomische Vorgehensweise, gegen die rechtlich nichts einzuwenden ist. Die Schuld für dieses Vorgehen ist nicht bei den Wirtschaftsunternehmen zu suchen, sondern bei der Politik und den Regulatoren, die dieses System, an das sich die Unternehmen halten, geschaffen haben. Dies ist ein nicht zu unterschätzender Grund für das zunehmende Aussterben von Kleinbetrieben in der Wirtschaft und für die Akkumulation von großen Marktanteilen, Umsatz, Geld und Vermögen bei den großen und wohlhabenden Wirtschaftssubjekten.

Investitionen haben einen starken Einfluss auf die Märkte, denn sie verknappen zugleich das Angebot der Investmentmöglichkeiten. Denn auch Investmentmöglichkeiten sind nicht unbegrenzt. Insbesondere produzieren globale institutionelle Großinvestoren automatisch eine signifikante Verknappung von Investitionsmöglichkeiten, und somit sorgen sie praktisch selber dafür, dass durch die entsprechende Verknappung aufgrund ihrer Investitionen die Preise ihrer Investments automatisch steigen und so ihre eigenen Investments, die Verknappung und Preisanstieg produziert haben, automatisch erfolgreich sind. Dieses Phänomen könnte man auch „too big to fail" nennen. Denn mit der Größe des Investments sinkt die Wahrscheinlichkeit des Scheiterns bzw. des Fehlinvestments. Diesen Zusammenhang kann man besonders gut bei bestimmten

Aktienmärkten beobachten oder bei Immobilien in besonderen (knappen und limitierten) Lagen. Dies ist ein weiterer wichtiger Grund für die Akkumulation von Kapital bei großen Marktteilnehmern und für eine Benachteiligung kleiner Marktteilnehmern.

Preisunelastische Güter auf Märkten
Bei preisunelastischen Gütern (wie z. B. Wohnraum, Lebensmittel, Medikamente usw.) führt eine relativ kleine Verknappung des Gesamtangebots zu einem übermäßig großen Preisanstieg. Handelt es sich zudem auch noch um einen oligopolistischen Markt, in dem sich diese Verknappung ereignet, dann ist es für die Oligopolisten einfacher und lukrativer, das Angebot niedrig zu halten, beispielsweise durch Nichtvermietung von freien Wohnungen und Büros, und die dadurch höheren Werte der leestehenden und teils nichtvermieteten Immobilien in Bilanzen als Gewinne auszuweisen und so buchhalterisch gewinnbringend zu nutzen. Denn dies ist oft eine bessere und lukrativere Option für sie, als durch Vermietungen der Immobilien nur monetäre Einnahmen zu generieren und die Preiserhöhungen und Werterhöhungen der Immobilien (bedingt durch Nichtvermietung) nicht zu realisieren. Denn beim Vermieten von allen existierenden Objekten und Flächen wäre das Angebot auf dem Markt ausreichend groß. Das knappe „Gut" Wohnraum wäre in diesem Fall dann kein knappes „Gut" mehr und dies würde sich entsprechend deutlich auf den Preis/auf die Mieten auswirken.

Zusammenhang zwischen der Geldschöpfung der Zentralbanken und der Asymmetrie der Geldverteilung und der Akkumulation von Kapital
Um den Zusammenhang zwischen der Geldschöpfung der Zentralbanken und der Asymmetrie der Geldverteilung zu verstehen, muss man sich der Tatsache bewusst werden, dass alle Güter Limitationen unterliegen.

> Es gibt kein Gut, welches der Ökonomie unbegrenzt zur Verfügung steht. Alles, was in der Wirtschaft gehandelt werden kann, befindet sich auf der Erde und ist nicht beliebig vermehrbar.

Manche Güter sind substituierbar und können durch andere ersetzt werden, bei manchen ist dies nur teilweise oder nur unter bestimmten Umständen oder Gegebenheiten möglich, und manche Güter können nicht ersetzt werden.

Durch eine langanhaltende Wachstumsperiode der Ökonomie, in welcher der allgemeine Wohlstand zunimmt, kommt es auch zu einer Zunahme von Investoren, Anlegern und auch von institutionellen Großinvestoren. Die Aufgabe von Investoren ist es, Investments zu finden, um das investierte Kapital zu sichern und zu vermehren.

Nachdem, wie zuvor erwähnt, aber die Güter, die weltweit auf Märkten verfügbar sind, einer Limitierung unterliegen und immer neues Geld zum Investieren (Kapital) von den Zentralbanken zur Verfügung gestellt – also produziert – wird, kommt es im Laufe der Zeit zu einem immer größeren Ungleichgewicht zwischen den existierenden Gütern und dem existierenden Kapital.

Nachdem das Kapital eine Form und Möglichkeit der Anlage sucht, werden lukrative Anlagemöglichkeiten immer knapper. Dadurch werden Anlageformen interessant, die früher oder unter anderen Umständen nicht so interessant gewesen wären, weil sie nichts produzieren und nur der Form des Kapitalerhalts aufweisen oder sogar spekulativer Natur sind. Dies sind die klassischen Investments in Edelmetalle, Immobilien, Rohstoffe usw.

Dieser Prozess hat ein langsames, aber stetiges Ansteigen der Preise für diese Güter zur Folge. Das wiederum hat zur Folge, dass auch Endprodukte und Konsumgüter für Endverbraucher teurer werden, ohne dass diese aber den verursachten Preisanstieg durch Lohn- und Gehälteranpassungen kompensieren können.

Je größer die Geldproduktion der Zentralbanken ausfällt, desto mehr Kapital ist im ökonomischen System vorhanden und desto höhere Investments können durch die Investoren getätigt werden. Und umso größeren Einfluss haben diese Investments auf die Marktpreise. Denn je größer ein Investor ist, desto größer ist seine Markmacht und desto mehr kann er den Markt (zu seinen Gunsten) durch sein Handeln beeinflussen.

Auch wenn die Ökonomie als System gut läuft und weiter prosperiert, kommt es durch diese Effekte zu einer Situation, in der die Verbraucher – auch bei Vollbeschäftigung und bei konstantem Einkommen – relativ immer weiter verarmen, weil Güter immer teurer für sie werden. Am signifikantesten ist dieser Effekt bei Immobilien, Wohnraum und Grundstückspreisen zu sehen. Immer weniger vom verdienten Geld bleibt übrig, um angelegt oder auch investiert werden zu können. Immer mehr Menschen aus der mittleren Schicht geraten in eine Situation, in der alle Verdienste zum Lebenserhalt ausgegeben werden. Ohne die Möglichkeit eines Aufbaus von Vermögen ist die unausweichliche langfristige Konsequenz der Abstieg in die untere Schicht und somit in Armut. Dort, wo kein Aufbau von Werten möglich ist, ist Armut.

Auf der anderen Seite, bei den Investoren, kommt es zu einer exzessiven Akkumulation von Kapital, weil die Nachfrage nach den Gütern immer vorhanden ist und durch die Verknappung – verursacht durch das Aufkaufen von größeren Mengen an den Märkten – die Preise steigen und somit die Renditen in den Investments. Weiteres neues Kapital entsteht und sucht weiter und weiter nach lukrativen Anlagemöglichkeiten.

So findet mit der Zeit eine regelrechte „Abgrabung" auch von lebensnotwendigen Dingen wie Wohnraum, Rohstoffen, Energie und möglicherweise auch Nahrungsmitteln statt. Investoren und Spekulanten treiben durch die Gesetzmäßigkeit und möglicherweise unwissend die Preise in die Höhe und damit auch ihre Profite und Gewinne. Somit besteht die Tendenz, dies weiter so zu praktizieren und dieses Verhalten nicht einzustellen. Je wichtigere Güter diese Investitionen und Spekulationen betreffen, desto unflexibler ist die Nachfragekurve dieser Güter – mit der Folge, dass Preise umso schneller und höher steigen – mit der weiteren Folge, dass Investments und Spekulation hier besonders lukrativ sind.

Zur Akkumulation von Kapital tragen auch Prozesse bei, die mit der Präferenz- und Entscheidungsbildung bei Konsumenten zu tun haben: So werden die Konsumenten durch die im Markt existierenden Marketingmaßnahmen und Werbung angehalten, zu konsumieren. Dieser Konsum soll nach dem Willen der Strategen und Produzenten maximal sein, mit der Folge, dass große Konsumentengruppen ihren Konsum mit Krediten finanzieren. Dies führt in eine Abhängigkeit von Banken und Finanzdienstleistungsunternehmen. Je mehr Kredite diese vergeben, desto höher ist das Ausfallrisiko und desto höher sind auch die Zinsen für die jeweilige weitere Finanzierung, und desto höher ist dann auch die Abhängigkeit des Konsumenten. Irgendwann ist der Konsument nur noch damit beschäftigt, dass er die Zinsen für seine Kredite und fällige Rechnungen begleicht. Er arbeitet dann nur noch für die Gläubiger, von welchen er vollkommen abhängig ist. Eine vollkommene Akkumulation vom verdienten Geld findet statt. Es besteht für ihn kaum noch die reelle Chance, aus diesem Kreis herauszukommen und die Schulden zu begleichen. Diese Situation ist weit verbreitet.

Wesen und Aufgabe von Banken
Die ursprünglichste Aufgabe von Banken ist es, die Vermittlungsfunktion zwischen Anbietern und Nachfragern von Ersparnissen zu bewerkstelligen. Die Bank nimmt dabei die Ersparnisse von Wirtschaftssubjekten als Kundeneinlagen auf. Diese bietet sie dann als Kredite Privatpersonen und Unternehmen für Konsum- oder Investitionszwecke

an. Diese Tätigkeiten werden auch als Verwahrungsgeschäft oder Vermittlungsgeschäft bezeichnet.

Heute agieren die Banken als Universalbanken. Sie betreiben auf der einen Seite als Kommerzbanken das Einlagern und Kreditgeschäft, und auf der anderen Seite handeln sie als Investmentbanken mit Wertpapieren.

Geld

> Geld ist nichts anderes als ein allgemein akzeptiertes Tauschmittel, welches einen indirekten Tausch ermöglicht.

Einige Güter ermöglichen es den Marktteilnehmern, die Beschränkungen des direkten Tausches zu umgehen. Sie übernehmen dann quasi eine „Vermittlungsfunktion". Eigenschaften wie z. B. Transportfähigkeit, Teilbarkeit, Einheitlichkeit, vorteilhafte Kaufkraft oder lange Haltbarkeit des Wertes sind dabei ausschlaggebend. Aufgrund der unterschiedlichen physischen Eigenschaften und Beschaffenheit von Waren eignet sich nicht jede Ware gleichermaßen als Geld.

Es gibt viele Arten von Geld. Geld kann in vielen unterschiedlichen Formen auftreten, so gibt es

- Sachgeld,
- Kreditgeld und
- Zeichengeld.

Das Sachgeld besteht aus echten Gütern und Güterzertifikaten. Das Kreditgeld besteht aus übertragbaren Forderungen und allen darauf basierten Umlaufsmitteln. Zeichengeld besteht nur aus Symbolen. Diese können digital, gedruckt oder geprägt sein. Das Zeichengeld ist eine Geldart, die reine Konvention ist, und wird daher auch als „Fiat-Geld" bezeichnet. Es ist nur durch bestimmte Zeichen, Aufdrucke, digitale

Spezifikationen oder Prägungen bestimmt und beliebig festsetzbar. Beispiele für Fiat-Geld sind Scheidemünzen, Gutscheine (wenn diese keine einklagbaren Forderungen darstellen), Essensmarken, Bonuspunkte und Bonusmeilen (wenn diese übertragbar sind) usw. Die meisten Währungen heutzutage sind eine aus Sachgeldsubstituten hervorgegangene Zwischenform zwischen Kreditgeld und Zeichengeld.

Warum führt Inflation zu ungerechter Umverteilung und in der Folge zur Kapitalakkumulation?

Inflation führt immer zu dem in der Ökonomik sogenannten Cantillon-Effekt. Die durch die Zentralbank neu kreierte (gedruckte) ungedeckte Geldmenge erreicht nicht alle Menschen und Wirtschaftssubjekte in der Wirtschaft und im Geldkreislauf zum selben Zeitpunkt. An der Quelle und in den Zentren der Geldmengenausweitung tritt dieses neue Geld zuerst auf und breitet sich dann von dort weiter aus, bis es langsam durch die gesamte Gesellschaft durchsickert. Dadurch bekommen die Erstbesitzer des neuen Geldes die Möglichkeit, sich auf Kosten der Letztbesitzer zu bereichern. Denn die Erstbesitzer können mit dem neu geschaffenen Geld zu den alten und niedrigen Preisen einkaufen und es auch investieren und erfahren dadurch einen realen Einkommensanstieg oder können so neues Kapital generieren. Mit der Fortdauer der Inflation driften daher unweigerlich Einkommen und Vermögen immer weiter auseinander. Die Folge ist eine Konzentration und Akkumulation von Kapital.

Auch bei kontinuierlichem Wachstum kommen die Zuwächse nicht bei allen Gruppen prozentual gleich an. In der Regel werden die Zuwächse von oben nach unten weitergegeben, bis sie bei allen angekommen sind. In den meisten Fällen profitieren natürlich zuerst die Investoren und Kapitaleigner, dann das Management, die Angestellten und die Beamten und zuletzt der Rest der Gesellschaft.

Ein weiterer Grund hierfür ist auch die Tatsache, dass jedes Wachstum eine Basis haben muss, auf der etwas wächst.

Weite Teile der Bevölkerung besitzen jedoch nichts weiter als nur die eigene Arbeitskraft, die sie gegen Lohn verkaufen. Kommt es zum echten Wachstum in der Wirtschaft, dann profitieren sie erst davon, wenn infolge des Wachstums irgendwann ihre Löhne erhöht werden, während Investoren und Besitzer von Unternehmen und Immobilien schon viel früher und viel mehr an den Wertsteigerungen partizipieren können. Die Folge ist eine Konzentration und Akkumulation von Kapital.

Was ist „gutes Geld"?
Gutes Geld muss drei Funktionen erfüllen:

1. die Tauschfunktion (reiner Wertträger, der zwei sich nicht kennende Marktteilnehmer verbindet)
2. die Wertaufbewahrungsfunktion (erlaubt es als stabilen „Wertspeicher" über eine lange Zeitdauer)
3. die Wertmessfunktion/Standardfunktion (ermöglicht wirtschaftliche Kalkulation und so effiziente Verwendung knapper Ressourcen)

Lange waren für diese drei Aufgaben am besten Edelmetalle oder auf Edelmetallen beruhende Werttitel geeignet.

Der „KONZERTEFFEKT" und der menschliche „GLÜCKSZUSTAND"
Anhand des Beispiels vom Konzerteffekt kann am besten belegt werden, dass das Streben des Menschen nicht der Gewinnmaximierung gilt, sondern vielmehr einer Verbesserung seines gefühlten momentanen Zustands: der Verbesserung seines Glücksempfindens oder der Reduzierung seines Unglücksempfindens.

Was genau ist unter dem Begriff „Konzerteffekt" zu verstehen?

Dieses Phänomen spielt eine nicht zu unterschätzende Rolle in der Ökonomie. Es wird am besten als „Konzertparadoxon" bezeichnet und beschreibt letzten Endes das Resultat einer sinnlosen Anstrengung aller Beteiligten, die nur zu Stress und „Unhappiness" sowie zu allgemeinem Druck innerhalb der Gesellschaft führt – und zwar ohne dass sich trotz der Anstrengung aller Beteiligten am Ende etwas für den Einzelnen verbessert.

Ein Beispiel mag dies verdeutlichen. Wir alle kennen die Situation einer Zuschauermenge bei einem Open-Air-Konzert. Alle stehen auf einer ebenen Fläche und betrachten, was sich auf der Bühne abspielt, die etwas erhöht weiter vorne aufgebaut ist. Es gibt größere Menschen und kleinere, Menschen, die weiter vorne und andere, die weiter hinten stehen. Jeder sieht so gut, wie es seine Größe und seine Entfernung zur Bühne erlaubt.

Nun kann jemand kurzfristig seine Sicht dadurch etwas verbessern, indem er sich die Mühe macht und auf die Zehenspitzen steigt, um seine Größe in Relation zum Rest der Zuschauer zu erhöhen.

Wird irgendwann jedoch die Vorstellung auf der Bühne so interessant, dass immer mehr Zuschauer immer mehr und immer besser sehen wollen, hat dies zur Folge, dass immer mehr Menschen auf die Zehenspitzen steigen und somit die Minderheit, die dies nicht tut, weniger bis gar nichts mehr sieht.

Die Folge davon ist die, dass schließlich auch diese Minderheit gezwungenermaßen auf die Zehenspitzen steigen muss, um überhaupt etwas zu sehen.

Danach tritt ein Zustand ein, der als „Inflation der Anstrengung" bezeichnet werden kann: Alle stehen auf den Zehenspitzen. Alle strengen sich maximal an, um etwas zu sehen. Für alle ist diese Situation und Haltung anstrengend und unbequem. Alle ermüden schnell und für alle ist es sehr beschwerlich und auf die Dauer unangenehm.

Und das Ergebnis dieser Anstrengung aller Beteiligten: Alle sehen genauso viel wie zuvor, als noch niemand auf den Zehenspitzen stand.

Der Grund dafür ist, dass der Vorteil, der durch alle genutzt wird, für niemanden mehr zum Vorteil wird (und automatisch für alle eher ein Nachteil ist). Der Ausdruck „Inflation der Anstrengung" ist deshalb so passend, weil die Anstrengung (um mehr zu sehen) dazu führt, dass alle am Schluss genauso viel sehen wie zuvor – jedoch nur unter äußerster Anstrengung. Somit verpufft der Effekt, der kurzfristige Vorteil, vollkommen (und wird gleich null). Trotz Anstrengung kann man keinen Vorteil erzielen. Man strengt sich an, der Effekt ist trotzdem gleich null. Alle sehen so viel wie am Anfang, bevor sich alle angestrengt haben, jetzt müssen sich aber alle anstrengen und in einer unbequemen Position verharren und sehen trotzdem nur genau gleich gut wie zuvor.

Der Gesamteffekt für alle ist somit negativ. Sein absoluter Wert entspricht der Summe der zusätzlichen Anstrengung jeder einzelnen Person in der betreffenden Gruppe. Das ist der Preis, den die Beteiligten für einen kurzfristigen positiven Effekt (nur kurz mehr sehen) bezahlen müssen.

Die Parallelen zum wirtschaftlichen Leben und zur Ökonomie sind hier eindeutig:

Wenn in einer Gruppe bzw. in einem Marktsystem oder innerhalb der Gesellschaft lebende Menschen im Durchschnitt

- alle einen höheren Bildungsstand haben,
- alle mehr und länger arbeiten,
- alle generell mehr leisten können,
- alle mehr wollen oder
- alle mehr arbeiten und leisten müssen,
- alle mehr verdienen,
- alle insgesamt mehr haben und besitzen,
- alle mehr konsumieren,
- alle mehr produzieren,

ist der Effekt am Ende für jeden gleich null.

Der Einzelne kann sich gegenüber den anderen in der Gruppe nicht verbessern.

Denn die Differenz zum Rest bleibt immer gleich. Das Einzige, was sich ändert, ist, dass der Druck, die Belastung, das Arbeitspensum, die Anstrengung, die Verantwortung usw. ansteigen.

Zwangsläufig bringt dieser Zustand also NICHT Vorteile für den einzelnen Menschen – so wie die ökonomische Theorie dies besagt. Weder Glück noch Zufriedenheit in der Gesellschaft werden dadurch generiert oder vermehrt.

Dieser Effekt hat aber auch eine selektive Wirkung:

Zwangsläufig fallen zuerst die Schwächeren zurück, weil sie nicht mit der zunehmenden Anstrengung mithalten können, ähnlich den ganz jungen, kleinen, schwachen oder älteren Zuschauern beim Konzert, die nicht lange auf den Zehenspitzen stehen können. Eine geringe Verbesserung der Situation für Wenige (die Starken und „Fittesten") kann nur auf Kosten von schwächeren Mitgliedern oder Minderheiten/Gruppen erfolgen. Die Summe der Vorteile bzw. Verbesserungen für alle ist jedoch zwangsläufig immer Null.

Auch wenn die Gesamtsumme Null ist, so gibt es durch die selektive Wirkung des Systems eine Gruppe, die profitiert oder weniger benachteiligt wird, und eine Gruppe, die umso mehr benachteiligt wird.

Eine gewisse Ähnlichkeit und Parallele mit der Theorie vom Darwin, wo nur die Stärksten überleben, weil sie sich durchsetzen und besser an neue Bedingungen anpassen, ist bei diesem Beispiel nicht von der Hand zu weisen.

So ist innerhalb des Systems der Wirtschaft oder der Gesellschaft der Kapitaleigner dem Arbeiter oder Angestellten ohne Kapital wirtschaftlich überlegen. Auch wenn die Situation für den Kapitaleigner schwieriger wird, das tägliche Leben und die Lebenshaltung teurer, so kann er diese Entwicklung besser überwinden und wegstecken als jemand ohne die Sicherheit oder Reserve des Kapitals. Durch diese systembedingte Selektion kommt es auf der Seite der Kapitaleigner zu Vorteilen gegenüber der Gruppe der Kapitallosen.

Denkt man über das oben beschriebene Gedankenexperiment genau nach und betrachtet dann die moderne Lebensweise und ihre Entwicklungen in den letzten Jahrzehnten, so kann man die Tendenzen zu genau dieser Entwicklung (zur „Inflation der Anstrengung" in der Gesellschaft und in der Wirtschaft) nicht übersehen: Alle arbeiten wesentlich länger und mehr – trotz fortschreitender Technologie, die die Menschen eigentlich entlasten sollte. Alle haben viel mehr Stress und Druck als früher. Alle haben weniger Zeit, obwohl Automatisierung und neue Kommunikationsmedien den Menschen mehr Freizeit und Flexibilität geben müssten. Soziale Ängste nehmen zu. Doppeltes Einkommen in den Familien wird immer mehr notwendig. Die Überforderung der Menschen wächst, trotz immer besserer Durchschnittsbildung, denn immer mehr Menschen machen Abitur, immer mehr studieren, es gibt immer mehr Akademiker und immer weniger Ungelernte. Es ist nicht mehr ungewöhnlich, dass Hochschulabsolventen Jobs wie Taxifahren annehmen müssen. Alleinverdiener können in den wenigsten Fällen die Familie ernähren usw.

Die einzige theoretische Möglichkeit einer Verbesserung der beschriebenen Situation in dieser Gesellschaft ist deren Öffnung für neue Menschen (Wirtschaftssubjekte), die aus einer ärmeren und weniger gebildeten Gesellschaft zuwandern und die weniger begehrten und qualifizierten Arbeiten übernehmen. Dadurch kommt es zu einer Veränderung im gesellschaftlichen und wirtschaftlichen Status bei den Menschen, die vor dieser Öffnung ursprünglich die Gesellschaft bildeten. Diese können nun zumindest teilweise leichter aufsteigen, indem sie höherwertigere Arbeiten übernehmen, besser verdienen (gegenüber der neu Hinzugekommenen) und sich dadurch auch gesellschaftlich besserstellen, weil ihre ursprünglich ausgeübten „niedrigeren" und geringer bezahlten Tätigkeiten nun durch die neu hinzugekommenen Menschen übernommen werden. So gesehen ist die Einwanderung in diesem Beispiel eine Win-win-Situation für alle Beteiligten. Auch die Gesamtwirtschaft profitiert davon und entwickelt sich besser als ohne die Einwanderung. Dieser Effekt ist jedoch zeitlich wie auch räumlich begrenzt:

- Zeitlich deswegen, weil es nach einer gewissen Zeit bei den neu hinzugekommenen Menschen zwangsläufig zu einer „Gewöhnung" an die jetzt für sie besseren Umstände und Lebensbedingungen kommt und sie diese irgendwann nicht mehr so wertschätzen, wie sie es anfänglich taten, als sie neu ankamen. Mit der Zeit werden sie genauso, wie es früher die ursprünglichen Einwohner waren. Für die neu gekommenen Menschen wird also ihre neue, verbesserte Situation zum Standard, zur Normalität. Somit werden sie, was ihre Einstellungen und Bedürfnisse angeht, der ursprünglichen Bevölkerung angeglichen. Der Unterschied nach der Angleichung ist aber der, dass der Gesamtdruck innerhalb der Gesellschaft durch die jetzt erhöhte Anzahl ihrer Mitglieder höher ist. Die Ressourcen

sind gleichgeblieben, die Anzahl der Menschen ist gestiegen. Dadurch auch die Konkurrenz untereinander.
- Räumlich wird der Effekt dadurch beschränkt, dass er nicht beliebig ausweitbar ist, denn kein Land hat unendlich viel Platz und Kapazität. Andererseits ist auch die Welt an sich nicht vergrößerbar, sodass weder Land, Ressourcen noch Märkte beliebig wachsen können.

Dies spiegelt aktuell das Thema der Globalisierung und der damit zusammenhängenden Zuwanderungsproblematik in einigen Ländern wider.

Im aktuellen gesellschaftlichen Zusammenhang ist hier somit auch die ökonomische Dimension der Einwanderung zu sehen. Dabei sind zwei Bevölkerungsgruppen des Einwanderungslandes zu unterscheiden: die einen, die von der Einwanderung dadurch profitieren, dass neue, frische Arbeitskräfte auf den Markt kommen. Das sind überwiegend die Kapitalbesitzer. Denn die Einwanderung ist verbunden mit einer Zusatznachfrage nach Produktion, nach Konsumgütern, nach Wohnraum, nach Dienstleistungen usw. Das alles ist aus ökonomischer Sicht als positiv zu bewerten.

Es gibt jedoch auch eine zweite Gruppe, die eindeutig und auch mit Recht Nachteile für sich in der Einwanderung sieht. Diese Nachteile manifestieren sich in Form von Konkurrenzzunahme um die Güter, die für diese Gruppe lebensnotwendig und wichtig sind. Es handelt sich hier insbesondere um die Arbeitsplätze mit weniger qualifizierter Arbeit, um Wohnraum im unteren Sektor des Marktes, um Arbeit und Dienstleistungen, die frei und ohne eine Qualifikation erbracht werden können, und auch um gesellschaftliche Aufstiegsmöglichkeiten, um welche sie nun mit den neu hinzugekommenen Menschen konkurrieren bzw. die sie teilen müssen.

Dies alles zusammengenommen führt zwangsläufig zu mehr Konkurrenz, zu mehr Teilung, zu mehr Enge, zu mehr Risiko und zu mehr Druck. Alle diese Aspekte sind bei einer durchschnittlichen menschlichen Konstitution negativ bewertet und sorgen somit für eine Ablehnung der Einwanderung aus Selbstschutzzwecken. Schwache Marktteilnehmer und schwache Gesellschaftsmitglieder trifft dies stärker als die Starken.

3 Das Kapital

Man kann anhand des Beispiels des Konzerteffekts auch zeigen, dass das Streben des Menschen nicht primär der Gewinnmaximierung gilt, sondern vielmehr einer Verbesserung seines gefühlten Zustands – seines Glücks- oder Unglücksempfindens. Der Mensch tut sehr viel und oft auch das, was gar nichts mit einer ökonomischen Verbesserung seiner Situation zu tun hat. Er unternimmt große und lange Anstrengungen und investiert sehr viel Energie, Lebenszeit und Arbeit für Dinge, die sehr oft gar nichts mit monetären oder ökonomischen Gütern zu tun haben. Viele seiner Bemühungen hängen direkt mit seiner gesellschaftlichen Stellung, der Akzeptanz und der Anerkennung in seinem Umfeld bzw. Freundeskreis zusammen. Dies ist sehr gut bei vielen prominenten Menschen zu beobachten, die es im Laufe ihres Lebens zu ökonomischem Wohlstand gebracht haben und finanziell erfolgreich waren.

Mit der Erfüllung des Bedürfnisses nach ausreichend großer Sicherheit und Reichtum kann man feststellen, dass zunehmend soziales und altruistisches Engagement an die Tagesordnung tritt. Diese Tendenz ist evident und überall zu beobachten. Die zu klärende Frage in diesem Zusammenhang ist, ob der Grund hierfür tatsächlich das Interesse für die jeweilige Sache selbst ist oder ob auch hier das eigentliche Interesse darin liegt, gesellschaftliche Akzeptanz für sich selbst (für das eigene Ego) zu erlangen.

Damit wäre die altruistische Tätigkeit dann nur ein Mittel zum Zweck, um diese Akzeptanz zu erlangen und dadurch seine Bedürfnisse nach Glück zu stillen (aufgrund der eigenen Anerkennung durch andere).

Es bietet sich hier auch ein Vergleich mit dem in der Ökonomie anerkannten Werk von Michael Porter „Competitive Advantage " (1985) an. In dieser Arbeit werden die Vorteile der kreativen, Ersten, die eine Verbesserung oder Veränderung der aktuellen Situation für sich nutzen, beschrieben. Sie haben dadurch einen Wettbewerbsvorteil gegenüber der Konkurrenz auf dem Markt.

Dieser Vorteil wird genau analysiert und erklärt. Die Schlussfolgerungen sind zweifelsos auf den ersten Blick und in einem überschaubaren Zeithorizont (= kurzfristig) richtig. In einem größeren Zusammenhang jedoch, nämlich mit einem zeitlich erweiteren Horizont, wird man feststellen müssen, dass es kein unendlich andauernder Prozess von unendlich wiederkehrendem Verbesserungspotenzial für die Menschen geben kann.

Das Universum, unser Planet und die Natur, von der wir leben, geben uns Restriktionen und Schranken vor. Es kann keine unendlich andauernde Optimierung, keine unendlichen Verbesserungen oder nie endende Effizienzsteigerungen geben. Und es kann auch kein unendliches Wachstum geben. Alles erreicht einmal eine Wachstums- oder Sättigungsgrenze, wo es keine weitere Steigerung mehr gibt. Nicht praktisch, aber auch nicht theoretisch. Das ist ein Naturgesetz.

Durch den natürlichen Wettbewerb, die Nachahmung und die Angst des „Zurückfallens" gegenüber der Konkurrenz wird jeder Marktteilnehmer (Wirtschaftssubjekt) ständig motiviert oder gezwungen, jede mögliche Veränderung bzw. Verbesserung der Situation mitzumachen. Das ist ein Motor der Ökonomie. Dies ist automatisch mit einem gewissen Grad von Anstrengung oder Investition verbunden. Das Endresultat ist jedoch langfristig die oben im Konzertparadoxon beschriebene „Inflation der Anstrengungen".

Diese offensichtliche Benachteiligung der Schwächeren innerhalb des Systems (des Marktes oder der Gesellschaft), die durch diesen Effekt „ausgesiebt" werden, von dem die Stärkeren indes klar profitieren, ist eine wichtige Erklärung und Begründung für die Konzentration von Kapital.

Der Konzerteffekt beeinflusst die Angebotsseite am Markt. Alle strengen sich mehr an, alle leisten mehr, alle produzieren und arbeiten mehr. Die realen Preise, die dann für die Produkte und Dienstleistungen bezahlt werden, bleiben unverändert. Warum? Weil sich die Relation zwischen den angebotenen Leistungen/Produkten nicht verändert hat. Alle haben sich angestrengt und versuchten einen Vorteil gegenüber der Konkurrenz zu erzielen – so wie die Konzertzuschauer, die sich anstrengen und auf die Zehenspitzen steigen. Da das alle tun, hat am Ende niemand von ihnen einen Vorteil.

Unterschied zwischen Konzerteffekt und Herdeneffekt

Nicht zu verwechseln ist der hier in diesem Kapitel beschriebene Konzerteffekt mit dem berühmten Herdeneffekt.

Diese beiden Effekte sind zwar oberflächlich betrachtet relativ ähnlich, jedoch gibt es beim genaueren Betrachten signifikante Unterschiede mit erheblich unterschiedlichen Folgen. So ist beispielsweise das Verhalten der Individuen beim Herdeneffekt freiwillig. Sie folgen den anderen Mitgliedern der Gruppe freiwillig, und es gibt auch keine negativen Konsequenzen für die einzelnen Gruppenmitglieder, wenn sie nicht der Gruppe folgen. Beim Konzerteffekt hingegen verhält es sich anders. Die einzelnen Individuen müssen dem folgen, was gerade geschieht, um ihren Status quo zu sichern und nicht Nachteile zu erleiden (siehe auch unter „Verlustaversion", die in diesem Zusammenhang eine signifikante Rolle spielt). Folgen sie nicht, dann werden sie zwangsläufig zurückfallen und somit ihren Status verlieren und dadurch Nachteile in Kauf nehmen müssen.

Beim Herdeneffekt ist es für das Individuum leichter, sich dem Effekt zu entziehen. Da beim Konzerteffekt direkte Nachteile als Konsequenz eintreten, ist es da wesentlich schwerer, sich zu entziehen und anders als die restlichen Mitglieder zu handeln.

Ein weiterer wichtiger Unterschied ist der, dass beim Konzerteffekt aufgrund der direkten Konsequenzen, die im Falle der Nichtbefolgung eintreten, eine Selektion stattfindet, welche die Schwächsten/Unwilligsten/Faulsten in der Gruppe aussiebt. Beim Herdeneffekt hingegen gibt es keine Selektion einzelner Individuen oder Gruppen.

Der Herdeneffekt beeinflusst hingegen die Nachfrageseite am Markt. Durch das Herdenverhalten werden bestimmte Güter vermehrt nachgefragt, andere weniger.

Fazit zur Akkumulation von Kapital

Somit sind die Gründe und Ursachen für eine Akkumulation von Kapital in einer Wirtschaft multifaktoriell, wie anhand der oben gezeigten Beispiele deutlich zu sehen ist.

Hinzu kommen weitere, global bedingte Faktoren, die eine zusätzliche Akkumulation von Kapital begünstigen.

Die Folge aus allen hier aufgezählten Faktoren ist eine nicht zu bestreitende Asymmetrie zugunsten von großen Kapitalgebern und zuungunsten von kleinen (Privat)Investoren.

Diese Asymmetrie wird besonders deutlich und macht sich bemerkbar

- bei der Geschwindigkeit von Informationen,
- beim Know-how und der Gewinnung von Informationen,
- bei den rechtlichen Fragestellungen (jeweilige Gesetze und Regulierungen) sowie
- bei der Durchsetzung der eigenen Interessen und Vorteile.

Die Folge dieser Asymmetrie ist eine überproportional hohe Erzielung von Marktvorteilen und dadurch auch die Generierung von ökonomischen Gewinnen seitens der wirtschaftsstarken Marktteilnehmer. Diese Folgen führen langfristig unausweichlich zu monopolähnlichen und oligopolistischen Strukturen. Genau diese Situation besteht heute weltweit.

Bereits zu früheren Zeiten in der Geschichte wurde das Thema „Kapital" durch namhafte Ökonomen analysiert. Interessant dabei ist die Erkenntnis, dass bereits vor 1850 Karl Marx im Zusammenhang mit Kapital Tendenzen feststellte, die er als „Zentralisation" und „Unternehmenskonzentration" bezeichnete.

Genau das kann man bereits heute sehen: Selbst für etablierte Berufsgruppen wird es zunehmend schwieriger, in den Städten ein Leben im Wohlstand und im eigenen Haus zu führen (Bäcker, Lehrer, Handwerker, Beamte, Anwälte, Ärzte usw.).

Fazit

Zusammengefasst handelt es sich um folgende Faktoren, die alle zu einer Akkumulation von Kapital führen:

1. Je mehr Kapital bei einem Marktteilnehmer vorhanden ist, desto größere Marktmacht hat er automatisch und umso leichter kann er seine Interessen am Markt durchsetzen.

2. Je mehr Kapital bei einem Marktteilnehmer vorhanden ist, desto größere Verhandlungsmacht hat er auch bei Verhandlungen mit Geschäftspartnern (z. B. um Preise oder Zahlungsmodalitäten bei Verhandlungen durchzusetzen oder um besondere Qualitäten und/oder Quantitäten von Gütern zu erhalten).
3. Je mehr Kapital bei einem Marktteilnehmer vorhanden ist, desto wichtiger, interessanter und anziehender ist er automatisch für die anderen Marktteilnehmer. Diesen Einfluss kann er zum eigenen Vorteil nutzen.
4. Je mehr Kapital bei einem Marktteilnehmer vorhanden ist, desto kleiner ist der Prozentsatz seines Vermögens, den er benötigt, um zu überleben und um seine eigenen Kosten zu decken.
5. Je mehr Kapital bei einem Marktteilnehmer vorhanden ist, desto bessere Angebote und Möglichkeiten bekommt er direkt vom sich ständig verändernden Markt, vom Staat, von den Gemeinden, von öffentlichen Trägern und von seinen Geschäftspartnern.
6. Je mehr Kapital bei einem Marktteilnehmer vorhanden ist, desto schmerzhafter wäre sein Scheitern für alle anderen Marktteilnehmer und für den Markt selbst („too big to fail"). Somit gibt es in vielen Fällen auch einen besonderen Schutz der für das Überleben und das System wichtigen Teilnehmer (z. B. Bankenrettungsschirm).
7. Je mehr Kapital bei einem Marktteilnehmer vorhanden ist, desto besseres Personal, Experten und Know-how kann er einstellen. Diese binden sich aus Sicherheitsgründen und Karrieregründen lieber an große und bekannte Player als an „Nobodies". Dies bringt signifikante Vorteile gegenüber der Konkurrenz.
8. Je mehr Kapital bei einem Marktteilnehmer vorhanden ist, desto bessere Möglichkeiten und Kostensenkungsmaßnahmen im Sinne von Economies of Scope und Economies of Scale sind für ihn nutzbar.

9. Je mehr Kapital bei einem Marktteilnehmer vorhanden ist, desto größere Sicherheit für Businesspartner kann er bieten (z. B. Ausfallrisiko). Diese gegebene Sicherheit kann er sich „auszahlen" lassen, beispielsweise durch besondere Vorteile und Konditionen.
10. Je mehr Kapital bei einem Marktteilnehmer vorhanden ist, desto einfacher und kostengünstiger ist es für ihn, vorgegebene Mindestkriterien zu erfüllen.
11. Je mehr Kapital bei einem Marktteilnehmer vorhanden ist, desto einfacher ist es für ihn, Krisen und Durststrecken zu überstehen und zu überwinden und daher den eigenen Kapitalstock auch langfristig zu sichern.
12. Je mehr Kapital bei einem Marktteilnehmer vorhanden ist, desto einfacher und leichter möglich ist es für ihn, auch andere Vorteile zu generieren oder zu nutzen (z. B. Steuervorteile, Gesetzeslücken, Ausnahmen, Schlupflöcher, Globalisierung, strukturelle Vorteile, organisatorische Strukturen/Vorteile etc.).

Diese globalen Faktoren, die die Akkumulation des Geldes generell begünstigen, sind:

1. die Flüchtigkeit des Kapitals (insbesondere die der monetären Investmentmöglichkeiten, vereinfacht durch die moderne Technologie),
2. die Internationalität der Kapitalgeber mit den heutigen schnellen und komplexen Kommunikationsmöglichkeiten,
3. die allgemein zugänglichen technischen Möglichkeiten der IT, Fin-Tech und des Internets, die ganz neue und ungeahnte Möglichkeiten der Flexibilität und Schnelligkeit bei den Entscheidungen und der Abwicklung (Kapitalverschiebung) bieten,
4. weltweit uneinheitliche und nicht aufeinander abgestimmte Regulierungsvorschriften bei Finanzgeschäften, Investitionen und Besteuerung,

5. weltweit uneinheitliche (und teilweise sogar gegensätzliche und sich widersprechende) Gesetzesvorschriften,
6. weltweit verschiedene Kulturen und Bräuche,
7. weltweit verschiedene politische gesellschaftliche und wirtschaftliche Interessen.

Die Konzentration von Kapital führt langfristig zur Entstehung von Ineffizienzen, von gesellschaftlichen Spannungen und möglicherweise zum Systemversagen. Eine unausweichliche Folge der Kapitalkonzentration sind aber Preissteigerungen und erschwerter Zugang von zunehmend immer größeren Gruppen der Bevölkerung zum Wohlstand.

3.3 Die Signifikanz der Rahmenbedingungen für das Kapital

Da das Kapital hoch beweglich, sehr flüchtig ist und die Tendenz besitzt, sich immer vermehren und konzentrieren zu wollen, spielen die Rahmenbedingungen auf Märkten, in welchen sich das Kapital bewegt und befindet, eine sehr wichtige Rolle. Ungünstige Bedingungen für das Kapital sind unsichere, intransparente, mit Steuern, Abgaben und Kosten belastete Bedingungen. Es spielen ökonomische, aber auch politische und gesellschaftliche Bedingungen eine wichtige Rolle.

Kapital ist wichtig und essenziell für den Wohlstand einer Gesellschaft und eines Landes. Das Ziel müsste also sein, Bedingungen zu schaffen, die Kapital anziehen. Diese Bedingungen stehen aber oft im Widerspruch mit den Zielen und Motivationen der Regierung. Beispielsweise ist es das Ziel und die Motivation jeder Regierung, möglichst gut finanziell ausgestattet zu sein – was nur durch hohe Steuereinnahmen möglich ist. Diese schrecken aber das Kapital und die Investoren ab. So muss z. B. durch eine gute Infrastruktur und mit hohem Aufwand für Sicherheit die Attraktivität für Investoren und für das Kapital erkauft werden.

An diesem Beispiel wird die Wettbewerbssituation der Standorte untereinander sehr deutlich. Und auch hier ist das Resultat offensichtlich: Wohlhabende Standorte können sich bessere Bedingungen leisten und können so auch mehr Investitionen und Investoren mit ihrem Kapital anziehen und anlocken. Dort werden die besten Geschäfte und Deals gemacht und Opportunitäten systematisch abgegrast. Erst wenn diese vergeben sind, kommen die weniger guten Möglichkeiten zum Zug. Diese sind meistens risikoreicher, unsicherer oder weniger profitabel. Denn auch die Investmentmöglichkeiten konkurrieren miteinander um die Investoren.

Die Eigenschaften des Kapitals sind nicht die Eigenschaften des Kapitals selbst, sondern es sind die Eigenschaften der Menschen, die mit dem Kapital so handeln und damit so verfahren, wie es zu beobachten ist. Wenn man also das Kapital verstehen will, muss man zuerst das menschliche Verhalten verstehen. Das Kapital selbst ist ein Spiegelbild dessen.

Um eine objektive Analyse der Eigenschaften des Kapitals zu erstellen, sind daher zwei Schritte unbedingt notwendig:

1. Beobachtung und Analyse, wie sich das Kapital unter bestimmten Bedingungen, in bestimmten Situationen und in spezifischen Rahmenbedingungen verhält,
2. Beobachtung und Analyse, wie sich der Mensch im Zusammenhang mit seinem Kapital unter bestimmten Situationen und Rahmenbedingungen verhält.

Nur dann ist es möglich, eine fundierte Antwort zu geben und relevante Zusammenhänge zu verstehen und richtig zu interpretieren.

Fazit

Es ist offensichtlich, dass die Eigeninteressen der Menschen hier einen der Schlüsselfaktoren bilden.

3.4 Die Verlustaversion, das Kapital und das Risiko

Die Angst vor Verlusten zwingt die Menschen oft zu unökonomischem und äußerst irrationalem Handeln. Ganz gleich, ob es sich bei ihnen um Arbeiter, Verbraucher, Konsumenten, Unternehmer oder um Kapitalgeber handelt. Für das menschliche Individuum gleicht sich ein Verlust nicht mit einem Gewinn in gleicher Höhe aus! Der Mensch bewertet – das ist durch viele Experimente bewiesen – seine Verluste wesentlich höher als seine Gewinne in gleicher Höhe. Deswegen tut er alles dafür – und ist bereit, auch einen extrem hohen Preis zu bezahlen –, um Verluste zu vermeiden. Auch die Chancen auf zukünftige Gewinne werden nicht richtig bewertet und in der menschlichen Entscheidungsfindung falsch „eingepreist". Diese systematischen, verhaltensbedingten Fehlentscheidungen des Menschen sind auch im Zusammenhang mit Kapital und seinem Einsatz signifikant.

Eines der wichtigsten Kriterien für Investoren zum Investieren des Kapitals ist die Einschätzung des Risikos. Das Risiko wird immer mit möglichen Profiten abgewogen. Zusätzliches Risiko wird also nur dann eingegangen, wenn der Investor überproportional für das Eingehen des Risikos belohnt – also bezahlt – wird. Die Rendite auf das eingesetzte Kapital muss dementsprechend hoch sein. Sie muss vom Wert her höher sein als das Risiko bewertet wird! Umgekehrt werden sichere Investments getätigt und auf eine bessere Rendite zugunsten von Sicherheit verzichtet. Dadurch bekommt in der Ökonomik Sicherheit einen extrem hohen Stellenwert – Sicherheit und Berechenbarkeit sind ein teures und sehr gefragtes Gut.

Daraus leitet sich die Frage ab, wer beim Einsatz des Kapitals den Aufschlag auf den Preis für die Sicherheit oder für das Risiko zahlt.

Den Preis für die Sicherheit bezahlt offensichtlich der Investor, da er für den Einsatz seines Kapitals eine kleinere Rendite akzeptiert. Gutgeschrieben bekommt es der Unternehmer und Kreditnehmer, der für das geliehene oder genutzte Kapital weniger bezahlen muss. Für diesen ist also die Sicherheit, die er den Investoren anbietet, ein echtes Asset. Bei entsprechender Handhabung ist dieses Asset auch für ihn Kapital.

Versteht man dann vorhandenes ausreichendes Kapital als eine Art Sicherheit, dann bedeutet dies, dass Kapital ganz von alleine nur durch seine Höhe automatisch immer wieder neues Kapital generiert.

Die andere Frage ist, wer den Preis für das Risiko beim Kapitaleinsatz bezahlt. Hier wird dem Kapitalgeber der überproportional höhere Preis als Profit ausbezahlt. Er bekommt diesen vom Unternehmer oder Schuldner/Kreditnehmer. Doch der Kreditnehmer zahlt den Preis nicht aus seiner Tasche. Er leitet diese aus seiner Sicht überproportional höheren Kosten weiter an den Kunden, den Käufer oder Nutznießer des Endprodukts, welches aus dem getätigten Investment hervorgeht.

Einen Teil des Risikos tragen dabei auch die Arbeiter und Angestellten des Unternehmers bzw. Schuldners. Denn im Falle des Scheiterns werden ihre Gehälter und Löhne möglicherweise nicht bezahlt werden können, wenn z. B. der Unternehmer durch das Eintreten des Risikos insolvent wird.

3.5 Zusammenhang zwischen Kapital und Arbeit

Kapital ist die Struktur, die es erlaubt, mehr und höhere Ziele in größerem Ausmaß schneller, besser und günstiger zu erreichen. Wenn höherer Wohlstand die effektivere Erreichung von mehr und höheren menschlichen Zielen bedeutet, dann vergrößert Kapital den Wohlstand. Dieser Zuwachs an Wohlstand ist nur bedingt durch den Einsatz und die Kombination von Faktoren, deren Gesamtertrag und Struktur höher ist als die Einzelerträge der jeweiligen nicht kombinierten und zusammengesetzten Faktoren.

Ökonomisch ist nicht bestimmbar, welche Ziele dem menschlichen Wesen entsprechen und für den Menschen förderlich sind und welche sich möglicherweise widersprechen oder dem Menschen sogar im Extremfall schaden können. Die rein ökonomische Betrachtung von Wohlstand als eine materielle Größe der maximalen Ausstattung mit materiellen Konsumgütern ist charakteristisch für arme Gesellschaften.

Bei einem allumfassenden Verständnis von Wohlstand im Sinne von „Wohl des Menschen" bekommt auch der Begriff des Kapitals eine breitere Bedeutung. Der Einsatz aller Güter und Möglichkeiten, über die man zur Maximierung des materiellen Ertrags verfügt, entspricht im Grenzfall dem Konsum, dem Aufbrauchen aller Mittel. Die Pflege von Mitteln, Beziehungen und Strukturen wiederum – ohne eine Intention auf das Herausholen des maximal Möglichen – kann eine gute Investition im eigentlichen Sinne sein.

Die Ökonomen dürfen nicht falsche Interpretationen und Wertungen vornehmen. So ist ein hohes Einkommen kein Endzweck. Für den Ökonomen ist die Frage von Bedeutung, welchen Zielen die Mittel dienen sollen. Denn das ziellose Mehren des Materiellen wird im Endeffekt weniger Wohlstand im Sinne von Wohl für die Menschen erzeugen als der bewusste Einsatz weniger Mittel für genau überlegte, bestimmte Ziele.

Kapital ist meistens knapp, da es der Umwelt und den menschlichen Konsumwünschen abgerungen werden muss. Günstig für Kapital und auch für den Wohlstand ist immer sicheres Privateigentum. Denn dieses bietet für Individuen, für Unternehmen, für Familien und für Organisationen günstige Anreize, den gegenwärtigen Konsum zu reduzieren und Ersparnisse aufzubauen, um diese zu investieren. Nur echter Kapitalaufbau kann eine Gesellschaft nachhaltig wohlhabender machen. Umverteilungsprozesse führen meistens zum Verlust der Anreize und verleiten zum Kapitalkonsum.

Je niedriger der Kapitalbestand einer Wirtschaft ist, desto niedriger sind auch die Löhne innerhalb dieser Wirtschaft. Es ist ein Gesetz der Logik, dass die Zahlungsbereitschaft für eine Arbeitskraft nicht höher sein kann als die Grenzproduktivität dieser Arbeitskraft.

Die Grenzproduktivität einer Arbeitskraft ist die Wertschöpfungsrate des marginalen Arbeitseinsatzes. Der marginale Arbeitseinsatz ist abhängig von drei Faktoren: 1. vom gestifteten subjektiven Nutzen für den Kunden, 2. vom verfügbaren Kapital, 3. vom Fleiß und der Effizienz des Arbeiters.

Bei der Zahlungsbereitschaft für die Arbeitsleistung geht es um die Erwartungen des gestifteten Nutzens. Deswegen kann die Lohnhöhe anfangs unter der Grenzproduktivität liegen – insbesondere dann, wenn Ungewissheit über die Produktivität besteht.

Der Arbeitssuchende bietet seine Arbeitskraft an und verzichtet im Gegenzug dadurch auf den Konsum seiner Freizeit. Allerdings nur dann, wenn die Konditionen aus seiner Sicht günstig und in seinem Sinne sind.

Ein Mangel an eigenen Produktionsmitteln drängt Menschen zur abhängigen Arbeit, sodass sie oft auch ungünstige Konditionen in Kauf nehmen. Eine Verbesserung dieser Situation ist aber nur durch Kapitalbildung denkbar.

Auch zwangsweise aufgestellte Mindestlöhne sind wirkungslos, wenn sie über der Grenzproduktivität der Arbeit liegen. Liegen die Mindestlöhne unterhalb der Grenzproduktivität, dann ist nicht eine Lohnsteigerung die Folge, sondern das Verschwinden dieser Arbeitsmöglichkeiten. Dieser Zusammenhang zeigt anschaulich, dass Mindestlöhne den weniger Produktiven eher schaden als nutzen.

3 Das Kapital

Der Grund für Arbeitslosigkeit trotz Arbeitswilligkeit und Nachfrage nach Arbeit (Vollbeschäftigung) liegt an Verzerrungen und Friktionen des Arbeitsmarktes. So kann beispielsweise eine Verteuerung der Arbeit durch Steuerbelastung die Kosten für die Arbeit über die Grenzproduktivität heben. Es kann künstliche Zugangsbeschränkungen zum Arbeitsmarkt geben oder auch Mindestlöhne, die freiwillige Arbeitsvereinbarungen für weniger produktive Arbeiter ganz verbieten. Eine niedrige Produktivität kann durch Erfahrung, Schulungen, Übung, Lernen oder Kapitalaufbau erhöht werden. Nicht verbessert wird sie jedoch durch Umverteilung und Unterstützung ohne eine Gegenleistung. Denn dies erzeugt nur Anreize zum weiteren Absinken und nicht zur Erhöhung der Produktivität. So kann durch falsch gesetzte Maßnahmen des Staates Kapital vernichtet werden.

Abschließend soll ein Extrembeispiel eines theoretischen Zustands verdeutlichen, wie Menschen, Unternehmen, Markmechanismen und das Kapital sich verhalten und welche Tendenzen und Konsequenzen es gibt:

Angenommen, die Entwicklung von künstlicher Intelligenz und autonomen Robotern ist so weit fortgeschritten, dass diese alle menschliche Arbeit übernehmen und verrichten können. Und zwar besser, billiger und zuverlässiger als jeder Mensch. Jede Art der Arbeit wird durch diese Maschinen erledigt, und Menschen *müssen* demzufolge auch *nicht mehr arbeiten*. Menschen *können* dann aber auch *nicht mehr arbeiten*, weil es für sie keine Arbeit mehr gibt – selbst wenn sie wollten, würden sie keine Arbeit und Anstellung finden, da die Roboter besser, zuverlässiger und billiger wären als sie.

Die Folge dieser Entwicklung ist zwangsläufig eine totale Abhängigkeit von den Herstellern und Besitzern dieser Geräte – also von Kapitalgebern und Unternehmern, die diese Technologie mit ihrem Kapital ermöglicht haben.

Diese Abhängigkeit zusammen mit den ökonomischen Marktgesetzen und dem menschlichen Verhalten hat zur Folge, dass sie zur Gewinnmaximierung maximal ausgenutzt wird. Jede Art von Marktmacht und Abhängigkeit auf dem freien Markt führt zur totalen Ausnutzung der eigenen Vorteile.

Die Folge in solch einer Konstellation wäre eine totale Versklavung, Verarmung und Rechtlosigkeit der abhängigen Menschen durch die wenigen Kapitaleigner.

Fazit

In solch einem Fall würde eine Konzentration des Kapitals in ihrer reinsten Form stattfinden.

Literatur

Max K (1867) Das Kapital. Otto Meisner, Hamburg
Porter ME (2004) Competitive advantage. Free Press, New York

4

Die Ökonomik

4.1 Die Entwicklung und Historie der ökonomischen Theorie

Ursprünglich kommt der Begriff Ökonomie aus dem Griechischen und war ein Teilbereich der praktischen Philosophie – so wie Ethik und Politik auch. Es war mit der Kunst der guten Haushaltsführung eng verbunden.

In der neueren Zeit wurde zwanghaft versucht, die Sozialwissenschaften an den Naturwissenschaften zu messen und zu orientieren und alles zu messen und zu berechnen, um es verständlich erklären zu können. Diese Entwicklung führte aber dazu, dass man die reale Welt immer weiter außer Acht ließ und insbesondere in der Ökonomik statt die in der Realität beobachtbaren Prozesse zu analysieren, theoretische Modelle aufstellte, die zwar logisch, verständlich, berechenbar und schön sind – aber die Realität nicht ausreichend abdecken und schon gar nicht beschreiben oder erklären.

Deswegen muss die ökonomische Theorie zukünftig mit den neuen verhaltensökonomischen Beobachtungen aus der Realität und den Folgen daraus neu geschrieben oder zumindest ergänzt werden. Die verhaltensorientierte Neuausrichtung der herrschenden Wirtschaftstheorie wird eine neue und bessere – weil praxisnahe und pragmatische – ökonomische Disziplin bilden. Denn eine „wahre" Ökonomik muss die in der Realität vorkommenden sozialen und wirtschaftlichen Phänomene durch deren zugrunde liegendes menschliches Handeln verständlich machen und erklären können. Denn das menschliche Handeln ist die Grundlage aller Ökonomie. Für das menschliche Handeln ist seine Präferenzierung und Entscheidungssetzung verantwortlich. Und für das Setzen von Präferenzen sind die Motivation, die Interessen und die Triebe der Menschen die Basis. Darauf baut alles auf. Und deswegen sind auch die Erforschung und das Verstehen dieser Themen und Zusammenhänge die Zukunft in der ökonomischen Forschung.

Im Gegensatz dazu geht aber die allgemeine Definition von Ökonomik davon aus, dass es eine Wissenschaft ist, die sich mit dem Haushalten und der Produktion von knappen Gütern sowie mit deren Tausch und Verteilung auf Märkten beschäftigt, die nur der Befriedigung menschlicher Bedürfnisse dienen.

Dass diese Definition zu kurz greift, zeigt sich immer wieder. Denn ständig kommt es in der realen Welt zu unerwarteten und nicht durch die ökonomische Theorie zu erklärenden Situationen, Verhaltensweisen, Zusammenhängen und auch Krisen, die sich mit der ökonomischen Standardtheorie nicht erklären lassen.

Hier bringt die Verhaltensforschung eine neue und revolutionäre Sicht auf die klassische Ökonomie. Sie belegt anhand wissenschaftlich valider Beweise, die experimentell und empirisch belegbar sind, die Fehler in den Annahmen der klassischen Ökonomie und zeigt, wie diese Fehler folglich auch zu falschen Theorien und Ergebnissen führen. Erst gegen die Jahrtausendwende und in den Jahren danach – auch angesichts der entstandenen Weltwirtschaftskrise 2008 – wurde eine objektive Überprüfung und Korrektur der bis dahin unangreifbar scheinenden klassischen Ökonomie notwendig, ja, die Überprüfung und Korrektur der falschen Sichtweise auf Grundlage der nicht reellen Annahmen der klassischen Ökonomie wurde unerlässlich.

Diese neuen Erkenntnisse basieren ursprünglich auf empirischer Forschung und sind aber experimentell eindeutig auf ihre Validität überprüfbar, während die alte, klassische ökonomische Theorie nur auf Grundannahmen basiert sowie auf deren mathematischen Ableitungen. Die Richtigkeit dieser Grundannahmen in der Praxis wurde in der Vergangenheit niemals hinterfragt, sie wurden niemals auf ihren Wahrheitsgehalt getestet. Die richtigen und korrekten mathematischen Ableitungen und Modelle dieser falschen Annahmen erzeugten dann den Eindruck einer vermeintlichen Korrektheit, die in Wirklichkeit aber niemals existierte. Dies ist keine Kritik einer mathematisch korrekten Modellierung – es ist die Feststellung von falschen Annahmen, die durch eine richtige mathematische Modellierung den falschen Eindruck von Korrektheit erzeugen.

Ökonomie ist eine Wissenschaft, welche einzig und allein auf dem Verhalten des einzelnen Menschen und der Menschen insgesamt beruht. Damit wird deutlich, dass das menschliche Verhalten essenzielle Bedeutung einnimmt. Das ist im realen Leben so, und das ist auch in der Ökonomik so. Dem muss Rechnung getragen werden. Dazu gehören insbesondere Faktoren, welche einen direkten Einfluss auf das menschliche Verhalten haben: z. B. die Entscheidungsprozesse, die Gefühle, die Bildung, die Erziehung, das Umfeld, die Kultur, die Herkunft und auch alles, was mit der biologischen Genetik eines Menschen zusammenhängt. Aber auch mit den Erfahrungen, die ein Mensch während seines Lebens gemacht hat, mit der Religion, mit seiner

Gesundheit, mit Liebe, Ärger, Zorn, Wut, mit dem allgemeinen Gemütszustand vor und während einer Entscheidung, mit seinem Wertesystem, mit seiner Umgebung und dem Rechtssystem usw.

Wird diese einfache Kausalität verstanden, dann ist es ausgeschlossen, dass die Berechnungen, Prognosen und Ergebnisse für die reale Wirtschaftswelt als valide akzeptiert werden können.

Die Realität hat uns bisher folgendes gelehrt:

- Immer wiederkehrende, unvorhersehbare Krisen
- Versagen ganzer Märkte in regelmäßigen Abständen
- Zusammenbruch systemrelevanter Bereiche (Finanzwirtschaft)
- Versagen der „invisiblehand" in weiten Teilen der Wirtschaft
- Massive Akkumulation von Kapital
- Wachsende Ungleichverteilung
- Zunahme gesellschaftlicher Spannungen
- Markträumung findet nur in den seltensten Fällen statt
- Arbeitslosigkeit trotz Vollbeschäftigung
- Konsumexzesse widersprechen der theoretischen Sättigungsgrenze
- Knappe Ressourcen werden verschwendet
- Die Umwelt sowie der Planet werden zerstört

Was kann man daraus ableiten?

Ökonomie kann man nicht als eine abgrenzbare und in sich geschlossene Wissenschaft und Disziplin betrachten. In der Ökonomie konvergieren sehr viele andere Wissenschaften, und daher muss die Ökonomie deren Erkenntnisse, Gesetze und Zusammenhänge auch berücksichtigen und entsprechend anwenden. Eine ganzheitliche, holistische Sicht auf die Realität und auf die Natur der Dinge ist notwendig, und die Akzeptanz von zu klärenden Fragen ist unerlässlich.

Die ökonomische Wissenschaft ist im Vergleich zu anderen Wissenschaften, wie beispielsweise Physik, Philosophie oder Medizin, eine sehr junge Wissenschaft und steht demzufolge auch erst am Anfang ihrer Entwicklung. Während es auf anderen Forschungsgebieten schon in der vorchristlichen Zeit umfangreiche Forschungen gab, entstanden die Ökonomie und die ersten Forschungsarbeiten zur ökonomischen Theorie erst in der ersten Hälfte des 18. Jahrhunderts mit Adam Smith.

Genauso wie in allen anderen wissenschaftlichen Disziplinen auch, gab es immer wieder Erkenntnisse, die später revidiert, modifiziert oder relativiert werden mussten. Ein anschauliches Beispiel für eine solche ursprüngliche Annahme aus der Physik, die dann später revidiert werden musste und für jeden anschaulich verständlich ist, ist der freie Fall eines Körpers:

Durch die Gravitation wird jeder Körper in Richtung der Erde beschleunigt, er fällt in Richtung Boden. Das ist immer und überall von jedem gut beobachtbar.

Die exakte Geschwindigkeit und die Beschleunigung des Körpers im freien Fall auf die Erde kann man jedoch – nur anhand der Masse und Gravitation allein – nicht genau genug berechnen. Theoretisch würde dies zwar ausreichen, in der Praxis wissen wir jedoch aufgrund von Beobachtungen, dass es auch eine Reibung gibt, die von der Temperatur und der Form des Körpers, seiner Größe und dem Luftdruck abhängt. Es existiert also ein Luftwiderstand, der von vielen weiteren Faktoren abhängt und der den Geschwindigkeit des Falls des Gegenstands maßgeblich bestimmt.

Erst mit der Kenntnis all dieser Parameter und deren Zusammenhänge sowie der Kenntnis von deren Messung und Berechnung kann der freie Fall auf der Erde korrekt berechnet werden. Wir wissen, dass die Ergebnisse der beiden Berechnungen – einmal unter Berücksichtigung all dieser Parameter und einmal ohne diese, also nur mit den einfach zu messenden und sichtbaren Größen wie Gravitation und Masse – sehr stark voneinander abweichen können.

Diese Erkenntnis ist jedoch nicht immer automatisch von Anfang an gegeben! Auch in den Anfängen der Physik vor Jahrhunderten kannte man diese Parameter nicht sofort und berechnete den freien Fall zunächst nur anhand der Masse des Körpers und der Gravitation. Erst mit der weiteren Entwicklung der Disziplin, durch unzählige Beobachtungen und Forschungen, gelangte man zu neuen, genaueren und besseren Erkenntnissen.

Dieser Prozess führt immer weiter und eröffnet uns stetig neues Wissen und dadurch auch genauere und bessere Ergebnisse bei den Modellen und Theorien.

Hätte man stattdessen in der Physik nur immer neuere und genauere Messmethoden entwickelt, um den freien Fall immer genauer zu messen, anstatt ihn ergebnisoffen zu analysieren und zu studieren, so wäre man offensichtlich auf dem falschen Weg gewesen und würde die eigentliche Problematik und wirkliche Ursache nicht identifizieren und verstehen.

Die ökonomische Theorie steckt genau in dieser Situation. Es gibt aufgestellte ökonomische Theorien, die jedoch in der realen Welt nur teilweise stimmen und vielen Bereichen sehr ungenau und manchmal sogar widersprüchlich sind. Und anstatt hier ergebnisoffen durch Beobachtungen zu versuchen, die Zusammenhänge richtig zu verstehen, um die Theorie weiterzuentwickeln, wird viel zu oft versucht, durch mathematische Modelle das Beobachtete zu „korrigieren"; stattdessen sollte Neues anerkannt und in der Theorie berücksichtigt werden.

Neue Erkenntnisse gibt es also immer wieder dadurch, indem die Menschen erkennen, dass die bisherigen Theorien nicht alle Bereiche abdecken oder nicht stimmen, weil sich die Welt nicht so verhält, wie es die Theorie besagt und man mutig genug ist, die gerade aktuelle Theorie infrage zu stellen.

4 Die Ökonomik **239**

Je älter das Forschungsgebiet, umso mehr Erkenntnisse hat man im Laufe der Zeit gewonnen und viele Theorien durch neue, genauere und bessere ersetzt.

Dass wir auch in der Ökonomie diesen Prozess durchlaufen müssen, ist für jeden klar, und Ereignisse wie die letzte Wirtschaftskrise, die enorme Auswirkungen auf das Leben von Millionen Menschen hatte – und die uns eindeutig die Grenzen und Fehler der vorherrschenden Theorien aufzeigte – müssen als eine Initialzündung verstanden werden, um theoretisch neue und bessere Lösungen zu finden.

Alle Forschungsergebnisse unter realitätsnahen Bedingungen zeigen eindeutig und ohne jeden Zweifel, dass die ökonomische Theorie keine absolute, eindeutige Theorie sein kann, sondern eine Theorie ist, welche die Umstände und die relativen, sich ändernden Faktoren im Zusammenhang mit dem Verhalten des Menschen berücksichtigen muss.

Somit erlauben die neuesten Erkenntnisse aus der ökonomischen Forschung eine völlig neue und revolutionäre Sicht auf die Wirtschaft und die Ökonomik. Diese neue Sicht basiert auf empirischer Forschung und nicht auf künstlichen Annahmen mit mathematischen Ableitungen. Die Wirtschaft ist ein System, das auf menschlichem Handeln und Verhalten basiert, und so muss auch die Ökonomik dieses menschliche Handeln entsprechend berücksichtigen und methodisch abbilden.

Es geht um Entscheidungen, Gefühle, Bildung, Umfeldfaktoren, Erziehung, Kultur, Herkunft, Familie, Genetik, Lebenserfahrung, Wertesystem, Religion, Gesundheit, Psyche usw. Alle diese Einflussfaktoren darf man nicht ignorieren und unberücksichtigt lassen – und stattdessen auf einer künstlichen Annahme aufbauen, die es in der Realität gar nicht gibt: den Homo oeconomicus. Und anschließend diese starren, nicht realen Annahmen erneut völlig realitätsfremd mathematisch ableiten und die Ergebnisse als wissenschaftlich valide Theorie betrachten.

Versteht man diesen grundsätzlichen methodischen Fehler der ökonomischen Standardtheorie, dann ist eine Akzeptanz der so errechneten Ergebnisse in der Praxis und Realität ausgeschlossen.

Die Realität ist:

- Immer wiederkehrende, nicht vorhersehbare Krisen und Zusammenbrüche
- Komplettes Versagen der sogenannten Invisible Hand in großen Teilen der Wirtschaft
- Massive Ungleichverteilung
- Keine vollständige Markträumung
- Arbeitslosigkeit trotz Vollbeschäftigung
- Marktversagen
- Konsumexzesse oberhalb der Sättigungsgrenze
- Vergeudung wertvoller Ressourcen
- Fehlallokation von Kapital und Arbeit
- Zerstörung der Umwelt
- usw.

Die Ökonomik kann betrachtet werden als die Konvergenz aus vielen anderen Wissenschaften und muss deren Erkenntnisse, Gesetze und Zusammenhänge berücksichtigen und anwenden. Um zu brauchbaren und besseren Ergebnissen zu kommen, ist eine ganzheitliche Sicht unerlässlich.

Reale Beispiele, welche der gängigen klassischen ökonomischen Theorie diametral widersprechen:

a. Konzertparadoxon: Dieses Phänomen hat eine nicht zu unterschätzende Folge in der Ökonomie. Es wird am besten als „Konzertparadoxon" beschrieben und resultiert letzten Endes in sinnloser Anstrengung aller Beteiligten, im Stress und in „Unhappiness" sowie im allgemeinen Druck in der Gesellschaft – ohne dass sich jedoch am Ende etwas für den einzelnen überhaupt verbessert.

Wir alle kennen die Situation einer Zuschauermenge bei einem Open-Air-Konzert. Alle stehen auf einer ebenen Fläche und betrachten, was sich auf der Bühne abspielt, die etwas erhöht weiter vorne aufgebaut ist. Es gibt größere Menschen und kleinere, Menschen, die weiter vorne und andere, die weiter hinten stehen. Jeder sieht so gut, wie es seine Größe und seine Entfernung von der Bühne erlaubt.

Man kann kurzfristig seine Sicht nur dadurch etwas verbessern, indem man sich die Mühe macht und auf die Zehenspitzen steigt, um seine Größe in Relation zum Rest der Zuschauer zu erhöhen. Wird irgendwann jedoch die Vorstellung auf der Bühne so interessant, dass immer mehr Zuschauer immer mehr und immer besser sehen wollen, hat dies zur Folge, dass immer mehr Menschen auf die Zehenspitzen steigen und somit die Minderheit, die dies nicht tut, weniger bis gar nichts mehr sieht.

Die Folge ist die, dass schließlich auch diese Minderheit gezwungenermaßen auf die Zehenspitzen steigen muss, um überhaupt etwas zu sehen. Danach tritt ein Zustand ein, der als „Inflation der Anstrengung" bezeichnet werden kann: Alle stehen auf den Zehenspitzen. Alle strengen sich maximal an, um etwas zu sehen. Alle ermüden schnell, und für alle ist diese Haltung sehr beschwerlich und auf die Dauer unangenehm.

Und das Ergebnis: Alle sehen genau so viel wie zuvor, als noch niemand auf den Zehenspitzen stand. Weil der Vorteil, der durch alle genutzt wird, für niemanden mehr ein Vorteil ist (und automatisch für alle zum Nachteil wird). Der Ausdruck „Inflation der Anstrengung" ist deshalb so passend, weil die Anstrengung (um mehr zu sehen) dazu geführt hat, dass alle am Schluss genau so viel sehen wie zuvor – jedoch nur unter äußerster Anstrengung. Somit verpufft der Effekt, also der kurzfristige Vorteil, vollkommen. Trotz Anstrengung hat man keinen Vorteil. Man strengt sich an, der Effekt ist trotzdem gleich null. Alle sehen so viel wie am Anfang (bevor sich alle anstrengen mussten), jetzt müssen sich jedoch alle anstrengen und in einer unbequemen Position verharren und sehen genau gleich wie zuvor. Der Gesamteffekt für alle ist somit negativ. Sein absoluter Wert entspricht der Summe der zusätzlichen Anstrengung jeder einzelnen Person in der betroffenen Gruppe. Das ist der Preis, den sie für einen kurzfristigen positiven Effekt (nur kurz mehr sehen) bezahlen müssen.

Die Parallelen zum wirtschaftlichen Leben und zur Ökonomie sind hier eindeutig: Der Effekt ist gleich NULL. Der Einzelne kann sich gegenüber den anderen in der Gruppe nicht verbessern.

Denn die Differenz zum Rest bleibt immer gleich. Das Einzige, was sich ändert, ist, dass der Druck, die Belastung, das Arbeitspensum, die Anstrengung, die Verantwortung usw. ansteigen.

Somit bringt dieser Zustand also NICHT Vorteile für den einzelnen Menschen – so wie die ökonomische Theorie dies besagt. Weder Glück noch Zufriedenheit in der Gesellschaft werden dadurch generiert oder vermehrt.

Zwangsläufig fallen zuerst die Schwächeren zurück, weil sie nicht mit der zunehmenden Anstrengung mithalten können, ähnlich den schwachen oder älteren Zuschauern beim Konzert, die nicht lange auf den Zehenspitzen stehen können. Eine geringe Verbesserung der Situation für wenige (die „fittesten") kann nur auf Kosten von schwächeren Mitgliedern oder Minderheiten erfolgen. Die Summe der Vorteile bzw. Verbesserungen für alle ist jedoch zwangsläufig immer Null.

b. Glücksparadoxon: Vielleicht kann man anhand des Beispiels des Konzerteffekts am besten und am deutlichsten belegen, dass das Streben des Menschen nicht der Gewinnmaximierung gilt, sondern vielmehr einer Verbesserung seines gefühlten Zustands – seines momentanen Glücks – oder der Beseitigung des Unglücksempfindens. Der Mensch tut sehr viel und oft auch Dinge, die gar nichts mit einer ökonomischen Verbesserung seiner Situation zu tun haben. Er unternimmt große und lange Anstrengungen und investiert sehr viel Energie, Lebenszeit und Arbeit für Dinge, die sehr oft gar nichts mit monetären oder ökonomischen Gütern zu tun haben. Viele seiner Bemühungen hängen direkt mit seiner gesellschaftlichen Stellung, Akzeptanz und Anerkennung in seinem Umfeld bzw. Freundeskreis zusammen. Dies ist sehr gut bei vielen prominenten Menschen zu beobachten, die es im Laufe ihres Lebens zum ökonomischen Wohlstand gebracht haben und finanziell erfolgreich waren. Mit der Erfüllung des Bedürfnisses nach ausreichend großer Sicherheit und Reichtum tritt offenbar zunehmend soziales und altruistisches Engagement auf die Tagesordnung. Diese Tendenz ist evident und überall zu beobachten. Die zu klärende Frage in diesem Zusammenhang ist, ob der Grund hierfür tatsächlich das Interesse für die jeweilige Sache selbst ist, oder ob auch hier das eigentliche Interesse darin liegt, gesellschaftliche Akzeptanz zu erlangen. Damit wäre die altruistische Tätigkeit nur ein Mittel zum Zweck, um diese Akzeptanz zu erlangen und dadurch die Bedürfnisse nach Glück (durch Anerkennung) zu stillen. Berücksichtigung in der Ökonomie finden diese hier beschriebenen Zusammenhänge und Gesetzmäßigkeiten kaum. Stattdessen wurden genau definierte Warenkörbe oder Währungen als Maß für Wohlstand, Einkommen und Konsum aufgestellt. Sie machen alles sehr einfach messbar, eindeutig vergleichbar, quantitativ und sollen damit mathematisch nachweisbar belegen, dass es den Menschen mit einem Mehr an Konsum und Einkommen generell viel besser gehen muss als mit weniger. Und dass wir folglich alle dank dieses enorm gesteigerten Konsums produktiver, aktiver, attraktiver und glücklicher sind (oder sein müssten). Entspricht es aber tatsächlich der Wirklichkeit? Die hier gezeigten Beispiele belegen das Gegenteil. Es werden generell keine Gefühle und Emotionen von Menschen (= irrationales Verhalten der Marktteilnehmer) in der Ökonomie berücksichtigt oder gar gemessen. Auch wenn diese Emotionen das Setzen der Präferenzen, also die Entscheidungen der Marktteilnehmer maßgeblich beeinflussen. Es ist durch nichts zu widerlegen und lässt sich auch logisch erklären, dass das menschliche Handeln im Allgemeinen nicht durch die Gewinnoptimierung, sondern eher durch eine Art von „Gefühlsoptimierung" bzw. „Glücksoptimierung" (= Interessen) ursächlich bestimmt wird.

c. Easterlin-Paradox: Das Easterlin-Paradoxon ist eine Theorie über die Wechselwirkung zwischen Einkommen und Glück. Es wurde 1974 durch den Ökonomen Richard Easterlin in veröffentlicht. Easterlin untersuchte insgesamt 30 Umfragen aus 19 Ländern aus der Zeit zwischen 1946 und 1970. Interessant für ihn war bei internationalen Vergleichen ein schwächerer Zusammenhang zwischen subjektivem Glück und Einkommen als es bei intranationalen Vergleichen der Fall war. Er stellte anhand einer Studie eindeutig fest, dass US-Amerikaner im untersuchten Zeitraum trotz Einkommenszuwächsen nicht glücklicher geworden sind. Als eine mögliche Erklärung nahm er an, dass relatives Einkommen ein besserer Indikator von subjektiver Zufriedenheit ist als absolutes Einkommen. Er wiederholte dann seine Studie in den folgenden Jahrzehnten mehrmals und kam immer wieder zum selben Ergebnis. Seine Interpretation dieser Ergebnisse lautet:

„Wenn grundlegende Bedürfnisse gestillt sind, führt mehr Reichtum nicht zu mehr Glück".

Glück und Zufriedenheit durch materiellen Wohlstand kann der Mensch demzufolge nur mit solchen Dingen erlangen, die andere in seiner Peergroup nicht besitzen und die ihn über den gängigen Peergroup-Standard hinaus, also durch den Vergleich mit den anderen (= Delta zur Peergroup), abheben. Daraus ergibt sich die paradoxe Schlussfolgerung, dass mit einem wachsenden allgemeinen Wohlstand aller, die einzelnen Menschen nicht gleichzeitig zufriedener oder glücklicher werden können. Im Gegenteil sogar: Mit zunehmendem Wohlstand und „Luxus" aller wächst die reelle Gefahr, Angst und auch die Möglichkeit, diesen Wohlstand auch verlieren zu können. Dies geht einher mit gesellschaftlichen Ängsten und Problemen bei der Sicherung dieses Status. Dieser Zusammenhang ist in den bisherigen allgemeinen ökonomischen Theorien überhaupt nicht berücksichtigt.

Ein Zugewinn an Zufriedenheit oder Glück kann, wie oben gezeigt, nicht absolut erzielt werden (wenn man in absoluten Zahlen und messbar insgesamt mehr Güter zur Verfügung hat), sondern nur in Relation zum Rest der Mitmenschen! Diese Erkenntnis ist gleichzeitig auch die Erklärung dafür, warum so viele Menschen in wohlhabenden Gesellschaften und Kulturen nicht glücklicher sind als Menschen in armen Kulturen und Gesellschaften – und warum sogar ein Ansteigen von Angst, Unzufriedenheit, Depressionen, Psychosen und oft sogar auch der Selbstmordraten mit steigendem Wohlstand einhergeht und messbar in der Realität beobachtet wird. Diese Fakten und Zusammenhänge werden in den ökonomischen Theorien nicht erklärt oder berücksichtigt, denn sie widersprechen der allgemeinen Theorie. Sie sind nicht mit der Grenznutzentheorie zu verwechseln, können durch diese jedoch auch nicht erklärt werden.

d. Blindenparadoxon: Man betrachtet zum gegenwärtigen Zeitpunkt zwei theoretisch absolut gleiche Personen. Die beiden sind blind, sie haben die gleiche soziale Stellung, die gleiche Ausbildung, das gleiche Alter, die gleiche Gesundheit, gleiches Einkommen und Vermögen – einfach alle erdenklichen Parameter, die man sich bei einem Menschen vorstellen kann, sind bei diesen beiden Menschen absolut identisch. Nach der gängigen Meinung und Theorie müssten diese beiden Menschen die gleichen Präferenzen haben und gleiche Entscheidungen unter den identischen Voraussetzungen treffen, weil sie gleich oder zumindest ähnlich denken und fühlen müssten und in etwa das gleiche emotionale Level an Zufriedenheit und Glück bzw. Unglück empfinden. Wenn man jedoch eine weitere Zusatzinformation (Umstand/Komponente) hinzunimmt – nämlich die, dass der eine bereits von Geburt an blind war, der andere jedoch erst am Vortag erblindet ist, wird jedem auf einmal schlagartig klar, dass trotz jetzt identischer Lage, Situation und Voraussetzungen der beiden Personen die eine, die erst am Vortag erblindet ist, wesentlich unglücklicher ist als die andere Person, welche bereits von Geburt an blind war. Jemand, der blind geboren wurde, empfindet keinen Mangel oder keinen Verlust der Sehkraft. Der Zustand ist für ihn normal, weil er niemals die Erfahrung des „Sehens" machte und diese Erfahrung also auch nicht kennt und somit nicht vermissen kann. Man kann nur das vermissen, was man kennt. Je besser man etwas kennt, oder je mehr es sogar zur Gewohnheit wurde und je näher es zeitlich präsent ist, umso mehr wird man es vermissen, wenn es auf einmal verloren ist.

e. Paradoxon zur Anzahl von Alternativen: (siehe hierzu Kap. 4.21; „Choice-Theorie")
f. Default-Paradoxon: Das Übertragen dieser Erkenntnisse auf das ökonomische Verhalten der Menschen bedeutet konkret, dass man beispielsweise am meisten und am konsequentesten spart, wenn man jeden Monat bereits mit dem Gehaltseingang per Dauerauftrag einen Teil seines Geldes auf ein Sparkonto überweist. Studien der Universität Chicago fanden zudem heraus, dass Menschen am meisten sparen, wenn sie dazu „gezwungen" werden, etwa in Form eines Pensionsplans oder einer betrieblichen Altersvorsorge. Noch besser ist es, wenn man automatisch an solchen Programmen teilnimmt und sich explizit abmelden muss, wenn man es nicht will. In der Ökonomie ist diese Erkenntnis unter dem sogenannten Default-Paradoxon bekannt. Die Verhaltensökonomie identifiziert durch solche Beobachtungen und Experimente bestimmte Marktanomalien und lässt dann die wirtschaftlichen Entscheider unter der Maßgabe handeln, dass sie zum Teil willkürlich (heuristisch) ihre Entscheidungen treffen oder absichtlich von Framing-Effekten beeinflusst werden. Die Entscheider verhalten sich also nicht, wie in der klassischen Ökonomietheorie angenommen, rational nach dem Homo-oeconomicus-Muster, sondern unterliegen diesen hier beschriebenen Beeinflussungen und Verzerrungen. Dabei widerspricht die Theorie der Verhaltensökonomie grundsätzlich nicht der neoklassischen Theorie. Hier wird einzig die Annahme des vernünftigen wirtschaftlichen Handelns des Individuums angezweifelt.
g. Luxus-Paradoxon: In der Ökonomie gibt es viele nichtrationale Verhaltensweisen des realen Menschen, die weder mit der Logik noch mit der klassischen ökonomischen Theorie zu erklären sind. Einer dieser irrationalen Effekte ist beispielsweise bei bestimmten Luxusgütern

zu beobachten, deren Nachfrage tatsächlich mit steigendem Preis steigt und mit fallendem Preis sinkt – was jeder ökonomischen Theorie diametral widerspricht. Was in vergangenen Zeiten z. B. großer Luxus war, ist heutiger Standard für jeden. Und vieles, was heute Luxus ist und was sich nur wenige leisten können, wird normal und alltäglich in der Zukunft sein. Diese materiellen Dinge machen allein – also ohne einen Zugewinn an Status – nicht glücklich. Nur – wie oben gezeigt – die Differenz (Delta) im Status zu den Mitmenschen bringt Ansehen und Glück und wird deshalb angestrebt. Wird aber ein begehrtes Produkt zugänglicher (= billiger), verliert es zugleich automatisch an Exklusivität und damit an Attraktivität (Delta im Status sinkt) und somit auch an Begierde (= Nachfrage) und damit auch an Wert, sodass der Preis sinkt („Luxusparadoxon"). Als ein anschauliches Beispiel kann man in der jüngeren Vergangenheit das auf den Markt gekommene Mobiltelefon nennen. Hier war bereits in den 70er-Jahren die Technologie vorhanden. Diese war jedoch damals noch sehr teuer, sodass nur die wenigsten Menschen sich ein solches Gerät leisten konnten. Die Kunden waren Menschen, die einerseits die notwendigen Mittel hatten, um es erwerben zu können und andererseits das Produkt aus bestimmten Gründen benötigten.

Es war ein sehr seltenes und nur für eine kleine Minderheit zugängliches, aber wichtiges Produkt. Dies sind die beiden notwendigen Voraussetzungen, die dazu führen, dass ein Gut sich zu einem statusbildenden Produkt entwickelt. Das Mobiltelefon stand einerseits für die Wichtigkeit seines Besitzers und andererseits für seine ökonomische Stärke (= gesellschaftlicher Status), sich so ein Gerät leisten zu können. Mit dem technologischen Fortschritt wurden diese Produkte im Laufe der Zeit immer günstiger und für immer größere Kreise der Bevölkerung zugänglich, bis sie irgendwann ihre statusbildende

Eigenschaft komplett verloren und zum gewöhnlichen Massenartikel und Konsumgut wurden, trotz immer weiter verbesserter Funktionalität. Eine identische Entwicklung kann man auch bei anderen Produkten wie z. B. PKW, Fernseher, Flatscreens usw. beobachten. In diesem Zusammenhang kann man eine weitere Irrationalität beobachten, die in wesentlich ärmeren Ländern heute sehr oft zu beobachten ist. Dort gibt einen riesigen Markt an Mobiltelefonattrappen. Weil sich in diesen ökonomisch schwachen Gegenden die Menschen auch heute noch kein Mobiltelefon leisten können, kaufen sie eine Attrappe und tun so, als hätten sie eins. Daraus ist zu folgern, dass nicht die Funktionalität entscheidend ist. Für diese Menschen muss es ungeheuer wichtig sein. Mit anderen Worten: ihr Verlangen und Bedürfnis muss sehr hoch sein – so zu tun, als würden sie etwas besitzen, das ihre Mitmenschen nicht haben. Das Geltungsbedürfnis, von den Mitmenschen auf eine bestimmte Art und Weise wahrgenommen zu werden, ist so groß, dass sogar existenziell notwendige Güter wie Essen oder Kleidung vernachlässigt werden zugunsten nutzloser Attrappen, die aber ein Ansehen in der Gesellschaft versprechen.

h. Placebo-Paradoxon: Große rote Pillen, die bitter schmecken, helfen besser. Teure, knappe, schwer beschaffbare Güter verhelfen besser zum „Konsumglück": Placebo-Güter.

Dass der Mensch durch sein Umfeld und durch Informationen bewusst und unbewusst beeinflusst wird, davon zeugt eindrucksvoll auch der allgemein bekannte Placebo-Effekt. Interessant ist dabei, dass nicht nur das Verhalten des Menschen beeinflussbar ist, sondern – wie dieser Effekt eindrucksvoll zeigt – sogar das Wohlbefinden und manchmal sogar der Gesundheitszustand! Man fand beispielsweise heraus, dass große und rot eingefärbte Medikamente besser wirken als kleinere andersfarbige – auch dann, wenn sie die identischen Wirkstoffe beinhalten. Bittere Medizin hat eine bessere

Wirkung als angenehm schmeckende, und teure Medikamente zeigen bei dem Kranken eine bessere Wirkung als günstige (jeweils bei identischen Wirkstoffen). Übertragen auf die Wirtschaft könnte dies eine weitere Erklärung dafür sein, warum teure und knappe Güter den Menschen die größere Befriedigung verschaffen.
i. Yerkes-Dodson-Gesetz: Das Gesetz nach Robert Yerkes und John D. Dodson aus dem Jahr 1908 beschreibt die kognitive Leistungsfähigkeit in Abhängigkeit vom Erregungsniveau/Erregungszustand (Arousal), was auch als Aktivationsniveau bezeichnet wird: Zwischen der physiologischen Aktivierung und der Leistungsfähigkeit besteht ein umgekehrt U-förmiger Zusammenhang. Es wird auch als Aktivationsmodell bezeichnet. Der Leistungsverlauf ist bei jedem Menschen sehr veränderlich. Er hängt vom emotionalen und motivationalen Erregungsniveau ab. Bei Unterforderung wird das Optimum an Leistungsfähigkeit nicht erreicht – es entsteht ein Leistungsleck. Die Steigerung des Erregungsniveaus führt zu einer Erhöhung der Leistung bis zu einem Maximalwert. Erhöht sich das Erregungsniveau über das erforderliche und optimale Maß, sinkt die Leistung wieder ab.

Wird der Leistungsverlauf in Abhängigkeit vom Erregungsniveau in ein Koordinatensystem eingetragen, so ergibt sich eine umgekehrte U-Kurve (Abb. 4.1). Dieses Modell geht auf Experimente an Labormäusen zurück. Aufgrund zahlreicher ähnlicher Befunde bei verschiedenen Spezies wird ein gesetzmäßiger Zusammenhang angenommen.

Ökonomie ist nicht – wie die derzeitige Definition lautet – eine Wissenschaft, die sich mit der Produktion von Gütern und dem Einsetzen von knappen Ressourcen zu deren Herstellung sowie mit dem Absatz dieser Güter auf Märkten beschäftigt. Die Definition von Ökonomie muss zwingend

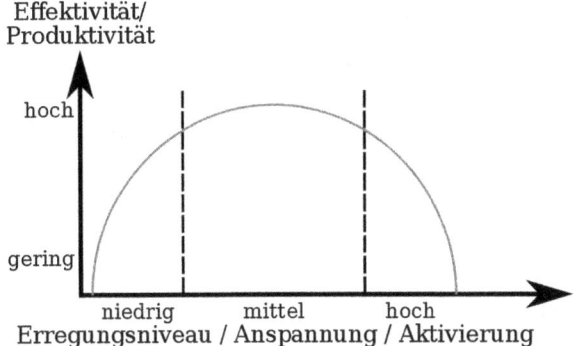

Abb. 4.1 Ergebnis des Yerkes-Dodson-Experiments

auch die Frage beinhalten, wie die menschlichen Bedürfnisse, Entscheidungsprozesse und das Verhalten zustande kommen und welchen Einfluss diese auf die Produktionsprozesse und Märkte haben.

Fazit

Folge: Die hohe Anzahl an teilweise sehr komplexen Einflussfaktoren eines Menschen kann man nicht ignorieren und stattdessen einen einheitlichen und immer gleich entscheidenden, homogenen „Homo oeconomicus" voraussetzen für die komplizierte Funktionsweise, um dann alles Weitere nur auf der Basis dieser Annahme abstrakt mathematisch abzuleiten. Wenn man diesen grundlegenden Systemfehler erkennt und akzeptiert, dann ist es ausgeschlossen, dass man die weiteren Folgerungen und Ableitungen aus diesen falschen Grundannahmen als realitätsrelevant gelten lässt. Auch wenn diese Ableitungen mathematisch richtig sein mögen – inhaltlich sind sie jedoch in der Realität falsch.

Mit diesem Hintergrund müsste dementsprechend die ökonomische Theorie modifiziert und die Definition der Ökonomie korrigiert werden.

4.2 Die Nutzentheorie und die Werttheorie

Nutzen (engl. „utility") oder auch der in der Ökonomik bekannte Utilitarismus geht von einer direkten Vergleichbarkeit und Bewertung von Nutzen und Kosten (bzw. Schaden als negativer Nutzen) bei konkreten ökonomischen Handlungen und beim Verhalten der Akteure aus. Dieser Betrachtungsweise liegt jedoch ein inhärenter Fehler zugrunde: Denn eine allgemeine oder allgemeingültige Bewertung einer Handlung oder einer Entscheidung kann es nicht geben. Die Verhaltensökonomie belegt eindeutig die individuell verschiedenen Gründe, Bewertungen und Ursachen für das menschliche Handeln und für die Preisbildung. Daher ist auch das Postulat einer gesamtwirtschaftlichen Nutzenmaximierung nicht möglich. Denn ein sehr großer Nachteil einer Minderheit kann viel schwerer wiegen als ein kleiner Vorteil der Mehrheit. Zumal zu berücksichtigen ist, dass jedes Individuum eine andere „Skala" an Bewertungen besitzt.

Wie zuvor erwähnt, entspricht der Begriff „Nutzen" dem englischen Wort „utility". In der Ökonomik wurde dieses Nutzenprinzip durch die Schule des „Utilitarismus" bekannt. Diese Schule geht davon aus, dass sich der Nutzen oder der Schaden von Handlungen zwischen Vertragspartnern (Menschen) konkret und genau messen lassen. Damit wird die sogenannte gesamtwirtschaftliche Nutzenmaximierung als das höchste moralische Gebot per Definition postuliert.

Einen anderen Zugang bieten Schulen, die beispielsweise den Nutzen als den subjektiv geschätzten Beitrag von Gütern zur Erreichung von Zielen definieren. In einem solchen Fall ist der Nutzen nicht mehr quantifizierbar und auch nicht vergleichbar. Denn wie will der Mensch abschätzen, um wie viel nützlicher ein Gut für ihn im Vergleich zu einem anderen Gut ist? Und noch schwieriger wird es, wenn man versucht, den geschätzten Nutzen in Vergleich zu setzen zu den Nutzenerwartungen anderer Menschen. Die Utilitaristen berechnen z. B. in der Theorie, dass das Leid weniger Menschen durch das Wohlergehen von Vielen legitimiert wird.

Der Nutzen selbst hat auch nichts mit dem Wert zu tun. Ein Produkt kann extrem nützlich sein, und trotzdem kann es fast wertlos sein (Bsp. Wasser oder Luft) und umgekehrt. Wenn ein Gut nützlich ist, bedeutet das also noch lange nicht, dass es auch im ökonomischen Sinne wertvoll ist. Nur durch seine Verknappung – und wenn es in dessen Folge zum Gegenstand realer Entscheidungen wird, indem man für dieses Gut etwas anderes aufgeben muss – wird das Gut nicht nur nützlich, sondern dann auch wertvoll.

So ist die Sonne beispielsweise nützlich, aber ökonomisch für die Menschen nicht wertvoll. Man kann damit keinen ökonomischen Handel betreiben. Realistische Wirtschaftsprozesse konzentrieren sich auf das real beobachtbare Handeln. Nur durch das Handeln und die Wahl bestimmter Mittel für bestimmte Ziele zeigen Menschen den Nutzen von Dingen.

Der Utilitarismus in der Ökonomie geht von einer Vergleichbarkeit von Nutzen und/oder Schaden (= negativer Nutzen) bei Handlungen aus. Wie oben bereits ausgeführt, ist diese direkte Vergleichbarkeit so nicht möglich, da die subjektive Wahrnehmung der Menschen individuell verschieden ist. Somit ist auch das Postulat einer gesamtwirtschaftlichen Nutzenmaximierung nicht richtig. Als Nutzen wird der subjektiv bemessene Beitrag zur Befriedigung subjektiver Bedürfnisse definiert.

Generell muss man aber feststellen, dass die Struktur der Welt und des Seins, die Möglichkeiten und die Gesetze den Rahmen der Ökonomik und aller Handlungen bilden: So sind Raum, Zeit, Temperatur, Klima usw. das wirkliche und reale Koordinatensystem für die echten Bedürfnisse der Menschen. Diese sind darüber hinaus auch abhängig von der Evolution. Denn auch die genetische Veranlagung sowie die erlebte Vergangenheit prägen entscheidend die Präferenzen und Entscheidungen für Handlungen. So ist es beispielsweise unmöglich, gleichzeitig an zwei Orten zu sein. Daher muss man in der realen Welt „Trade-offs" machen, d. h. eine Reihenfolge der Bedürfnisse bilden und befriedigen.

Jede Entscheidung zugunsten eines Gutes ist eine Entscheidung gegen ein anderes Gut (siehe auch unter Abschn. 4.4). Daraus wird deutlich, dass eine hohe Anzahl guter Alternativen auch zu hohen Kosten (Opportunitätskosten) führt, was wiederum zur weiteren Ungleichheit führt: Kosten sind negativ, und hohe Kosten sind für das Individuum ungünstiger und belastender als niedrige Kosten oder keine Kosten. Diese Erkenntnis bestätigt die fernöstliche Weisheit, welche besagt, dass ein Leben in Bescheidenheit und Armut die Grundlage für wahres Glück ist.

Fazit

Präferenzen sind also historisch, kulturell, intellektuell und evolutionsbedingt und extrem vom jeweiligen Kontext abhängig.

4.3 Der Grenznutzen

Es ist nicht der Gesamtnutzen von Gütern für die Wertschätzung des Menschen für diese Güter relevant, sondern der Grenznutzen. Der Grenznutzen ist genau der Nutzen, den die letzte erhaltene Einheit des betreffenden Gutes stiftet. Die Veränderung der Nutzenzunahme oder Nutzenabnahme spielt sich also an dem Grenzbereich ab. Die letzte Einheit hat für den Menschen einen anderen Wert, einen anderen Nutzen als die erste, ungeachtet dessen, dass die Meinung des Menschen über den Wert oder Nutzen eines bestimmten Guts sehr unterschiedlich ausfallen kann. So wird beispielsweise die Bewertung des Grenznutzens für ein zusätzliches Glas Wasser verschieden hoch sein, je nachdem, ob der Mensch gerade durstig oder mit Wasser gut versorgt ist. Diese unterschiedlichen Bewertungen von Gütern erklären die Verbindung der subjektivistischen Sichtweise und der marginalistischen Sichtweise. Da der Grenznutzen aus diesen verständlichen Gründen nicht für alle einheitlich sein kann, ist demzufolge auch die Zahlungsbereitschaft für Güter sehr unterschiedlich.

Die Struktur der Welt, in der der Mensch lebt, und die Struktur seines Seins determinieren die Möglichkeiten, die Gesetze und auch den Rahmen der ökonomischen Handlungsoptionen:

So bilden z. B. der Raum, die Zeit, die Temperatur, das Klima usw. das reale Koordinatensystem für die Bedürfnisse der Menschen. Diese Bedürfnisse sind abhängig von seiner Evolution, von seinen Genen, von seiner Vergangenheit und den Erfahrungen, die er gesammelt hat und die seine Präferenzen, Entscheidungen und Handlungen determinieren.

Außerdem ist zu berücksichtigen, dass Präferenzsetzungen beim Menschen historisch, kulturell, intellektuell und entwicklungsbedingt unterschiedlich determiniert sind und sehr vom Kontext abhängen. Die Präferenzen sind somit nicht festgelegt. Eine wichtige Beobachtung dabei ist, dass Präferenzen nicht konstant und auch nicht konsistent sind.

Beispielsweise standen die Präferenzen im Zusammenhang mit Abgasen am Anfang des 20. Jahrhunderts im kompletten Gegensatz zu den heutigen Präferenzen: Damals herrschte die Ansicht, dass Rauch die Luft von schädlichen Keimen befreiten würde.

Präferenzen sind sehr stark vom Kontext abhängig. Der Grund hierfür liegt in der Vielfalt der Welt. Diese breite Vielfalt wird immer noch stark unterschätzt – auch von allen aktuell gängigen ökonomischen Schulen. Erst die Verhaltensökonomie versucht objektiv durch Beobachtungen und Interpretationen die Verhaltensweisen, die sehr oft nicht rationaler Natur sind, zu verstehen.

So konnte empirisch belegt werden, dass die Grundannahmen der ökonomischen Theorie mit dem tatsächlichen Verhalten und Handeln der Menschen in der realen Welt nicht übereinstimmen. Man kann experimentell ohne jeden Zweifel nachweisen, dass das Verhalten von Menschen anders ist, als es die aktuell anerkannte ökonomische Theorie voraussetzt. Dieser Zustand lässt sich mit der absurden Situation vergleichen, dass in der Realität zwar ein Apfel vom Baum immer auf den Boden fällt – und dass dennoch die Physik als Grundannahme davon ausgehen würde, der Apfel flöge nach oben weg.

Diese Annahme vorausgesetzt, käme es dann in der Realität zu zahllosen und unvorhersehbaren Problemen, weil Ergebnisse wissenschaftlicher Berechnungen nicht mit der Realität übereinstimmen würden.

Jede Entscheidung zugunsten eines Gutes ist eine Entscheidung gegen ein anderes Gut. Entscheidet man sich fürs Radfahren, so kann man in dieser Zeit nicht zum Joggen. Die Welt des Menschen ist deshalb übervoll von **Opportunitätskosten**. Wer viele Alternativen und viele Möglichkeiten hat, dessen Opportunitätskosten sind auch dementsprechend höher als die eines Menschen, der weniger Alternativen und Möglichkeiten hat. Somit sind nicht nur die Möglichkeiten (Positives) asymmetrisch (ungleich und ungerecht) verteilt, sondern auch die Kosten (Negatives).

Mit diesem Hintergrund bekommt die alte Weisheit, dass Bescheidenheit glücklich macht, eine erstaunlich moderne und aktuelle Bedeutung.

Fazit

Die zuvor skizzierte Problematik der aktuellen ökonomischen Theorie ist der Grund, warum die Realität nur unzureichend durch diese Theorie beschrieben wird. In der Realität geht es nicht um mathematisch abstrakte Ableitungen, sondern es geht um das menschliche Verhalten, um Präferenzen, Motive und Entscheidungen.

4.4 Opportunitätskosten

Kosten von Alternativen und ihre Konsequenzen
Jede Entscheidung, die zu einer Handlung führt, inkludiert automatisch auch den Verzicht auf alternative Handlungsoptionen. Anders ausgedrückt heißt das, dass jede beliebige menschliche Handlung automatisch auch Kosten mit sich bringt. In der Ökonomik heißen diese Kosten Opportunitätskosten. Es sind die Kosten für „Opportunitäten". Also für Alternativen, die man nicht in Anspruch nimmt. Diese bestehen also in den aufgegebenen Alternativen.

In einer Präferenzordnung können die Opportunitätskosten der gewählten Entscheidung angesehen werden als die Differenz zwischen der höchstgereihten aller möglichen Alternativen (= die gewählte Alternative) und der Summe aller dahintergereihten Alternativen, auf die man verzichtet hat. Nur so wird deutlich und verständlich, dass in der Wirklichkeit mit der Anzahl und Qualität der zur Wahl stehenden Optionen der Entscheidungprozess zunehmend schwerer wird.

Problematisch bei der Bewertung dieser Kosten ist die Tatsache, dass sie nicht unmittelbar sichtbar sind, denn es handelt sich dabei ja um nicht real ausgeführte Präferenzen. Genau deswegen werden Opportunitätskosten in den meisten Fällen auch falsch eingeschätzt, sie werden unterbewertet oder oft sogar ganz vergessen. Denn Alternativen erscheinen auf den ersten Blick kostenlos. In Wahrheit sind sie aber sehr teuer, auch wenn kein Geld dafür bezahlt werden muss.

Sind für eine Person die Kosten der Alternativen sehr hoch (also beispielsweise jemand, der viel hat und demzufolge auch sehr viel verlieren könnte), so entscheidet sie überlegter, nachhaltiger und daher wahrscheinlich auch besser als jemand, der nichts zu verlieren hat. Menschen, die viel zu verlieren haben, entscheiden überlegter, denn bei der Entscheidung steht viel auf dem Spiel. Sie tragen die

Verantwortung für das, was zu verlieren ist. Menschen, die nichts zu verlieren haben, können unüberlegter entscheiden, denn bei ihnen steht nichts auf dem Spiel, sie haben nichts zu verlieren, und daher ist dann auch ihre Entscheidung mit durchaus weniger und geringeren Konsequenzen verbunden.

Die Verantwortung, die in diesem Beispiel vorliegt, ist ein wichtiger Faktor für das Setzen von Präferenzen und letztendlich auch für das Ergebnis. Somit ist es nicht auszuschließen, dass ein und dieselbe Entscheidung durch zwei Menschen nur aufgrund der unterschiedlichen Kosten der Alternativen komplett konträr ausfallen kann.

Die Opportunitätskosten sind auch relevant für die aufgewendete Arbeit für die Entscheidung. Nach dem Yerks-Dodson-Experiment führen jedoch zu hohe Kosten der entgangenen Chance (Opportunitätskosten) zu Stress, Druck und psychischer Belastung. Diese Faktoren wirken sich stark leistungshemmend auf das menschliche Verhalten aus. Dies ist wichtig zu berücksichtigen, beispielsweise bei der Kompensationstheorie oder der Motivationstheorie in der Arbeitswelt.

Interessanterweise wählen Menschen bei der Option, eine nicht so gute Süßigkeit für 1 Cent zu erwerben oder eine gute Süßigkeit für 50 Cent, die gute Süßigkeit. Die Differenz beträgt 49 Cent. Es ist ja auch nur ein ganz kleiner finanzieller Unterschied. Die gleiche Gruppe verhält sich jedoch komplett gegensätzlich, wenn die nicht so gute Süßigkeit 0 Cent kostet (also kostenlos ist) und die gute Süßigkeit 49 Cent . Die Differenz beträgt erneut 49 Cent. Obwohl der Unterschied im Preis der gleiche ist, obwohl der Unterschied der Süßigkeiten selbst der gleiche ist, obwohl alle anderen Faktoren auch gleich bleiben – im zweiten Fall wählen die meisten die nicht so gute Süßigkeit aus. Nur weil diese nichts kostet. Denn alles, was nichts kostet, hat offensichtlich eine besonders hohe Anziehungskraft auf Menschen.

Fazit

Dieses Ergebnis widerspricht diametral der ökonomischen Standardtheorie.

4.5 Werte und Preise

Preise sind Folge von subjektiven Werturteilen – also manipulierbar. Zum Beispiel willentlich durch Marketing oder nicht bewusst durch sogenannte Bias.

Der Mensch kann seine Präferenzen durch Entscheidungen lediglich reihen. Er kann sie nicht quantifizieren. Die Entscheidungen können quantitativ einzig und allein durch Preise ausgedrückt werden. Und Preise drücken auch nur vergangene Tauschverhältnisse aus. Für eine Zukunftsprognose sind sie nicht geeignet. Preise dokumentieren so eigentlich nur wirtschaftliche Verhältnisse zu bestimmten Zeitpunkten. Eine gute ökonomische Theorie jedoch muss aktuelle und künftige Preise, Preisbildungen und Tauschverhältnisse verstehen und erklären.

Historisch, gesellschaftlich und kulturell bedingt gibt es starke Verschiedenheiten und unterschiedliche Gewohnheiten, welche die Preisbildung beeinflussen, bedingt auch durch die unterschiedlich stark ausgeprägten Manipulationen und Bias.

4.6 Verzerrungen der Preise und Werte in der Mainstream-Ökonomie

Viele Faktoren werden in der heutigen Ökonomie verzerrt oder falsch interpretiert oder berechnet. Einer der fundamentalsten Fehler ist die Angabe oder die Berechnung von Firmenwerten auf der Grundlage des Aktienkurses, also aus dem aktuellen Wert der Aktien dieses Unternehmens.

Es findet nämlich ein verstecktes und künstliches Hochtreiben der Aktienpreise an den Börsen statt, was zu Fehlkalkulationen des Gesamtvermögens führt. Es handelt sich dabei um eine Verfälschung der tatsächlichen Preise nach oben; dies bezieht sich auf alle Aktienmärkte und die dort gehandelten Aktien (= Unternehmensanteile).

So wird allgemein der Wert oder auch der Preis eines börsennotierten Unternehmens ohne jede Hinterfragung allgemein und weltweit an der sogenannten Marktkapitalisierung gemessen. Die Marktkapitalisierung ist nichts anderes als der aktuelle Börsenkurs (= der Preis für die letzte verkaufte Aktie des betreffenden Unternehmens) multipliziert mit der Anzahl der herausgegebenen Aktien.

Hier gibt es gleich mehrere Quellen von Verzerrungen:

1. Nur weil die letzte Aktie einen Preis von x erzielt hat, impliziert dies noch lange nicht, dass auch der Wert aller anderen Aktien, welche in der Vergangenheit zu anderen Preisen gehandelt und gekauft wurden, ebenfalls diesen Preis x erzielen würden.

Beispiel:

Ein Unternehmen gibt 5 Aktien heraus.
Zwischen Montag und Freitag wird jeden Tag eine dieser Aktien von Investoren gekauft. Montag für 1 EUR,
Dienstag für 2 EUR,
Mittwoch für 3 EUR,
Donnersteg für 4 EUR und am
Freitag für 5 EUR.
Das Unternehmen hat also für die herausgegebenen Anteile insgesamt
1 + 2 + 3 + 4 + 5 = 15 EUR
eingenommen.
Die Marktkapitalisierung am Freitag liegt für das Unternehmen bei
5 × 5 = 25 EUR.
Der Wert des Unternehmens wird somit auf 25 EUR berechnet.

> Dabei spielt es aber gar keine Rolle, dass die anderen Aktien einen viel niedrigeren Preis erzielt haben und dass möglicherweise die Halter der restlichen Aktien (also der vom Montag bis Donnerstag gekauften) niemals bereit wären, 5 EUR für die jeweilige Aktie zu zahlen.
> Selbst dann, wenn diese Investoren den Wert der Aktien weiterhin so bewerten, wie sie die Aktien gekauft haben, also in Summe zu 15 EUR, beträgt der Wert nach dem Börsenwert und nach gängiger Ansicht 25 EUR.

Dabei gibt es keinerlei Indizien für diesen Zusammenhang.
2. Der theoretisch wahre und richtige Preis wäre so zu ermitteln, indem man zu einem bestimmten Zeitpunkt alle Anteile eines Unternehmens auf dem Markt zum Verkauf anbieten würde. Die Käufer könnten dann zu diesem Zeitpunkt die Anteile erwerben, und der erzielte Verkaufspreis dieser Anteile würde 100%ig den tatsächlichen Wert des Unternehmens widerspiegeln.

In der Realität jedoch sind immer nur limitierte Mengen an Unternehmensanteilen (Aktien) im Handel. Somit ist das Angebot dadurch künstlich begrenzt, die Nachfrageseite ist dabei aber unverändert. Diese Tatsache verursacht automatisch einen erhöhten Wettbewerb zwischen den Kaufinteressenten bzw. Investoren, die untereinander um die Aktien wetteifern und somit automatisch den Preis nach oben treiben. Dies wäre nicht der Fall, würde es immer alle Anteile/Aktien zum Kauf geben – was in der Realität freilich nicht der Fall und auch nicht möglich ist. Nachdem, wie zuvor beschrieben, die Käufer- oder Investorenseite unverändert bleibt – also das Gesamtvolumen, welches zu investieren ist, gleich hoch ist –, würde bei dieser Konstellation einer Erhöhung der verfügbaren und zu erwerbenden Aktien zu massiven Preissenkungen führen, weil das

existierende Investitionsvolumen entsprechend viel mehr Aktienkäufen gegenüberstünde. Der durchschnittliche Preis pro Aktie würde folglich wesentlich niedriger ausfallen.
3. Noch augenfälliger wird die Problematik bei der Betrachtung des Gesamtmarktes aller Werte, die auf einem bestimmten Markt gehandelt werden. Wären auf einmal alle Werte von allen Unternehmen auf dem Markt, würde das zu investierende Kapital im Verhältnis zur Menge der Aktien so klein, dass es auf den gesamten Börsenindex signifikante Auswirkungen nach unten hätte. Von der Logik des Marktes und des Wertes her wäre dies aber der wahre Wert.

Diese Verfälschung der Werte ist immer nur eine Verfälschung nach oben, also in Richtung höherer Preise. Dazu kommen weitere, zwar weniger signifikante Faktoren, die aber trotzdem nicht unberücksichtigt bleiben dürfen:

a) Zusätzlich wirkt sich der sogenannte Endowment-Effekt (s. Abschn. 4.24) auf das Verhalten aus. Dieser besagt, dass Individuen Dinge, die sich bereits in ihrem Besitz befinden, deutlich höher wertschätzen als Dinge, die ihnen nicht gehören. Der Endowment-Effekt ist eine Theorie, die in der Verhaltensökonomik häufige Anwendung findet. Sie zeigt, dass Menschen stark dazu tendieren, ein Gut wertvoller einzuschätzen, wenn sie dieses Gut besitzen. Die Theorie wurde vom US-amerikanischen Ökonomen Richard Thaler aufgestellt, der dem Endowment-Effekt seinen Namen gab. Durch den Endowment-Effekt wird gezeigt, dass die Zahlungsbereitschaft eines Menschen beim Kauf und die Bereitschaft zum Verkauf für ein und dasselbe Gut voneinander abweichen können. Damit widerspricht diese Hypothese der grundlegenden Annahme der neoklassischen ökonomischen Theorie, dass Menschen

Entscheidungen aufgrund rationaler Präferenzen treffen. Vergleichbar ist mit dieser Theorie der sogenannte IKEA-Effekt (s. Abschn. 4.24). Dieser Effekt beweist den Zuwachs an Wertschätzung eines Individuums aufgrund von selbst entworfenen oder zumindest selbst zusammengebauten Gegenständen gegenüber solchen, die nur fertig gekauft (und nicht selbstgebaut) wurden und aus Massenproduktion stammen.

b) Spekulation: Durch Spekulation werden Preise nach oben bewegt.
c) Durch natürliche „Trägheit" oder „Faulheit" der Investoren, die immer im kleineren Maße existiert, werden Preise nach oben bewegt. Einige Investoren kümmern sich nicht aktiv um die Preisbewegungen und verkaufen daher zu spät.
d) Große Player (sogenannte Wale) mit genügendem Volumen haben durch ihre Größe die Möglichkeit, direkten Einfluss auf den Markt zu nehmen. Sie können alles aufkaufen und so die Preisbildung beeinflussen.

Es werden in der Realität tatsächlich immer nur einige, wenige Aktien zum Kauf angeboten, niemals alle Aktien eines Unternehmens! Dadurch findet eine künstliche Verknappung des Angebots und eine quasi perfekte Preisdiskriminierung statt, weil jede Aktie immer nur zum maximalen Preis verkauft wird.

Würde man alle Aktien aller Unternehmen anbieten, wären die Preise zwangsläufig wesentlich niedriger, weil das Angebot bei gleicher Nachfrage ungleich größer wäre! Da aber die Nachfrage in beiden Fällen immer die gleiche ist, so muss das Gesamtangebot der Investments als Maßeinheit für den Marktpreis herangezogen werden. Und dieses Gesamtangebot und die Gesamtnachfrage determinieren auch den exakten und korrekten Marktpreis der Aktien bzw. des Investments.

Da die Aktienwerte auf einer unrichtigen Basis berechnet werden, werden demzufolge auch die Unternehmenswerte falsch kalkuliert.

Es stimmt also NICHT die Gleichung:

> Aktienkurs × Anzahl der Aktien = Wert des Unternehmens

Der Bezug richtet sich in diesem Fall fälschlicherweise ausschließlich nach den Höchstwerten (weil die Preise an Börsen bei künstlich reduzierter Anzahl von Aktien bestimmt werden), und dies verzerrt die Realität und den gebildeten Preis.

Beispiel aus der Praxis:

Im Oktober 2008 kletterte der Aktienkurs von VW von 199,86 EUR auf stolze 999,19 EUR. Es kam sogar zu der absurden Situation, dass an einem Tag alle anderen Aktienkurse des DAX im Minus notierten und VW massiv im Plus war, und zwar so stark, dass auch der DAX – trotz aller anderen negativen Werte – ein Plus verzeichnete. Es ist offensichtlich, dass solche Preisentwicklungen mit dem tatsächlichen Wert eines Unternehmens nichts zu tun haben können. Sie sind zurückzuführen auf die weiter oben beschriebenen Mechanismen und Zusammenhänge. So spielte auch in diesem Beispiel mit der VW-Aktie die Tatsache eine wichtige Rolle, dass sich große Aktienpakete in Familienbesitz und im Besitz des Landes Niedersachsen befinden und gar nicht erst zum Handel gelangen. Somit wurde nur mit den restlichen verfügbaren und zahlenmäßig stark limitierten Aktien gehandelt, was durch die Verknappung zu solchen extremen Auswirkungen führen kann.

Realistische Unternehmenswerte müssten sich in etwa parallel zu den Umsatzzahlen und der Dividende bewegen.

Die neuesten wirtschaftstheoretischen Erkenntnisse aus der Forschung und die neue ökonomische Richtung, die sogenannte „Behaviour Economics", erklärt besser die Zusammenhänge und die wirklichen Ergebnisse, die in der realen Welt der Wirtschaft und des Business stattfinden, analog zu den verschiedenen Möglichkeiten der Bewertung von Unternehmen anhand von Aktienkursen (siehe Beispiel weiter vorne).

Einflussgrößen beim Setzen von Präferenzen – also auch der subjektiven Bewertung von Gütern
Die allgemeine menschliche Präferenzsetzung ist immer abhängig von vielen Faktoren, wie beispielsweise

- Gefühlssituation,
- Umfeld,
- Bildung,
- Erziehung,
- Kultur,
- Erfahrungen in der Vergangenheit
- usw.

Diese schier unendlich vielen, schwer zu bewertenden und kaum messbaren Faktoren sowie deren Mix entscheiden im Endeffekt über die zu setzenden Präferenzen und die daraus resultierenden Entscheidungen des Individuums.

Die gebildeten Preise und die tatsächlichen Werte von Gütern unterscheiden sich also wesentlich. Preise können kalkulatorisch errechnet, geschätzt, staatlich vorgeschrieben oder vorgegeben, auf Auktionen erzielt werden usw.

Ökonomisch gesehen sind die Faktoren für eine Preisbildung, die durch Angebot und Nachfrage zustande kommt, folgende:

a) die Preisverhandlung,
b) der Markt/die Börse oder
c) die Auktion.

Bei allen diesen Prozessen sind jedoch die Umstände entscheidend, unter denen der Prozess der Preisbildung vonstattengeht. So können beispielsweise Zutrittsbeschränkungen zu Märkten die Anzahl der Interessenten und potenziellen Käufer signifikant minimieren, gesetzliche Regulierungen können den Prozess künstlich erschweren oder gesellschaftliche und soziale Normen können die Teilnehmer oder den Prozess sehr stark beeinflussen.

Generell kann man jedoch beobachten, dass eine existierende Nachfrage immer ein Angebot nach sich zieht und manchmal auch Angebote eine Nachfrage künstlich generieren können.

Die wichtigen Faktoren für die Preisbildung sind:

- Wohlstand,
- Notwendigkeit,
- Verfügbarkeit,
- Wichtigkeit,
- Umfeld,
- mögliche Diskriminierung des Preises.

Entgegen der weitläufigen Meinung sind die Kosten der Herstellung der Güter kein Kriterium für deren Preisbildung!

Beispiele von Asymmetrien:

- Versagen der Marktmechanismen bei hoher Wichtigkeit des Gutes oder bei asymmetrischen Verhandlungssituationen. Beispiel: Wasserverkäufer in der Wüste. Ein Mensch in der Situation, dass er beinahe verdurstet, würde jeden beliebig hohen Preis bezahlen, wenn er auf einen Verkäufer mit Wasserflaschen treffen würde. Unter diesen Umständen könnte der Verkäufer den Preis komplett diktieren, und selbst wenn für ihn selbst die einzelne Wasserflasche nicht viel gekostet hat, könnte er unter diesen Umständen ganze Goldbarren für einen Tausch oder Verkauf verlangen. Ein realistischer Preis käme nicht zustande.

- Versagen des Marktmechanismus im Gesundheitswesen: Gesundheitspolitik hat das Ziel, Kosten zu reduzieren bzw. die Effizienz der Gesundheitsversorgung zu erhöhen. Zu diesem Zwecke wurden Zuzahlungen von Patienten zu Leistungen und Medikamenten eingeführt. Hinter dieser Idee verbirgt sich der Gedanke, dass die Menschen steuerungspolitisch beeinflussbar sind. Ferner wird den Patienten (unausgesprochen) vorgeworfen, dass sie öfter zum Arzt gehen, als dies eigentlich notwendig ist. Marktwirtschaftliche Modelle der klassischen ökonomischen Theorie lehren, dass die Erhöhung des Preises die Nachfrage des Gutes proportional verringert.

Alle Untersuchungen und Erfahrungen aus der Vergangenheit zeigen jedoch, dass diese Versuche, die Marktmechanismen auf der Ebene der Individuen zu implementieren, nicht funktioniert haben, weil ökonomische Gesetzmäßigkeiten in vielen Bereichen – und die Gesundheitspolitik ist einer davon – nicht uneingeschränkt gelten. Vereinzelt lassen sich sogar gegenläufige Effekte nachweisen. Die Frage lautet daher: „Welchen Nutzen und welche Wirkung haben die Implementierungen marktwirtschaftlicher Mechanismen auf individueller Ebene der Menschen auf das Gesundheitssystem ausgeübt?" Zu dieser Fragestellung gibt es zahllose Untersuchen, welchen Einfluss die politischen Entscheidungen auf das Verhalten der Patienten und der niedergelassenen Ärzte haben. Alle diese Beobachtungen, Untersuchungen und Ergebnisse zeigen eindeutig, dass im Falle einer vorliegenden Möglichkeit (z. B. bei öffentlichen Gütern) die Menschen dazu neigen, sich als Trittbrettfahrer zu betätigen (Moral Hazard), also allgemein die zur Verfügung stehende Güter maximal zu konsumieren. Dadurch erhöhen sich die Kosten für alle Beteiligten. Dieser Entwicklung sei durch Zuzahlungen zu trotzen. Korrekterweise darf man den Menschen nicht moralisches Fehlverhalten vorwerfen, sondern muss ihr Handeln als „rationales ökonomisches Verhalten." bezeichnen, weil so jeder seinen Nutzen maximiert. Für jede Zusatzbehandlung entstehen also für den Einzelnen keine Zusatzkosten. Geht man jedoch „zu selten" zum Arzt, finanziert man das Verhalten der anderen mit. Da sich aber nach der Maxime des Homo oeconomicus alle eigennützig und nutzenmaximierend verhalten müssten, sind permanente Beitragssteigerungen unvermeidbar. Resultat: Individuell rationales Verhalten nach der ökonomischen Standardtheorie führt zu kollektiver Irrationalität und zum Systemversagen auf lange Sicht.

- Wild West Doc bei Krankheit (Preisdiskriminierung): Es gibt Produkte und Dienstleistungen, die nur dann zur Verfügung gestellt werden können, wenn eine Preisdiskriminierung erzielt werden kann – wenn also verschiedene Kunden auch verschiedene Preise bezahlen. Ein leicht verständliches Beispiel ist der Arzt in einer typischen Siedlung im Wilden Westen. Die Einwohner haben nicht die Möglichkeit, bei Bedarf in die nächste Stadt zu fahren, um sich behandeln zu lassen. Die Gemeinde ist eigentlich viel zu klein, um den Arzt auch ernähren zu können. Die Grundlage dafür, dass diese ärztliche Dienstleistung trotzdem aufrechterhalten werden kann, besteht darin, dass der Arzt für seine Dienstleistung verschieden hohe Beträge in Rechnung stellt, je nachdem, wie viel sich der betreffende Patient gerade leisten kann, also je nachdem, wie wohlhabend er ist. Somit findet eine Preisdiskriminierung statt, bei der jeder das maximal Mögliche bezahlt, sodass der Arzt ökonomisch die Möglichkeit bekommt, den Ort mit ärztlicher Leistung zu versorgen. Wäre eine Preisdiskriminierung nicht möglich und würden alle gleich viel bezahlen, dann würde der Arzt zu wenig einnehmen und müsste die Dienstleistung einstellen.

- Flatrate-Nachfragefunktion und -Kosten („all in" ist schlecht für alle): Bei Flatrate-Angeboten versuchen die Käufer ihren Nutzen so zu maximieren, dass sie bis über die Sättigungsgrenze konsumieren. Im Normalfall konsumiert ein Konsument so lange, bis die Grenzkosten seiner letzten konsumierten Einheit genauso hoch sind wie das, was er für den Konsum aufgeben oder bezahlen muss. Bei Flatrate-Angeboten sind die Grenzkosten gleich null. Jede weitere konsumierte Einheit des Gutes kostet ihn nichts mehr, da es sich ja um ein Flatrate-Angebot handelt und er so viel konsumieren kann wie er will, ohne dafür mehr bezahlen zu müssen. Das Problem liegt aber in dem Fakt, dass das konsumierte Gut, welches zur Verfügung gestellt wird, den Verkäufer oder Anbieter immer etwas kostet – denn er muss für das Zur-Verfügung-Stellen bezahlen. Nachdem aber diese Kosten also höher sind als Null und die Grenzkosten des Konsumenten gegen Null gehen, ergibt das für die beiden Seiten zusammengerechnet Kosten in einer bestimmten Höhe, denen aber kein Nutzen gegenübersteht. Das ist der Grund, warum dieses Prinzip für beide Seiten sowie für die gesamte Gesellschaft schlecht und schädlich ist. Trotzdem werden Flatrate-Angebote immer populärer.
- Börsenkurse und Aktienkurse/Aktienpreise werden allgemein viel zu hoch bewertet – mit all den damit zusammenhängenden Folgen: siehe hierzu Anfang dieses Kapitels.
- „Scharlatan-Medizin" als letzte Hoffnung bei verzweifelten Patienten: Es finden leider sehr oft moralisch höchst verwerfliche Praktiken statt, wenn beispielsweise kranken Menschen durch offensichtlich betrügerische Angebote Hoffnung auf Heilung gemacht wird. Insbesondere bei letzter Hoffnung sind Menschen bereit, alles zu geben – auch für offensichtlich nichts nützende Dinge.

- Öffentliche Auktionen generieren verschiedene Preise bei verschiedenen Auktionsarten: Die Art und Weise des Verkaufsprozesses bestimmt maßgeblich den Preis. So generieren zwei unterschiedliche Auktionsarten zwei unterschiedliche Preise bei ein und demselben Gut.
- Nachfragekurve steigt mit steigenden Preisen: Eine nachvollziehbare und rationale Entscheidung kann vorliegen, wenn alle Nachfrager trotz Preiserhöhung mehr von einem bestimmten Gut erwerben wollen. Dies ist ein kompletter Widerspruch zur ökonomischen Standardtheorie. Das ist beispielsweise dann sinnvoll, wenn alle Nachfrager von der Erwartung ausgehen, dass der Preis des Gutes auch in der Zukunft weiter steigen wird. In einer solchen Marktsituation besteht die rationale Regelentscheidung darin, von einem Produkt rechtzeitig mehr nachzufragen, um dessen erwarteten weiteren Preiserhöhungen zu entgehen – insbesondere dann, wenn auf dieses Gut nicht verzichtet werden soll.
Ein anderes Beispiel für steigende Nachfrage beim steigenden Preis sind zahlreiche Gruppeneffekte, wie beispielsweise Mode-Hypes, Snob-Effekte, soziale oder religiöse Zwänge usw., sowie gegenseitige Beeinflussungen der Marktteilnehmer durch z. B. Opinion-Leader. Diese manchmal sogar sehr starken Effekte werden in der klassischen ökonomischen Theorie nicht berücksichtigt. Sie sind jedoch überall zu beobachten und können in der Verhaltensforschung heute auch gemessen werden (andere Beispiele sind Geldspenden, Opfer bringen, Nachahmen von irrationalen Trends, Verzicht üben, um sich von anderen Menschen zu unterscheiden usw.).
- Kunstmarkt und Snobismus: Es ist nicht selten, dass sich innerhalb eines offenen und freien Marktes ein in sich relativ geschlossener und komplett anders funktionierender Markt herausbildet. Ein gutes Beispiel für ein solches Phänomen ist der Kunstmarkt. Er verhält sich teilweise

konträr zu den allgemeinen Trends des Marktes: In Krisenzeiten (beispielsweise um das Jahr 2008 herum) boomte er. Auch scheint er nicht nach rationalen Gesetzmäßigkeiten zu funktionieren: Unberechenbare und teils absurde Transaktionen und Preisbildungen bei Werken (also Waren) werden hier generiert, über die ein Ökonom nur staunen kann und die aus keinerlei Sicht erklärbar sind.

- Spekulative Märkte (zukünftige Käufe/Verkäufe von Wertpapieren, Optionshandel, Leerkäufe, „kreative Finanzprodukte" etc.): Auch auf den Finanzmärkten gibt es die größten Irrationalitäten, die einer ökonomischen Theorie widersprechen. Zum Beispiel die künstlich erzeugten und gehandelten „neuen Finanzprodukte", die nicht nur kompliziert sind, sondern die durch ihre Intransparenz sehr oft verschleiern, was sich überhaupt hinter ihnen verbirgt. Trotzdem werden aber Produkte, die der Käufer nicht kennt, in großen Mengen gekauft und verkauft und bilden ein großes weltweites Handelsvolumen.
- Gesellschaftsschädigende Handlungen: Die Handelnden am Markt sind Personen, die entweder für sich selbst entscheiden und handeln oder aber für andere agieren (Eltern für ihre Kinder, Unternehmer und Manager für ihre Unternehmen bzw. für deren Eigentümer, Gewerkschaften für Arbeitnehmer, Politiker und Staatsbedienstete für die Bürger usw.). Dabei ist die vorrangige Interessenlage dieser Marktteilnehmer nicht immer eindeutig. Dementsprechend fallen auch die Resultate ihres Handelns aus, welche oft mit der ökonomischen Standardtheorie nicht zu erklären sind. So gibt es schädigende Handlungen, bei denen Unternehmen absichtlich in die Insolvenz geführt und von innen quasi ausgehöhlt werden (Asset-Stripping), indem man die Unternehmenswerte systematisch ausplündert oder auf verwandte/befreundete Personen oder Partner überführt.

Analyse der Preisbildung bei Auktionen

Der bei Auktionen gebildete Preis ist entgegen der Theorie nicht der marginale Preis. Es ist ein Preis, der nicht durch den Höchstbieter, sondern durch den zweiten Höchstbieter bestimmt wurde. Die Differenz zwischen dem Preis des Höchstbieters und dem des zweiten Höchstbieters ist der entstandene Consumer Surplus. Dieser entsteht auch bei direkten Preisverhandlungen als Differenz zwischen dem verhandelten Preis und dem Preis, den der Käufer maximal zu bezahlen bereit wäre.

Folglich ist der Consumer Surplus umso höher, je niedriger der erzielte oder verhandelte Preis ausfällt. Das bedeutet: Je wohlhabender ein Käufer im Vergleich zum Verkäufer bzw. zum Markt ist und je unwichtiger demzufolge der gebildete Preis für ihn ist, desto höher ist sein durch die Transaktion entstandener Consumer Surplus. Diese Tatsache ist ein wichtiger Faktor für die Erklärung der Akkumulation von Vermögen.

Fazit

Gemäß der gängigen Praxis bestimmt der erzielte Preis für die letzte an der Börse gehandelte Aktie eines Unternehmens den Wert/den Preis aller anderen zuvor gehandelten Aktien dieses Unternehmens und somit den Unternehmenswert.

4.7 Preisbildung und Preistheorie

Preisbildung bei Auktionen

Entgegen dem Glauben, dass der Preis bei Auktionen durch das Höchstgebot gebildet wird, kann man nachweisen, dass nicht der Höchstbieter, sondern der zweithöchste Bieter den Endpreis bestimmt!

4 Die Ökonomik

Diese Tatsache wird oft nicht verstanden. Es erscheint logisch, dass ein Gut zum Preis verkauft wird, den der Käufer gerade noch zu bezahlen bereit ist. Doch die Preisbildung funktioniert nach einem anderen System. Ganz gleich, ob wir uns in einer Auktion befinden oder an der Börse.

Es wird ein bestimmtes Gut angeboten, für welches sich mehrere potenzielle Käufer interessieren. Diese stehen in Konkurrenz um das Gut, und mit dem steigenden Preis steigen mehr und mehr Interessenten oder Bieter aus dem Rennen aus, bis schließlich nur noch zwei übrigbleiben. Der Preis steigt nur so weit, bis einer dieser beiden dann auch aussteigt und durch seinen Ausstieg aus dem Bieterrennen den Preis festlegt. Dieser ist genau der Ausstiegspreis plus eine Einheit. Wichtig dabei ist der Fakt, dass der Käufer das Gut genau zu diesem Preis erhält – selbst dann, wenn er bereit wäre, auch einen viel höheren Preis zu bezahlen!

> Die Differenz zwischen dem so gebildeten Marktpreis und dem maximalen Preis, den der Käufer zu bezahlen bereit gewesen wäre, nennt man in der Ökonomik „Consumer Surplus".

Beispiel 1 aus der Praxis:

Ein Käufer ist bereit, für eine Aktie an der Börse 100 EUR zu zahlen.
Der momentane Kurs steht bei 60 EUR, weil der letzte Käufer vor ihm bereit war, 60 EUR zu zahlen.
Der Käufer kann also die Aktie für 60 EUR erwerben, obwohl er bereit gewesen wäre, auch 100 EUR zu zahlen. Sein „Consumer Surplus" beträgt 100 EUR – 60 EUR = 40 EUR.

Beispiel 2 aus der Praxis:
Ein Käufer ist bereit, für ein Produkt bei der Auktion 100 EUR zu zahlen.
Der Preis steigt und mehr und mehr Bieter steigen aus, bis nur noch zwei übrigbleiben.

> Der Zweitbieter macht ein letztes Angebot bei 60 EUR.
> Damit setzt er den Preis, denn der Käufer bekommt den Zuschlag bei 61 EUR.
> Obwohl er bereit gewesen wäre, 100 EUR für das Produkt zu bezahlen, hat er es für 60 EUR + 1 EUR = 61 EUR bekommen, weil der Zweitbieter durch sein Höchstgebot (60 EUR) den Preis festgelegt hat.

Möglichkeiten der Preisbildung auf Märkten

Theoretische Möglichkeiten, wie Preise auf Märkten gebildet werden, sind:

a) Preissetzung durch Produzenten oder Händler
b) Preissetzung von Käufern (durch Marktmechanismen [Börsen oder Auktionen])
c) Preissetzung durch Behörden/den Staat/Regulatoren
d) Preissetzung durch einen festgelegten Prozess (z. B. durch Lizenzvergabe)
e) Preissetzung durch Marktmacht (durch Monopole oder Oligopole)
f) Preissetzung durch Manipulation (durch Panikmache)

Fazit

Es ist für Märkte nicht entscheidend, was der letzte Käufer für ein Gut zu bezahlen bereit ist, sondern was der am zweithöchsten Bietende zahlen möchte. Dieser bestimmt den Kaufpreis.

4.8 Inflation und Geldtheorie

Inflation ist immer verbunden mit einer Umverteilung des Vermögens von den ärmeren Schichten der Gesellschaft zu den wohlhabenderen Schichten. Der Grund hierfür ist die Tatsache, dass die wohlhabenderen Schichten ihr Kapital und ihr Geld in Investments (Wertpapiere, Immobilien, Firmenbeteiligungen, Gold usw.) angelegt haben, während die ärmere Gesellschaftsschicht keine Möglichkeit für diese Investments hat und daher alles als Barvermögen besitzt oder in Spareinlagen anlegt.

Zweiter Grund ist die gesamtgesellschaftliche Gesamtmasse und der Gesamtumsatz der betreffenden Einlagen. Durch die viel höhere absolute Anzahl ärmerer Menschen, die zwar wenig Vermögen haben, aber zahlenmäßig den Großteil der Gesellschaft stellen, ist das Volumen der entsprechenden Barvermögen in absoluten Zahlen sehr hoch.

Da die Inflation nur Geld (also Bargeld und Buchgeld) betrifft, ist überwiegend die ärmere Gesellschaftsschicht von der Entwertung des Geldes – also dieser Einlagen – betroffen und hat dementsprechend auch mehr darunter zu leiden.

Eine gesamtgesellschaftliche Erhöhung der Geldmittel bzw. Geldmenge bringt für den einzelnen Bürger und auch für die Gesellschaft überhaupt nichts. Im Gegenteil: Von einer Erhöhung der ungedeckten Geldmenge, die inflationäre Auswirkungen nach sich zieht, profitieren in erster Linie diejenigen, die am Beginn des Prozesses stehen, also die Bessergestellten und die Wohlhabenderen. Solch eine Erhöhung der Geldmenge täuscht über das Ausmaß der real vorhandenen Güter und Ersparnisse hinweg und setzt eine ungerechte Umverteilung von Vermögenswerten in Gang. Dieser Prozess kann auch als eine versteckte und besonders unehrliche Steuer betrachtet werden, weil dadurch die kleinen und sparsamen Menschen bestraft werden und Politikgünstlinge sowie die gesamte Finanzwirtschaft belohnt wird.

Diesen Mechanismus nennt man auch Cantillon-Effekt:
Die neu geschaffene, ungedeckte Geldmenge erreicht nicht alle Menschen zum selben Zeitpunkt. Sie tritt an den Zentren der Geldmengenausweitung in den Geldkreislauf

> ein und sickert erst langsam und allmählich durch die gesamte Gesellschaft nach unten. Damit bereichern sich die Erstbesitzer des neu geschaffenen Geldes auf Kosten der Letztbesitzer. Denn die Erstbesitzer können mit dem neu geschaffenen Geld zu den alten und niedrigeren Preisen einkaufen und erfahren auf diese Weise einen realen Einkommensanstieg. Die Letztbesitzer sehen sich dann mit steigenden Preisen konfrontiert, während die Nominaleinkommen dieser Gruppe noch nicht nachgezogen sind (also noch nicht erhöht und an die Inflation angepasst wurden). Das Realeinkommen dieser Gruppen sinkt dadurch. Mit der Fortdauer der Inflation driften auf diese Weise die Einkommen und Vermögen immer weiter auseinander. Die Unterschiede zwischen Arm und Reich wachsen. Spannungen innerhalb der Gesellschaft nehmen zu. Die soziale Schere geht immer weiter auseinander.

Eine Hyperinflation kann schließlich dazu führen, dass es in der Gesellschaft nur noch Millionäre und Milliardäre gibt. Es nutzt aber niemandem, da diese sich für das künstlich aufgeblähte Geld nichts mehr kaufen können. Das Geld wird wertlos und die Kaufkraft fällt. Die sozialen Unterschiede vergrößern sich eher aufgrund der zuvor erklärten Effekte.

Theoretisch kann es eine Gesellschaft mit lauter Millionären oder Milliardären nicht geben (siehe auch unter: Konzerteffekt in Abschn. 4.1). Dieser Zusammenhang muss jedem klar sein, der sich nur minimal mit Ökonomie beschäftigt. Einen Versuch dazu wagte der Kommunismus im letzten Jahrhundert – mit den bekannten und tragischen Folgen.

Eine Gesellschaft, die nur aus einer Oberschicht besteht, ist aus rein logischen Gründen nicht möglich, genauso wie es nicht möglich ist, dass jeder Mensch zum Beispiel ein besserer Autofahrer ist als der Durchschnitt!

4 Die Ökonomik 277

So ist auch ökonomischer Gewinn und empfundener Wohlstand immer nur in Relation zu anderen möglich, ganz gleich, ob innerhalb einer Gruppe, innerhalb der Gesellschaft oder weltweit.

Global und regional verhält sich dieser Zusammenhang identisch.

Es wäre absolut illusorisch zu glauben, dass Wohlstand und Reichtum für alle Menschen erzielbar seien. Auch theoretisch ist dieser Wunsch nicht möglich. Denn ganz unabhängig von der Tatsache, dass sich Menschen untereinander sehr unterscheiden und ganz verschiedene Voraussetzungen und Bedürfnisse mitbringen, werden immer auch Arbeiten und Aufgaben existieren, die zwar unerlässlich sind, die aber nur die Wenigsten zu erledigen bereit sind, weil diese Arbeiten besonders schwierig sind oder den Menschen aus den verschiedensten Gründen besonders viel abverlangen. Auch wenn es einen rasanten technischen Fortschritt gibt und auch weiterhin geben wird, so wird es immer bestimmte Arbeiten geben, die durch Menschen erledigt werden müssen. Deswegen wird es auch immer Menschen geben, die auf der untersten sozialen Stufe stehen werden. Es wird immer Menschen geben, die unterdurchschnittlich verdienen, und je nachdem, wo man die Armutsgrenze ansiedelt, ist es ein mathematisches Gesetz, dass es Menschen geben wird, die unterhalb dieser Grenze sein werden.

Daher spielt es im großen ökonomischen Zusammenhang auch keine Rolle, ob man eine bestimmte Gesellschaft oder ein bestimmtes Land betrachtet oder den ganzen Globus. Ein Aufstieg ist immer nur in Relation zu den anderen Mitmenschen möglich.

Daher kommt es darauf an, eine Situation und ein System zu schaffen, wo auch die Menschen, die auf der untersten sozialen und gesellschaftlichen Stufe stehen, ein sicheres Einkommen und angemessene Lebens- und Arbeitsverhältnisse vorfinden. Dieser Faktor macht eine wirklich reiche und wohlhabende Gesellschaft aus. Nicht der Faktor, wie wohlhabend die sind, die am meisten haben, sondern wie viel die haben, die am wenigsten besitzen.

So wird diesbezüglich auf Abschn. 4.25 verwiesen, wo ein Experiment mit einer isolierten Gruppe von Menschen beschrieben wird. Das Thema der gerechten Verteilung von Ressourcen und Wohlstand hat eine signifikante Auswirkung auf die Stabilität und den Gesamtwohlstand der Gesellschaft.

Fazit

Gesamtgesellschaftlicher Wohlstand ist nur durch das Erzielen besserer Lebensverhältnisse erreichbar und nicht durch mehr Geld.

Die sozialen Strukturen in der Gesellschaft sind nur veränderbar, aber nicht eliminierbar.

Sozialer Aufstieg Einzelner ist nur in Relation zum Rest der Gesellschaft möglich.

Reichtum für alle ist leider unmöglich.

4.9 Preisniveau und der Wert des Tausches

Tauschgeschäfte kommen immer nur dann zustande, wenn beide Vertragspartner einen Vorteil in dem Geschäft – also dem Tausch – sehen, wenn also ökonomisch gesehen eine veränderte Güterverteilung entsteht, die den Präferenzen dieser beiden Vertragspartner entspricht oder entgegenkommt.

Auch aufgrund der durch den abnehmenden Grenznutzen verstärkten Vielfalt finden die meisten Vertragspartner einen größeren Nutzen im gemachten Geschäft. Dadurch sind Tauschgeschäfte hoch wertstiftend und demzufolge auch wohlstandsmehrend. Denn die subjektiven Bewertungsunterschiede der beiden Tauschpartner für das jeweilige Gut schaffen eine positive Gesamtdifferenz des abgeschlossenen Geschäftes, auch wenn sich die getauschten Güter selbst physikalisch nicht verändern.

Dieser wichtige Wert des Handelns und des Marktes ist nicht sichtbar und wird in der Ökonomik meistens komplett übersehen. Nur eine subjektivistische Perspektive würde diese Werterhöhung auch ökonomisch sichtbar machen.

Insbesondere in besser entwickelten Gesellschaftsstrukturen vermehrt das Tauschgeschäft auch auf eine andere Art und Weise den Wohlstand: Freie Marktwirtschaft mit Handel erweitert die Arbeitsteilung und bekommt eine gesellschaftliche Dimension. Dadurch werden Arbeitsteilung, Spezialisierung und Kapitalbildung ermöglicht, wovon insgesamt die ganze Gesellschaft profitiert. Es werden signifikant mehr, bessere und günstigere Produkte erzeugt und den Menschen zur Verfügung gestellt.

Bei dem jeweiligen Tauschakt kann man von außen nicht beziffern, wie groß die erzeugte Wertdifferenz ist, oder welcher der beiden Vertragspartner wie viel oder mehr von dem Geschäft profitiert.

Sicher ist nur, dass beide erwarten, bessergestellt zu werden als vor dem Tausch/Geschäft. Eine Win-Win-Situation entsteht. Das sollte auch dann der Fall sein, wenn beide Tauschpartner sehr unterschiedlich sind. So wollen beispielsweise Menschen in bitterer Armut Produkte von wohlhabenden Weltkonzernen tauschen/erwerben. Hier besteht theoretisch natürlich auch im freien Markt die Win-Win-Situation.

Relativieren muss man die Theorie jedoch durch die Erkenntnisse aus den menschlichen Verhaltensweisen und der Funktion der Tauschprozesse in der realen Welt. Denn hier kann man natürlich getäuscht oder ausgenutzt werden.

Auch die einseitigen Informationsvorteile führen zu einer einseitigen Verlagerung des Tauschgewinns zugunsten der stärkeren oder besser informierten Partei. Ethische und moralische Fragen bilden bei einer zu großen Ungleichheit ein weites und breites Feld verschiedenster Fragestellungen. Deswegen kann man nicht pauschale Aussagen darüber treffen, ob ein Wegfall von Angeboten oder Tauschgeschäften in einer bestimmten Situation und Konstellation der benachteiligten Seite hilft oder schadet.

In ärmeren Gesellschaften und Ökonomien wäre zu erwarten, dass Dienstleistungen und Waren sehr günstig sind. Weil die Menschen nicht viel haben, sollten sie für eine erbrachte Dienstleistung auch nicht viel verlangen. Diese Kausalität ist jedoch nicht gegeben. In armen Ökonomien sind alle Güter knapp. Auch solche, die es woanders im Überfluss und billig gibt, sind in armen Gesellschaften knapp und daher begehrt. Menschen sind bereit – und müssen oft sogar – sehr viel für Notwendiges ausgeben. Wenn es sein muss, auch alles, was sie momentan gerade haben. Güter sind generell nicht immer und nicht überall verfügbar. Infrastruktur und Logistik sind nicht optimal entwickelt oder nicht ausreichend vorhanden. Vieles muss importiert werden, teilweise sogar die einfachsten und notwendigsten Dinge.

Importe sind immer teurer, weil die Logistikkosten dazukommen. Die Verteilung ist schlecht, was das Problem noch weiter vergrößert. Der Transport im Land ist kompliziert und aufwendig – weil alles knapp ist: Fahrzeuge, Treibstoffe, Strom und gute Organisation. Die Summe aller dieser Faktoren führt zu einer großen Ineffizienz des Gesamtsystems. Ineffizienz eines Systems bedeutet, dass viel Aufwand, Energie, Arbeit und Geld aufgewendet werden muss, um eine Einheit an Output (Produkt oder Dienstleistung) zu produzieren. Immer wenn viel aufzuwenden ist und wenig erbracht wird, hat das zur Folge, dass das Preisniveau steigt und sehr hoch ist. Es gibt in der Realität sehr viele Beispiele mit dieser Konstellation (Luanda/Angola, Ndjamena/Tschad).

Demgegenüber sind Länder mit hoher Effizienz und guter Organisation natürlich im Vorteil. Sie setzen die eigenen Ressourcen so ein, dass ein möglichst hoher Output aus den eingesetzten Ressourcen hervorgebracht wird. Die Menschen können sich dadurch dementsprechend viel leisten und müssen in Relation wenig einsetzen/zahlen/arbeiten. Die Versorgung ist gut, die Produktion ist gut und die Organisation und Logistik sind es auch.

- Effizienz kommt der Gesellschaft sehr zugute.
- Effizienz ist die Erklärung und Grundlage zum Reichtum.

Es bedeutet, sich möglichst viel leisten zu können (weil alles effizient ist) und dafür möglichst wenig aufwenden zu müssen.

4.10 Aufgabe und Rolle der Banken

Wichtig zu unterscheiden sind die Funktionen der Banken:

a) Bank als Versorger der Ökonomie mit Geld und
b) Bank als Unternehmen und Marktteilnehmer, der zugleich Investor, Wettbewerber, Akteur in der Wirtschaft mit Gewinnerzielungsabsichten und Investmentunternehmer ist.

Offensichtlich sind hier einige Zielsetzungen konträr zueinander, was schädlich für die Wirtschaft und die Gesellschaft ist.

Eine mögliche Lösung dieser Problematik wäre ein „Schachtelsystem" des Finanzwesens, welches es gewährleistet, dass sich jede Einheit auf ihren Kernbereich bzw. ihr Business konzentriert und mit anderen Finanzinstituten geschäftlich verbunden ist.

Ziel muss sein, die Stabilität, die Sicherheit, die Stressresistenz, die Effizienz und die Versorgung des Marktes mit Geld und Kapital zu verbessern und zu erhöhen.

Eine mögliche Lösung wäre ein Mehrstufenmodell, das aus folgenden Einheiten besteht:

1. EZB = interstaatlich mit klarem Auftrag des Staates/der Regierung und Audits/Kontrollen;
2. nationale Banken mit Aufgabenregulierung + Regelwerk + klarer Trennung von Sektoren;
3. Finanzdienstleister, die nach geltendem Finanzrecht funktionieren (z. B. Fondsanbieter, Berater, Kreditvermittler etc.);
4. Fin-Techs, die als Abwickler von Transfers zu sehen sind (z. B. PayPal) und nach Handelsrecht funktionieren;
5. Individual Capital Provider, die nach privatrechtlichen Kriterien funktionieren (z. B. Aufschreibung von Rechnungen in Restaurants und in Geschäften – und so eine Ausweitung der Kreditgewährung, Herausgabe von Wertcoupons, Nachbarschaftskleinkredite usw.)

Der Effekt wäre eine wesentlich höhere Kapitaldurchsetzung der Ökonomie und Entbürokratisierung des Finanzsystems – und dadurch eine höhere Wirtschaftsleistung der Gesellschaft. Denn das Ziel muss sein, eine höhere Stabilität und Verlässlichkeit des Finanzsystems zu schaffen mit mehr Sicherheit für die Unternehmen und Bürger, eine höhere Stressresistenz gegen Krisen und eine höhere Effizienz und Leistungsfähigkeit bei einer guten Versorgung der Wirtschaft und Gesellschaft mit Kapital.

4.11 Finanzsystem

Derzeit existiert eine Art Friktion im weltweiten Finanzsystem:

Es gibt die wirtschaftliche Supermacht China mit einem relativ in sich geschlossenen und zentral gesteuerten und regulierten Finanzsystem, welches durch die enorm große Bevölkerungszahl und die mittlerweile recht hohe Produktivität gestützt und daher auch abgesichert ist. Diese Situation gibt der Regierung eine sehr hohe Flexibilität und Handlungsmöglichkeiten: Nach innen ist es die Aufgabe der Banken, die Versorgung der Wirtschaft und der Konsumenten mit Geld optimal zu gewährleisten, wobei diese ebenso wie auch die Zentralbank de facto der Regierung unterstehen. Nach außen – also international – hat China die Möglichkeit, aufgrund der stabilen internen ökonomischen Verhältnisse im großen Stil durch Geldschöpfung so viel Kapital zu generieren, dass das Land – ohne dass es eine inflationäre Entwicklung befürchten müsste – in fast unbegrenzten Mengen Kredite gewähren und Beteiligungen erwerben oder sich Rohstoffe sichern kann.

Demgegenüber steht die andere wirtschaftliche Supermacht USA mit deren weltbekannten Federal Reserve (FED). Diese ist in einem völlig offenen und weltweiten Finanzsystem der wichtigste Player. Politisch und ökonomisch ist es den USA gelungen, ihre Währung, den US-Dollar, zu einer De-facto-Weltwährung zu machen. Die Rohstoffe werden weltweit in USD gehandelt, kleinere Länder decken ihre eigene Währung mit USD ab, einige Länder (beispielsweise in Lateinamerika) verzichten sogar gänzlich auf eine eigene Währung und führen nur USD, in Krisenregionen (Ex-Jugoslawien, Irak, einige Länder in Afrika) wird praktisch nur in USD bezahlt usw. Die Folge dieser Situation, in der eine bestimmte Währung weltweit anerkannt wird, ist, dass durch das weltweite Vertrauen diese Währung automatisch auch gedeckt wird. Durch dieses Vertrauen (oder möglicherweise auch aufgrund der „Alternativlosigkeit") bekommt die FED die Möglichkeit zur Geldschaffung, ohne dass inflationäre Tendenzen befürchtet werden müssen.

Es erübrigt sich zu erwähnen, dass Geldschaffung ohne Inflation nichts anderes bedeutet als Generierung von Reichtum auf Kosten der anderen – nämlich denen, die an die Währung glauben und sie nutzen.

In einem Finanzsystem, das international konkurriert und das keine dominante Stellung hat, ist die Währung durch bestimmte hinterlegte Realwerte abgesichert (früher war es meistens Gold). Dadurch wurden die notwendige Sicherheit und Glaubwürdigkeit der Währung gegenüber den Besitzern des Geldes dokumentiert und begründet.

Die Geschäftsbanken haben in der nationalen Ökonomie die Aufgabe, das durch die Zentrale geschaffene Geld innerhalb der Wirtschaft in Umlauf zu bringen und zusätzlich durch die Vergabe von Krediten weiteres Geld und Liquidität zu schaffen. Natürlich werden sie für diese wichtige Aufgabe auch ökonomisch entsprechend gut entlohnt und können so gute Gewinne erwirtschaften.

In der Finanzwirtschaft kann es aber zu einer Kollision von Interessen kommen, da die Generierung von Shareholder Value für die Finanzinstitute eine konträre Zielsetzung hat und im Widerspruch zur Aufgabe der Versorgung der Wirtschaft und Konsumenten mit Liquidität steht. Dann agieren Banken als Wettbewerber zu Unternehmen und Wirtschaft bei der Generierung von Shareholder Value und kämpfen dabei auch um Investitionen – also um die knappen Ressourcen im Markt, anstatt ihrer eigentlichen Aufgabe nachzukommen: der Versorgung der Wirtschaft und der Konsumenten mit Liquidität.

Dabei sind die Banken sehr starke Player am Markt – in der Regel sind sie stärker und mächtiger als die Konsumenten – und nutzen ihre Marktstärke dementsprechend auch dazu aus, um ihre Position und Interessen durchsetzen zu können. Die Folge ist noch mehr Stärke und eine noch größere Konzentration von Macht der Banken und eine zusätzliche Akkumulation von Kapital – anstatt Versorgung der Wirtschaft und der Konsumenten mit dem Zur-Verfügung-Stellen von Kapital.

Es ist ein generelles wirtschaftspolitisches Thema. Es ist ein regulatorisches Problem und ein Teil der Wirtschaftspolitik.

Eine signifikante Verbesserung der Versorgung mit Geld und eine Erhöhung der Unabhängigkeit von Zentralbanken und von internationalen Wirtschaftsschwankungen könnte eine Etablierung von dezentralen und ineinander verzahnten, regionalen Finanzstrukturen sein. Eine Art dezentrale Finanzierung durch regionale, lokale und private „Investoren" als Provider von eigenen „Währungen". Analog zu derzeit existierenden Kreditkartenpunkten, Meilenkonten, Gutschein-Voucher und Ähnlichem. So könnten sich zahlreiche und hochspezialisierte „Minibanken" bilden, die einen positiven Effekt auf den Markt hätten und für eine Stabilisierung des gesamten Systems sorgen würden. Bedeuten würde solch ein System Geldschöpfung durch Vertrauen, Vergabe von Krediten und Schaffung vom Buchgeld. Backup und Sicherheit hätte dieses System einerseits durch die Vernetzung und Verzahnung ineinander, andererseits aber auch zusätzlich durch die existierenden Geschäftsbanken, die es zwar gibt, die aber diesem Geschäft nicht nachkommen, und in letzter Instanz – wie heute auch schon – durch die Zentralbank. Eine Sicherheitsvorrichtung gegen Schwankungen und Zusammenbrüche nach dem Schachtelprinzip ist wesentlich stabiler und resistenter als eine solche nach dem

Kettenprinzip, wie es heute der Fall ist: Gerät ein Finanzinstitut in Probleme, reißt es die Investoren und Gläubiger mit und diese wiederum ihre Gläubiger und Investoren und so weiter, bis ein riesiger Schaden entsteht und unendlich viel Marktvolumen und Kapitalwerte verbrannt sind.

Aus diesen Gründen sollten die Möglichkeiten der neuen Technologien (Fin-Techs) genutzt und auch die rechtlichen Rahmenbedingungen geschaffen werden, damit es Unternehmen, Institutionen und auch Einzelpersonen ermöglicht wird, Liquidität zu schaffen.

4.12 Geldpolitik

Derzeit werden Währungen (zumindest teilweise) mit anderen Währungen oder mit Gold gesichert. In beiden Fällen handelt es sich um zwar wertvolle, jedoch nicht nützliche Güter, deren Wert auch nur durch den Glauben der Menschen hält. Eine alternative Möglichkeit für ein Backup von Währungen wäre das Hinterlegen von nützlichen, knappen Gütern, die den Staat aber nichts kosten (z. B. Gutscheine für Steuerreduktion in verschiedenen Volumina). Somit hätte der Staat die Möglichkeit, die wertvollen Güter (wie z. B. das Gold) anderweitig ökonomisch zu nutzen. Er hätte die Möglichkeiten, mehrere Währungen herauszugeben (z. B. auch Gutscheine oder Coupons für spezifische Zwecke).

Dadurch würde eine höhere Diversifikation in der Ökonomie entstehen, eine höhere Sicherheit, wesentlich niedrigere Kosten für Custody, Sicherheit und Emissionen und vor allem eine bessere und effektivere Versorgung der Ökonomie mit Geld, sodass jeder einen besseren und einfacheren Zugang zu finanziellen Mitteln hätte.

4.13 Gesellschaftliche Kosten (Umweltbelastungen, Kriminalität, Ungleichheit, Marktversagen ...)

Umweltbelastungen verursachen hohe Kosten für die Gesellschaft, etwa durch umweltbedingte Gesundheits- und Materialschäden, Ernteausfälle oder Schäden an Ökosystemen. Oft sind ganze Umweltkatastrophen die Folge.

Doch auch zahllose andere Dinge verursachen horrende, aber eher unsichtbare gesellschaftliche Kosten. So zahlt beispielsweise die ganze Gesellschaft einen enormen Preis für – prozentual an der Gesamtbevölkerung gemessen – sehr wenige kriminelle Personen. Dabei handelt es sich nicht nur um die wirtschaftlichen Schäden von Einbrüchen, Diebstählen, Vandalismus oder die Kosten für Gefängnisse. Um die gesellschaftlichen Kosten durch Kriminalität nicht explosionsartig ansteigen zu lassen, muss der Staat ein ganzes Bündel von Maßnahmen vorhalten, durchführen und finanzieren. Dazu zählt das Sicherheitspersonal, die Ausrüstung, die Immobilien, usw., aber auch die Opportunitätskosten, also die Kosten der möglichen Alternativen, wenn all diese Manpower und Infrastruktur nicht in Sicherheit investiert werden müsste, sondern in Produktion, Bildung, in die medizinische Versorgung, in Forschung, Technik oder für soziale Projekte und Strukturen. Erst dann lassen sich die tatsächlichen gesellschaftlichen Kosten der Kriminalität annähernd abschätzen.

Die Signifikanz von Kostenschätzungen
Schätzungen von Kosten sind vielseitig nutzbar. Sie zeigen, wie teuer beispielsweise unterlassener Umweltschutz ist, und untermauern die ökonomische Notwendigkeit anspruchsvoller Umweltziele. Mit ihrer Hilfe lassen sich auch

die Kosten und Nutzen von umwelt- und klimapolitischen Maßnahmen besser bewerten.

Gesamtwirtschaftliche Bedeutung der Umweltkosten
Umweltkosten sind ökonomisch höchst relevant. Das zeigte bereits der sogenannte „Stern-Report" im Jahr 2006, der die allein durch den Klimawandel entstehenden Kosten auf jährlich bis zu 20 % des globalen Bruttoinlandprodukts bezifferte. Auch auf Deutschland bezogene Schätzungen zeigen die ökonomische Bedeutung der Umweltkosten.

Ohne eine Berücksichtigung der externen Kosten würden Investitionen in neue Technologien, Prozesse oder Strukturen benachteiligt und alte, mit hohen externen Kosten verbundene Systeme und Strukturen länger aufrechterhalten, als dies gesamtwirtschaftlich sinnvoll wäre.

Internalisierung von Kosten
Kosten sollten grundsätzlich internalisiert – also den Verursachern angelastet – werden. Da dies bisher nur unzureichend geschieht, gibt es keine hinreichenden (wirtschaftlichen) Anreize, beispielsweise für die Verursacher, die verursachte Umweltbelastung zu reduzieren. Ohne eine vollständige Internalisierung der externen Kosten wird der Wettbewerb verzerrt, und die Entwicklung und Marktdurchsetzung von besseren Produkten – und beispielsweise umweltfreundlichen Techniken – werden gehemmt.

Insbesondere Umweltkosten müssen vor allem in Bereichen wie dem Energie- und Verkehrssektor, die besonders hohe Umweltschäden verursachen, stärker als bisher in Rechnung gestellt werden. Dies würde den Ausbau der erneuerbaren Energien fördern, die Energieeffizienz erhöhen und wesentlich zu einer nachhaltigen Mobilität beitragen. Aber auch in anderen Bereichen wie beispielsweise der Landwirtschaft würde die Berücksichtigung der Umweltkosten zu nachhaltigeren Produktions- und Konsummustern führen.

4.14 Externe Effekte

> Als externen Effekt oder auch als Externalität werden in der Volkswirtschaftslehre die unkompensierten Auswirkungen ökonomischer Entscheidungen auf Unbeteiligte bezeichnet. Also Auswirkungen, für die niemand bezahlt und niemand einen Ausgleich erhält. Sie werden nicht in die Entscheidungskalkulation des oder der Verursacher dieser Effekte einbezogen. Volkswirtschaftlich gesehen begründen Externalitäten eine Form von Marktversagen und können daher auch staatliche Interventionen notwendig machen.

> Ein klassisches Beispiel sind die durch die Allgemeinheit zu tragenden Folgen des Klimawandels, die beispielsweise nicht im Ticketpreis einer Flugreise oder im Preis von Rindfleisch enthalten sind – obwohl der Konsum dieser Produkte durch den CO_2- bzw. Methan-Ausstoß in erheblichem Ausmaß zum Klimawandel beiträgt.

Diese Folgen sind somit ein externer Effekt des Konsums dieser Produkte.

Negative externe Effekte werden auch als externe oder soziale Kosten, positive als externer Nutzen oder sozialer Ertrag bezeichnet. Extern heißt dabei, dass die Effekte oder Nebenwirkungen eines Verhaltens nicht oder nicht ausreichend im Markt berücksichtigt werden und aus der Sicht des Marktes extern sind.

Externe Effekte (soziale Kosten, volkswirtschaftliche Kosten, Social Costs) sind Kosten, die nicht von den verursachenden Wirtschaftsakteuren getragen, sondern Dritten aufgebürdet werden. Entstehen bei der Produktion von Gütern z. B. Lärm, Verschlechterung der Luft etc., dann gehen diese Belastungen nicht in die Kostenrechnung der Betriebe ein, sondern werden der Allgemeinheit in Form einer verminderten Umweltqualität auferlegt.

Externe Kosten, gesellschaftliche Kosten, soziale Kosten, volkswirtschaftliche Kosten sind also solche Kosten, die nicht von den sie verursachenden Wirtschaftssubjekten getragen, sondern der Gesellschaft oder Dritten (oder allen) aufgebürdet werden.

Sind die gesamten (sozialen) Kosten aber höher als die betrieblichen (privaten) Kosten, so wird als Folge dieser Diskrepanz die Produktion solcher Güter über das gesamtwirtschaftlich erwünschte Maß ausgedehnt. Durch geeignete Maßnahmen ist es jedoch möglich, diese externen Kosten zu internalisieren.

Die wirtschaftlichen Rahmenbedingungen (Wirtschaftspolitik) müssen deshalb so gestaltet werden, dass möglichst wenig externe Kosten entstehen. Die bisherigen externen Kosten müssen vom Verursacher getragen werden (Internalisierung externer Kosten), damit es für ihn reizvoll wird, sie zu vermeiden (Verursacherprinzip).

Dies zu erreichen, ist oft sehr schwierig, da man diese Kosten einerseits dem Verursacher eindeutig zurechnen und sie andererseits auch schlüssig und plausibel beziffern und berechnen muss.

Beispiel für externe Kosten:

Einwegflaschen mögen sich betriebswirtschaftlich rechnen, volkswirtschaftlich fallen zusätzliche Kosten für Müllbeseitigung und Umweltverschmutzung an.

Für eine einzelne Unternehmung mag es vorteilhaft sein, ungereinigte Abwässer in den Fluss zu entlassen, gesamtwirtschaftlich fallen dadurch Zusatzkosten für die Trinkwasseraufbereitung an sowie für Bau und Unterhaltung von Schwimmbädern, wenn man in den Flüssen und Seen nicht mehr schwimmen darf.

Beispiel für externen Nutzen:

Der Imker erntet den Honig, stellt aber gleichzeitig ungewollt die weitaus größere Bestäubungsleistung seiner Bienen der Allgemeinheit kostenlos zur Verfügung.

Externe Kosten der Umweltverschmutzung sind gesellschaftliche Kosten, die nicht von den verursachenden Betrieben getragen, sondern der Gesellschaft aufgebürdet werden.

Diese Tatbestände verursachen für die Gesellschaft Kosten, die in keiner Kalkulation berücksichtigt werden. Durch wirtschaftliche und gesetzliche Rahmenbedingungen muss der Gesetzgeber deshalb danach streben, dass externe Kosten möglichst nicht entstehen.

4.15 Investorenmärkte – Rolle der Investoren in der Ökonomie

Investoren kaufen z. B. Immobilien als Anlage – insbesondere in Niedrigzinsphasen – und lassen diese durch Banken zu den niedrigen Zinsen günstig finanzieren. Dadurch werden sie (die Investoren) finanziell nicht belastet und bekommen die entsprechende Immobilie sehr günstig. Dies erhöht die Nachfrage nach Immobilien und macht diese somit auch teurer. Diese generelle Verteuerung der Immobilien verteuert aber auch die Mieten und Mietobjekte.

Dadurch werden Mieter benachteiligt, die sich keine Immobilien leisten können, also überwiegend Menschen im niedrigen Einkommenssektor. Höhere Preise für Immobilien und höhere Mieten produzieren eine Verknappung der günstigen Mietobjekte und in der Folge auch deren Verteuerung.

Außerdem werden viele Spekulationsobjekte nicht vermietet. Das ist kaum ein Nachteil für die Eigentümer, weil sie – bedingt durch die niedrigen Zinsen – die Immobilien/das Investment günstig fremdfinanzieren und somit unter dem Strich kein Verlustgeschäft machen.

Damit entsteht eine künstliche Verknappung, deren negative Folgen mit Preissteigerungen auch der Mittelstand zu tragen hat. Die Investoren profitieren jedoch von dieser künstlichen Verknappung und von den dadurch gestiegenen

Preisen für die Immobilien und Wohnraum – denn es handelt sich um eine Steigerung ihrer Investments.

Für die Gesellschaft insgesamt ist diese Entwicklung aber negativ, weil nur einige wenige profitieren – und zwar die Wohlhabenden –, aber die große Masse der Gesellschaft die Nachteile zu tragen hat. Es findet eine Vermögensumverteilung von unten nach oben statt. Die Wohlhabenden werden noch wohlhabender, der Mittelstand schmilzt ab und viele rutschen in die Armut, und die Armen werden noch ärmer. Die Einkommensschere der Gesellschaft weitet sich.

Die Folgen sind höhere Lebenshaltungskosten für alle, verbunden mit einer Absenkung des Lebensstandards für die meisten Menschen in der Gesellschaft. Die Investitionen in technologisch wichtige Projekte sinken, weil stattdessen Investitionen in Immobilien getätigt werden, denn diese sind lukrativer und risikoärmer. Selbst dann, wenn die investierten Immobilien leer stehen. Der Konsum in der Gesellschaft sinkt, Geschäfte schließen, der Mittelstand schwindet und die Ökonomie fängt langsam zu stagnieren an.

4.16 Investitionen und technischer Fortschritt

Technischer Fortschritt und Investitionen haben sehr viel mit langfristiger ökonomischer Entwicklung und mit dem Wohlstandsniveau einer Gesellschaft zu tun. Nur wo technischer Fortschritt möglich ist, wo dieser zugelassen und gefördert wird, ist auch langfristig Wohlstand möglich. Ökonomien mit einem kleinen oder gar keinem technischen Fortschritt fallen zurück und verlieren unweigerlich an Wettbewerbsfähigkeit und auf lange Sicht auch an Wohlstand, weil dieser sich in Gegenden verlagert, die bessere Möglichkeiten und Voraussetzungen bieten.

Was jedoch sind die Voraussetzungen für Wohlstand und Kapitalattraktivität?

Die Geschichte lehrt uns, dass die Stabilität der Gesellschaft, die Sicherheit, die vorhandene Infrastruktur und die funktionierenden Institutionen (Justiz, Polizei, Banken, Gesundheitswesen, Behörden) sowie das allgemeine Bildungsniveau der Bevölkerung die entscheidenden Faktoren für einen attraktiven Standort sind. Somit hängen ein attraktiver Standort und der technische Fortschritt voneinander ab.

Damit die Gesellschaftsstrukturen diese notwendigen Voraussetzungen auch langfristig erfüllen und bieten können, müssen diese in sich möglichst stabil sein und keine inneren Spannungen haben. Diese kommen in der Regel durch Ungleichheit, Arbeitslosigkeit oder große soziale Unterschiede zu Stande. Für eine stabile soziale Struktur benötigt man nicht nur eine starke Mittelschicht, sondern auch eine stabile Unterschicht. Der technische Fortschritt muss, genauso wie alle Ressourcen, wohlüberlegt eingesetzt werden. Somit ist eine der ersten Prämissen, dass nichts in der Weise eingesetzt wird, dass es den Strukturen oder der Gesellschaft schaden könnte.

Es gibt zahllose Beispiele dafür, wie Ressourcen und technischer Fortschritt gesellschaftsschädlich eingesetzt werden. Werden beispielsweise viele Ressourcen verbraucht, ohne dass das Gesamtergebnis inklusive der zu internalisierenden Kosten positiv ist, dann entsteht ein negativer langfristiger gesellschaftlicher Effekt. Werden durch den Einsatz von Ressourcen oder des technischen Fortschritts bestimmte gesellschaftliche Gruppen unverhältnismäßig belastet oder erleiden Nachteile anderen gegenüber, dann entstehen Spannungen, und das gesellschaftliche Gefüge wird geschwächt.

Werden Menschen oder einzelne Gruppen geschädigt (z. B. durch Krankheiten) gefährdet oder in Gefahr gebracht, hat dies auch langfristige Nachteile. Wird der technische Fortschritt zum Abbau von Niedriglohnarbeiten eingesetzt, ist auch dies langfristig wirtschaftlich schädlich, weil der notwendige und wichtige Niedriglohnsektor geschädigt und zerstört wird. Denn für die Gesamtwirtschaft ist es ökonomisch und sozial vorteilhafter, einen Minimallohnsektor zu haben – Menschen diese Möglichkeit der Beschäftigung zu bieten und auch zu geben –, als technische Aufrüstung zu treiben, die darüber hinaus sehr viel kostet und hochqualifizierte Ressourcen verschlingt, und diesen Sektor zu beseitigen. Denn es wird in jeder Gesellschaft einen gewissen Prozentsatz an Personen geben, für welchen dieser Sektor die einzige Möglichkeit der Beschäftigung ist und auch bleiben wird.

Ohne diesen Sektor schafft man stattdessen nur aussichtslose und langfristige Arbeitslosigkeit ohne jede Perspektive, mit demensprechenden Folgeproblemen wie Kosten, Verzweiflung, soziale Spannungen, Kriminalität usw.

Insbesondere am unteren Ende der Gesellschaft ist es wichtig, eine gute und starke Struktur zu haben und den Menschen Perspektive zu bieten. Außerdem gibt es bestimmte Dienstleistungen, die maschinell niemals so gut zu bewerkstelligen sein werden wie von Menschen (Bedienung, Haushaltshilfe, Kinderhüten usw.). Hier zu investieren, um technische Lösungen zu entwickeln, die kleine Einsparungen bringen, aber große Probleme erzeugen, ist ökonomisch, sozial und politisch unklug.

4.17 Die Ökonomie des Arbeitsmarktes

Die gängigen relevanten Annahmen im Zusammenhang mit dem menschlichen Verhalten und dem Markt für Arbeit sind falsch. Sie gehen von folgenden Annahmen aus:

1. Der Mensch will nicht arbeiten und muss bezahlt werden, damit er es tut. Bezahlung stellt also eine Kompensation dar für seine Abneigung bzw. den Schmerz, arbeiten zu müssen. Folgerung: Je höher die Bezahlung (= Kompensation), desto höher die Arbeitsleistung.
2. Je härter und höher die Anstrengung ist, desto mehr Erfolg wird erzielt.

Doch das bedeutet nicht, dass dadurch auch bessere Ergebnisse erzielt werden!

Untersuchungen aus der Wissenschaft und der Verhaltensökonomie belegen, dass Geld nur bedingt als Motivator für Arbeitsleistung zu sehen ist und sich ab einer bestimmten Höhe sogar zum Stressfaktor entwickelt und somit LEISTUNGSHEMMEND wirkt.

Verbindet man die Kostenbetrachtung der Opportunitäten und der Alternativen mit der Performancekurve des Menschen, so liegt der Schluss nahe, dass ab einer bestimmten Höhe dieser Kosten (= Höhe des Reizes für den Menschen) seine Performance zu sinken beginnt.

Menschen neigen bei zu viel Aufregung und Stress dazu, sukzessive WENIGER Leistung zu bringen, ein Beispiel dafür ist das Lampenfieber (siehe auch Yerkes-Dodson-Experiment im Abschn. 2.4 sowie Abb. 4.1).

Formel für Leistungserbringung:

Eine weitverbreitete Fehlannahme ist der Glaube, dass die Kompensation im direkten Zusammenhang mit dem Erbringen einer Leistung steht. Anders ausgedrückt: Je höher die Kompensation, desto besser soll auch die abgelieferte Arbeitsleistung sein.

Alle Untersuchungen führen jedoch zum gleichen Ergebnis: Bei einer Erhöhung der Bezahlung aus Gründen einer gewünschten Erhöhung der abgelieferten Leistung des Angestellten zeigt sich lediglich bei der MECHANISCHEN (!) Arbeit – und auch das nur über einem sehr kurzen Bereich – eine leichte Erhöhung.

Bei kognitiver Arbeit jedoch gibt es diese Erhöhung der Leistung nicht. Somit ist zusätzliches Geld als Motivator eher ein Stressfaktor als ein Motivationsfaktor (Abb. 4.2)!

Untersuchungen und Tests in der Verhaltensökonomie konnten hingegen ganz andere und viel effektivere Motivationsfaktoren identifizieren. Es sind Faktoren wie beispielsweise Sinnhaftigkeit und Wichtigkeit der ausgeführten Arbeit und Aufgabe, die soziale Anerkennung bei der Tätigkeit, der Status des Berufs, eine adäquate und gerechte Bezahlung in Relation zu den anderen Mitarbeitern sowie die Möglichkeiten und Alternativen, die sich für den Betroffenen aus der Arbeit oder Aufgabe ergeben (siehe Kap. 2, „Der Mensch").

Diese Ergebnisse überraschten und zeigten, wie ineffektiv die Instrumente, die im Personalmanagement benutzt werden, in Wirklichkeit sind.

Die Annahme der klassischen Theorie, dass der Mensch von Natur aus nicht arbeiten möchte und durch Geld zur Arbeit „bewegt" werden muss – und dementsprechend

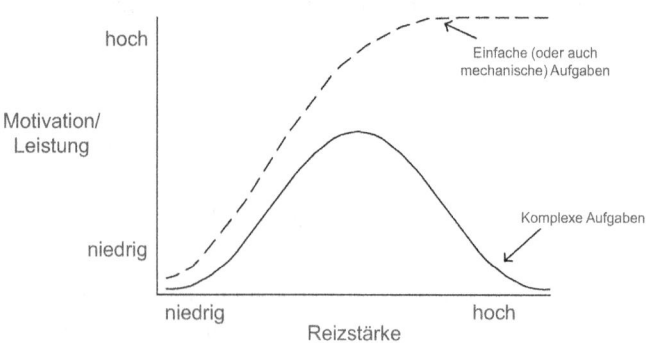

Abb. 4.2 Die Darstellung zeigt die Differenz der Leistung zwischen kognitiver und manueller Arbeit bei gegebenem Motivationsfaktor

umso mehr zu arbeiten bereit ist, je mehr Geld er bekommt – diese Annahme ist falsch.

Auch die angenommene Invisible Hand auf den Arbeitsmärkten, die alleine alles regelt und ins Gleichgewicht bringt, ist eine nicht reale Erfindung oder ein Wunsch, um komplexe Systeme einfach erklären zu wollen.

Diese Differenzen haben auf der mikroökonomischen Ebene die Auswirkungen, dass zahlreiche Ergebnisse nicht stimmen und dass Berechnungen und Prognosen von der Realität abweichen. Diese eher weniger sichtbaren „Unschärfen" in der Mikroökonomie haben aber auf der makroökonomischen Ebene massive Auswirkungen auf die Staats- und Weltwirtschaft.

In entwickelten Gesellschaften wird mehr und mehr Arbeitsleistung in den Dienstleistungsbereich verlagert. Hierzu kommt auch die fortschreitende Automatisierung, die mit dem technischen Fortschritt einhergeht. Es bleiben jedoch immer wichtige Arbeiten, die nicht maschinell verrichtet werden können, die keine Hochspezialisierung bzw. Ausbildung voraussetzen und die trotzdem wichtig sind.

Diese generelle Entwicklung ist daher der falsche Weg:

1. Die Abschaffung des Niedriglohnsektors, den viele Menschen nutzen, um zusätzliches Einkommen zu generieren. Dies betrifft einen zahlenmäßig durchaus großen Anteil der Population, sodass also ein erheblicher Umsatz in der Ökonomie generiert wird und zahlenmäßig viele Arbeitsplätze betrifft. Gibt es diese Stellen nicht, landen viele der Menschen in der Arbeitslosigkeit und Sozialhilfe und generieren großen gesellschaftlichen Unmut und soziale Spannungen.
2. Dieses Vorgehen schafft eine Abhängigkeit von Ländern, die diese Arbeiten/Arbeiter zur Verfügung stellen.

Nicht zu vernachlässigen ist die Tatsache, dass viele Menschen eine bestimmte Arbeit auch nicht nur der Bezahlung wegen tun, sondern aus Freude und Hilfsbereitschaft heraus. Zu erwähnen hier sind beispielsweise Arbeiten im Haus oder mit Kindern (insbesondere für einsame Rentner oder interessierte Studenten). Allein das Vorhandensein von Arbeit ist ein sehr wichtiger psychologischer Faktor! Er gibt Sicherheit und für viele Menschen ein Gefühl von Gebrauchtwerden.

Es ist ein gesellschaftlicher „Hygienefaktor".

Aus diesen Gründen ist es als höchstproblematisch zu bewerten, wenn die Entwicklung von Geräten forciert und finanziert wird, welche einfache menschliche Arbeit ersetzen sollen (beispielsweise Spiegeleiermaschinen in manchen Hotels oder Roboter, die den Gästen Getränke aufs Zimmer bringen).

Denn die Entwicklung dieser Technologien erfordert sehr viel und sehr hoch qualifizierte Arbeit. Durch das Investieren dieser hochwertigen und hochqualifizierten Arbeit kann mit zeitlicher Verzögerung die niedriger qualifizierte und einfache Arbeit durch die Maschinen nach deren Markteinführung ersetzt werden.

Somit handelt es sich hierbei um einen Trade-off, wo hochqualifizierte Arbeit und Kapital eingesetzt werden, um später weniger qualifizierte Arbeit zu ersetzen, weil diese durch die entwickelten Maschinen verrichtet wird.

Dabei sind aber auch die Folgen zu bedenken:

- Verdrängung niedrigqualifizierter Arbeit vom Markt mit der Folge höherer Arbeitslosigkeit für wenig qualifizierte Menschen oder Zuverdiener

- Anstieg von Armut und sozialen Spannungen in der unteren Bevölkerungsschicht
- Qualitätsverlust von Dienstleistungen in der Gesellschaft, weil eine vom Menschen erbrachte Dienstleistung in den meisten Fällen (schon aufgrund der menschlichen Würde und aus Prinzip) besser ist als die Dienstleistung von Maschinen (z. B. das Servieren)
- Entwertung der hochqualifizierten Arbeit genau auf den Wert der dadurch ersetzten niedriger qualifizierten Arbeit
- Direkter qualitativer und quantitativer Vergleich zwischen der investierten qualitativ hochwertigen und der zu ersetzenden einfachen Arbeit
- Gesamtverlagerung der verfügbaren Arbeit innerhalb der Gesellschaft in den höherqualifizierten Sektor mit der Folge,

a) dass Menschen, die nicht mithalten können, zum sozialen Problem werden, und
b) dass der höherqualifizierte Sektor zum „Normalsektor" wird – also auch von der Bezahlung und vom Status her, jedoch mit den gleichbleibend erhöhten Anforderungen

- Absinken von Löhnen in den höherqualifizierten Bereichen trotz gleichbleibender hochqualitativer Anforderung und gleicher Arbeitszeit
- Absinken des Gesamtwohlstands in der Gesellschaft durch falsche Allokation von Ressourcen
- Zunahme von sozialen Problemen und Arbeitslosigkeit innerhalb der Gesellschaft
- Höhere staatliche Sozialausgaben
- Höhere externe Kosten durch höhere Arbeitslosigkeit

Fazit

Schlussfolgerung 1: Geld wird als Motivator für mehr und härtere Arbeit angesehen und folglich als erfolgsentscheidender Faktor.

Schlussfolgerung 2: Hier besteht ein Widerspruch zwischen der ökonomischen Standardtheorie und der ökonomischen Realität, ein Widerspruch zwischen dem Homo oeconomicus und den Erkenntnissen aus der Verhaltensökonomie über das reale Verhalten von Menschen.

Nachdem das Kapital so definiert wird, dass es zur Produktion von Gütern und Dienstleistungen eingesetzt wird, ist davon auszugehen, dass es seinen Weg immer dorthin findet, wo es auch die besten Voraussetzungen gibt, sich zu vermehren. Und das wird nicht in dieser Ökonomie sein, denn diese ist nun im Abstieg begriffen. Das vorhandene Kapital wird abgezogen und wandert ab. Es wird international dort investiert, wo bessere ökonomische Voraussetzungen vorliegen.

4.18 Die Arbeitsleistung und ihre Faktoren in der Ökonomik

Die Reziprozität der Märkte folgt zu beiderseitigen Vorteilen beim Tausch bzw. Geschäft. Je höher entwickelt ein Land ist, desto höher ist die Arbeitsteilung in der Wirtschaft. Je höher die Arbeitsteilung ist, desto höher müssen zwangsläufig auch die Märkte und Handelsstrukturen entwickelt sein und desto besser sollte ihre Funktion sein. Denn nur dadurch kann der Vorteil der hohen Arbeitsteilung für beide Seiten maximiert werden. Diese hoch entwickelten Gesellschaften betrachten daher auch kulturell bedingt den beiderseitigen Vorteil eines Geschäftes oder eines Handels als selbstverständlich.

In weniger entwickelten Ländern und Kulturen sind auch diese Strukturen nicht so hoch entwickelt. Dies ist häufig auch die Folge einer anderen Sichtweise über Geschäft bzw. Handel: Dort herrscht oft die Einstellung, dass der Klügere den Dümmeren beim Tausch oder Geschäft über den Tisch zieht, und wer den größeren Vorteil hat, ist der bessere Geschäftsmann.

Diese Beobachtung hat eine nicht zu vernachlässigende Folge:

Im internationalen Handel, wo die unterschiedlichsten Regionen, Länder und Kulturen miteinander Geschäfte machen, können zwei unterschiedliche Anschauungsformen aufeinanderprallen, was zwangsläufig zu Problemen führen muss.

4.19 Analyse der wachsenden Ungleichheit und der Spaltung der Gesellschaft

Beispiel: Bäcker, Fleischer oder Schuhmacher mit ihrem Geschäft und Haus in der Stadt konnten ihre Familie mit vielen Kindern durchbringen und die Immobilie und das Geschäft wirtschaftlich unterhalten. Ärzte, Anwälte und Beamte waren die gesellschaftlichen Eliten mit repräsentativen Häusern in Bestlagen und Hausangestellten.

Heute geht das nicht.

Warum ist das so?

Heute fehlen auf dem Markt die billigen Jobs. Der Markt für Dienstleistungen durch ungelernte Arbeiter, Aushilfsjobs/Hilfsarbeiter und Hauspersonal wurde vollkommen ausgetrocknet. Durch falsch verstandene Hilfe und Vertretung der Arbeiterschaft wurden Standards und Mindestlöhne pauschal durchgesetzt, welche diese Arbeiten in vernünftigem Rahmen uninteressant machen. Logische Konsequenz: Verstärkte Investitionen in die Entwicklung von Technologien, um einen Teil dieser notwendigen Arbeiten technisch zu erledigen (z. B. durch Roboter). So werden gesellschaftlich wichtige Arbeiten (wichtig für die Empfänger, aber auch für die Dienstleister) durch teure Technologie ersetzt und damit die Dienstleister in die Arbeitslosigkeit geschickt, die nun vom Staat (Sozialhilfe) aufgefangen werden müssen. Diese Situation ist gleich in vielfacher Hinsicht schlecht:

a. Entzug der wirtschaftlichen Grundlage für die unterste produktive Schicht der Gesellschaft
b. Teilweise Fehlallokation für Investitionen (weil das investierte Kapital für sinnvollere Ziele hätte eingesetzt werden können, um die Produktivität an anderen Stellen zu erhöhen)
c. Weiterer sozialer Abstieg und Ausweglosigkeit für viele Dienstleister
d. Erhöhte soziale Ausgaben und Schaffung neuer Arbeitslosigkeit
e. Generelle Fehlallokation von Ressourcen
f. Begünstigung von Fehlentwicklungen (ökonomisch, gesellschaftlich und sozial)

Die größten Vorteile aus dieser Entwicklung generieren große Unternehmen, Technologieunternehmen und globale Player, die meistens ihre Produktion und auch Entwicklung im Ausland haben.

Dies führt zum Aussterben und zur Verarmung kleiner und mittelgroßer Unternehmen und zur Oligopolisierung des Marktes mit der Folge der Verteuerung von Produkten und Dienstleistungen für die Bevölkerung. Durch die höheren Ausgaben des Staates steigt analog auch die ineffiziente Umverteilung der Mittel sowie der Bedarf an Beamten.

Internationale Konzerne mit entsprechenden Strukturen und Know-how profitieren von dieser Entwicklung am meisten. Der Mittelstand und die Kleinunternehmen sind die Leidtragenden dieser Entwicklung.

4.20 Sozialer Aufstieg

In der Realität ist das Bedürfnis nach sozialer Anerkennung der Menschen sehr oft sehr hoch und deswegen sind auch die Handlungen der Marktteilnehmer von sozialen Aspekten und Normen sehr stark geprägt und von diesen abhängig. Das Bedürfnis nach sozialem Aufstieg ist in Wirklichkeit so groß, dass Individuen oft sogar sehr große Vermögen dafür investieren und altruistisch handeln, um soziale Anerkennung zu erlangen – was dem reinen ökonomischen eigennützigen Handeln nach der ökonomischen Standardtheorie diametral widerspricht.

Es gibt in jeder Gesellschaft auch unterlegene Gruppen, die eindeutig (und auch mit Recht) Nachteile für sich im Aufstieg von anderen sehen. Diese Nachteile manifestieren sich in Form von Konkurrenzzunahme um die Güter, die für diese Gruppen lebensnotwendig und wichtig sind. Es handelt sich hier insbesondere um die Arbeitsplätze mit weniger qualifizierter Arbeit, um Wohnraum im unteren Sektor des Marktes, um Dienstleistungen, die frei und ohne eine Qualifikation erbracht werden können, und um neue gesellschaftliche Aufstiegsmöglichkeiten, denn diese werden schwieriger und seltener.

Dies alles zusammengenommen führt zwangsläufig zu mehr Konkurrenz innerhalb der Gruppen, zu mehr Teilung, zu mehr Enge, Risiko und Druck. Alle diese Aspekte sind bei einer gegebenen menschlichen Konstitution negativ bewertet und führen zu Unzufriedenheit, zu Stress und zu Verlustängsten. Um also eine Glückssteigerung der einen Gruppe bewerten zu können, darf nicht die Situation der nicht aufgestiegenen Gruppe unberücksichtigt bleiben, denn diese Menschen sind die „Leidtragenden", weil sie zwar absolut keine Verluste erleiden, aber relativ im Verhältnis zu den anderen weiter nach unten abrutschen. Aus dieser Gruppe rekrutieren sich erfahrungsgemäß die erbittertsten Gegner der Verhältnisse und Ursachen, die den sozialen Aufstieg der anderen ermöglicht haben.

Ein Zugewinn an Zufriedenheit oder Glück kann, wie oben gezeigt, nicht absolut erzielt werden (wenn man beispielsweise rein in absoluten Zahlen gemessen insgesamt mehr Güter zur Verfügung hat), sondern nur in Relation zum Rest der Mitmenschen! Diese Erkenntnis ist gleichzeitig auch die Erklärung dafür, warum so viele Menschen in wohlhabenden Gesellschaften und Kulturen nicht glücklicher sind als Menschen in armen Kulturen und Gesellschaften – und warum sogar ein Ansteigen von Angst, Unzufriedenheit, Depressionen, Psychosen und oft sogar auch der Selbstmordraten mit steigenden Wohlstand einhergeht und messbar in der Realität beobachtet wird. Diese Fakten und Zusammenhänge werden in den ökonomischen Theorien ebenfalls nicht erklärt oder berücksichtigt, denn sie widersprechen der allgemeinen ökonomischen Standardtheorie. Sie sind nicht mit der Grenznutzentheorie zu verwechseln, können durch diese jedoch auch nicht erklärt werden.

In diesem Zusammenhang spielt natürlich der im Abschn. 3.4 beschriebene Effekt der Verlustaversion beim menschlichen Verhalten eine große und nicht zu unterschätzende Rolle. Wenn Menschen ihre möglichen Verluste subjektiv wesentlich höher bewerten als die Chancen auf Gewinne, dann resultieren allein aus diesem Effekt heraus viele Ergebnisse, die in Summe negativ sind und die in der Realität gut zu beobachten sind.

Auch aus der Sicht einer „Motivations-, Glücks- oder Zufriedenheitsanalyse" lässt sich diese Theorie begründen und interpretieren. Dieses Verhalten und diese Motivation des Menschen sind ein klares Indiz dafür, dass Anerkennung und Ansehen in der Gesellschaft, in der ein Mensch lebt, essenziell wichtige Faktoren sind für sein Zufriedenheitsstreben – oder das Streben nach Glück. Denn wenn Zufriedenheit und Glück das sind, wonach der Mensch strebt, dann sind dies auch seine Hauptmotivatoren. Und wenn demzufolge die gesellschaftliche Anerkennung und Akzeptanz dieses Bedürfnis befriedigen, dann tut der Mensch eben diese irrationalen in diesem Buch beschriebenen Dinge, um die gesellschaftliche Anerkennung zu bekommen.

Es ist jedoch zu bedenken, dass es durchaus auch die Möglichkeit gibt, dass die gesellschaftliche Anerkennung per se nicht die eigentliche Ursache und der Grund für das Glück und die Zufriedenheit des Menschen ist. Es ist auch möglich, dass die gesellschaftliche Anerkennung (nach Maslow) nicht die Spitze der Bedürfnispyramide darstellt. Sie könnte nur eine weitere „Voraussetzung" oder Vorstufe für eine andere, noch höherstehende Stufe zu Glück, Zufriedenheit und Erfüllung sein. Denkbar wäre zum Beispiel auch die Erklärung, dass durch eine gesellschaftlich hohe Stellung und Akzeptanz die betreffende Person für die anderen in der Gesellschaft lebenden Mitmenschen interessant und somit begehrenswerter wird. Dann wäre in diesem Fall nicht die gesellschaftliche Stellung das „Ziel" dieser Person, das ihr Glück und Genugtuung bringt. Ihr eigentliches Ziel und oberstes Bedürfnis in der Bedürfnispyramide wäre in diesem Fall das „Begehrtsein". Und dieses „Begehrtsein" wäre nur durch das Erreichen der gesellschaftlichen Anerkennung zu verwirklichen. Das würde somit schlussendlich auch direkt und logisch mit der

Fortpflanzung und der Erhaltung ihrer Spezies zusammenhängen.

Diese Argumentation wäre dann auch mit der Evolutionstheorie voll vereinbar, es wäre eine schlüssige, nachvollziehbare und logische Erklärung für die wirklichen Motive und Anreize des Menschen allgemein. Die Natur und die Evolutionstheorie lehren uns, dass sich diejenigen am ehesten durchsetzen (fortpflanzen), die am begehrenswertesten sind. Das sind die Stärksten, Erfolgreichsten, Mächtigsten, Reichsten, gesellschaftlich am höchsten Stehenden usw.

Glück und Zufriedenheit durch materiellen Wohlstand kann der Mensch demzufolge nur mit solchen Dingen erlangen, die andere in seiner Peergroup nicht besitzen und die ihn über den gängigen Peergroup-Standard hinaus im Vergleich zu den anderen (= Delta zur Peergroup) abheben. Daraus ergibt sich die paradoxe Schlussfolgerung, dass mit einem wachsenden allgemeinen Wohlstand aller die einzelnen Menschen nicht gleichzeitig zufriedener oder glücklicher werden können. Im Gegenteil sogar: Mit zunehmendem Wohlstand und „Luxus" aller wachsen die reelle Gefahr, die Angst und auch die Möglichkeit, diesen Wohlstand auch verlieren zu können. Dies geht mit gesellschaftlichen Ängsten und Problemen bei der Sicherung dieses Status einher. Dieser Zusammenhang wird in den bisherigen allgemeinen ökonomischen Theorien überhaupt nicht berücksichtigt.

Die meisten der zu unermesslichem Reichtum gekommenen Menschen gründen gemeinnützige Organisationen, spenden große Summen für gute Zwecke oder engagieren sich für soziale Belange und für eine bessere Welt. Sie wollen von anderen Menschen nicht als Geschäftemacher oder geldgierige Ehrgeizlinge gesehen werden. Durch ihr Tun erhoffen sie sich eine Veränderung ihrer Wahrnehmung durch andere Menschen und versuchen, eine Anerkennung innerhalb der Gesellschaft zu erreichen.

Dies ist ihnen nun wichtiger als eine weitere Steigerung des materiellen Wohlstands. Eine schlüssige Erklärung für diesen Wechsel vom „Streben nach Geld zum Streben nach Ansehen" könnte sein, dass das Bedürfnis nach gesellschaftlicher Anerkennung und Wertschätzung durch andere Menschen generell auf der Skala der menschlichen Bedürfnisse höher angesiedelt ist als der materielle Wohlstand.

Der (scheinbare) Altruismus wäre nur Mittel zum Zweck (Befriedigung der eigenen Eitelkeit), um Anerkennung durch andere zu gewinnen, weil die gesellschaftliche Anerkennung und Akzeptanz als höheres Gut gelten. Daher ist zu beobachten, dass Individuen immer wieder erst Vermögen machen und sich danach zu Wohltätern verwandeln und weniger den umgekehrten Weg gehen, dass ein sozial engagierter Wohltäter seinen Altruismus einstellt und zum rationalen und egoistisch handelnden Menschen wird.

Die Gesellschaft, in der das Individuum lebt – also seine Gemeinschaft-, spielt anscheinend in der Hierarchie seiner Präferenzen und demzufolge bei seinen Motivationen und seinem Antrieb eine nicht zu unterschätzende Rolle.

Fazit

Erkenntnis: Die Motivation für einen sozialen Aufstieg eines Individuums ist analog des Konzerteffekts nur auf Kosten anderer Individuen möglich. Allgemeiner Aufstieg aller hat „inflationäre" Wirkung und verliert dadurch an Bedeutung.

4.21 Choice-Theorie

Eines der Dogmen in der ökonomischen Standardtheorie ist der Glaube, dass die Anzahl von Alternativen mit der Zufriedenheit des Individuums korreliert. Mit anderen Worten: Je mehr Alternativen es für eine zu treffende Entscheidung gibt, umso besser ist es für das zu entscheidende Individuum.

Die Anzahl der möglichen Alternativen und die Wahlfreiheit werden mit der persönlichen Freiheit und daher mit Freiheit allgemein, mit Wohlfahrtssteigerung und letzten Endes mit Wohlstand in Verbindung gebracht.

Rein theoretisch betrachtet ist diese Argumentation durchaus sinnvoll, da sie logisch und schlüssig ist. Frage zur Anzahl der Optionen: Ist es richtig, dass größere Wahlmöglichkeit für das Individuum immer besser ist?

Erstaunlicherweise wurde wissenschaftlich durch Experimente in der Verhaltensforschung nachgewiesen, dass dieser Zusammenhang in der Realität lediglich innerhalb ganz enger Grenzen tatsächlich existiert, in der weitaus überwiegenden Zahl der Fälle aber nicht stimmt:

Ein großer Unterschied zwischen der klassischen ökonomischen Theorie und der Realität ist in der Choice-Theorie zu sehen. Nach der klassischen Theorie folgen die einzelnen Wirtschaftssubjekte nach dem Prinzip des Homo oeconomicus immer dem Eigeninteresse, das nur auf den eigenen Vorteil bedacht ist. Der Homo oeconomicus wägt also bei jeder Handlung Nutzen und Kosten ab und wählt unter Einbeziehung der gerade herrschenden Bedingungen (z. B. Knappheit der Güter) diejenige Handlungsoption aus, die ihm den größten Vorteil bringt. Er trifft also eine rationale Wahl.

Die Theorie beschreibt jegliches menschliche Handeln durch Ziele, Wünsche und Bedürfnisse sowie durch den menschlichen Versuch, diese Ziele in höchstmöglichem Ausmaß zu realisieren. Eine Präferenz oder Entscheidung wird demzufolge umso wahrscheinlicher getroffen, je größer der rein persönliche Nutzen ist und je geringer die persönlichen Kosten für diese Option oder Entscheidung sind.

In der Realität jedoch beschränken sich Nutzen und Kosten nicht nur auf finanzielle oder sonstige wirtschaftliche

Faktoren. Nachdem der Mensch in Wirklichkeit eben kein Homo oeconomicus ist, müssen auch psychische und soziale Nutzen und Kosten mit in die Betrachtung einfließen, genauso wie alle hier beschriebenen Verzerrungen in der Wahrnehmung des Menschen. Die eigenen subjektiven Vor- und Nachteile einer Handlung werden kalkuliert und er wird sich dementsprechend für oder gegen eine Handlung entscheiden.

Ungeachtet dessen, ob nun in der Entscheidungstheorie der Mensch als ein Homo oeconomicus betrachtet wird oder ob der real fühlende und irrende Mensch zugrunde gelegt wird, ist in der Theorie auch die Frage zu erörtern, ob die Anzahl der bei der Entscheidung zugrunde liegenden Optionen relevant ist.

Nach der klassischen ökonomischen Theorie ist diese Frage relativ einfach und klar beantwortet: Denn je mehr Alternativen es für den Homo oeconomicus gibt, desto mehr Wahlmöglichkeiten hat er und umso besser ist es demzufolge für ihn. Er kann besser wählen und die für ihn optimale Situation erzeugen. Dies erscheint auf den ersten Blick auch nachvollziehbar und logisch.

Bei einer genaueren Betrachtung jedoch, insbesondere mit dem Hintergrund der herrschenden Irrationalitäten und der Beeinflussung durch zusätzliche Informationen (z. B. Framing-Effekt, siehe Abschn. „Die Ursachen von systematischen Fehlern und Fehleinschätzungen") muss man feststellen, dass mit der steigenden Anzahl der Optionen und mit steigender Wertigkeit der Optionen, die einem Individuum zur Verfügung stehen, seine Situation bzw. sein Zustand NICHT verbessert wird. Ab einem bestimmten Punkt führt jede weitere Option, die er in seinem Entscheidungsprozess zu berücksichtigen hat, zu einem negativen Ergebnis. Rational und emotional.

Dafür gibt es schlüssige und nachvollziehbare Gründe: Jede Option, für die sich ein Individuum nicht entscheidet, stellt für ihn Opportunitätskosten dar. Das sind die Kosten der nicht wahrgenommenen Möglichkeit. Explizit muss darauf hingewiesen werden, dass Kosten hier nicht nur im monetären Sinne gemeint sind, sondern Kosten im Allgemeinen – also auch emotionale Kosten im Sinne von erlittenem Schmerz, Trauer, Bedauern oder auch Verlusten.

> **Beispiel**
>
> Ein Kind hat 1 EUR, um sich eine Kugel Eis zu kaufen. Es gibt 20 Sorten, wovon es zehn Sorten sehr mag. Es muss sich aber nur für eine einzige Kugel Eis entscheiden. Nach der getroffenen Entscheidung stehen die neun anderen Optionen (für welche sich das Kind nicht entschieden hat, obwohl es diese auch mag) als Kosten der Entscheidung für die eine bestimmte Eissorte, die das Kind genommen hat, gegenüber. Es sind Kosten der vergebenen Opportunität.
> Je höherwertiger die Alternativen dabei sind – also je mehr das Kind auch die anderen Eissorten mag-, desto schwerer fällt ihm auch die Entscheidung und desto größer ist auch das Bedauern (= Schmerzen/Preis), die anderen Eissorten nicht genommen zu haben. Desto höher sind die Kosten der vergebenen Opportunität (= Opportunitätskosten).
> Gäbe es bei diesem Beispiel nur die eine Eissorte oder eine der anderen neun Eissorten, die das Kind auch gerne mag, so hätten keine weiteren Optionen zur Entscheidung gestanden. Dadurch gäbe es auch keine Opportunitätskosten, also keine Kosten der verpassten Chance. Es gäbe keinen – manchmal schwierigen und langwierigen – Entscheidungsprozess, und anschließend gäbe es kein Bedauern über die nicht wahrgenommenen Alternativen.
> Subjektiv für das Kind wäre also die zweite Alternative ohne die vielen Entscheidungsoptionen besser gewesen und hätte einen höheren Nutzen (Glückszustand) gestiftet.

Im Extremfall können sogar zusätzliche Optionen in Entscheidungsprozessen bei menschlichen Individuen zu ernsthaften Krisen und schweren irrationalen Handlungen bis hin zu gesundheitlichen Problemen führen.

> Man stelle sich beispielsweise die nicht einmal so unrealistische Situation im Leben eines Menschen vor, der im Begriff ist, eine Familie zu gründen und zwei für ihn gleichwertige Partner kennt und sich dementsprechend für einen der beiden entscheiden muss.

Wie ganz deutlich zu sehen ist, haben selbst diese Situationen eine entscheidungsrelevante Komponente inne, die ökonomietheoretisch durchaus von Bedeutung ist. Es bedarf hier keiner wissenschaftlichen Untersuchungen und Experimente, um zu erkennen, dass es Situationen gibt, in welchen jede weitere Option gravierende Nachteile für das zu entscheidende Individuum mitbringt.

Aber auch bei den kleineren Dingen und Entscheidungen im Leben bringen sehr oft zusätzliche Alternativen viel Ärger und Unmut:

> Möchte man beispielsweise an einem schönen Nachmittag einen Ausflug mit der Familie machen, bieten sich zwei Möglichkeiten an. Es besteht die Möglichkeit, sofort loszufahren, oder erst in die Stadt zu gehen, weil dort bestimmte Produkte, die man unbedingt haben möchte, stark reduziert sind:
>
> a) Entscheidet man sich für die Stadt und kommt erst spät zurück, ist der Unmut der Familie groß, weil sie warten musste und viele Stunden des Nachmittags vergeudet sind.
> b) Entscheidet man sich für den Ausflug, ärgert man sich anschließend die ganze Zeit, diese günstige Chance des Einkaufs nicht genutzt zu haben.
>
> Gäbe es in solch einer Situation keine zweite oder x-te Option, dann wäre es für das betroffene Individuum weitaus besser. Egal welche der beiden Optionen es wäre, ohne die jeweils andere wäre das Individuum zufrieden und hätte keine Gewissensbisse oder Stress. Es hätte also im ökonomischen Sinne keine Kosten zu tragen (Kosten der vergebenen Chance, also Opportunitätskosten). Diese sind umso höher, je besser jede weitere Alternative ist.

Solche Beispiele könnten endlos fortgeführt werden. Wichtig ist es, das Verständnis zu erzeugen für den Unterschied zwischen der klassischen ökonomischen Theorie und der Wirklichkeit im Zusammenhang mit der Anzahl der Optionen bei Entscheidungen. Es ist in der Wirklichkeit nicht so, wie die ökonomische Theorie besagt, dass eine immer höhere Anzahl von Optionen für das Individuum besser ist.

Gründe, warum eine zu große Auswahl von Wahlmöglichkeiten die Menschen unzufrieden oder sogar unglücklich macht:

a. Lähmung der Entscheidungsfindung: Die kognitive Kapazität des Menschen ist begrenzt. Er kann dementsprechend nur eine begrenzte Menge an Informationen verarbeiten. Wird diese Menge an zu verarbeitenden Informationen überschritten, kommt es zu einer Art teilweisen Paralyse/Lähmung, und der Mensch kann die Informationen nicht mehr richtig verarbeiten. Genau dieser Zustand tritt ein, wenn eine Situation mit zu vielen Optionen gegeben ist, die für das Individuum nicht mehr durchschaubar ist. Die Folge dessen ist entweder eine Nichtentscheidung oder das Zugreifen auf alte Muster. Beispielsweise kommt diese Situation häufig beim Einkaufen vor, wo Konsumenten durch eine zu große Auswahl an Produkten entweder nichts kaufen oder ohne zu überlegen das kaufen, was sie schon immer gekauft haben und das sie kennen. Dadurch lassen sie sich sehr oft sehr gute Möglichkeiten und echte Verbesserungen ihrer Situation entgehen. Somit ist die negative Folge einer zu hohen Anzahl von Alternativen die Lähmung des Individuums in der Entscheidungsfindung, was

wiederum zur Folge hat, dass keine Entscheidung getroffen wird oder eine falsche. Zu einer ökonomischen Steigerung an Wohlfahrt führt dies nicht, genauso wie es auch nicht zur Erhöhung der Zufriedenheit führt. Genau das Gegenteil ist der Fall.
b. Reduktion der Zufriedenheit durch die Entscheidung: Bei höherer Anzahl von Entscheidungsoptionen steigt im gleichen Maße die Unzufriedenheit über die gefällte Entscheidung, weil die Wahrscheinlichkeit wächst, eine der vielen nicht getroffenen Optionen könnte noch besser sein. Daher sind die Zweifel über die getroffene Entscheidung umso größer, je höher die Anzahl der der nicht wahrgenommenen Alternativen ist. Reduktion von Zufriedenheit ist das Gegenteil von Steigerung der Wohlfahrt.
c. Opportunitätskosten: Jede Entscheidung für ein Gut ist automatisch eine Entscheidung auf den Verzicht aller anderen Güter. Je mehr nicht wahrgenommene Möglichkeiten es gibt und je besser diese sind, umso höher liegen die Opportunitätskosten für den Entscheider. Die Höhe von Kosten jeder Art wirkt sich negativ auf die Wohlfahrt der Menschen aus.
d. Übertriebene Erwartungshaltung: Je höher die Anzahl an Alternativen ist, desto höher sind die Erwartungen des Individuums auf ein gutes Ergebnis. Je höher aber die Erwartungshaltung des Individuums ausfällt, umso schwieriger wird es, diese Erwartungen auch zu erfüllen. Schlimmer noch ist die Tatsache, dass mit einer Erhöhung von Erwartungen die Möglichkeit und Größe von Enttäuschungen steigt. Erwartet ein Individuum das Maximum – und das ist es, was uns die Konsumgesellschaft und die Marketingindustrie lehrt – ist eine positive

Überraschung nicht mehr möglich. Im besten Falle ist nur gerade mal die Erfüllung des Erwarteten möglich und auch die Wahrscheinlichkeit dazu sinkt (siehe Punkte zuvor). Die Folgen davon kann man nicht überbewerten: Die allgemeine Zufriedenheit sinkt, Unzufriedenheit und Enttäuschungen steigen. Die Folgen für die Wohlfahrt sind dadurch negativ.

e. Verlagerung der Verantwortung zum Entscheider: Gibt es nur eine Option zu handeln, so ist es die Situation selbst, die zu einem bestimmten Ergebnis führt. Das Individuum hat keine Möglichkeit, dies zu beeinflussen, und muss sich dementsprechend auch keine Vorwürfe machen. Gibt es jedoch mehrere Optionen, dann wird es für die Entscheidung, die es getroffen hat, verantwortlich. Vor sich selbst und vor anderen. Suboptimale Ergebnisse sind dann nicht den Umständen geschuldet, für die niemand etwas kann, sondern sie werden direkt dem Entscheider zurechenbar. Verantwortung zu übernehmen ist immer schwer, und je mehr Entscheidungen und Optionen es gibt, umso mehr Verantwortung gibt es entsprechend. Dies wirkt sich zunehmend belastend auf Menschen aus. Ärzte gehen mittlerweile davon aus, dass viele Depressionen und psychische Krankheiten auf permanente Überforderung und Selbstzweifel zurückzuführen sind.

Somit ist das Dogma der ökonomischen Standardtheorie, dass

- die Anzahl der Wahlmöglichkeiten die Wohlfahrt maximiert,
- die Freiheit maximiert,
- das Glück maximiert,

nicht zutreffend.

Diese Erkenntnis widerspricht diametral der klassischen ökonomischen Theorie, welche besagt, dass mit der steigenden Anzahl der Alternativen die Wohlfahrt und die Zufriedenheit steigen.

Fazit

Es gibt situationsabhängig eine optimale Anzahl an Wahlmöglichkeiten, die ökonomisch die Wohlfahrt des Individuums maximiert. Wird diese Grenze überschritten, fängt die Wohlfahrtskurve stetig zu sinken an.

4.22 Transformationen

In der Realität beobachtet man eine starke Erhöhung von Transformationen und Change-Projekten, die scheitern. Was sind die Ursachen dafür, dass Transformationen generell die Tendenz zum Scheitern in sich tragen?

a. Es gibt eine deutliche negative Asymmetrie der Konsequenzen der Transformationen: Steht man einer Transformation kritisch gegenüber, die später scheitert, so wird man aufgrund seines Standpunktes als qualifiziert und klug angesehen. Man steht besser da als andere. Wird die Transformation erfolgreich und man stand dieser kritisch gegenüber, so ist es nicht so schlimm, denn man wird lediglich als vorsichtig und risikoavers angesehen. Außerdem bringt jede Transformation immer Probleme bei der Umsetzung mit sich. Dies führt sogar dazu, dass man mit negativer Haltung als jemand angesehen wird, der diese Probleme kommen sah und deswegen kritisch war. Ein erfolgreiches Beenden der Transformation kann auch als Glück angesehen werden.

Fazit: Eine kritische Haltung schadet nicht. Demgegenüber ist der, welcher eine Transformation vorantreibt und diese positiv bewertet, bei deren Scheitern ein unerfahrener, naiver, nichtwissender und sogar leichtsinniger Mensch, der Risiken leichtfertig eingeht, welche dann auch die anderen tragen müssen. Diese Situation ist extrem schlecht und negativ. Beim Erfolg der Transformation hat man dann oft nur Glück gehabt oder von der Hilfe von anderen profitiert (oder von den Umständen). Diese Haltung führt nicht zu entsprechender Wertschätzung durch das Umfeld.
b. Overconfidence (Experiment)
c. Verlustangst (Verluste zählen mehr als Gewinne in der gleichen Höhe)
d. Endowment-Effekt (Eigentumseffekt): Man bewertet Eigenes, was man kennt, viel höher und wertvoller als etwas Neues.
e. Status-quo-Bias
f. Auswirkungen im Jetzt und Heute werden wichtiger bewertet als die gleichen Auswirkungen in der Zukunft (zeitlicher Nähe-Bias).
g. Auswirkungen im Hier und Jetzt werden als wichtiger bewertet als Auswirkungen morgen und eventuell woanders (unmittelbare Auswirkungen sind wichtiger als mittelbare, sichere Auswirkungen jetzt sind wichtiger als unsichere Auswirkungen in der Zukunft).
h. Was jetzt konkret ist (Gegenwart), ist wichtiger als ein Vielleicht in der Zukunft.
i. Risikoaversion
j. Unsicherheitsaversion

Alle diese Punkte führen zu dem Ergebnis, dass nur ein starkes Leadership als der wichtigste Erfolgsfaktor die Beteiligten überzeugen kann, um eine Transformation erfolgreich zu implementieren.

Fazit

Die Überzeugung der Beteiligten ist der Schlüssel zum Erfolg.

4.23 Der Wahrscheinlichkeitstrugschluss

Mathematisch betrachtet – und natürlich auch in der Theorie der klassischen Ökonomie – sind zwei Entscheidungsoptionen eines Individuums absolut gleichwertig, wenn die erste eine hundertprozentige Eintrittswahrscheinlichkeit hat und die zweite zehn Eintrittswahrscheinlichkeiten zu jeweils 10 %.

Denn rein quantitativ bedeutet dies:

a) 1 × 100 % ist gleichwertig mit
b) 10 × 10 %.

Doch in der Realität ist natürlich und auch verständlicherweise die Option

a) 1 × 100 %

immer besser als die Option

b) 10 × 10 %!

Warum?
 Weil

a) immer eintritt und somit Sicherheit gewährleistet, wohingegen
b) nicht immer eintritt und so ein Restrisiko des Nichteintretens birgt.

Diese Tatsache ist auch die Begründung dafür, dass sich bei experimentellen Untersuchungen die meisten Probanden bei der Frage, ob sie zu 100 % Wahrscheinlichkeit 50 EUR haben wollen oder zu 50 % Wahrscheinlichkeit 100 EUR haben wollen, für die erste der beiden Varianten entscheiden. Bei der ersten Variante haben sie auf jeden Fall einen Gewinn (auch wenn dieser etwas kleiner ist als der 50%ige bei der anderen Option). Man versucht, eine 50%ige Verlustwahrscheinlichkeit zu vermeiden, die einem halb so hohen, aber sicheren Gewinn gegenübersteht.

Bei der Grundannahme des Homo oeconomicus ist dies jedoch nicht der Fall. Für diesen sind beide Alternativen gleichwertig!

4.24 Der Endowment-Effekt

Der Endowment-Effekt zeigt, dass die Zahlungsbereitschaft beim Kauf und die Bereitschaft zum Verkauf eines Menschen für ein und dasselbe Gut auseinanderfallen können. Damit widerspricht diese Hypothese der grundlegenden Annahme der neoklassischen ökonomischen Theorie, dass Menschen Entscheidungen aufgrund rationaler Präferenzen treffen. Vergleichbar mit dieser Theorie ist der sogenannte IKEA-Effekt. Dieser Effekt beweist den Zuwachs an Wertschätzung von selbst entworfenen oder zumindest selbst zusammengebauten Gegenständen gegenüber solchen, die nur fertig gekauft (und nicht selbst gebaut) wurden und aus Massenproduktion stammen.

Bereits im Jahr 1980 wurde der Endowment-Effekt von Richard Thaler publiziert.

> Dieser besagt, dass Individuen Dinge, die sich bereits in ihrem Besitz befinden, deutlich höher wertschätzen als Dinge,

> die ihnen nicht gehören. Menschen schätzen das, was sie besitzen, daher unverhältnismäßig hoch ein im Vergleich zu anderen Menschen.

In der Verhaltensökonomie wurde belegt, dass es eine Diskrepanz gibt zwischen der Wertschätzung von Gütern, die man besitzt und denen, die man nicht besitzt. Dies scheint ein natürliches und angeborenes Bedürfnis zu sein, denn das, woran einem am meisten liegt, das beschützt man auch am meisten, und das war auch in der Evolutionsgeschichte und für das Überleben der Spezies wichtig (Vorräte bilden und verteidigen, Revier behalten und verteidigen, Familie behalten und beschützen etc.).

Dieses natürliche Bedürfnis muss dementsprechend durch das System, in welchem die Menschen leben, berücksichtigt werden. Man darf angeborene Bedürfnisse nicht ignorieren, denn sonst entstehen Spannungen und ungesetzliche Handlungen. Also muss auch das Bilden von Eigentum gefördert und geschützt werden.

Gesellschaftliche Systeme, welche diesem natürlichen Bedürfnis widersprechen, sind daher über kurz oder lang zum Scheitern verurteilt, weil kein System langfristig aufrechterhalten werden kann, das die natürlichen Bedürfnisse der Menschen nicht berücksichtigt oder sogar darauf ausgelegt ist, diese zu unterdrücken.

Ein eindrucksvolles Beispiel dafür könnte das Scheitern der kommunistischen Systeme weltweit sein. Sie verstoßen mit ihrer Grundidee (= Abschaffung des privaten Eigentums) genau gegen diese angeborenen Bedürfnisse der Menschen. Deshalb konnte das System auch nur mit staatlicher Gewalt und autoritär aufrechterhalten werden.

Auf die lange Sicht jedoch ist jedes Handeln gegen die Natur des Menschen zum Scheitern verurteilt.

4.25 Das Inselexperiment

Angenommen, eine Gruppe von Menschen strandet auf einer unbewohnten Insel mitten im Ozean und ohne jegliche Verbindung nach außen.

Angenommen, die Insel bietet ihnen Bedingungen, die das Überleben der Menschen ermöglichen.

Angenommen, diese Gruppe ist von ihrer Zusammensetzung her – biologisch, fachlich, sozial usw. – repräsentativ für ein durchschnittliches europäisches Land.

Angenommen, die Menschen sind vernünftig und rational.

Wie wird es höchstwahrscheinlich mit dieser einsamen und nur auf sich selbst gestellten Gruppe weitergehen?

Sie haben am Anfang nichts. Sie haben gerade nur das eigene Leben gerettet. Sie haben kein Geld und keinen Wohlstand. Sie haben zum Überleben nur das eigene Wissen, die eigene Arbeitskraft und die Natur mit Boden als Kapital. Diese Faktoren können sie einsetzen, um das Überleben zu gewährleisten und um Wohlstand (Wohnhütten, Infrastruktur, Instrumente, Vorräte usw.) langsam aufzubauen für ein besseres, sorgenfreieres und sichereres Weiterleben.

Sie beginnen sofort damit, gemeinsam für die notwendigsten Voraussetzungen zu sorgen, die für das Überleben notwendig sind.

Dabei werden sie automatisch ihre Kräfte nach den Möglichkeiten und Fähigkeiten der einzelnen Personen so einsetzen, dass keine Zeit und keine Arbeitskraft verschwendet wird.

Sie werden automatisch sofort eine Arbeitsteilung vornehmen: Der Arzt wird sich um die Verletzten und um die Gesundheit aller kümmern, während der Baumeister beim Bau von Unterkünften seine Arbeitskraft einsetzt und der Landwirt wird sich um Nahrungsbeschaffung bzw. den Anbau kümmern, der ungelernte Arbeiter wird zum Aushelfen flexibel eingesetzt, wo es gerade am nötigsten ist usw.

Je gefährlicher und kritischer die Situation ist, desto effizienter werden die verfügbaren Kräfte eingesetzt, desto besser ist die Kommunikation untereinander und desto höher ist die Bereitschaft aller, „anzupacken", um das Überleben zu sichern.

Es ist davon auszugehen, dass sich schnell eine soziale Hierarchie bildet, bei der die Gebildeteren und Erfahreneren bei schwierigen und wichtigen Entscheidungen konsultiert werden und im Zweifelsfalle die Entscheidungen treffen. Sie werden von den anderen respektiert, weil alle von richtigen Entscheidungen und Effizienz der Gemeinschaft profitieren.

Nach kurzer Zeit wird es so auch Personen geben, die Führungspositionen einnehmen und andere führen werden.

Diese soziale Hierarchie wird sich auf verschiedene Arten manifestieren: Die höhergestellten Personen werden mit besserer Nahrung versorgt, sie werden eine bessere Behausung haben und überwiegend mit Entscheidungen der unterschiedlichsten Dinge beschäftigt sein, während andere, mit weniger Erfahrung, Bildung und Kenntnissen überwiegend mit dem Abarbeiten der ihnen anvertrauten Aufgaben beschäftigt sein werden.

Je länger die Gesellschaft funktioniert, desto stärker etablieren sich die sozialen Strukturen und desto mehr Wohlstand und Kapital werden gebildet, erschaffen, akkumuliert und vorgehalten. Desto arbeitsteiliger und spezialisierter ist auch die Gemeinschaft.

Dies erhöht die Wahrscheinlichkeit für mögliche Konflikte innerhalb der Gesellschaft.

Das ist auch der Grund für die allmähliche Bildung von sozialen Unterschieden und die Bildung von gesellschaftlichen Gruppen. Zeigen sich die Führer der gesamten Gruppe intelligent, dann werden sie es nicht zulassen, dass sich die Gemeinschaft zu sehr zersplittert und die einzelnen Gruppen sich voneinander zu sehr entfernen. Dadurch werden langfristig ein friedliches Miteinander sowie eine starke Gemeinschaft mit gutem Zusammenhalt erhalten. Die Gruppe bleibt vereint und stark – auch gegen eventuelle Angriffe durch Fremde oder Eindringlinge.

Erweisen sich hingegen die Führer der Gemeinschaft als zu eigennützig, gierig oder nicht strategisch denkend, dann erlauben sie es, dass sich die gebildeten sozialen Gruppen zu sehr voneinander entfernen, die Unterschiede werden immer größer und mit ihnen auch die Spannungen untereinander. Mehr und mehr Zeit und Energie werden dafür aufgewendet, um Konflikte auszutragen und Streit zu schlichten. Die Gruppe wird mehr und mehr zerrissen und geschwächt, bis eine richtige Lagerbildung eintritt mit feindseligen Handlungen untereinander. Solidarität und gegenseitige Hilfe existieren nicht, man arbeitet nicht mehr miteinander, sondern gegeneinander. Jede Gruppe versucht, das Maximum für sich herauszuholen, wobei die oberen (und in der Regel kleineren) Gruppen durch ihre Machtposition im Vorteil sind und somit immer weitere Vorteile akkumulieren können. Die sozialen Unterschiede nehmen zu und damit auch die Feindschaft. Wird diese Spirale nicht durchbrochen, kommt es zu gewaltsamen Auseinandersetzungen zwischen den unteren und den oberen gesellschaftlichen Gruppen. Diese werden durch das Gefühl von Ungerechtigkeit, Wut, Hass und Verzweiflung befeuert.

Angenommen, man findet unerwartet größere Goldvorkommen, und angenommen, dass die Menschen diese untereinander gerecht und gleichmäßig aufteilen.

Folge: Die Gesellschaft wird durch das gefundene Gold auf einmal sehr viel wohlhabender. Jeder einzelne Mensch aus der Gruppe wird (durch die gerechte Aufteilung des Goldes) um genau denselben Betrag wohlhabender. Aber es nützt niemandem. Die gesellschaftlichen Strukturen bleiben unverändert, niemand verbessert oder verschlechtert seine Stellung. Auch muss niemand weniger für das Überleben arbeiten, denn das Gold selbst verändert überhaupt nichts an der Situation und an den Problemen, die gelöst werden müssen.

Dieses Beispiel wird erst durch eine Erweiterung sehr interessant, indem beispielsweise eine andere Insel mit Einwohnern entdeckt wird und man dadurch zu gegenseitigen Interaktionen, zum Handel und zum Austausch kommt. Der Markt wird größer. Neue Einnahmequellen erschließen sich, möglicherweise wird eine Währung gebraucht, um den Handel besser betreiben zu können. Nachfrage nach dem gefundenen Gold entsteht. Beide Inseln profitieren voneinander und vom gemeinsamen Handel.

Dieses Beispiel lässt sich beliebig fortsetzen. Es ist direkt auf die Entwicklung und das Wirtschaften von einzelnen Regionen, Ländern, Kontinenten und auf die Welt übertragbar.

Die Zusammenhänge sind auf jeder Skala identisch: Auch global gesehen sind die Menschen nichts anderes als eine Gruppe, die auf einer fruchtbaren Insel mitten im Ozean gestrandet ist. Das Allerdümmste in beiden Fällen wäre, sich die Insel, auf der man lebt, selber zu zerstören.

4.26 Die fundamentalen Fehler der klassischen ökonomischen Theorie

1. *Angebots- und Nachfragekurve*: Das pauschale Gesetz, dass die Nachfrage mit steigendem Preis immer sinkt und mit fallendem Preis immer steigt, ist in der Realität widerlegt.
2. *Gewinnmaximierung* als die oberste Maxime des Handelns des Menschen ist nichtzutreffend.
3. *Nachfrage als die Ursache für Produktion* ist nur teilweise zutreffend und kann keinesfalls pauschaliert werden.

4. *Nutzenmaximierung* des Individuums wird in der klassischen ökonomischen Theorie nur auf den ökonomischen Nutzen beschränkt und nicht, wie es in der Realität der Fall ist, auch in Hinblick auf immaterielle oder ideelle Werten betrachtet.
5. Die *Eigennutztheorie* des Menschen als Grundannahme ist überprüfbar und offensichtlich falsch.
6. Fehlannahme *Homo oeconomicus*: Dieser Prototyp des menschlichen Handelns ist grundlegend falsch. Es gibt keinen einzigen Menschen, der mit seinen Handlungen und Entscheidungen denen des Homo oeconomicus ähnelt.
7. Fehlannahme *ökonomisches Gleichgewicht*: Die Wirkungsweise der „unsichtbaren Hand" und die Eigenregulierung der Märkte mit der Tendenz, Gleichgewichte zu finden, wird massiv überschätzt und ist nicht die Regel, sondern nur Ausnahme. In der Realität gibt es Friktionen, verursacht durch Irrationalitäten, Emotionen und unkalkulierbare Zufälle. Schweinezyklen, Kapitalakkumulation, Ausbeutung von schwächeren Partnern, ökonomische und soziale Ungleichgewichte, Arbeitslosigkeit und Friktion ganzer Märkte (z. B. des Arbeitsmarktes) sind die Folgen.
8. *Preisbildung* am Markt: Diese Annahme ist grundlegend falsch. Denn die Preisbildung wird in den meisten Fällen strategisch bestimmt, um eine Gewinnmaximierung der Produzenten zu ermöglichen. Dass ein Kaffee 2,50 EUR im Coffeeshop oder ein Hamburger 2 EUR kostet, ist nicht die Entscheidung oder das Resultat des Marktes, sondern die des Unternehmens. Der Mensch hat in den meisten Fällen überhaupt keine Ahnung und keinen Anhaltspunkt, wie teuer Produkte tatsächlich sind oder wie viel Wert sie haben (insbesondere komplexe Produkte, z. B. Flatscreens, Autos oder technische Geräte).

Um die wichtigsten ökonomischen Fehler und Trugschlüsse zu benennen, welche sich immer wiederholen und gelehrt werden und so für permanente Verzerrungen und Fehler in der Theorie, aber auch in der realen Welt sorgen, wäre es hilfreich, auf der Grundlage der Logik und objektiver Beobachtung eine Analyse dieser angeblichen „allgemeinen ökonomischen Gesetze" zu erstellen.

Hier sind die wichtigsten dieser Gesetze aufgelistet.

4.27 Relativierung der allgemeinen „Gesetze" der ökonomischen Standardtheorie

Der Zusammenhang von Produktion und Konsum – die Huhn-oder-Ei-Frage

Es ist zwar offensichtlich, dass – bevor etwas konsumiert werden kann – es vorher meistens produziert worden sein muss, doch kann das lange noch kein allgemeingültiges ökonomisches Gesetz sein. Denn es gibt Beispiele, wo dies nicht der Fall ist. So kann man beispielsweise zahlreiche Dinge konsumieren, die uns die Natur frei zur Verfügung stellt und die nicht das Resultat von Produktionsprozessen sind. Ökonomen sind stets von der Idee umgeben, Konsum stimulieren zu müssen, um dadurch die Produktion ausweiten zu können. Natürlich fallen Konsumgüter generell auch nicht einfach so vom Himmel. Sie stehen meistens – aber nicht immer – am Ende einer Wertschöpfungskette von ineinander verschränkten Produktionsprozessen, die auch Produktionsstruktur genannt wird. Selbst die Produktion des simpelsten Produktes setzt heute ein weitverzweigtes Netzwerk von Produktionsprozessen und Einsatz von Produktionsfaktoren voraus, die weit in der Zeit zurückreichen.

Diese können sich auch über Länder und ganze Kontinente spannen. Das ist zwar eine durchaus valide ökonomische Argumentation, jedoch verfehlt sie den Kern der Frage, ob die Produktion den Konsum bedingt, oder ob der Konsum die Produktion bedingt.

Die Realität und deren genaue Beobachtung gibt uns eine ganz eindeutige Antwort auf diese Frage, welche jedoch für die meisten Ökonomen nicht erfreulich sein dürfte: Es kommt nämlich auf die jeweilige Situation an.

Der Mensch will überleben. Daher benötigt er Produkte. Diese sind entweder frei verfügbar (Früchte in freier Natur) oder sie müssen produziert werden. Also besteht dringende Nachfrage, welche die Produktion nach sich zieht. Somit ist die Produktion primär nicht durch Gewinnmaximierung motiviert, sondern durch den Willen zum Überleben. Auf der anderen Seite ist der Mensch auch ein Wesen mit Interessen, Wünschen, Zielen, Neugierde und einem Geltungsbedürfnis. Er hat naturgegebene Anreize und Triebe. Diese sind beispielsweise auch Kreativität, sich mit anderen messen und vergleichen zu wollen und kompetitiv zu sein. Er tut und produziert sehr oft auch Dinge nur aus freien Stücken, aus Zeitvertreib, aus der Liebe zum Guten und Schönen und auch aus Freude (Ausleben von Kreativität, Hobby). Die meisten Künstler machen ihre Kunst nicht des Geldes und der Gewinne wegen, sondern aus freien Stücken und aus Liebe zur Kunst und um die Kreativität auszuleben. In einfacheren Handwerksberufen kann dies ebenfalls der Fall sein. Auch der Spruch, dass jemand sein Hobby zum Beruf macht, bestätigt diese Tatsache. So entstehen Produkte, die definitiv nicht die Folge vorhandener Nachfrage sind. Im privaten Bereich handelt es sich im großen Maße um diese Art der Arbeit und Produktion.

Lässt man diese Argumentation gelten, so ist die zwingende Folge das Widerlegen der etablierten ökonomischen

Gesetzmäßigkeit, die besagt, dass Produktion immer eine Folge von vorhandener Nachfrage ist.

Somit kann man weder die eine noch die andere Theorie eindeutig bestätigen. Beide sind teilweise richtig und beide sind teilweise falsch. Und innerhalb bestimmter Grenzen und unter bestimmten Umständen stimuliert natürlich die Produktion Nachfrage – und umgekehrt, die Nachfrage Produktion.

Wert ist subjektiv
Wertschätzung ist selbstverständlich immer subjektiv und hängt von der momentanen Situation und vom Umfeld eines Individuums ab. Dasselbe physische Gut erhält verschiedene Wertschätzungen von verschiedenen Personen in verschiedenen Situationen und zu verschiedenen Zeitpunkten. Auch der Nutzen ist subjektiv, individuell, situationsabhängig und marginal. Preise sind ebenfalls subjektiv und können nicht pauschal Werte repräsentieren: Wenn beispielsweise zwei Personen ein und dasselbe Gut genau gleich wertschätzen würden, sie jedoch unterschiedlich viel Geld zur Verfügung hätten, dann würde möglicherweise eine Person dieses Gut erwerben (also den Preis für das Gut zahlen), während die andere Person dies nicht täte – oder nur zu einem niedrigeren Preis. Obwohl beide objektiv etwas gleich hoch wertschätzen, gibt es in der Realität zwei unterschiedliche Resultate.

Geld ist nicht gleichzusetzen mit Wohlstand
Der Wert des Geldes oder der Währung eines Landes besteht aus der Kaufkraft. Geld dient überwiegend als Tauschmittel. Der Wohlstand einer Person spiegelt sich aber wider in ihrem Zugang zu Gütern und Dienstleistungen, die sie begehrt.

Die gesamte Nation kann ihren Wohlstand nicht dadurch erhöhen, indem sie den Geldbestand erhöht. Robinson

Crusoe wäre kein bisschen reicher gewesen, wenn er eine Goldmine oder einen Aktenkoffer voller Banknoten auf seiner Insel gehabt hätte.

Preis hat Auswirkungen auf Nachfrage ...
... in dem Sinne, dass die Nachfrage mit steigendem Preis immer sinkt und mit sinkendem Preis immer steigt. Auch dieses Postulat ist in Wirklichkeit nur teilweise richtig und kann deswegen keinesfalls als ein allgemeines ökonomisches Gesetz postuliert werden!

Die Auswirkung des Preises auf die Nachfrage ist in der Realität um einiges komplexer. Es gibt Beispiele, wo die Erhöhung des Preises zum Sinken der Nachfrage führt, es gibt Beispiele, wo dies keinerlei Auswirkung auf die Nachfrage hat und es gibt in der Tat auch viele Beispiele, wo es tatsächlich zu einer Steigerung der Nachfrage kommt. Und genauso gibt es auch zahlreiche genau entgegengesetzte Beispiele. Der jeweilige Kontext ist immer ausschlaggebend und ursächlich für das Ergebnis verantwortlich. Mag es auf den ersten Blick unlogisch und widersprüchlich erscheinen, so gibt es doch zahlreiche Beispiele für ein Steigen der Nachfrage infolge einer Preiserhöhung für das jeweilige Gut: Bei fast allen Luxusgütern ist dies der Fall, bei Aktien, bei vielen Modeartikeln, bei allen Produkten, die mit einem Image oder Status in Verbindung gebracht werden, bei spekulativen Produkten usw.

Produktivität allein determiniert die Löhne nicht immer
Der Output pro Stunde determiniert rein ökonometrisch den Stundenlohn eines Arbeiters. In der klassischen ökonomischen Theorie stellen Unternehmen so lange zusätzliche Arbeiter ein, wie deren Grenzproduktivität höher als deren Lohn ist. Also so lange sie mehr produzieren als sie kosten. Wettbewerb zwischen den Unternehmen wird die

Löhne erhöhen, bis ein Gleichgewicht dieser mit der Produktivität entsteht. Die Macht von Gewerkschaften verändert lediglich die Verteilung von Löhnen zwischen verschiedenen Berufsgruppen, aber Gewerkschaften können nicht das allgemeine Lohnniveau erhöhen. Dieses hängt von der Produktivität ab.

Jedoch werden in diesem sehr vereinfachten Modell gesellschaftliche Werte und Kosten nicht berücksichtigt. Wie hoch ist die Produktivität eines hochspezialisierten Arztes, der das Leben von Menschen rettet, oder die eines Umweltkontrolleurs, der Emissionen misst und die Umwelt vor unnötiger Verschmutzung schützt? Auch die Ausbildung, die Wichtigkeit und Notwendigkeit bestimmter Skills und gesellschaftliche Verträge determinieren die Löhne vieler Berufsgruppen (Ärzte und Pfleger, Sozialarbeiter, Umweltkontrolleure, Erzieher, Universitätsprofessoren, Politiker und Regierungsmitglieder). Gesellschaftliche Kosten und versteckte Langzeitkosten ergeben oft auch eine ökonomische Notwendigkeit für Löhne, die höher sind als die aus der Arbeit resultierende Produktivität (Langzeitarbeitslose, Jugendarbeitslosigkeit, Pensionszahlungen, Löhne für Sicherheit und Verteidigung oder Forschung).

Konsum ist nicht das alleinige Ziel von Produktion

Eines der Grundannahmen der klassischen ökonomischen Theorie ist, dass Konsum das Ziel aller ökonomischer Aktivität ist und dass die Produktion das Mittel zu diesem Zweck sei. Den Befürwortern von Vollbeschäftigung wird vorgeworfen, diesen Zusammenhang nicht verstehen zu können oder zu wollen. Diese würden Beschäftigungsprogramme und die Produktion zum alleinigen Ziel erheben. Doch die Produktion von Gütern in der Realität ist manchmal auch ein Selbstzweck. Der Mensch ist ein kreatives Wesen, und sehr oft wird gearbeitet und produziert aus ganz anderen Motiven als dem Konsum.

Viele Künstler arbeiten aus Freude und Liebe zur Sache manchmal jahrelang an einem Kunstwerk – ohne einen Gedanken an wirtschaftliche Motive zu verschwenden. Oft soll auch in der Natur mit der Erstellung eines Werkes (z. B. ein Nest) die eigene Leistungsfähigkeit und Überlegenheit demonstriert werden, und die investierte Zeit, Arbeit und Energie geht nicht in den Konsum. Auch Menschen investieren sehr viel, um etwas Besonderes oder etwas Schweres und Kompliziertes zu schaffen – nur um sich zu messen, sonst gibt es keinen weiteren Sinn (z. B. Bauen von Miniaturschiffen in leeren Glasflaschen). Etwas besonders Schweres zu erzeugen, verschafft dem Erbauer Genugtuung, kann seine besonderen Fähigkeiten gegenüber anderen demonstrieren und ein Wettbewerb sein, sich mit anderen zu messen – wie auch im Sport. Somit sind sehr viele Tätigkeiten und Produktionen von Dingen nicht für den Konsum bestimmt.

Die Wertschätzung der Konsumenten für Konsumgüter am Markt determiniert den Marktwert von Produktionsgütern. Der heutige Konsum resultiert aus einem vergangenen Produktionsprozess, jedoch hängt der Wert dieser Produktionsstruktur von den heutigen und zukünftig zu erwarteten Wertschätzungen der Konsumenten ab. Deshalb können die Konsumenten als die De-facto-Bestimmer des Produktionsprozesses in einer kapitalistischen Wirtschaft angesehen werden. Sie unterliegen aber in ihrer Präferenzsetzung und Entscheidungsfindung vielen manipulativen Faktoren.

Arbeit kreiert nicht immer automatisch Wohlstand
Arbeit, in Kombination mit anderen Produktionsfaktoren, erzeugt Produkte, aber der ökonomische Wert dieser Produkte hängt von ihrem ökonomischen Nutzen ab. Der Nutzen hängt wiederum von subjektiver, individueller Wertschätzung und von objektiver Notwendigkeit ab (Zahnwurzelbehandlung wird beispielsweise vom Betroffenen subjektiv bestimmt nicht wertgeschätzt – trotzdem ist sie notwendig und nützlich!).

Arbeit nur um des Arbeitens Willen ist ökonomisch – nach der klassischen ökonomischen Standardtheorie – nicht sinnvoll. Trotzdem kann eine auch ökonomisch nicht notwendige Arbeit persönlich, emotional und sozial sehr wertvoll, wichtig und manchmal sogar notwendig sein (beispielsweise aus Erziehungsgründen).

Was zählt, ist nicht Wertschöpfung aus ökonomischer Sicht, sondern der Beitrag zum Wohlergehen der Menschen – und dazu zählen auch nicht messbare Dinge wie Zufriedenheit, Erfüllung, Sinnhaftigkeit, Nachhaltigkeit, Sicherheit, Glück und Liebe.

Der Wert eines Produktes existiert unabhängig von seinem Produktionsaufwand.

Profit ist der unternehmerische Bonus
Im kompetitiven System des Kapitalismus ist der ökonomische Profit der Extrabonus, den diejenigen Unternehmen verdienen, die Allokationsprobleme oder technische Probleme besser lösen als andere. Eine natürlich funktionierende Wirtschaft ist jedoch dem Wandel unterworfen, wobei es wirtschaftliche Gewinner, aber auch wirtschaftliche Verlierer gibt, und der ökonomische Profit stellt eine wichtige Antriebsquelle für den Fortschritt und das Wachstum der Gesellschaft dar. Unternehmen, die die zukünftige Nachfrage gut abschätzen können und entsprechend handeln, verdienen eine hohe Rendite und werden wachsen, während diejenigen Unternehmen, die im Antizipieren von Bedürfnissen versagen, schrumpfen und schließlich schließen werden. Das unternehmerische Risiko, das ein Bestandteil des Systems ist, tragen alle Unternehmer, es ist im Profit eingepreist.

Alle „Gesetze" der ökonomischen Standardtheorie sind zwar logisch, aber nicht real
Ökonomische Gesetze der Standardtheorie sind der Mathematik entsprungen und basieren auf Annahmen, die zwar der Logik, jedoch nicht der Realität entsprechen. Sie eignen

sich gut zur „Gehirngymnastik", nicht jedoch zur Beschreibung und Lösung von realen Systemen und Problemstellungen. Experimentell kann man unbestreitbar eindeutig nachweisen, dass weder die Annahmen noch die Schlussfolgerungen der ökonomischen Standardtheorie valide sind. Somit gelten die „Gesetze" der Standardtheorie in der realen Welt empirisch als widerlegt, da sie in der realen Welt nicht wahr sind. Jedes durch Menschen aufgestellte Gesetz benötigt eine empirische Verifikation.

Empirische Fakten, die jederzeit wiederholbar sind und die andere Ergebnisse liefern als die künstlich postulierten „Gesetze", können nicht ignoriert werden. Es sind harte und indiskutable Fakten. Man kann die fundamentalen Gesetzmäßigkeiten der realen Welt in der Ökonomie nicht ignorieren oder verändern.

Nach den Gesetzen der klassischen ökonomischen Standardtheorie muss ein Land, welches sich in einer wirtschaftlichen Krise befindet, kräftig sparen, um wieder auf die Beine zu kommen. Aber stimmt das immer? Viele namhafte Ökonomen und Experten sind skeptisch und sagen, dass wir zu oft an scheinbare Naturgesetze der Ökonomie glauben. Der Wunsch, alles wissenschaftlich und mathematisch-logisch und berechenbar in Gesetze und Formen zu verpacken und dann durch logische Ableitungen Erklärungen und Lösungen zu generieren, ist ein altes Bedürfnis der Menschheit.

Schon im 19. Jahrhundert waren die Menschen von den Naturwissenschaften fasziniert. Die praktischen Erfolge waren unübersehbar: Eisenbahnen, Hochöfen, Maschinen, industrielle Produktion veränderten einst die Welt einschneidend. Die industrielle Revolution fand statt. Ohne die Erkenntnisse insbesondere der Mechanik wäre dies undenkbar gewesen.

Eine Wissenschaft, die sich damals zu etablieren begann, war von den Methoden der Physik und Mathematik besonders angetan: die Ökonomik oder Wirtschaftswissenschaft.

Wie in einer Naturwissenschaft wollte man auch dort Gesetze der Wirtschaft entdecken.

Ein ökonomisches „Gesetz" im Zusammenhang mit dem Arbeitsmarkt entstand in den 1970er-Jahren, als aus verschiedenen Faktoren die sogenannte „natürliche Arbeitslosenrate" ermittelt wurde. Und wer wollte zu der damaligen Zeit mit all ihren Problemen und der Wirtschaftskrise schon etwas gegen eine natürliche Arbeitslosenrate sagen? Interessant ist, dass dieses Gesetz in einer Zeit mit hoher Inflation und hoher Arbeitslosigkeit aufgestellt wurde, welche wiederum durch die damalige große Weltwirtschaftskrise verursacht waren, nachdem das internationale Währungssystem von Bretton Woods zusammengebrochen war. Ein Bodensatz von Arbeitslosigkeit, definiert als natürlich oder normal, war daher durchaus erwünscht.

Vor ein paar Jahren erst haben die amerikanischen Ökonomen Carmen Reinhart und Kenneth Rogoff ein „Gesetz" zur Staatsverschuldung aufgestellt. Es besagt: Sobald die Staatsschulden 90 % des Bruttosozialprodukts übersteigen, bricht das Wirtschaftswachstum ein. Auf diesem Gesetz baut die Sparpolitik vieler Länder auf. Mittlerweile hat man auch hier herausgefunden, dass das „Gesetz" nicht stimmt: Die Ökonomen haben sich schlicht verrechnet und methodische Fehler gemacht, wie es sich inzwischen herausstellte.

Die neusten wissenschaftlichen Erkenntnisse aus der empirischen und experimentellen Forschung erkennen endlich die vielen Fehler, die durch falsche Annahmen in der Vergangenheit dazu geführt haben, dass zwar logisch erscheinende, aber nicht in der Realität existierende Zusammenhänge zu Gesetzen deklariert wurden, welchen die Ökonomie folgen sollte. Dass dies nicht der Fall war, zeigten die zahllosen Krisen, Zusammenbrüche und das Wirtschaftsversagen viel zu deutlich.

Die ökonomische Entwicklung ist mit der der Physik oder Mathematik nicht vergleichbar. Die Ökonomik ist keine Naturwissenschaft, sondern eine Sozialwissenschaft. Ähnlich wie bei vielen anderen wissenschaftlichen Disziplinen, beispielsweise der Medizin, der Philosophie oder der Psychologie, kann es auch in der Ökonomie keine Ergebnisse wie in der Physik oder Mathematik geben.

Warum keine herkömmlichen mathematischen Gesetze in der Ökonomie angewendet werden können, veranschaulicht das folgende, einfach verständliche Beispiel.

Aufgrund von Spezialisierung, Arbeitsteilung oder nur aufgrund der Art der Arbeit ist der Gesamt-Output von zwei Arbeitern oft wesentlich höher als der zusammenaddierte Output jedes einzelnen Arbeiters:

1 × Arbeit + 1 × Arbeit kann also zusammen mehr sein als 2 × einzelne Arbeit.

Beispielsweise bei Arbeiten, bei welchen vier Hände gebraucht werden, um Teile oder Material gleichzeitig zu halten und zu bearbeiten. Manchmal ist aber auch genau das Gegenteil der Fall und das Ergebnis bei zusammengenommener Arbeit ist weniger:

Beispielsweise bei Arbeiten auf engstem Raum, wo man sich gegenseitig behindert und der Aufwand für Abstimmung unverhältnismäßig hoch ist (Abb. 4.3).

Aber nicht nur am Arbeitsmarkt und in der Produktion sind mathematische Modelle schwierig. Insbesondere bei der Nachfrage nach Gütern und Leistungen, wo Entscheidungen und Präferenzen von Konsumenten generiert werden, ist eine Berechnung dieser Entscheidungen, die größtenteils auf subjektiven Faktoren wie Erfahrung, Gefühl, Erinnerung, Geschmack usw. beruhen, nicht möglich.

Deswegen ist eine Mathematisierung in der Ökonomie nicht imstande, exakte und genaue Ergebnisse zu liefern. Die meisten Lösungsansätze sind nicht pauschalierbar, sondern es kommt auf die die jeweiligen Umstände und Zusammenhänge an, die man kennen und erkennen muss!

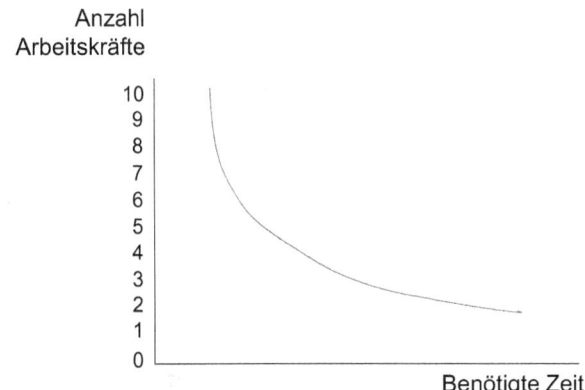

Abb. 4.3 Die Abbildung zeigt das Verhältnis zwischen benötigter Arbeitszeit und der Anzahl eingesetzter Arbeiter beim Ausheben einer kleinen Grube. Werden zunehmend mehr Arbeiter eingesetzt, fangen sie an, sich bei der Arbeit zu behindern, und es kommt zu keiner weiteren Leistungssteigerung bei weiterer Erhöhung der Arbeitskräfte

4.28 Ergebnisse und Schlussfolgerungen

Die Vergangenheit ist der einzige bildende Faktor für die Gegenwart und für die in der Gegenwart stattfindenden Präferenzen und Entscheidungen. Die Gegenwart ist genau so, wie sie ist, weil die Vergangenheit sie dazu gemacht hat. Die Vergangenheit ist auch der wichtigste bildende Faktor, durch den die menschlichen Bedürfnisse geprägt wurden, und somit ist die Vergangenheit auch entscheidend für das Verhalten des Menschen und für seine Nachfrage nach Gütern und Leistungen in der Gegenwart und Zukunft.

Die Vergangenheit determiniert die Gegenwart, und die Gegenwart gestaltet die Zukunft. Somit ist es die Vergangenheit, aus der in Wirklichkeit die Zukunft hervorgeht.

Deswegen ist es wichtig, die Vergangenheit zu kennen, um die Gegenwart und die Zukunft zu verstehen.

Auch der Mensch ist ein Produkt der Vergangenheit – der Evolution und der Erziehung. Durch die Vergangenheit wurden sein Verhalten, seine Präferenzen und seine ganz konkreten Entscheidungen in der Gegenwart determiniert. Diese Entscheidungen sind dann die Ursache dafür, wie ein komplexes System, wie es die Ökonomie ist, funktioniert.

Eine ökonomische Theorie, welche durch Grundannahmen bestimmte Verhaltensweisen und Entscheidungen voraussetzt und vorhersagt, kann nicht richtig sein, weil sie nicht die tatsächlich existierenden Unterschiede in den möglichen Entscheidungsalternativen der Menschen berücksichtigt. Wenn in der Physik der Apfel zehn Mal vom Baum fällt, dann fällt er zehn Mal nach unten auf die Erde. Das ist ein Naturgesetz. Wenn aber in der Ökonomie zehn Mal eine bestimmte Entscheidung durch Menschen zu treffen ist, dann wird nicht zehn Mal gleich entschieden, also es wird nicht zehn Mal das gleiche Ergebnis produziert. Denn Menschen entscheiden sehr oft nicht immer zu ihrem Vorteil. Und das ist auch der Grund, warum kein Gesetz aufgestellt werden kann, welches genau das voraussetzt.

> Die ökonomischen Gesetze unterscheiden sich von den Naturgesetzen dadurch, dass sie nicht von Natur existieren, sondern mit der gesellschaftlichen Sichtweise entstehen und sich mit ihr entwickeln.

Keine Gesetze wie in der Physik
Wenn in der Wirtschaft von „Gesetzen" oder sogar „natürlichen Gesetzen" gesprochen wird, ist daher größte Vorsicht geboten. Die Ökonomik ist keine Naturwissenschaft. Und es gibt in der Wirtschaft auch keine Naturgesetze wie in der Physik. Die Gravitation kann kein Parlamentsbeschluss der

Welt aufheben. Die Sparquoten, Mindestlöhne oder die Hartz-IV-Gesetze kann man hingegen schon ändern. Was wir ökonomisch oder sozialökonomisch machen können, hängt immer auch von den gesellschaftlichen Verhältnissen ab und davon, wer wie viel Einfluss hat.

In der Ökonomik wurden Gesetze nicht entdeckt, sondern sie wurden postuliert. Menschen schreiben die Regeln selbst, weil sie auf bestimmte politische, soziale und wirtschaftliche Strukturen reagieren müssen. Doch diese „Gesetze" funktionieren nur so lange, wie sich die Menschen auf ein bestimmtes System einigen, und dieses System muss dauerhaft stabil sein. Davon geht die klassische Ökonomik auch aus, real ist diese Voraussetzung aber nur sehr selten gegeben.

Natürlich gibt es logische Schlussfolgerungen und Grundsätze. Einen Mindestlohn von 25 Euro zu fordern, wäre der wirtschaftliche Untergang für viele Firmen. Aber das ist kein Gesetz, sondern der Grund liegt in den ökonomischen Verhältnissen und Zusammenhängen, die das in der gegebenen Situation nicht zulassen. In der Zukunft und bei anderen Konstellationen ist das aber nicht grundsätzlich auszuschließen.

Wirtschaft wird von Menschen für Menschen gemacht. Die Regierungen, die Parlamente, die Lobbyisten, die Ökonomen, die Topmanager und die Bürger bestimmen gemeinsam, wie das ökonomische Leben aussieht und welche Regeln gelten sollen. Dass jedes Land dabei von den Macht- und Wirtschaftsstrukturen der globalen Welt abhängig ist, verdeutlicht eine wichtige ökonomische Gesetzmäßigkeit, die lautet: Wer die Mittel, die Macht und den Einfluss hat, der bestimmt maßgeblich über die scheinbaren Naturgesetze der Ökonomik.

Es sind also auf der makroökonomischen Ebene sehr oft weniger die Gesetze der Ökonomik, die die Staatswirtschaft bestimmen und beeinflussen, als die Gesetze der Macht.

Und die Gesetze der Macht hängen direkt mit den Gesetzen des menschlichen Verhaltens zusammen.

> Die wissenschaftliche Disziplin der Ökonomie muss endlich umdenken und sich weiterentwickeln.

Fazit

In der ökonomischen Realität sind optimale Faktoreneinsätze nur in den wenigsten Fällen rein mathematisch errechenbar. Um die bestmöglichen Lösungen zu eruieren, sind immer auch empirische und Erfahrungswerte mitzuberücksichtigen.

Es ist abschließend zusammenfassend festzustellen, dass die ökonomische Standardtheorie im Widerspruch steht zu der neuen ökonomischen Theorie, die auf dem realen menschlichen Verhalten basiert. Genau diesen Widerspruch spiegelt der Gegensatz zwischen dem Homo oeconomicus und dem realen Menschen mit allen seinen Ausprägungen. Diese Differenz ist in der realen Welt die Ursache für die vielen Ungleichgewichte, Fehlentscheidungen, Krisen, Wirtschaftszusammenbrüche, das Marktversagen und die Irrationalitäten in der Wirtschaft.

5
Die Politik

5.1 Was genau ist Politik?

> Nach allgemeiner Definition versteht man unter Politik die Regelung der Angelegenheiten eines Gemeinwesens durch verbindliche Entscheidungen. Sehr allgemein können jegliche Einflussnahme, Gestaltung und Durchsetzung von Forderungen und Zielen in privaten oder öffentlichen Bereichen als Politik bezeichnet werden.

Zumeist bezieht sich der Begriff nicht auf das Private, sondern auf die Öffentlichkeit und das Gemeinwesen im Ganzen. Dann können das öffentliche Leben der Bürger, Handlungen und Bestrebungen zur Führung des Gemeinwesens endogen (nach innen) und exogen (nach außen) sowie die Willensbildung und Entscheidungsfindung über Angelegenheiten des Gemeinwesens als Politik beschrieben werden.

Im engeren Sinne bezeichnet Politik die Strukturen, Prozesse und Inhalte zur Steuerung politischer Einheiten (Staaten, Länder, Regionen) nach innen und ihrer Beziehungen zueinander.

Bei dieser Betrachtung wird deutlich, dass wirtschaftliche und gesamtgesellschaftliche Themen wie beispielsweise

- der Arbeitsmarkt,
- die Zinspolitik der Zentralbank,
- die Geldpolitik,
- die Armutsbekämpfung,
- die Tarifabschüsse und die Festlegung von Löhnen (auch das Thema Mindestlohn oder Grundeinkommen für alle),
- die Besteuerung und Fiskalpolitik,
- die Landesverteidigung und das Militär,
- Regulierungsvorschriften (insbesondere für die Finanzwirtschaft und die Ökonomie),
- der internationale Handel und die Außenwirtschaft,
- die Wirtschafts- und Konjunkturpolitik,
- die Sozialpolitik,
- die Außenpolitik,
- die Verteidigungspolitik
- etc.

einen Kernbestandteil der Politik ausmachen.

Deswegen muss auch das Thema „Politik" immer im Zusammenhang mit der neuen ökonomischen Richtung als ein integraler Bestandteil der Konvergenz vieler anderer Bereiche und Disziplinen (wie z. B. Jurisprudenz, Soziologie, Psychologie usw.) angesehen und auch berücksichtigt werden.

Heutzutage ist die Globalisierung eines der wichtigsten politischen Themen bei so gut wie allen Staaten und Regierungen, die es weltweit gibt. Globalisierung betrifft sehr viele und auch wichtige – wenn nicht alle – Bereiche in der Gesellschaft: Wirtschaft, Sozialpolitik, Migrationspolitik, Sicherheitspolitik, Steuerpolitik, Handel, Recht usw. Die Gründe, Ursachen und vor allem die Zusammenhänge und

Konsequenzen der Globalisierung können verkannt, missinterpretiert und missverstanden werden.

Schon der Begriff „Globalisierung" bedeutet je nach Kontext und Situation für jeden etwas anderes. Man versteht unter „Globalisierung" eigentlich streng genommen gleich zwei Phänomene. Diese hängen zwar zusammen, sind aber trotzdem beide grundverschieden. Eines davon ist die Ausdehnung der Arbeitsteilung auf die ganze Welt, was nur möglich ist, weil der Handel und die Logistik, welche die Voraussetzungen dafür liefern, immer besser und stärker miteinander verbunden sind. Wie jede Ausweitung der Arbeitsteilung auch, mehrt die Globalisierung in Summe grundsätzlich den weltweiten Wohlstand. Zudem stiften die internationalen Handelsverbindungen in der Regel auch den weltweiten Frieden, denn niemand hat Interesse, einen guten Geschäftspartner zu bekämpfen. Schon Frederic Bastiat (1847) bemerkte trefflich: „Wenn Güter die Grenzen nicht überschreiten können, dann werden es die Armeen tun." Protektionismus ist in der Realität oft die Vorstufe zum Krieg, während gute Handelsbeziehungen zwei Fremde einander vertraut machen.

Das zweite Phänomen ist die Tendenz der globalen Angleichung der Lebensstile, Lebensformen, der Güter und Produkte, Präferenzen, Ideen, aber auch der Prozesse und der Handelsketten. Diese Angleichung erfolgt auf drei Ebenen: kulturell, ökonomisch und politisch. Die politische Ebene kann sehr aktiv gesteuert werden und kann auch die anderen beiden Ebenen stark beeinflussen.

Hierbei wird deutlich, dass beispielsweise die USA als Zentrum internationaler Geldmengenausweitung die dominante Kraft des Angleichungsprozesses sind und deren großes Interesse an der Erhaltung dieses Status kein Zufall ist (die Federal Reserve bringt große Geldmengen in Umlauf und aufgrund der Akzeptanz des US-Dollars als eine Quasi-Weltwährung müssen alle übrigen Länder das Risiko und die Konsequenzen der damit verbundenen Inflation tragen). Daher auch die Bemühungen der USA, alle anderen Währungen, die sich als Konkurrenz zum US-Dollar herausbilden könnten, möglichst klein zu halten oder diese Tendenzen sogar aktiv mit allen Mitteln zu bekämpfen. Das geschieht durch das harte Durchsetzen der entsprechenden eigenen Interessen, indem beispielsweise verhindert wird, dass große Teile des Welthandels (z. B. Handel mit Öl oder mit Rohstoffen) nicht in anderen Währungen durchgeführt werden können als mit US-Dollar.

Die Wahrung solcher Interessen ist selbstredend nur mit entsprechender militärischer Macht möglich und zeigt sich der Weltöffentlichkeit bei punktuellen Interventionen wie zum Beispiel im Nahen und Mittleren Osten (Irakkrieg, nachdem die Führung des Landes begann, das eigene Rohöl auch gegen andere Währungen zu verkaufen).

Die ökonomische Geldtheorie erklärt sehr genau, warum eine derart gestaltete Globalisierung eher eine Art „Amerikanisierung" darstellt.

Hier wird erst der wichtige und sehr enge Zusammenhang zwischen Wirtschaft, Wirtschaftsinteressen, Wirtschaftsmacht und Militärmacht deutlich:

Die USA sind bekannt durch ihre permanenten und hohen Handelsbilanzdefizite. Handelsbilanzdefizite können als Zeichen unzureichender eigener Produktionskapazitäten interpretiert werden, da permanent mehr konsumiert wird, als im eigenen Land produziert wird. Außerdem wächst aufgrund der steigenden Auslandsschulden die Abhängigkeit von internationalen Kreditgebern. Wenn in solch einer Situation die Kapitalimporte nicht intensiv und effektiv verwendet werden – das heißt konkret, wenn nicht die Produktionskapazität des Landes mit dem Handelsbilanzdefizit erhöht wird –, dann wird das Land ernsthafte Probleme bekommen und nach einer Zeit zahlungsunfähig werden. So wie jeder Haushalt oder jede Firma auch: Wenn mehr konsumiert als produziert wird, kann man mit Krediten eine bestimmte Zeit überbrücken und sich von Kreditgebern abhängig machen, aber irgendwann ist Schluss und der Konkurs kommt unvermeidlich.

Im Falle der USA ist es aber etwas anders: Aufgrund der Stellung des US-Dollars als Quasi-Weltwährung sind praktisch die Geldgeber der USA (also die ausländischen Geldgeber und Investoren) vom US-Dollar abhängig, weil ihre Investments zugleich von US-Dollar abhängen. Es wäre nicht in ihrem Interesse, die USA pleitegehen zu lassen. Denn so würden sie ja ihre Forderungen verlieren. Das, was sie aber tun könnten, ist die Umschichtung der auf US-Dollar lautenden Forderungen auf andere Währungen – und genau das ist der schmerzhafte Punkt der USA und das, was sie unter allen Umständen zu verhindern versuchen.

Daher nutzen sie ihre militärische Stärke, um weltweit so zu intervenieren und alles zu unternehmen, damit der US-Dollar die Quasi-Weltwährung bleibt und möglichst keine Konkurrenz bekommt, damit alle wichtigen Transaktionen und der Handel weltweit weiterhin mit dem US-Dollar durchgeführt werden und damit die US Federal Reserve weiterhin de facto fast beliebig US-Dollar drucken kann, um die Verbindlichkeiten laufend bedienen zu können – ohne dass dies eine inflationäre Wirkung entfaltet.

Die wirtschaftliche Macht der USA wird mit der eigenen militärischen Macht kombiniert, um weltweit die Dominanz des US-Dollars zu sichern und um andere Länder von den USA nicht unabhängig werden zu lassen. Somit sichert sozusagen das US-Militär die wirtschaftlichen Interessen des Landes.

In einer idealen Welt der internationalen Handelstätigkeit würden sich langfristige Ungleichgewichte der Zahlungsbilanzen über den jeweiligen Wechselkurs immer rasch wieder ausgleichen und ins Gleichgewicht kommen.

So wie kein einzelner wirtschaftlicher Akteur permanent mehr konsumieren kann als er produziert, so kann auch eine Volkswirtschaft nicht dauerhaft mehr konsumieren und dabei Auslandsschulden kumulieren, als reale Güter und Dienstleistungen zu deren Ausgleich produziert werden.

Und umgekehrt können Handelsbilanzüberschüsse auch nicht von Dauer sein, da sich durch die Exporte gleichzeitig die Nachfrage nach der Währung des Überschusslandes erhöht und dadurch automatisch die Preise der exportierten Waren für das Ausland steigen.

Durch die entsprechende Außenpolitik, Wirtschaftspolitik und die dazugehörende Militärmacht ist es aber im Falle der USA möglich, die eigene Stellung soweit zu sichern, dass das Ausland (und somit auch die Kapitalgeber) die Währung und das Währungssystem nutzen müssen, welches eigentlich die Schulden bildet.

Deswegen entsprechen auch die Wechselkurse aus den genannten Gründen nicht den realen Marktverhältnissen, und die Ausgleichsfunktion ist durch die Politik, die durch das starke Militär unterstützt wird, extrem eingeschränkt, was zu weltweiten Ungleichgewichten und Verzerrungen führt.

Dies erklärt die heutige Situation und Politikgestaltung der Wirtschafts- und Militärmacht USA und den Grund für die zahlreichen weltweiten militärischen Interventionen. Somit könnte man durchaus tragischerweise konstatieren, dass das Führen bestimmter militärischer Interventionen keine militärische, politische oder strategische Angelegenheit ist – sondern eine rein ökonomische Notwendigkeit (freilich immer aus der Sicht der USA betrachtet). So bestimmt die Ökonomie – die Sicherung des eigenen Wohlstands, die Wahrung der eigenen Interessen und des Einflusses, die Federal Reserve mit der herausgegebenen Währung des US-Dollars – letztendlich über Krieg und Frieden in weiten Teilen der Welt und über die Regierungsform und Regierungsbildung vieler Länder.

5.2 Die Wirtschaftspolitik

Die Wirtschaftspolitik ist nur ein Teilbereich der Politik als Gesamtdisziplin, so wie es auch andere Teilbereiche gibt, beispielsweise Verteidigungspolitik, Außenpolitik, Sozialpolitik, Umweltpolitik usw. Zu jedem der politischen Hauptthemen gibt es eine eigene politische „Unterkategorie". Diese politischen Hauptthemen verändern sich aber im Laufe der Zeit und auch deren Wichtigkeit ist nicht immer konstant. Wichtig ist jedoch, dass ein Gesamtzusammenhang – besser ausgedrückt die politische Strategie – erhalten bleibt, damit die politische Konsistenz nicht durch gegenläufige oder sich ausschließende Richtungen geschwächt wird. Es gibt signifikante Abhängigkeiten der einzelnen politischen Themen, deshalb sollte immer die Politik als Ganzes gesehen werden, was alle diese untergeordneten Themen maßgeblich bestimmt.

So ist beispielsweise eines der Hauptthemen in der Politik die Ökonomie. Ökonomie bewegt und betrifft die Menschen direkt und auch dort, wo es ihnen am wichtigsten ist: bei der Arbeit, beim Geldverdienen und Steuern zahlen, beim Aufbau von Vermögen und Bilden von Absicherung, bei der Lebensplanung und den Karrieremöglichkeiten. Die Ökonomie wiederum hängt sehr stark vom technischen Fortschritt und der Modernität der Welt ab.

Die technische Entwicklung führt seit Jahren dazu, dass immer mehr menschliche Arbeit durch technische Lösungen ersetzt wird. Die Folge davon ist eine stetig sinkende Nachfrage nach Arbeit und damit eine steigende Tendenz zur Arbeitslosigkeit – insbesondere bei den weniger gut ausgebildeten Bevölkerungsgruppen. Die Rate der Arbeitslosigkeit hat viele und signifikante soziale Auswirkungen. Der Zusammenhang zwischen Ökonomie und Soziologie in der Frage von Arbeitslosigkeit ist eines der zentralsten politischen Themen überhaupt. Denn es geht um den gesellschaftlichen Zusammenhalt, um sozialen Frieden, um Wohlstand und auch um Sicherheit und Stabilität der Gesellschaft, welche von der Zufriedenheit der Menschen abhängig ist.

Eine Gesellschaft ist nicht dann gut und gesund, wenn sie ein hohes durchschnittliches Vermögen pro Kopf besitzt. Dieser Durchschnitt kann auch durch eine sehr starke Ungerechtigkeit und Ungleichheit gegeben sein, indem beispielsweise ganz wenige das gesamte Vermögen besitzen und die Mehrheit nichts. Vielmehr muss eine gesunde und zufriedene Gesellschaftsstruktur eine gerechte Verteilung des Einkommens und Vermögens aufweisen – was aber keinesfalls heißen soll, dass alle gleich viel haben sollen! Wie auch immer diese gesunde und gerechte Verteilung des Vermögens definiert wird, impliziert es immer einen Mechanismus, der für die entsprechende Umverteilung sorgt, denn das Vermögen hat immer die Tendenz, sich zu akkumulieren. Die Aufgabe der Politik ist es, dieser Tendenz entsprechend effektiv und effizient entgegenzuwirken. Somit handelt es sich im ökonomischen Sinne um einen „Paretooptimalen Zug", eine entsprechende Einkommensumverteilung – die der Ökonomie UND der Gesellschaft dienlich ist – sicherzustellen. Diese Erkenntnis hat überhaupt nichts mit irgendwelchen Ideologien oder Weltanschauungen zu tun. Sie ist die Folge von rationalen ökonomischen Überlegungen und Analysen und auch aus bitter gemachter historischer Erfahrung:

Immer wieder musste die Menschheit zusehen, dass lang anhaltende Prozesse von ökonomischer oder sozialer Ungerechtigkeit in einem gesellschaftlichen System immer zu Aufständen, Umstürzen oder Revolutionen geführt haben. Ein als ungerecht empfundenes System kann man nicht langfristig aufrechterhalten, wie die Geschichte beweist: die französische Revolution 1789, die Oktoberrevolution in Russland mit dem Aufstand des Proletariats 1917, die Revolution in China durch Mao Zedong 1911, der Aufstand in

Indien durch Mahatma Gandhi in den 30er-Jahren, die Revolution 1989 in den Ländern der ehemaligen Ostblockstaaten – die Beispiele ließen sich fast endlos fortsetzen. Das Muster ist immer das gleiche: Ein verarmtes Volk und eine maßlose kleine Klasse von Reichen – also ökonomisch ausgedrückt, eine extreme Ungleichverteilung des Vermögens.

Es ist davon auszugehen, dass diese Vermögensungleichverteilung der entscheidende Faktor ist für das Ausbrechen von Unruhen und Umsturzversuchen innerhalb der Gesellschaft. Lässt man diesen Fakt gelten, so folgt für die Sicherstellung der politischen Ordnung und Absicherung des Vermögens der wohlhabenden Klasse die Notwendigkeit einer möglichst objektiven Messung der Zufriedenheit oder Unzufriedenheit der Bevölkerung. Bevor eine Handlung stattfindet, existiert immer ein „Action-Gap" zwischen dem aktuellen Zustand und dem gewünschten Zustand, was man auch als den Wunsch nach einer Veränderung ansehen kann.

Durch eine entsprechende Kommunikation und mediale Arbeit ist es möglich, diesen „Action-Gap" innerhalb bestimmter Grenzen zu steuern und zu beeinflussen. Daher ist die Kontrolle der Medien zusammen mit einer entsprechend guten Evaluierung des „Action-Gap" innerhalb der Bevölkerung enorm wichtig, um die Gefahr und Wahrscheinlichkeit von Unruhen oder sogar eines möglichen Umsturzes zu messen. Eine Revolution geht immer von der (besitzlosen) Masse der Bevölkerung aus, denn diese Menschen haben nichts zu verlieren. Je größer diese Gruppe innerhalb der Bevölkerung ist, desto höher ist die Gefahr von Unruhen oder die eines Umsturzes.

Hat also die Politik die Aufgabe, möglichst für eine zufriedene und gerechte (zumindest als gerecht empfundene) Gesellschaft zu arbeiten, dann ist es für die politische Arbeit unumgänglich, nicht nur Unruhen, Tendenzen zum Aufruhr und Proteste oder gar Aufstände zu vermeiden. Die Aufgabe ist es vielmehr, ein effektives „Sozialmarketing" zu betreiben mit transparenten und glaubhaften Reviews der sozialen

Gegebenheiten. Denn für die Menschen ist es nicht entscheidend, wie viel sie besitzen, sondern wie viel sie in Relation zu anderen innerhalb ihrer Gesellschaft besitzen! „Wir denken selten an das, was wir haben, aber immer an das, was uns fehlt." (Arthur Schopenhauer)

> „Keine Gesellschaft kann gedeihen und glücklich sein, in der der weitaus größte Teil ihrer Mitglieder arm und elend ist." (Adam Smith, Begründer der Nationalökonomie und höchster Guru der Neoliberalen – „The Wealth of Nations", Book I)

Um genau dies zu ermöglichen, ist es notwendig, das menschliche Verhalten und seine Grundlagen der Motivation und Präferenzsetzungen zu verstehen. Die Verhaltensökonomie ist hierfür absolut essenziell.

Fazit

Somit folgt aus dieser Analyse, dass ein Verteilungsmechanismus gefunden werden muss, ein Verteilungsschlüssel also, mit dessen Hilfe eine Art von Regulierung stattfinden kann, wie viel und wo verteilt werden muss, um das Verhältnis von Besitz, Wohlstand und gesellschaftlicher Zufriedenheit und Stabilität im Gleichgewicht zu halten.

5.3 Banken als ein wichtiger politischer Faktor

Die Banken stellen einen wichtigen politischen Faktor dar zur Vermeidung von Kapitalakkumulation in kapitalistischen Gesellschaften. Über die ureigene Aufgabe der Bankhäuser, nämlich die Ökonomie mit der benötigten Liquidität zu versorgen, geben sie auch Kredite für

Unternehmensgründungen und schaffen damit automatisch die Möglichkeit einer ökonomischen und sozialen Dynamik. Durch das Ermöglichen von Krediten zum Aufbau eigener ökonomischen Existenzen wird es der breiten Bevölkerung real ermöglicht, vom einfachen Arbeiter zum Unternehmer zu werden. Das Ermöglichen dieses Prozesses führt zu einem Ausgleich – oder zumindest zu einer Relativierung – zwischen der ökonomischen Übermacht der Kapitaleigner bzw. Arbeitgeber und den ökonomisch und sozial schwächeren Arbeitern bzw. einfachen Bürgern, die keine Kapitalreserven besitzen.

Dieser Zusammenhang und Prozess sind gesellschaftlich, sozial wie auch ökonomisch sehr wichtig. Somit ist er ein wichtiges politisches Instrument zur Gestaltung der Ökonomie, der Sozialstruktur und vor allem zur Steuerung der Vermögensverteilung innerhalb der Gesellschaft. Seine Ausprägung und Umsetzung, bzw. die tatsächliche Ausgestaltung ist die Aufgabe der Politik. Diesen wichtigen politischen Themen sind eine ganze Reihe weiterer wichtiger Zusammenhänge nachgelagert. Mit Vor- und Nachteilen, mit Chancen wie auch mit Risiken.

Sind beispielsweise Kredite und Unternehmensgründungen für die Bevölkerung leicht zugänglich, so wird in der Wirtschaft ein relativ hoher Prozentsatz von Selbstständigen sein, es werden heterogene Strukturen in der Unternehmenslandschaft entstehen mit vielen und unterschiedlichen und unterschiedlich großen Firmen, es wird ein relativ hoher Wettbewerb herrschen, relativ niedrige Arbeitslosigkeit und eine hohe Quote an Selbstständigen. Es wird eine relativ hohe Umlaufgeschwindigkeit des Geldes in der Wirtschaft geben mit entsprechend hoher Inflationsrate und einer hohen Rate von Unternehmen und Firmen, die in Konkurs gehen. Durch die hohe Anzahl und Diversität an Unternehmungen und Firmen wird es eine entsprechend höhere Anzahl von Rechtsstreitigkeiten und Auslastung der Justiz geben, verbunden mit der Notwendigkeit einer großen Anzahl von detaillierten Regelungen und deren Prüfung in Form von Auditmaßnahmen. Verwaltung und Organisation des Systems werden steigen usw. Die Gesellschaftsstruktur ist durchlässig, und Menschen können leichter zwischen den einzelnen Gesellschaftsschichten aufsteigen. Alles ist viel mehr im Fluss und dynamisch, was aber auch sehr viel Stress und Unsicherheit für alle bedeutet.

Sind hingegen Kredite und Unternehmensgründungen für die Bevölkerung schwer oder kaum zugänglich, so wird in der Wirtschaft ein relativ kleiner Prozentsatz von Selbstständigen sein, die meisten Bürger werden im Angestelltenverhältnis bei großen Firmen oder als staatliche Angestellte arbeiten. Diejenigen, die die Möglichkeit besitzen, an Kapital zu kommen, werden ihren Status behalten und ihre Möglichkeiten nutzen. Sie werden weniger Risiko und weniger Konkurrenz haben. Auch unter den Firmen wird es weniger Wettbewerb geben und man wird eher versuchen, sich untereinander zu arrangieren, als sich wirklich Konkurrenz zu machen. Diejenigen, die Kapital besitzen, werden dieses einfacher sichern können, diejenigen, die keines besitzen, werden es schwerer haben, es zu bekommen. Die Umlaufgeschwindigkeit des Geldes ist dementsprechend niedriger, es gibt eher weniger, dafür aber größere Unternehmen und Firmen. Die Strukturen in der Wirtschaft und auch in der Gesellschaft sind stabiler und fester, es gibt mehr Sicherheit, Vorhersehbarkeit und weniger Druck und Stress. Die Effizienz ist dafür entsprechend niedriger, ebenso das messbare (nicht gefühlte) Wohlstandsniveau. Durch die bewährten und bekannten sowie einfachen Strukturen und die Übersehbarkeit des Systems ist eine politische Steuerung wesentlich einfacher und effektiver. Die Vorhersehbarkeit neuer Entscheidungen und Regelungen ist höher, wie auch ihre Implementierung. Der gesellschaftliche Aufstieg des einzelnen Bürgers ist jedoch limitiert, was zu starren Gesellschaftsklassen führt, aber auch eine gewisse Sicherheit vor einem sozialen Abstieg oder Fall bietet.

Fazit

Die Koexistenz zwischen der Politik und dem Bankensektor ist daher entscheidend für die Steuerung der Gesellschaft auf de facto allen Ebenen. Banken bieten der Politik die effektivste Möglichkeit, die Staatsökonomie zu steuern, und da die Ökonomie einen direkten Einfluss auf alle anderen Bereiche der Gesellschaft und der Menschen hat, kann die Politik über den Bankensektor sehr viel tiefer eingreifen, als es auf den ersten Blick erscheint.

5.4 Fiskalpolitik

Ein weiteres wichtiges wirtschaftspolitisches Thema von zentraler Bedeutung ist die Besteuerung der Bürger und der Wirtschaft, also die sogenannte Fiskalpolitik.

Die Steuereinnahmen und die damit zusammenhängende Regelung und Gesetzgebung sind aus verständlichen Gründen sehr wichtig und auch die Ursache vieler innerer Auseinandersetzungen. Es geht ums Geld, und es geht vor allem um die Einnahmen des Staates für die Finanzierung aller Ausgaben und Investitionen in seine Strukturen, die Verwaltung, die Verteidigung und die Infrastruktur sowie um die Ausgaben für Sozialleistungen, die den Bürgern zugutekommen. Die staatlichen Strukturen und die Verwaltung sind wichtig für seine Funktion, auch als Garant für Verlässlichkeit und Stärke. Das erfordert eine solide Finanzierung, und die kommt aus den Steuereinnahmen. Der

Staat stellt auch die entsprechende Infrastruktur für alle Bürger zur Verfügung (z. B. Straßen) und unterhält einen mehr oder weniger effektiven Apparat aus den drei bekannten und voneinander unabhängigen Bereichen der Exekutive, Judikative und Legislative. Dies ist zusammen mit dem Militär zur Verteidigung und den Sozialleistungen (für Arme, Kranke, Arbeitslose und Rentner) in den meisten Staatshaushalten der größte Kostenblock. Der Staat trägt natürlich auch eine Verantwortung gegenüber seinen Bürgern, dass sie auch in der Zukunft in entsprechenden Umständen leben können. Diese Zukunftsorientierung muss beim Haushalten mit den Einnahmen berücksichtigt werden. Es sind Investitionen in moderne Ausstattung und Technologie sowie in moderne Verwaltung und Strukturen. Hierbei hat der Staat eine gewisse Steuerungsfunktion und kann Bereiche mehr oder weniger subventionieren oder ihnen durch das Besteuern entgegenwirken und somit direkten Einfluss auf die Entwicklung und das Wachstum dieser Bereiche nehmen. So kann der Staat auch bestimmten wirtschaftlichen Gesetzmäßigkeiten – die als negativ angesehen werden – durch eine entsprechende Politik nachhaltig entgegenwirken.

Es ist offensichtlich, dass auch das staatliche Steuersystem effizient und effektiv sein muss. Die Voraussetzung dafür sind: eine entsprechende Transparenz, Verständlichkeit und logischer Aufbau, Gerechtigkeit, einfache Anwendbarkeit und Durchsetzbarkeit mit vertretbaren Mitteln sowie eine unabhängige Kontrollierbarkeit der Funktion und Effizienz mit der Möglichkeit einer schnellen und effektiven Korrektur bei Bedarf. Das richtige Maß der Besteuerung sollte sein: „So wenig wie möglich, aber so viel, wie gerade nötig".

Die Besteuerung wird seitens der Steuerzahler als etwas Negatives oder als Strafe für Unerwünschtes angesehen. Sie müssen für etwas zahlen. Dass im Gegenzug etwas anderes für die Steuerzahlungen zur Verfügung gestellt wird, wird nicht gleich gesehen und schon gar nicht honoriert. Steuern sind generell negativ belegt, denn sie senken die Löhne und Gewinne der Besteuerten.

Diese Voraussetzungen sollten vom Staat folgerichtig intelligent dazu genutzt werden, um Erwünschtes zu entlasten bzw. zu unterstützen und Unerwünschtes zu besteuern (natürlich immer unter der Maßgabe, dass am Ende gerade genug Steuereinnahmen eingenommen werden, um die notwendigen Leistungen und die laufenden Ausgaben bezahlen zu können). Es ist ökonomisch und psychologisch ein großer Fehler, Erwünschtes und Positives zu besteuern! Unerwünschtes und ökonomisch wie auch gesellschaftlich Schädliches muss besteuert werden. Wichtig für die Transparenz und die Psychologie der Bürger und Steuerzahler ist auch eine transparente Überprüfbarkeit der staatlichen Ausgaben, Investitionen und Leistungen. Diese müssen überprüfbar aus der Besteuerung der Bürger möglichst effizient erbracht werden.

Somit ist im Idealfall die Besteuerung als ein Instrument zu sehen, mit dem man Erwünschtes und Unerwünschtes innerhalb bestimmter Grenzen steuern kann. Voraussetzung dafür ist freilich erst eine eindeutige Identifikation aller Leistungen und Transaktionen und die Prüfung, ob und in welchem Maß sie erwünscht sind oder nicht.

Damit erhielte man ungeahnte Steuerungsmöglichkeiten. Nachdem Arbeit ökonomisch wichtig und erwünscht ist, dürfte diese nicht besteuert werden. Genauso beispielsweise Grundnahrungsmittel. Anders verhält es sich bei Konsumgütern, in der Produktion und dem Ausstoß von schädlichen oder gefährlichen Gütern, bei Alkohol, Zigaretten oder Luxusgütern. Man könnte Kohlekraftwerke und Solaranlagen unterschiedlich besteuern, ebenso wie Spareinlagen für die Ausbildung der Kinder und Spekulationsinvestitionen in Immobilien. Lohnsteuer und Kapitaleinkünfte haben nun einmal nicht nur ökonomisch, sondern auch gesellschaftlich und psychologisch eine sehr unterschiedliche Wirkung und Bedeutung.

So ist es mit der Gesundheit, mit der Ausbildung und Bildung, mit der Grundversorgung, mit notwendigen Investitionen und Innovationen, mit der Arbeit der Menschen, mit Forschung, mit der Erhaltung der Kultur und deren Ausbau, mit der Umwelt usw.

Und so könnte es auch gehandhabt werden gegenüber Spekulationen, Glücksspiel, ökonomischen Gewinnen von monopolistischen Unternehmen, Konsum, Verbrauch und Vernichtung von Ressourcen, Umweltschäden, Energieverbrauch, Drogen, Luxusgütern, Kapitalakkumulation und Geldanhäufung, künstlicher Verknappung von Gütern durch Horten usw.

Das Steuersystem müsste einfach und verständlich stufenlos nach einer klaren und festgelegten Formel funktionieren und im Koordinatensystem eine stetige und ansteigende S-Kurve beschreiben (Abb. 5.1).

Erst nach dem Grundeinkommen x fängt die Besteuerung an zu steigen, das ist deshalb wichtig, damit eine Motivation zum Arbeiten auch unter den Geringverdienern

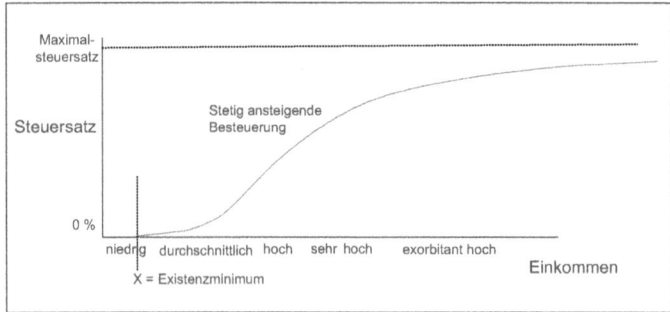

Abb. 5.1 Die Abbildung zeigt eine optimale Besteuerungskurve, die mit steigendem Einkommen stetig ansteigt. So entstehen keine Stufen, Brüche oder Verzerrungen, die zu ungerechter Besteuerung führen. Das Existenzminimum wird steuerfrei gestaltet und es wird nur Einkommen oberhalb davon besteuert

gegeben ist. Außerdem dürfen in diesem Einkommensbereich die bürokratischen Hürden nicht zu hoch sein, um die Menschen nicht zu entmutigen.

Steuerfrei sollte die medizinische Grundversorgung für alle sein sowie die Bildung und ein adäquater Wohnraum.

Es ist ein ökonomisches Gesetz, dass bestimmte lebensnotwendige Güter wie beispielsweise Wohnraum eine sehr inflexible Nachfragekurve aufweisen. Das bedeutet, dass der benötigte Bedarf an diesen Gütern relativ unabhängig ist vom Angebot und Preis. Wohnungen werden nun einmal gebraucht, Menschen müssen irgendwo wohnen – unabhängig vom Preis oder Miete. Ist ein Immobilienmarkt beispielsweise durch niedrige Zinsen und hohe Kapitalakkumulation für Investoren vom Interesse, fangen sie an, in Wohnungen und Häuser zu investieren – jedoch nicht, um diese in erster Linie zu vermieten, sondern um darin ihr Vermögen sicher anzulegen. Dadurch wird der vorhandene Wohnraum am Markt künstlich verknappt, und diese Verknappung im Zusammenhang mit der zuvor erwähnten inflexiblen Nachfrage lässt die Preise förmlich explodieren. Dies ist schlecht für die Bürger und auch für den Staat. Solche Tendenzen könnte man mit einem intelligenten Steuerkonzept sehr gut kontrollieren und regulieren.

Die Implementierung dieses Systems müsste auf einer Abschätzung des ersten Jahres beruhen – unter Berücksichtigung möglichst aller Konsequenzen und einer anschließender Nachjustierung nach einem Jahr.

Fazit

Einem effektiven Steuersystem muss ein gutes Anreizsystem zugrunde liegen. Dies ist eine unerlässliche Grundvoraussetzung. Somit darf es bei der Besteuerung auch keine „Sprünge" geben, wie beispielsweise derzeit beim Übergang der einzelnen Steuerklassen.

Der Grundsatz sollte sein: Je höher das Einkommen, desto höher zwar der Steuersatz, aber desto mehr sollte auch als Netto übrigbleiben! Deswegen wäre ein kontinuierlich ansteigender Steuersatz empfehlenswert und nicht ein gestufter, wie es derzeit der Fall ist. Dies ist ein sehr wichtiger und notwendiger Anreiz.

5.5 Lobbyismus und Protektionismus

Ein Faktor, der sehr oft mit einer effektiven Wirtschaftspolitik in Verbindung gebracht wird, ist Protektionismus.

Es handelt sich dabei im Wesentlichen um die Macht der Lobbyisten und um deren Einfluss, den sie geltend zu machen versuchen, um ihre Ziele und Eigeninteressen zu erreichen. Bereits der französische Ökonom Frederic Bastiat zeigte diesen Irrtum schon im 19. Jahrhundert anhand eines einleuchtenden Beispiels auf, welches als der „Irrtum vom zerbrochenen Fenster" in die Geschichte einging:

„The Broken-Window-Fallacy"

„Konnten Sie je die Wut des braven Bürgers Hans Biedermann beobachten, nachdem es sein missratener Sohn fertiggebracht hat, eine Scheibe zu zerschlagen? Wenn Sie bei diesem Schauspiel anwesend waren, haben Sie sicherlich auch bemerkt, dass alle Anwesenden – wie viele es auch seien – wie auf Verabredung dem unglücklichen Eigentümer diesen gleichen Trost schenken: Unglück ist zu etwas nutze. Solche Unfälle geben der Industrie ihr Auskommen. Alle Welt muss leben. Was würde aus den Glasern, wenn man niemals Scheiben zerschlüge?

Nun, es gibt zu dieser Trostformel eine ganze Theorie. Es ist gut, sie hier in diesem einfachen Fall flagrante delicto zu ertappen. Wohlbemerkt ist dies gerade diejenige, welche unglücklicherweise an den meisten unserer Hochschulen gelehrt wird.

Angenommen, Hans Biedermann muss sechs Franc ausgeben, um den Schaden zu beheben. Wenn man dann sagen will, dass der Unfall der Glasindustrie sechs Franc zukommen lasse, dass er in Höhe von sechs Franc die genannte Industrie fördert, stimme ich zu. Ich streite es in keiner Weise ab, man argumentiert richtig. Der Glaser wird kommen, er wird sich darum kümmern, sechs Franc erhalten, sich die Hände reiben und das missratene Kind von Herzen segnen. Dies ist, was man sieht.

Aber wenn man so ableitet – wie man es allzu häufig tut – dass es gut ist, Scheiben zu zerschlagen, dass das Geld in Umlauf bringt, dass dadurch die Industrie im Allgemeinen gefördert wird, sehe ich mich gezwungen aufzuschreien: Haltet ein! Ihre Theorie bleibt bei dem stehen, was man sieht, sie berücksichtigt nicht, was man nicht sieht.

Man sieht nicht, dass unser Bürger, weil er sechs Franc für eine Sache ausgegeben hat, sie nicht mehr für eine andere ausgeben kann. Man sieht nicht, dass er, hätte er nicht die Scheibe reparieren müssen, zum Beispiel seine abgelaufenen Schuhe ersetzt oder ein Buch mehr in seine Bibliothek gestellt hätte. Kurz, er hätte mit diesen sechs Franc irgendetwas gemacht, was er nun nicht macht.

Berücksichtigen wir also die Industrie im Ganzen.

Durch die zerbrochene Scheibe wird die Glasindustrie in Höhe von sechs Franc gefördert; dies ist, was man sieht. Wäre die Scheibe nicht zerbrochen, wäre die Schuhindustrie (oder eine andere) in Höhe von sechs Franc gefördert worden. Dies ist, was man nicht sieht.

Und wenn man, was man nicht sieht, weil es eine negative Tatsache ist, ebenso in Betracht zöge, wie das, was man sieht, weil es eine positive Tatsache ist, würde man verstehen, dass es der Industrie im Ganzen oder die Gesamtheit der nationalen Arbeit egal ist, ob Scheiben zerbrechen oder nicht.

Stellen wir jetzt die Rechnung von Hans Biedermann auf.
Im ersten Fall, dem der zerbrochenen Scheibe, gibt er sechs

Franc aus und hat nicht mehr und nicht weniger als vorher, die Nutznießung einer Scheibe. Im zweiten Fall, in dem der Unfall nicht passiert wäre, hätte er sechs Franc für Schuhzeug ausgegeben und hätte die Nutznießung eines Paars Schuhe und einer Scheibe zugleich.

Nun, da Hans Biedermann Teil der Gesellschaft ist, muss man schließen, dass die Gesellschaft im Ganzen, in der Bilanz ihrer Arbeiten und Nutznießungen, den Wert der zerbrochenen Scheibe verloren hat.

Wodurch wir verallgemeinernd zu dem unerwarteten Schluss kommen: Die Gesellschaft verliert den Wert unnütz zerstörter Güter, sowie zu dem Lehrsatz, der den Protektionisten schwer im Magen liegen wird: Zerschlagen, zerbrechen und zerstören heißt nicht, die nationale Arbeit fördern, oder kürzer: Zerstörung ist kein Gewinn.

Was sagen Sie dazu, Moniteur Industriel, was sagen Sie, Schüler des guten Herrn de Saint-Chamans, der mit so großer Genauigkeit ausgerechnet hat, was die Industrie an dem Brand von Paris gewinne – wegen der Häuser, die man neu bauen müsse?

Es tut mir leid, seine erfindungsreichen Berechnungen durcheinanderzubringen, umso mehr, als er ihren Geist in unsere Gesetzgebung hat eindringen lassen. Aber ich bitte ihn, sie zu wiederholen, um dabei das, was man nicht sieht, dem gegenüberzustellen, was man sieht.

Der Leser sollte sich wohl bewusst sein, dass nicht mehr nur zwei Personen, sondern drei in dem kleinen Drama mitspielen, das ich seiner Aufmerksamkeit anheimgestellt habe. Der eine, Hans Biedermann, repräsentiert den Verbraucher, der durch Zerstörung nur ein Gut anstelle von zweien nutzen kann. Der andere, in der Person des Glasers, zeigt uns den Produzenten, dessen Industrie vom Unfall gefördert wird. Der dritte ist der Schuster (oder irgendeine andere Industrie), dessen Arbeit aus demselben Grund ebenso viel verliert. Diese dritte Person hält man beständig im Schatten; sie personifiziert, was man nicht sieht, und ist ein notwendiger Teil des Problems. Sie ist es, die uns verstehen lässt, wie absurd es ist, einen Gewinn in einer Zerstörung zu sehen. Sie wird uns in Kürze lehren, dass es nicht weniger absurd ist, einen Gewinn in einer

> Einschränkung zu sehen, die letztendlich nur eine partielle Zerstörung ist. – Gehen Sie allen Argumenten auf den Grund, die man für sie geltend macht, Sie finden dort nichts als eine Umschreibung der Volksweisheit Was würde aus den Glasern, wenn man niemals Scheiben zerschlüge?"

Bei der Analyse dieses Themas muss man immer berücksichtigen, dass die Ökonomik und ihre Gesetzmäßigkeiten eine globale Gültigkeit haben und nicht von einer Gruppe innerhalb der Gesellschaft ausgehebelt werden können. Nicht die Bürger, nicht die Politiker und auch nicht die Lobbyisten können die Ökonomik verändern. Sie können nur die Rahmenbedingungen des in ihrer Macht stehenden Bereichs verändern und dadurch Friktionen verursachen, mit entsprechenden Konsequenzen.

So muss in diesem Zusammenhang jedem klar sein, dass hinter Politik, hinter Lobbyarbeit und hinter dem Vertreten von Interessensgruppen immer auch sehr starke Eigeninteressen der jeweiligen Vertreter stecken, dass hier die Öffentlichkeit durch Halbwahrheiten oder sogar Unwahrheiten informativ beeinflusst wird und dass sehr oft auch die Vertreter der Gruppen bestimmte Eigeninteressen haben, die manchmal gar nicht mit denen der Gruppen, die sie eigentlich vertreten, übereinstimmen.

5.6 Politik und Handel

In der heutigen Makroökonomie wird meistens mit pauschalen, aggregierten Größen und Dimensionen wie z. B. „Nationen" oder mit fiktiven Sammelgrößen wie „der

Nachfrage" oder „den Produzenten" gerechnet. Diese Denkweise ist aber nicht immer ohne Folgen und beeinflusst oft mehr die Realität als diese das Denken. In der Realität macht es keinen ökonomischen Unterschied, ob zwischen zwei tauschenden Nachbarn eine Grenze als Linie auf der Landkarte verläuft oder nicht.

Viele ökonomische Fehlannahmen (zum Beispiel aus der merkantilistischen Sicht) haben die Politik dazu geführt, die Nationalökonomie als einen Betrieb zu betrachten. Demzufolge ist dann der Tausch zwischen einem Internen und einem Außenstehenden ohne die Zustimmung der Führung als Diebstahl anzusehen. Das ist dann auch der Grund für die politischen Komplikationen, weil die Politik nicht den Unterschied zwischen internationalem Handel und interpersonellem Handel erkennt. Das ist der Ursprung des Protektionismus, bei dem die Politik darauf achtet, die aus ihrer Sicht wichtigen Transaktionen und ökonomischen Aktivitäten zu überwachen und zu steuern. Dem Bürger werden auf den ersten Blick stimmige Argumente kommuniziert, die in Wirklichkeit nur Halbwahrheiten sind und die ganze Reichweite des Themas bei Weitem nicht abdecken. Dadurch wird versucht, seitens der Bürger Stimmung für die eigenen Ideen und Interessen zu machen. Die Folge dessen ist die Macht der Informationen und damit der Medien zur öffentlichen Meinungsmache und Manipulation.

Aus diesen Gründen leitet sich die Bedeutung und Wichtigkeit der Verantwortung in der politischen Führung und bei den Vertretern der Medien, der Justiz und auch der Exekutive ab. Denn eine gut funktionierende Ökonomie ist die Grundlage von Wohlstand. Diese ist maßgeblich abhängig vom Handel – der die Grundlage des friedlichen Nebeneinanders ist. Der gut funktionierende Handel ist maßgeblich abhängig von guten und funktionierenden staatlichen Strukturen wie dem Recht, dessen Durchsetzbarkeit, der sozialen Situation und dem Zugang zu freien Informationen. Auch an diesem Beispiel werden die gegenseitigen Abhängigkeiten bei der ganzheitlichen Sichtweise deutlich.

Eine notwendige Folge der stetig steigenden Arbeitsteilung ist das wachsende „Spezialistentum", indem immer weniger selbst produziert wird und es immer mehr und immer kleinere Teilbereiche gibt. Die Fähigkeit einer Selbstversorgung geht damit mehr und mehr verloren, die Möglichkeit zur Generierung vom Reichtum wächst hingegen (Abb. 5.2).

Bereits der Vertreter der österreichischen Schule der Nationalökonomie, Friedrich Hayek, erkannte, dass man bei steigendem Wohlstand und steigender Arbeitsteilung Nutznießer von immer mehr Wissen wird – über welches man aber selber nicht verfügt. Somit steigt auch die Abhängigkeit vom Wissen und deren Trägern.

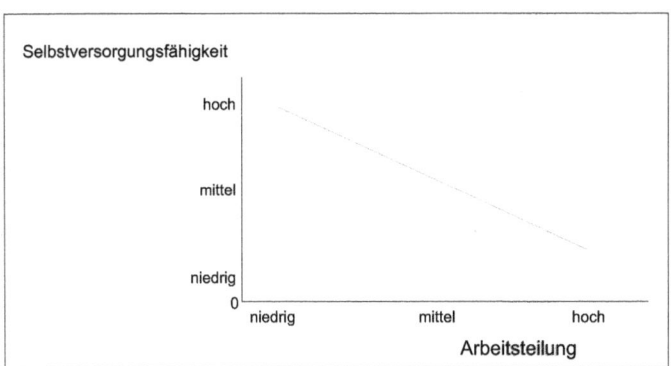

Abb. 5.2 Die Abbildung zeigt die Auswirkung der Arbeitsteilung auf die Selbstversorgungsfähigkeit

Das heißt aber auch, dass relativ zu den Produktionsmethoden die Menschen immer unwissender werden. Im Falle einer expandierenden Wirtschaft fällt dies kaum auf und macht sich nicht negativ bemerkbar. In Zeiten wirtschaftlicher Kontraktion hingegen übermannt die Menschen ein starkes Gefühl von ohnmächtiger Hilflosigkeit und Abhängigkeit. Diese Abhängigkeit kann dann auch durch diejenigen, die das entsprechende Wissen, die Technologien und Prozesse haben, mit einer Hebelwirkung genutzt werden. So entstehen aus dem Nichts mächtige Gegner, und die eigene Schwäche wird ersichtlich. Das, was folgen kann, ist vorhersehbar. Die Politik muss diese Zusammenhänge verstehen und in ihrer Strategie berücksichtigen (Abb. 5.3).

Die Abhängigkeit der heutigen Menschheit vom Geld ist in hochentwickelten arbeitsteiligen Gesellschaften enorm und überlebenswichtig. Ohne ein entsprechendes Geldeinkommen wären die meisten Menschen heute völlig verloren – sie könnten sich selber trotz bester landwirtschaftlicher

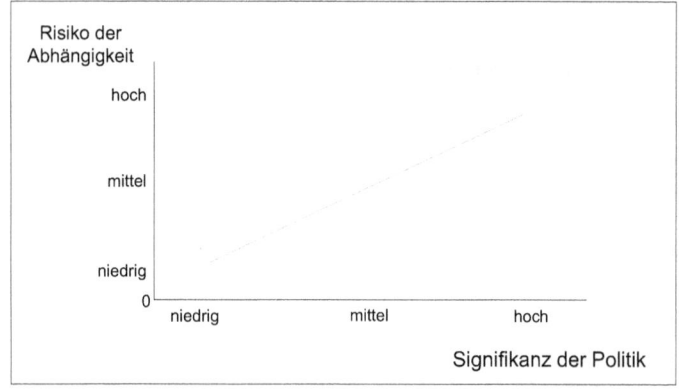

Abb. 5.3 Die Abbildung verdeutlicht den Zusammenhang zwischen der Signifikanz der Politik (Wichtigkeit der politischen Arbeit und den politischen Entscheidungen) und dem wirtschaftlichen Risiko und den wirtschaftlichen Abhängigkeiten

und technischer Voraussetzungen nicht alleine versorgen (Abb. 5.4).

Diese Abhängigkeit ist der Preis für das gesellschaftliche Leben, in dem Hunger und Leid immer weniger zu finden sind (Abb. 5.5).

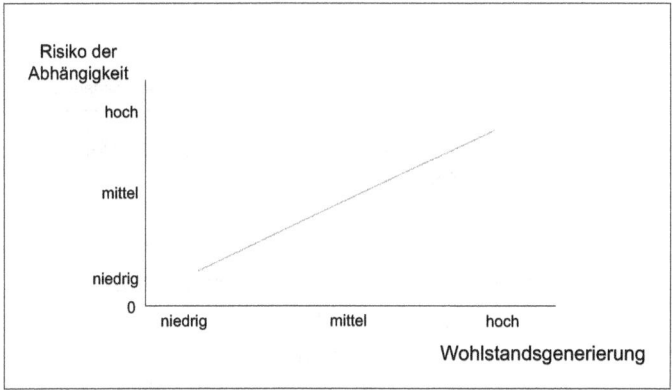

Abb. 5.4 Die Abbildung verdeutlicht den Zusammenhang zwischen der Wohlstandsgenerierung und der damit verbundenen Abhängigkeit – oder dem Risiko dieser Abhängigkeit

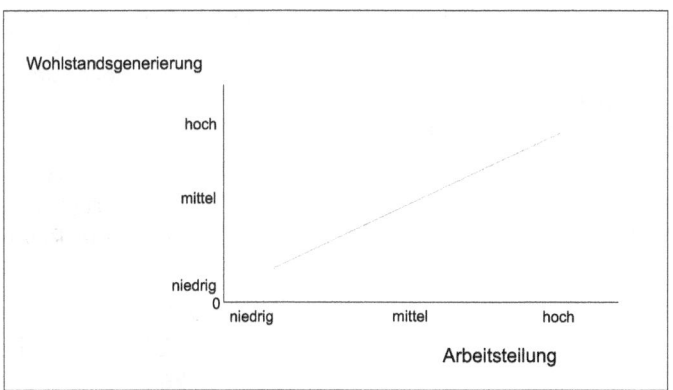

Abb. 5.5 Die Abbildung zeigt die Auswirkung der Arbeitsteilung auf die Wohlstandsgenerierung

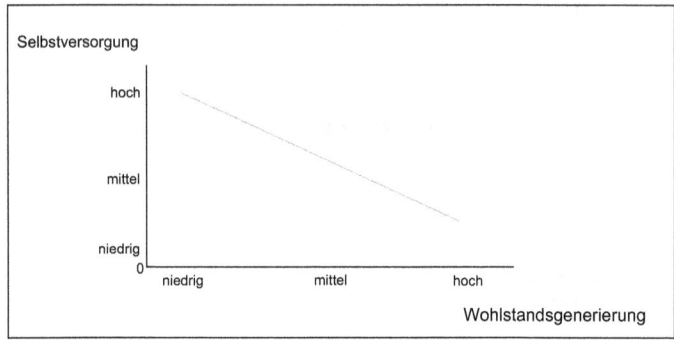

Abb. 5.6 Die Abbildung zeigt die Auswirkung der Wohlstandsgenerierung auf die Selbstversorgungsmöglichkeiten

In den vergangenen Jahrzehnten hat der Anstieg des internationalen Handels zu einer enormen Abnahme der weltweiten Armut geführt (Abb. 5.6).

Echter Freihandel hat allerdings wenig zu tun mit komplexen internationalen Vertragsstrukturen oder Institutionen. Oft handelt es sich bloß um einen selektiven oder manipulierten Handel im Dienste geopolitischer oder partikularer Interessen.

> Echter Freihandel bedeutet, dass zwei Seiten, die miteinander tauschen möchten, nicht verfolgt, eingesperrt oder gar umgebracht werden, um sie davon abzuhalten – oder um von ihnen etwas abzuverlangen.

Diese Erkenntnis führt zwangsläufig zu *dem* wirtschaftspolitischen Thema schlechthin, der Geldpolitik und Regulierungspolitik im Finanzsektor:

Die Politik hat einen direkten Einfluss auf die Wirtschaft und auf die Geldpolitik. Somit kann die Politik auch die Rate der Inflation steuern. Durch den direkten Einfluss auf Regulierungen, Gebote und/oder Verbote reguliert die Politik den Bankensektor mit seinen Finanzinstituten und damit das gesamte Finanzsystem. Die Gefahr besteht hauptsächlich darin, dass die Politik und die Regulierung der Wirtschaft nicht strikt getrennt werden. Wie in einer Diktatur oder in absolutistischen Regimen kann dann die gerade regierende Partei die Ökonomie für die eigenen Zwecke und Interessen missbrauchen.

> Der monetäre Sektor des Staates muss dafür sorgen, dass die Wirtschaft ausreichend mit Geld versorgt wird, dass sich aber gleichzeitig die Inflation innerhalb bestimmter Grenzwerte bewegt.

Mit den neuen Technologie- und Kommunikationsmöglichkeiten müsste der Staat neue Wege einschlagen und durch diese Entwicklung profitieren. Eine Möglichkeit beispielsweise zur verbesserten Versorgung der Wirtschaft mit Geld wäre die komplette Dezentralisierung des Banken- und Finanzsystems, indem man die Grundlagen schaffen würde, dass ähnlich einem Crowdfunding sich auch Kleinstunternehmen und private Haushalte gegenseitig mit Kapital/Geld versorgen, welches sie im Moment nicht benötigen.

Ein solches Finanzgeflecht erfordert natürlich den entsprechenden rechtlichen Rahmen, eine gute, verständliche und durchsetzbare Regulierung und eine adäquate Absicherung gegen einen Kollaps. Dies könnte z. B. durch Schachtelprinzip von Finanzdienstleistern gegeben sein.

Eine weitere Maßnahme wäre es, auch andere Dinge als Geld zu nutzen und auch so zu behandeln. Denken kann man hier z. B. an Gutscheine, Punkte von Tankstellen oder Meilen von Airlines und ähnliche Produkte – kurzum alles, was die Menschen mit einem gewissen Wert in Verbindung bringen und das sich teilen und leicht und transparent handeln/übertragen lässt. Auch das gegenseitige Zur-Verfügung-Stellen von Krediten und der Handel mit diesen Krediten würden ein sehr buntes, diversifiziertes und vielfältiges

System bedeuten, in dem die Versorgung mit „Geld" sehr gut funktioniert und für die Ökonomie gewährleistet ist. Seitens der Politik müssten hierfür die entsprechende Sicherheit und die Rahmenbedingungen bereitgestellt werden. Durch eine Vielfalt von diesen vielfältigen „Währungen" würde ein in sich stabiles (Geld-) System entstehen, weil sich alle diese Gelderivate gegenseitig ergänzen und stützen würden.

Darüber hinaus würde die Abhängigkeit der Menschen und der Wirtschaft von den Banken sinken.

Die ursprüngliche Aufgabe der Banken war es schon immer, die Vermittlungsfunktion zwischen Anbietern und Nachfragern von Ersparnissen zu übernehmen. Dabei haben die Banken in der Vergangenheit exorbitant hohe Gewinne erwirtschaftet, teils, weil sie ihre starke Stellung am Markt voll auf Kosten der Wirtschaftstreibenden ausnutzten. Diese haben die hohen Gewinne der Banken finanziert. Durch ein dezentrales Währungs-Derivaten-System von vielen Währungen und Anbietern würde ein Konkurrenzsystem entstehen, das offen, transparent und schwer manipulierbar ist und zudem auch noch viel kostengünstiger für die Wirtschaft wäre.

Das Bankenwesen ist keine rein marktwirtschaftliche Angelegenheit, sondern vielmehr ein komplizierter politischer Prozess zum Erlangen einer staatlichen Lizenz (Erlaubnis). Der Wettbewerb und die Konkurrenz unter den Banken selbst diszipliniert diese kaum – dies ist zu Beginn des 21. Jahrhunderts besonders deutlich geworden und hatte schwerwiegende Finanz- und ökonomische Krisen zur Folge. Staatliche Rettungsversuche führten zusätzlich zum weiteren Verlust einer in der Wirtschaft notwendigen Marktdisziplin. Die Bankinstitutionen stellen also nur zum Teil – oder ungenügend – markwirtschaftliche Dienstleister dar, die für ihre Kunden echten Wert schaffen. Kritisch gesehen können sie bei bestimmter Betrachtungsweise in der Retrospektive auch durchaus mit Hehlern verglichen werden. Das hat der ganzen Branche extrem geschadet. Schuld an den zahlreichen begangenen Straftaten an den Sparern innerhalb der Finanzbranche während der letzten Jahrzehnte ist allerdings das auf staatliche Gewalt gestützte Geldsystem. Es ist eine politische Angelegenheit, und die Politik trägt hier die Verantwortung, dass so etwas geschehen konnte. Es wäre nicht ausreichend bei objektiver Analyse, nur die Banker als gierige Räuber zu betrachten und ihnen die Schuld für alle Probleme im Zusammenhang mit den vielen Betrügereien und Krisen zu geben, auch wenn ohne jeden Zweifel ein moralischer Makel auf den durch sie getätigten Geschäften lastet. Die Politik trägt hier die Mitschuld des regulatorischen Versagens.

Das Problem dabei war und ist weiterhin eine effektive Regulierung, die ohne Nebeninteressen transparent greift und eine Monopolisierung des Systems und die Konzentration vom Kapital und Firmen effektiv verhindert oder zumindest diesen Tendenzen entgegenwirkt. Deswegen sind intelligente Alternativen so notwendig, und darum sind P2P-Transaktionsmechanismen, Kryptowährungen, FinTechs und IT-Sicherheits- und Kommunikationsunternehmen eine vielversprechende Option, um das Gesamtsystem des Finanzsektors möglichst zu diversifizieren und dadurch unabhängiger, stabiler und robuster gegen Krisen und gegen Betrug zu gestalten.

Das mögliche Potenzial eines so hochentwickelten Systems wurde noch nicht einmal ansatzweise erkannt. Um diese sozioökonomischen Potenziale bergen zu können, ist aber eine neue Politik mit neuen Regulierungsmechanismen erforderlich. Es geht um das Setzen von entsprechenden Anreizen und die Herstellung der notwendigen Rahmenbedingungen mit hoher Transparenz, Kommunikation und somit Glaubwürdigkeit in dem System.

Diese Entwicklungen haben eine direkte Auswirkung auf die Gesellschaft, auf die Gesamtökonomie und damit auch auf den Handel und werden es in der Zukunft noch viel mehr haben. Eine direkte Auswirkung auch auf den Menschen, die Gesellschaft und das soziale System ist unstrittig.

Es ist immer entscheidend und wichtig, ein Auge auf Interessen, Mentalitäten, Anreize und Kulturen bzw. kulturelle Unterschiede zu werfen, egal um welche Entscheidungen es sich handelt. Doch weder in der Ökonomie noch in der Politik darf es dazu kommen, dass Vertreter bestimmter Ansichten als Botschafter unangenehmer Wahrheiten angeklagt werden und negative Konsequenzen befürchten müssen. Die Wertneutralität und Universalität der Wissenschaft müssen gewahrt bleiben. Auch Vertreter von unangenehmen Meinungen, die beispielsweise in Opposition zu den Interessen der Finanzindustrie oder zu Regierungen stehen, müssen institutionell geschützt werden. Denn die Versuche, Argumente „ad personam" zu entkräften – d. h. durch Herabwürdigung ihrer Vertreter –, kehren leider immer wieder und sind sogar innerhalb der Medien bei entsprechendem Interesse nicht auszuschließen.

Denn wie auch die Verhaltensökonomie immer wieder belegt, gibt es für jede Klasse, Rasse, Religion etc. eine eigene Logik und so auch eine unterschiedliche Bewertung entsprechender Argumente, was einen Diskurs nun einmal erschwert. Wären alle Menschen gleich, dann hätten sie auch die gleichen Einstellungen und Überzeugungen, und man müsste keine Kompromisse suchen. Deswegen ist die Vernunft auf allen Gebieten so wichtig, da sie eine Gabe ist, die die unterschiedlichen Menschen mit all ihren unterschiedlichen Interessen verbinden kann. Leider ist es allzu oft so, dass den Menschen die vernünftigen Argumente ausgehen und sie dann Lügen, Schmähungen und gewaltsame Unterdrückung gegenüber Menschen mit abweichenden Meinungen vorziehen. Das ist insbesondere in der Politik der Fall.

Das Ziel muss sein, dass sich die besseren Argumente durchsetzen und dass sich im offenen Diskurs Einigkeit über die Realität herstellen lässt. Denn selbst heute noch führen Ideologen einen erbitterten Kampf gegen die Realität.

Die Ökonomie muss wertneutral und politisch unabhängig sein. Das beinhaltet liberale Ansichten mit der Präferenz für die drei Postulate des klassischen Liberalismus – Freiheit, Freihandel und Frieden – und das Ablehnen von deren Gegensätzen – Totalitarismus, Planwirtschaft und Krieg. Dabei muss hier ganz deutlich angemerkt werden, dass diese Postulate nicht als platte Parolen oder Schlagwörter zu verstehen sind. Jedes Gebot beinhaltet auch eine ganze Reihe von Verboten, jede Auslegung von Freiheit auch Verantwortung und jede Form von Frieden beinhaltet selbstredend auch entsprechende Sicherheitsmaßnahmen.

Nach dem Ende des Liberalismus im Blutvergießen des 20. Jahrhunderts wollte man einen liberalen Neubeginn. Zur Ablehnung des Liberalismus wurde deshalb der Begriff Neoliberalismus eingeführt. Einer seiner geistigen Väter und Vordenker war der Ökonom Erhard Röpke, der später zum wichtigsten intellektuellen Mentor von Ludwig Erhard wurde. Dabei sollten einige Fehler des klassischen Liberalismus korrigiert werden, deswegen auch der Zusatz „Neo". Diese Fehler lagen für Röpke insbesondere im übertriebenen Antiklerikalismus, im Rationalismus und Ökonomismus, wobei Ökonomismus zu verstehen ist als eine reduzierte Auslegung der klassischen ökonomischen Theorie mit deren Grundannahmen vom Homo oeconomicus. Leider hat sich in heutiger Zeit mangels Unkenntnis eine Art ideologischer Kampfbegriff herausgebildet, der sehr oft auch politisch missbraucht wird. Die Hauptkritik gegen den „Neoliberalismus", die heutzutage vorgebracht wird – z. B. ein Effizienzdiktat, Materialismus oder „Konsumismus" – findet sich paradoxerweise schon beim Begründer des Neoliberalismus, Wilhelm Röpke. Nur Jahrzehnte früher, viel fundierter und klüger durchdacht.

Der Begriff „Liberalismus" wurde in den USA zu einem Synonym für „Sozialdemokratismus". Dort haben bereits die Gründungsväter vor einem Zwei-Pol-Etatismus gewarnt – und genau dazu hat sich das Parteiensystem entwickelt. Dies ist die Grundlage für die bestehende Machtausweitung des Staates zur Bereicherung von Interessengruppen, was nach dem immer gleichen Muster von zwei Motiven funktioniert: ein militärischer Interventionismus auf der einen Seite und sozialpolitischer Interventionismus auf der anderen Seite. Warfare oder Welfare.

Auch wenn der Liberalismus an sich historisch kriegsfeindlich war, so steht heutzutage die Bezeichnung „liberal" in den USA für einen Sozialetatismus, dessen Ausprägung mit politischem Machterhalt, Machtausbau sowie extremer Ungleichverteilung mit Verarmung der Unterschicht verbunden ist. Der militärische Flügel dieses Systems muss sich hiervon durch die Zwei-Pole-Strategie abheben. Hierzu ist eine antisoziale Rhetorik, Angstmacherei vor sozialen Strukturen und Maßnahmen sowie eine regelrechte Panikmacherei vor einem angeblich drohenden Kommunismus hilfreich. So wird die Bezeichnung „liberal" für die eine Seite monopolisiert, wobei die positiven Aspekte des Liberalismus völlig verraten werden und man stattdessen auf das historische Gegenteil zurückgreift – auf den Konservatismus. Da in den USA eine konservative Tradition fehlte – ganz zum Gegenteil zu Europa – hat sich ein inkonsistenter „Neokonservatismus" aus der Fehlbezeichnung herausgebildet. Dieser vereint antisozialistische Reformen mit Militarismus, Korporatismus und parteipolitischem Kalkül.

Wie Liberalismus und Konservatismus, so ist auch Kapitalismus kein ökonomischer, sondern ein politischer Begriff, der durch die totalitären Strömungen des 19. Jahrhunderts als Kampfbegriff formuliert wurde, der möglichst alles, was im Bürgertum missfiel, in diesen Begriff packte. Kapitalismus ist demnach für Sozialisten all das, was kein utopischer Sozialismus ist. Das hat zur Folge, dass auch jede Kritik am real existierenden Sozialismus damit abgetan wird, dass dieser kein echter Sozialismus sei, sondern vielmehr ein kapitalistischer Sozialismus. Kapital ist immer das Vermögen und zugleich auch die Macht, über die die vermeintlichen „Antikapitalisten" noch nicht verfügen, und Kapitalismus ist jedes Hindernis bei der Aneignung dieses Vermögens und der damit zusammenhängenden Macht. Viele Ökonomen bekannten sich als Reaktion auf die Absurdität antikapitalistischer Utopien positiv zu dem Begriff, da sie richtigerweise darunter eine Ordnung verstehen, die Kapitalaufbau und damit auch Wohlstand für die Massen ermöglicht. So bezeichnet Kapitalismus dann das Ideal des möglichst breiten und nachhaltigen Wohlstands. Genau das hat auch Ludwig Erhard zu seinem Motto gemacht: Wohlstand für alle!

Mit diesem Hintergrund kann die heutige amerikanische, aber auch die europäische Wirtschaftsordnung NICHT als Kapitalismus betrachtet werden. Denn heute findet eben KEINE Überhöhung des Kapitals statt. Stattdessen findet eine extreme Überhöhung des Kredits und des Konsums statt. Und beide sind die genauen Gegensätze dessen, was Kapital ist. Deswegen müsste man diese Wirtschaftsstrukturen korrekterweise als „Kreditismus" oder als „Konsumismus" bezeichnen.

Das aktuelle Geld- und Finanzsystem ist aus den zuvor genannten Gründen verzerrt und kann nicht als Kapitalismus bezeichnet werden. Somit müssten auch die meisten konservativen Ökonomen als „Antikapitalisten" bezeichnet werden, weil sie vor Verzerrungen und Dynamiken schon vor Jahrzehnten gewarnt haben – als die meisten Politiker noch lange keinen Anlass zur Sorge sahen.

Wie eng und wie alt bereits die Verbindung zwischen der Politik und der Ökonomie ist, zeigt aus heutiger Sicht sehr eindrucksvoll die sogenannte „Wiener Schule" mit ihrer liberalen intellektuellen Elite, die bereits zu Zeiten der K.u.K.-Monarchie eine friedliche, nicht interventionalistische und behutsam modernisierte Vielvölkerföderation zu verwirklichen versuchte. Die meisten von ihnen dienten aus einem Ethos der Verantwortung heraus in den verschiedensten Funktionen des damaligen Staates, welcher zugegebenermaßen sehr viele Fehler hatte. Aber im Vergleich zu dem blutigen Wahnsinn, der politisch bedingt folgte, erwies sich dieser geradezu als ein Idealstaat der damaligen Zeit.

Diese Politisierung hatte im Vielvölkerstaat katastrophale Folgen, indem abwechselnd den jeweiligen Klassen, Rassen, Religionen und Gruppierungen Schuld an den schlechten Verhältnissen zugeschoben wurde. Dies erzeugte extreme Spannungen innerhalb der Gesellschaft. Und daraus wurden neue Ideen geboren: Sozialismus, Nationalismus und schließlich National-Sozialismus. Parallel zu der damals gerade fortschreitenden Industrialisierung bildete sich eine Dynamik zwischen der alten Ordnung und politischer, ökonomischer und gesellschaftlicher Moderne. Da der damalige K.u.K.-Staat feudale Elemente mit den bürgerlichen Ausgleichsbemühungen verband, hätte dieser zu einer echten zentraleuropäischen Freihandelszone werden können. Es war ein Staat mit niedrigen Steuern und tendenziell sinkender Regulierung, mit einer Einkommenssteuerquote von gerade einmal fünf (!) Prozent!

In Anbetracht dessen können heute konservative wie auch progressive Ökonomen strenggenommen nur als staatsfeindlich wahrgenommen und bezeichnet werden, weil sie als Ökonomiekenner (bzw. Experten in der ökonomischen Wissenschaft) die mittlerweile entstandene Willkür des überall vorherrschenden Staatswahns und den aktuellen Zustand scharf kritisieren müssten. Dabei geht es nicht um eine normative Bewertung einer bestimmten Politik, als um die Grundfrage, ob es ökonomische Gesetzmäßigkeiten gibt, die unabhängig vom „politischen Willen" sind. Man kann diese Grundfrage auch als Gegensatz zwischen Macht und ökonomischen Gesetzmäßigkeiten formulieren.

Diese Frage ist in der heutigen Zeit extrem aktuell: Der moderne Staatswahn und die seit Langem immer weiter und kontinuierlich steigenden Staatsquoten ignorieren die ökonomische Dynamik und erheben sich zu einem gottgleichen Status mit Argumenten und Sichtweisen, dass ökonomische Zusammenhänge als beliebig steuerbar und kontrollierbar betrachtet werden. So leben und arbeiten immer mehr Berufspolitiker in einer außerökonomischen Parallelwelt, in der sie auf Kosten der Bevölkerung ohne eine reale Verantwortung und ohne auch eine minimale Erfahrung, Bildung und Kenntnisse in den entsprechenden Disziplinen zu haben, besserwisserisch über die Existenzen anderer Menschen verfügen. In der Realität ist es keine Ausnahme mehr, dass diese Politiker und Funktionäre nicht einmal eine Imbissbude betreiben könnten, aber die Politik von ganzen Volkswirtschaften managen wollen. Ökonomischer Realismus ist ihnen zuwider, denn er entzaubert ihre Camouflage. Hinzu gesellt sich diabolisch ein System von gegenseitigem Postenzuschanzen und Gefälligkeiten, indem Stellen nicht nach Qualifikation besetzt werden, sondern nach politischer und persönlicher Strategie. Den modernen Staaten ist daher mehr Ökonomiefeindlichkeit vorzuwerfen als realistischen Ökonomen die Staatsfeindlichkeit.

Auch wenn solche Gedanken und Ansichten heute als schon fast radikal gelten, so entsprechen sie tatsächlich der abendländischen Tradition. Schon Augustinus kam zu dem Ergebnis, dass zwischen Räuberbanden und aggressiven Staaten kein konzeptueller Unterschied besteht, und Thomas von Aquin nannte Steuern sogar Raub – auch wenn er bestimmte Gründe zuließ, die solche Steuern legitimierten.

Spätere Vertreter der spanischen Scholastik schlossen sogar auf ein Widerstandsrecht gegen Steuern, die Tyrannei zur Folge hätten. Hierbei handelt es sich um rein moralphilosophische und juristische Fragestellungen, die außerökonomisch sind. In diesem Zusammenhang wurden schon viele Argumente und Auseinandersetzungen geführt zwischen Ethik und Politik. Es entwickelten sich daraus normative Empfehlungen, die auch oft im Gegensatz zu den meisten politischen und ökonomischen Ansichten standen. So wurde beispielsweise der Begriff „Anarchokapitalismus" geprägt, um die Verbindung von Antietatismus und Marktwirtschaft zu beschreiben. Historisch gesehen ist der Begriff irreführend, weil beides – Anarchismus wie auch Kapitalismus – politische Kampfbegriffe sind. Anarchismus bezeichnete geschichtlich gesehen meist utopische oder gar terroristische Strömungen, welche von Ordnungsfeindlichkeit bis zu einer Gesellschaftsfeindlichkeit reichten.

Die Intellektuellen heutzutage sehen den Anarchokapitalismus als Konsequenz eines politischen Diskurses, der in ihren Augen einen solchen Tiefpunkt erreicht hat, dass Legitimationsbegründungen nicht mehr offen, logisch und sauber erörtert werden, sondern schlicht vorausgesetzt und Gegenargumente diffamiert werden. Diejenigen, die heute eine Fürsprache für den modernen Staat leisten, tun dies meistens aus einer Art intellektueller Bequemlichkeit oder sogar Feigheit heraus. In Zeiten von „Über-Etatismus", einer nicht geahnten Überdehnung des Staates zum Hauptversorger, Organisator, Überwacher, Weltretter und Verantwortungsübernehmer, fällt eine so geartete Fürsprache natürlich auf einen fruchtbaren Boden zu Ungunsten von Einzelnen, von Individuen und deren Eigenverantwortung. So schließt sich der Kreis der kollektiven Verantwortungslosigkeit der Bevölkerung, der Wirtschaftstreibenden über die Politiker bis hin zur Staatsführung, also der Regierung.

Dies begründet die Tatsache, warum immer mehr jüngere Ökonomen immer häufiger „anarchokapitalistische" Positionen beziehen und staatstragende Positionen immer häufiger von Funktionären besetzt werden, die Karriere nur in der Politik machen (und machen können, weil sie keine anderen Qualifikationen haben). Das bedingt die vorhandene hohe moralische Korruption, die intellektuelle Armut und Feigheit sowie die Verantwortungslosigkeit in den staatlichen Strukturen. Hanns-Hermann Hoppe nannte dies den Wettbewerb der Gauner.

Der „Anarchokapitalismus" hat aus der ökonomischen Perspektive nichts mit ordnungsfeindlichem Korporatismus zu tun. Er ist vielmehr genau das Gegenteil davon. Ein verzweifelter Ordnungsruf. In übertriebenem Sprachgebrauch könnte man ihn auch als antikapitalistischen Antianarchismus bezeichnen. Denn es sind ideologische Begriffe und keine wissenschaftlichen Bezeichnungen. Für die meisten Menschen steht Kapitalismus für den Status quo und Anarchismus für gewalttätiges Chaos, in dem sich die einen auf Kosten der anderen bereichern, ohne rechtliche Konsequenzen befürchten zu müssen. (Anm. des Autors: Was ist heute in der Politik und Wirtschaft zu beobachten?)

5.7 Politik und Gesundheitswesen

Die heutige Gesundheitspolitik hat im zunehmenden Maße das Ziel, Kosten immer weiter zu reduzieren und die Effizienz der Gesundheitsversorgung immer weiter zu erhöhen. Um dies zu erreichen, werden Zuzahlungen von Patienten zu bestimmten Leistungen und Medikamenten eingeführt. Dahinter verbirgt sich der Gedanke, dass die Menschen steuerungspolitisch beeinflussbar sind. Darüber hinaus wird angenommen, dass Patienten öfter zum Arzt gehen als sie es eigentlich müssten und somit ein Teil der Arztbesuche gar nicht notwendig sind. Nach der Lehre der marktwirtschaftlichen Modelle der klassischen ökonomischen Theorie wird durch Erhöhung des Preises die Nachfrage des Gutes – also die Inanspruchnahme der ärztlichen Dienstleistung – proportional verringert.

Doch auch im Gesundheitswesen wurde durch zahlreiche Untersuchungen und Erfahrungen längst festgestellt, dass in der Realität die klassischen ökonomischen Modelle mit ihren theoretischen Marktmechanismen und deren Implementierung auf „echte" Menschen, die sich eben anders verhalten als der Homo oeconomicus, nicht funktionieren. Vereinzelt lassen sich sogar gegenläufige Effekte nachweisen. Diese Erkenntnis beantwortet eindeutig die ursprüngliche Frage: „Welchen Nutzen und Wirkung haben die Implementierungen marktwirtschaftlicher Mechanismen auf individueller Ebene der Menschen auf das Gesundheitssystem ausgeübt?" – Keinen.

In diesem Zusammenhang ist primär zu klären, welchen Einfluss die politischen Entscheidungen auf das Verhalten der Patienten und niedergelassenen Ärzte haben; und nachdem man diese Frage geklärt hat: Welche Entscheidungen gefällt wurden und vor allem warum.

Alle Beobachtungen, Untersuchungen und Ergebnisse zeigen unstritig und ganz eindeutig, dass im Falle einer vorliegenden Möglichkeit die Menschen dazu neigen, sich als Trittbrettfahrer zu betätigen. Dies ist z. B. typischerweise bei der Nutzung von öffentlichen Gütern zu beobachten, die für alle im gleichen Maße zugänglich sind. Stehen solche Güter allgemein und allen zur Verfügung, werden sie maximal konsumiert, auch wenn der Zusatznutzen für den Konsumenten gegen Null geht. Dadurch erhöhen sich die Kosten für alle Beteiligten. Dieser Entwicklung kann man mit Zuzahlungen entgegenwirken und sie so steuern. Den Menschen selbst darf man dabei nicht moralisches Fehlverhalten vorwerfen, sondern muss ihr Handeln als „rationales ökonomisches Verhalten" aus ihrer eigenen Sicht betrachten, weil so jeder seinen Nutzen maximiert (auf Kosten der Allgemeinheit). Für jede ärztliche Zusatzbehandlung entstehen also für den Einzelnen keine Zusatzkosten. Würde man jedoch „zu selten" zum Arzt gehen, würde man das Verhalten der anderen mitfinanzieren. Da sich aber die Menschen eigennützig und nutzenmaximierend verhalten, sind permanente Beitragssteigerungen im Gesundheitswesen unvermeidbar. Das Resultat dieser verkürzten Betrachtung: Individuell rationales Verhalten nach der ökonomischen Standardtheorie führt zu kollektiver Irrationalität und zum notwendigen Systemversagen auf langer Sicht.

Genau aus diesen Gründen muss die Politik auch das Gesundheitswesen modifizieren und das System dem menschlichen Verhalten anpassen und die entsprechende Incentivierung und Bepreisung optimieren.

In der Realität liegt oft eine nachvollziehbare und rationale Entscheidung seitens der Nachfrager/Konsumenten vor, wenn alle trotz Preiserhöhungen mehr von einem bestimmten Gut erwerben wollen. Diese Situation ist ein kompletter Widerspruch zur ökonomischen Standardtheorie, welche postuliert, dass bei einer Preissteigerung die Nachfrage zurückgeht. Eine steigende Nachfrage bei einem steigenden Preis ist beispielsweise dann sinnvoll auch rational, wenn alle Konsumenten von der Erwartung ausgehen, dass der Preis des Gutes, welches sie nachfragen, auch in der Zukunft weiter steigen wird. In einer solchen Marktsituation besteht die rationale Regelentscheidung darin, von einem Produkt rechtzeitig mehr nachzufragen, um dessen erwarteten weiteren Preisanstieg zu umgehen. Dieses Verhalten ist insbesondere dann sehr ausgeprägt, wenn es sich um ein notwendiges Gut handelt, auf das nicht verzichtet werden kann.

Ein anderes Beispiel und ein weiterer Grund für steigende Nachfrage bei steigendem Preis sind zahlreiche Gruppeneffekte, wie beispielsweise Mode-Hypes, Snob-Effekte, soziale oder religiöse Zwänge usw., sowie gegenseitige Beeinflussungen der Marktteilnehmer z. B. durch Medien oder Opinion-Leader. In diesen Fällen werden bestimmte Produkte mit einem hohen sozialen Status in Verbindung gebracht. Je höher der Preis des Produktes ist, desto höheren sozialen Status repräsentiert das Produkt und desto begehrter ist es dann auch bei den Käufern. Diese manchmal sogar sehr stark wirkenden Effekte werden in der klassischen ökonomischen Theorie überhaupt nicht berücksichtigt. Sie sind jedoch überall zu beobachten und können in der Verhaltensforschung heute auch gemessen werden.

> Auch Aktien werden bei steigendem Wert – also bei steigendem zu zahlendem Preis durch den Käufer – mehr und häufiger nachgefragt als bei fallendem Preis.

Diese Beispiele sollen verdeutlichen, dass klassische ökonomische Modelle und deren Empfehlungen in vielen Bereichen der realen Wirtschaft nicht anwendbar sind. Die Gesundheitspolitik ist einer davon. Hier ist es für die Politik unerlässlich, langfristige Strategien zu entwickeln, die die Verhaltensanalyse, die Gruppeneffekte, die soziologischen und psychologischen Effekte sowie die Interessen von Berufsvertretungen und Organisationen berücksichtigen. Eine zu enge und auf eine bestimmte, gerade auftretende Problematik zugeschnittene Einzellösung wird langfristig nicht funktionieren, da die Zusammenhänge und Abhängigkeiten viel zu groß und signifikant sind. Es muss eine gesamtheitlich alle Gruppen und Zusammenhänge berücksichtigende Gesamtlösung bzw. Strategie entwickelt werden.

5.8 Die politische Utopie des Sozialismus

Jede Wirtschaft, in der die Akteure nicht rechnen können – oder nicht rechnen wollen –, wird zu massiven Fehlallokationen führen. Damit sind nicht bloße Abweichungen von Gleichgewichtspunkten höchster Effizienz gemeint, sondern die Unmöglichkeit, die volkswirtschaftliche Produktion an den Präferenzen der Menschen auszurichten. Diese Präferenzen können sich nur auf der Grundlage freier Handlungen der Akteure manifestieren und so durch erfolgte Wahl- und Tauschhandlungen über freie Preise entstehen. Ein frei gebildeter Preis ist die Dokumentation von Entscheidungen seitens der für freie Ressourcen verantwortlichen Menschen.

Fehlallokationen von Ressourcen bedeuten eine Produktionsstruktur, die nicht den wirklichen Präferenzen der Menschen entspricht, was letzten Endes einer Verschwendung von Ressourcen, von menschlichem Potenzial, von Arbeitskraft, Zeit, Energie und auch Leben ist. Die ganz frühen Sozialdemokraten waren sich der Tatsache bewusst, dass der Sozialismus moralisch problematisch ist. Doch bei ihnen bestand die Überzeugung, dass er ökonomisch überlegen ist und zu höherem Wohlstand für alle führt. Allerspätestens die Geschichte zeigte mit dem Zusammenbruch der kommunistischen Länder Ende der 80er-Jahre diesen Irrtum. Massenweise Verarmung, teilweise Hungertod, Massenmorde und gewaltige Umweltzerstörungen kostete das Experiment des real existierenden Sozialismus.

5.9 Politisch-ökonomische Systeme und Staatsformen

Man kann in der Realität nicht nur zwischen reinem Kommunismus und Kapitalismus unterscheiden. Denn es gibt tatsächlich eine unendliche Vielfalt unterschiedlicher Ausprägungen und stufenloser Übergänge dieser beiden Systeme, die man sich als gegensätzliche Pole auf einer breiten Skala von Möglichkeiten vorstellen kann. In der realen Welt gibt es auch die Skala von fast stufenlosen Übergängen zwischen einem totalitären Extremkommunismus und einem „Turbokapitalismus". So gibt es nicht nur bei den ökonomischen Systemen, sondern auch bei den Staatsformen eine breite Skala stufenloser Übergänge von zentralen und dezentralen, föderalen Formen und von Monarchien zu institutionellen Monarchien bis zu den verschiedensten Ausprägungen von Demokratien (z. B. direkte und indirekte Demokratie). Folglich sind auch die Kombinationen zwischen der Staatsform und dem jeweiligen ökonomischen System unzählig und bieten eine breite Palette von Möglichkeiten, die die Politik mit all ihren Vor- und Nachteilen gründlich abwägen und nutzen sollte. Diese Entscheidungen sind die politisch-strategischen Grundentscheidungen, welche die Länder und Regionen langfristig in ihrer Entwicklung prägen. Das entsprechende politische Personal muss aus diesem Grunde auch die Erfahrung, Bildung, Kenntnisse und Kapazität haben, um die richtigen Entscheidungen zum Wohle der Menschen und zum Wohle der Länder fällen zu können.

Bei der Gesamtsicht der möglichen Ausprägungen ist nach den drei Hauptebenen der staatlichen Struktur zu unterscheiden:

a. Politische Ebene (Demokratie, Monarchie, Diktatur, Oligarchie …)
b. Wirtschaftliche Ebene (Sozialismus, Kommunismus, Kapitalismus, soziale Marktwirtschaft …)
c. Soziokulturelle Ebene (Kastensystem, offene Gesellschaft, Adel …)

Jeder Staat besteht aus einer bestimmten Zusammensetzung oder Mischung dieser drei Ebenen. Je nachdem, wie gut oder wie schlecht diese miteinander harmonieren, sich ergänzen oder sich widersprechen oder gar ausschließen, so gut oder so schlecht funktioniert auch die Staatsordnung und dementsprechend auch die Gesellschaft. Es gibt nicht das eine, beste Beispiel, denn es existieren unterschiedliche Kulturen, unterschiedliche Mentalitäten und unterschiedliche Voraussetzungen (sozial, ökonomisch, topografisch, geografisch …). Deswegen gibt es auch verschieden gute Lösungen beim jeweiligen System „Staat". Außerdem ist zu bedenken, dass alle Faktoren einem ständigen Wandel unterliegen und somit ein System, welches in der Vergangenheit gut funktioniert hat, nicht notwendigerweise auch in der Zukunft gut funktionieren muss. Auch um diese komplexe Einschätzung treffen zu können, benötigt man ein tiefes Verständnis der Materie.

5.10 Lösung globaler Probleme

Die Politik darf sich nicht nur mit den täglichen aktuellen Fragen befassen. Sie muss auch sensibel sein für die Grundstimmungen innerhalb der Gesellschaft. Die allgemeine Grundstimmung muss durch die Politik genutzt werden, um gewünschte und gewollte Aktionen zu erzielen. So zeigt beispielsweise die „Friday for Future"-Bewegung eine bestimmte Grundstimmung bzw. das Bedürfnis der Menschen, etwas aktiv gegen die Zerstörung der Umwelt durch den Menschen zu unternehmen. Hier kam die politische Aufmerksamkeit zu spät, und die Politik hat somit die Glaubwürdigkeit, das Problem lösen zu wollen, verspielt. Bei der Entwicklung solcher Protzesse ist ein „political spillover" zu beobachten. Ein Thema gewinnt an Bedeutung und beginnt sich immer weiter wie ein Lauffeuer innerhalb der Gesellschaft zu verbreiten. Hierbei ist aus verhaltensökonomischer Sicht eine „bedingte Kooperation" wichtig:

So möchte man zum Beispiel eine Vorbildfunktion übernehmen, um gut dazustehen.

Beim Thema Klimawandel haben die Industrieländer viel Glaubwürdigkeit nachzuholen und gutzumachen. Lange genug haben sie die Umwelt auf Kosten aller (der ganzen Welt) konsumiert und so den eigenen Reichtum generiert und ihre Führungsposition gebildet. Wenn jetzt Schwellenländer genau das Gleiche tun, um ebenfalls zum Wohlstand zu gelangen, können sie dafür nicht durch die Industrieländer kritisiert werden. Ökonomisch/ethisch wäre hier eine Entschädigungszahlung durchaus gerechtfertigt, was hier wieder im Bereich der Politik und ihrer Aufgabe liegt. Diese Problematik könnte beispielsweise mit Entwicklungshilfe und Kooperationsvereinbarungen zum ökonomischen und sozialen Wohle aller verbunden werden.

Doch leider gibt es derzeit keine schlüssige politische Zukunftsvision. Es gibt keine Antworten auf die wichtigsten Fragen, wie bereits zuvor angesprochen, wie z. B. Verteilung des Wohlstands, Umwelt und Klima, Zukunft der Arbeit, Altersversorgung, Alterspyramide, alternative gesellschaftliche Modelle, Kulturfragen, gesellschaftliche Werte und Wertesysteme etc. Alle diese Themen werden mit erhöhter Dringlichkeit auf die Gesellschaften zukommen. Je später diese angegangen werden, desto schwerwiegender werden die Folgen sein.

Die Menschen und die Gesellschaft müssen sich auch mit der Tatsache abfinden, dass es schon in der Vergangenheit, in der Gegenwart und auch in der Zukunft immer nur alternative Fakten gab, gibt und geben wird. Alles was man weiß, ist nur ein Abbild, ein Snapshot der augenblicklichen Situation mit allen ihren Einflüssen. Diese werden immer in der Zukunft korrigiert – d. h. die Menschheit lebt andauernd unter falschen Annahmen und im falschen Glauben (Erde flach, medizinische Heilung durch Blutegel, falsche physikalische Gesetze und kosmische Zusammenhäng etc...). Auch unser heutiges Wissen und Erkenntnisse werden in der Zukunft korrigiert werden. Und die in der Zukunft in noch entfernterer Zukunft usw.

5.11 Politik und soziokulturelle Faktoren

Politik muss die gesellschaftlichen und sozialen wie auch kulturellen Faktoren berücksichtigen. Manchmal stehen jedoch beispielsweise kulturelle Faktoren und natürliche Menschen bzw. evolutionsbedingte Faktoren im Widerspruch und erzeugen Spannungen und Probleme. Beispielsweise ist es natürlich möglich, nicht nur ein Kind zu lieben. Menschliche Liebe ist nicht limitiert. Man kann auch zwei, drei oder mehrere Kinder genau gleich lieben. Liebe ist ein menschliches, evolutionsbedingtes Gefühl. Es gibt die Liebe zu den eigenen Kindern, es gibt aber auch eine Liebe zum Partner. Auch diese Liebe ist von Natur aus nicht limitiert. Der Mensch kann ehrlich und tief mehrere Partner lieben – von Natur aus gibt es hier keine Beschränkungen. Diese Beschränkungen sind jedoch kulturell durch künstliche, durch Menschen erschaffene Vorschriften eingeführt.

Bestimmte menschliche Eigenschaften sind nun einmal durch die Evolution und genetisch vorgegeben und können nicht verändert werden – auch nicht durch Gesetze. Man kann die menschliche Veranlagung und die Triebe nicht effektiv durch gesellschaftlich künstlich aufgestellte Vorschriften verändern oder gar „reparieren". Ein gesellschaftliches und politisches System muss diese Fakten in die Entscheidungen einkalkulieren und berücksichtigen und im Idealfall sogar für eine gute Politik für die Menschen nutzen. Eine Vorschrift, die gegen die Natur der Dinge geht, erzeugt unweigerlich langfristige Probleme. Diese Dinge muss die Politik erkennen und Lösungen finden. Sie muss auch Dinge offen ansprechen können, die unangenehm oder gegen die kulturellen Gewohnheiten gerichtet sind, um möglichst gute, wirksame und objektive Lösungsansätze zu finden. Dazu braucht es ein Klima der Transparenz, Offenheit und Toleranz. Maulkörbe und Tabus sind in diesem Zusammenhang maximal kontraproduktiv, stehen aber leider auf der politischen Tagesordnung.

Die Politik entwickelt sich zusehends zu einer Art Identitätspolitik, agiert also im Interesse oder Namen einer bestimmten Klasse bzw. Partei. So hatte bereits die Arbeiterbewegung des 19. Jahrhunderts klare Bezüge zu Identitätsfragen. Gewerkschaften und proletarische Zeitungen besaßen selbstverständlich und gewollt eine „klassenidentitäre" Dimension. Trotzdem ist aber am Schluss alles persönlich, wenn es um konkrete Personen geht, die zur Wahl stehen und die meistens auch eine bestimmte Klasse repräsentieren und sich somit Vorteile gegenüber neutralen Konkurrenten bei den Wahlen versprechen. Menschen, die sich dann innerhalb einer Partei oder Klasse zusammenfinden, bilden ein gemeinschaftliches Bewusstsein. Die Konstruktion der modernen Klasse innerhalb der Gesellschaft als Identität ist daher geschichtlich eigentlich eine Tradition der Arbeiterbewegung und Grundlage des identitätspolitischen Ansatzes.

Wenn vieles also Identitätspolitik gilt, kann am Schluss durchaus Verwirrung als Resultat entstehen. So berufen sich heute viele unterschiedliche Gruppen auf Identitätspolitik, um den angeblich erforderlichen Schutz „ihrer Interessen" sicherzustellen. Doch ist wirklich jede denkbare und beliebige Gruppierung von Menschen für die Gesellschaft schützenswert? Spätestens dann, wenn offensichtliche Spinner, Extremisten und Populisten aller Couleur dieses Instrument einsetzen, um objektive Diskussionen und Argumente nicht zuzulassen – mit der Begründung, um nicht diskriminiert zu werden –, dann ist etwas gründlich schiefgelaufen. Dann wird das gut gemeinte Instrument des Schutzes missbraucht und die Gesellschaft mit ihren Mitgliedern erleidet dadurch Schaden. Freilich ist hier die Frage relevant, wer und nach welchen Kriterien entscheidet, was schützenswert und gut für die Gesellschaft ist?

Die heute dominierende Form liberaler Identitätspolitik ist kein legitimer Nachfolger, sondern das Gegenteil historischer Emanzipationsbestrebungen der Arbeiterbewegung. Ihr Fokus auf Anerkennung immer kleinteiligerer Gruppenidentitäten, die anhand ethnischer, sexueller, sozialer oder kultureller Aspekte konstruiert werden, zielt nicht auf Solidarität und Gemeinsinn, sondern auf Subjektivität und Ausschluss ab. Statt um universalistische Forderungen nach schrankenlosen Zugängen zu Bildung, Gesundheit, Wohlstand und Teilhabe, geht es in Wirklichkeit um Sonderrechte für bestimmte Gruppierungen. Und diese haben es gelernt, Medien entsprechend zu instrumentalisieren und einzusetzen, um sich das entsprechende Gehör und Aufmerksamkeit zu verschaffen – oft sogar schlimmer noch, um Menschen in ihren Urteilen zu beeinflussen und zu manipulieren.

Die Folge ist ein brutal eigennütziger Konkurrenzkampf um die lukrativsten Positionen in der gesellschaftlichen Hierarchie. Am Ende dieses Prozesses steht nicht die gute gemeinschaftliche Tat für die Gesellschaft oder die Gruppe, sondern Verhärtung, Hass und oft medial ausgetragene Hoheit über Bewertung und Interpretationen von Fakten.

Die so ausgeartete identitätspolitische Obsession läuft dann eben nicht auf eine Stärkung des gesellschaftlichen Zusammenhalts oder der Gruppe hinaus, sondern auf eine Selbstentmachtung und Schwächung. Dies ist umso mehr der Fall, je stärker man sich mit moralischer Verachtung gegenüber anderen beim traditionellen Wählermilieu präsentiert hat.

Ökonomische Ungerechtigkeiten und Ungleichheit innerhalb der Gesellschaft sind nicht Sache der Ökonomie, sondern der Politik. Oft führen Ungleichheiten auch zu Diskriminierungen, die durch immer neue politische, gesellschaftliche und mediale „Pirouetten" mit progressiver Symbolpolitik – mehr symbolisch als wirklich effektiv – bekämpft werden. Medienwirksam sorgt man sich dann um mögliche emotionale Kränkungen, doch in Wirklichkeit hat man für die wirklich wichtigen Themen wie „Entdemokratisierungstendenzen", Umweltzerstörung, Altersarmut, wachsende wirtschaftliche Ungleichheit oder ein effektives und effizientes Gesundheitssystem für die Durchschnittsbevölkerung nur bedingt Interesse.

Im Fokus der gängigen Politik steht in den wenigsten Fällen das Ideal der staatsbürgerlichen Gleichheit, sondern viel mehr das der Besonderheit. Anstatt neutral und objektiv das Gemeinsame zu fördern, werden Menschen in bestimmte Schubladen sortiert. Hier leisten mittlerweile Big Data und der Handel mit personenbezogenen Daten exzellente Dienste, die die Fehler bei dieser Einteilung extrem minimieren. Das hat aber unausweichlich zur Folge, dass sich über kurz oder lang die ökonomischen Konflikte zunehmend in Klassen- und Kulturkämpfe verwandeln können. Auseinandersetzungen um Identität sind dann kaum durch Kompromisse bearbeitbar, weil angesichts sich schnell ändernden Identitäten dauerhafte und stabile Koalitionen kaum denkbar sind.

Indem sich die Aufmerksamkeit immer mehr auf die Selbstwahrnehmungen richtet, wird die politisch konkrete objektive Wirklichkeit stark verzerrt. Statt sich beispielsweise mit dem Problem der globalen Ungleichheit zu befassen, richten Politiker den Blick viel mehr nach innen, um dort den tatsächlichen Kern aktuell zutreffender Selbstentwürfe zu erforschen und zu pflegen. Das ist zwar legitim, aber das genaue Gegenteil des Anspruches, mit dem die Wähler die Probleme der Benachteiligung, der Umweltzerstörung und Bekämpfung der Armut gelöst bekommen wollen. Denn auch Karl Marx, Friedrich Engels und dem Allgemeinen Deutschen Arbeiterverein ging es nicht um die Anerkennung und Fortschreibung bestehender Unterschiede, sondern um deren Lösung und Überwindung. Das Ziel waren nicht Privilegien, sondern Gerechtigkeit.

5.12 Zusammenhang zwischen Bevölkerungszahl und Gewalt

Das Ansteigen der Weltbevölkerung führt logischerweise zu einer immer höheren Dichte der Besiedelung und somit zu einem engeren Miteinander. Hinzu kommt auch die weltweit immer weiter fortschreitende Landflucht, sodass die Städte überproportional anwachsen und der Raum für die Bevölkerung kontinuierlich immer dichter und enger wird. Eine höhere Dichte der Besiedelung trägt aber immer ein höheres Aggressionspotenzial mit sich. Die Wahrscheinlichkeit von Konflikten und Gewalt steigt, sodass auf Grund dieser weltweiten Entwicklung in der Zukunft auch immer mehr Konflikte und gewaltsame Auseinandersetzungen zu erwarten sind.

Analog steigen auch im Tierreich das Konfliktpotenzial und die Aggressivität, je mehr Tiere in einem Revier oder einem Gehege gehalten werden. Es ist eine biologisch bedingte Tendenz in der Natur von Lebewesen.

Genauso ist diese Tendenz auch beispielsweise in Gefängnissen, Lagern usw. zu beobachten, wo Menschen auf einem begrenzten Raum zusammenleben müssen. Daraus lässt sich eine Gesetzmäßigkeit der Erwartung ableiten, wie sich die Dichte und das Konfliktpotenzial einer Gruppe oder einer Gesellschaft zukünftig entwickeln wird. Aus dieser Erwartung ergeben sich die Tendenzen für zukünftige Sicherheitsbedürfnisse, Sicherheitsausgaben, Rüstungsausgaben oder eventuell auch drohende oder zu erwartende militärische Auseinandersetzungen und Gefährdung des Friedens.

5.13 Politische Regulierung und die Kapitalkonzentration

Sogar für die Chefs der weltweit mächtigsten und erfolgreichsten Netzwerkunternehmen wird die Machtfülle ihrer Imperien langsam unheimlich. So forderte der Gründer und Chef von Facebook, Mark Zuckerberg, die Politik auf, hier effektiver zu regulieren. Es war die Reaktion auf das ständig wachsende Unbehagen gegenüber Big Tech, dessen Firmen überwiegend in den USA angesiedelt sind und mittlerweile eine Größe erreicht haben, die nicht nur das Alltagsleben der Menschen, sondern auch die Wirtschaftsordnung dominiert.

Diesen Handlungsbedarf hat auch der Internationale Währungsfonds (IWF) längst erkannt, der in immer kürzeren Abständen vor der Dominanz dieser Firmen warnt. Kurz vor dem Start des Frühjahrstreffens 2019 in Washington befassten sich die IWF-Aufseher mit diesem Phänomen in ihrem wichtigen Analysekapitel im aktuellen Weltwirtschaftsausblick, dem WEO. „Noch haben wir kein Monopolproblem. Aber wir sollten angemessene Maßnahmen ergreifen, damit wir gar nicht erst eines bekommen", brachte es die IWF-Chefin Christine Lagarde auf den Punkt.

Der IWF ist auch deswegen besorgt, weil sich insbesondere in den Industriestaaten seit dem Aufstieg dieser Firmen eine zunehmend wachsende Ungleichheit, gepaart mit einem geringeren Wirtschaftswachstum und sinkender Dynamik, entwickelt. Der IWF ist dabei zu prüfen, ob ein ökonomischer Zusammenhang zwischen diesen Phänomenen existiert.

Nachlassende Dynamik

Anteil der neuen und der ausscheidenden Unternehmen
auf dem US-Markt in Prozent

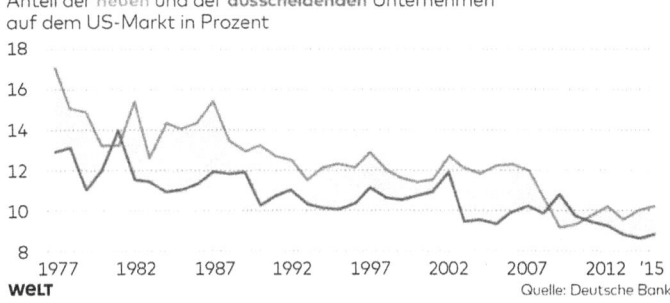

WELT Quelle: Deutsche Bank

Man erinnert sich an die Zeiten von Monopolisierung, wie es sie während der industriellen Revolution im späten 19. Jahrhundert schon einmal gegeben hatte, und ist deswegen höchst besorgt. Damals dominierten einige Familien, wie beispielsweise die Vanderbilts, die Rockefellers oder die Carnegies, und beeinflussten maßgeblich die Politik und die Wirtschaft. Dabei hatte die breite Bevölkerung das Nachsehen. Erst nach einer Zerschlagung dieser Monopolisten in den Anfängen des 20. Jahrhunderts verbreitete sich der Wohlstand in allen Schichten der USA.

Der IWF entdeckte einige besorgniserregende Trends.

So gibt es beispielsweise einen Rückgang der Lohnquote in wichtigen OECD-Ländern, es gibt sinkende Investitionen trotz niedriger Zinsen und steigender Börsenbewertung. Darüber hinaus identifizierten die IWF-Wirtschaftsexperten wachsende Gewinnmargen und eine steigende Konzentration, was zu der entscheidenden Frage führt, ob die wachsende Marktmacht der Kolosse ein Faktor hinter dem schwächelnden Wachstum und der steigenden Ungleichheit sein könnte.

Schwindende Konkurrenz

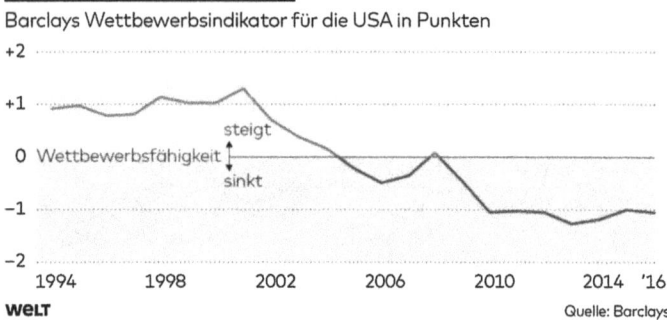

Im Gegensatz zu den klassischen Industriefirmen, die keine höheren Gewinnmargen verlangen können, ist die Situation in technologielastigen Branchen eine ganz andere. Überall dort, wo Produkte und Services digitalisiert werden können, ist die Monopolgefahr extrem hoch. Dort führt der sogenannte Netzwerkeffekt dazu, dass der Wert eines Unternehmens mit zunehmender Kundenzahl exponentiell wächst. Dieses Phänomen wird in der Ökonomie als der „Winner-takes-most-Effekt" bezeichnet.

Die IWF-Chefin Lagarde stellte fest: „Wir haben es mit einer ‚Winner-takes-most'-Dynamik zu tun, die besonders in der Digitalökonomie sehr ausgeprägt ist". Damit warnte sie vor einer Situation, in der in bestimmten Branchen einige Konzerne mittlerweile eine derart führende Stellung erlangt haben, dass ihnen über den Wettbewerb allein nur schwer beizukommen ist.

Doch nicht nur der IWF ist über eine wachsende Monopolisierung besorgt. Auch die britische Barclays Bank analysierte in einer Anfang 2019 erschienenen Studie das Phänomen der steigenden Marktmacht einiger weniger Konzerne – und wie sich diese auf die Wirtschaftswelt niederschlägt. Darin wird der rasante Anstieg der Konzentration in bestimmten Branchen, allen voran bei Big Tech, identifiziert

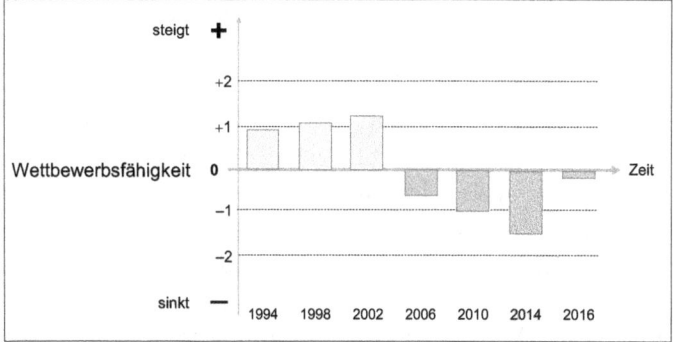

Abb. 5.7 Barclays Wettbewerbsindikator in Punkten für die USA

und als kritisch betrachtet. Die Analysten ermitteln einen Wettbewerbsindex, in dem sich der Wettbewerb aller untersuchten Branchen seit der Jahrtausendwende um ganze 75 Prozent auf dem Rückzug befindet (Abb. 5.7).

„Unternehmen mit Marktmacht können Extragewinne einstreichen, die Löhne ihrer Beschäftigten drücken und den Marktzutritt behindern", schreibt der verantwortliche Stratege bei Barclays, Jeff Meli. Bei der Analyse der Lohnquote, also dem Anteil an der Wirtschaftsleistung, den die Mitarbeiter erhielten, wird diese Tatsache evident. Laut Berechnungen des IWF ist dieser Anteil in den untersuchten Ländern von knapp 54 Prozent Mitte der 70er-Jahre auf zuletzt 49 Prozent gefallen. Auf der anderen Seite bedeutet diese Tatsache, dass die Eigentümer von Unternehmen dementsprechend den größeren Anteil am erwirtschafteten Ergebnis verbuchen, was eine Wohlstands- und Kapitalkonzentration zur Folge hat.

Diese Entwicklung hat unweigerlich auch Einfluss auf die Gesamtökonomie, was die Statistik zu Unternehmensneugründungen und Unternehmensschließungen in den USA eindeutig belegt. Nicht nur bei neuen Firmengründungen, sondern auch bei den Unternehmen, die sich nicht am Markt halten konnten und schließen mussten, gibt es derzeit immer neue Tiefstände. Dies ist ein eindeutiges Indiz dafür, dass die Konzentration am Markt zunimmt.

Vor diesem Hintergrund erscheinen die neuen Big-Tech-Riesen besonders gefährlich. Dank der Möglichkeiten, die sie haben, können sie schwächere Wettbewerber und Nachahmer klein halten oder aufkaufen. Dadurch verstärken sie die Konzentration und den Trend zur Monopolisierung noch mehr und bauen ihre Macht weiter aus. Die Studie des unabhängigen Analysehauses Bernstein Research kommt sogar zu dem Ergebnis: „Die digitalen Geschäftsmodelle haben mächtige Spieler hervorgebracht, die an das Zeitalter der Gilded Age erinnert".

Es war die Zeit Ende des 19. Jahrhunderts, als wohlhabende und einflussreiche Familien wie die Rockefellers ihren Reichtum und Prunk auch öffentlich zur Schau stellten und mit großzügigen Spenden politischen Einfluss und immer mehr Macht gewannen. Erst nachdem es öffentliche Proteste und Kundgebungen gegen die „Räuber-Barone" – wie diese Firmen und Familien damals bezeichnet wurden – gab, wurde der sogenannte Sherman-Act verabschiedet, benannt nach dem US-Senator John Sherman. Dieser führte zur Zerschlagung von Rockefellers Standard Oil im Jahr 1911. 60 Jahre später kam es in den USA zu einer weiteren Anti-Monopol-Bewegung, an deren Ende 1982 die Telefonfirma AT&T ebenfalls zerschlagen wurde.

Doch solche Anti-Monopolisierungsinstrumente sind für die Regulierung der großen Big-Tech-Firmen nicht geeignet. Diese Firmen, wie beispielsweise Google, Facebook & Co schädigen die Konsumenten keinesfalls mit höheren Preisen. Vielmehr sind die durch sie unterdrückten Innovationen und die reduzierte Auswahl und verringerte Konkurrenz für Konsumenten das Problem. Viele neue Ideen, Entwicklungen und auch Patente werden aufgekauft, und sollten sie für die eigenen Produkte gefährlich sein – wobei jede Weiterentwicklung und Verbesserung der vorhandenen Technologie immer deren Gefahr ist – landen sie in den Tresoren der Firmen und kommen nicht der Wirtschaft und Gesellschaft zugute.

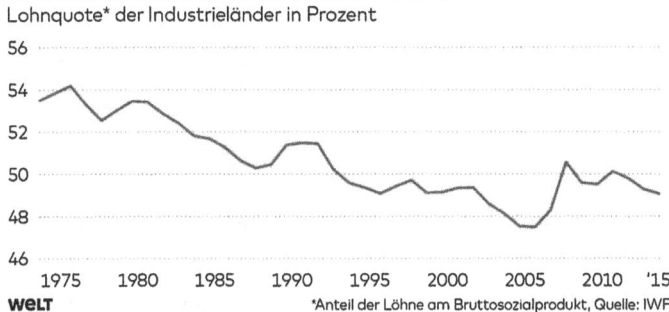

Schrumpfender Anteil für Beschäftigte
Lohnquote* der Industrieländer in Prozent

WELT *Anteil der Löhne am Bruttosozialprodukt, Quelle: IWF

5.14 Politik und das Problem der Umverteilung

> Der Begriff Umverteilung in der Gesellschaft und Politik bezeichnet den Prozess von finanz- oder sozialpolitischen Maßnahmen, die sich auf die Verfügbarkeit von Einkommen für verschiedene Bevölkerungsgruppen bzw. auf die Einkommens- oder Vermögensverteilung auswirken.
> Der Begriff „Umverteilung" ist neutral, es kann also eine Umverteilung in Richtung größerer Gleichheit oder auch in Richtung größerer Ungleichheit zwischen verschiedenen Bevölkerungsgruppen geben. Hier wird darunter eine Umverteilung in Richtung größerer Gleichverteilung verstanden.

Die Methoden der Umverteilung sind:

1. Umverteilung durch Steuerpolitik (Finanzen)
   Steuerliche Methoden der Umverteilung sind

   - die Besteuerung von Besitz wie Vermögensteuer, Erbschaftsteuer und Grundsteuer,

- ein von der Einkommenshöhe abhängiger Durchschnittsteuersatz,
- unterschiedliche Mehrwertsteuersätze für Grundbedarfsgüter, normale Güter und Luxusgüter.

2. Umverteilung durch Sozialleistungen und Subventionen (Leistungen und Transfers)

Umverteilung findet auch durch Sozialleistungen und Subventionen statt, nicht nur durch Finanzzahlungen. Alle diese Prozesse sind Gegenstand staatlicher Umverteilungspolitik mit dem Ziel des sozialen Ausgleichs.

Die primäre Einkommensverteilung erfolgt dabei durch die Teilnahme der Wirtschaftssubjekte am Wirtschaftsleben mit dem Ziel der Einkommenserzielung (Lohn/Gehalt, Zinseinnahmen, Miet-/Pachteinnahmen, Gewinn). Wie bereits zuvor erläutert, werden durch ökonomische Aktivitäten soziale Ungerechtigkeiten geschaffen, die durch eine sekundäre Einkommensverteilung ausgeglichen werden sollten.

Eine sekundäre Einkommensverteilung findet durch Transferleistungen des Staates statt. Ob und inwieweit ein Staat überhaupt ein Interesse an einer solchen Umverteilungspolitik über Transferleistungen hat, erlaubt Rückschlüsse auf die herrschende Wirtschaftsordnung. Ein Staat mit geringer Umverteilung ist kapitalistisch orientiert, während Sozialstaaten einen höheren Anteil an sekundärer Einkommensverteilung haben.

> Das Volkseinkommen und die Sozialleistungen zusammen ergeben dann das private Einkommen.

Umverteilung innerhalb der Sozialversicherungen

Umverteilung findet auch innerhalb der gesetzlichen Krankenversicherung und der Pflegeversicherung statt, bei der alle Versicherten die gleiche Leistung erhalten, obwohl die Beitragshöhe sehr stark variiert, da sie vom Einkommen abhängig ist. Hier findet also Umverteilung von den Besserverdienenden zu den Niedrigverdienern statt, wie auch eine Umverteilung von jungen Versicherten zu älteren Versicherten (da junge Menschen bei gleicher Beitragshöhe weniger Krankheitskosten verursachen).

Empfehlenswert ist es, fiskalische Umverteilung möglichst klein zu halten und dafür aber eine Wirtschaftspolitik zu machen, die zu geringeren Einkommensunterschieden zwischen den verschiedenen Wirtschaftszweigen führt, mit Rahmenbedingungen, die Investitionen gewährleisten und so zur weiteren Vermehrung von Wohlstand beitragen. Es gibt aber keine generelle Optimallösung, die immer gilt, weil die jeweilige Situation immer mitberücksichtigt werden muss und unterschiedliche Situation auch unterschiedliche Maßnahmen erfordern.

Grundsätzlich stellt sich aber die Frage nach dem Ausmaß der Umverteilung in einer Gesellschaft. Wird zu wenig umverteilt, so steigt das Konfliktpotenzial, weil ein wichtiger Zusammenhang zwischen Ungleichverteilung, Politik und Gewaltbereitschaft existiert. Daher sind soziale Sicherheit, Stabilität und Frieden essenziell, um nicht nur die wirtschaftliche Leistungsfähigkeit zu sichern, sondern langfristig auch den Wohlstand zu sichern.

Wird hingegen mit dem Ziel einer möglichst geringeren Ungleichheit zu viel umverteilt, so reduziert dies die Leistungsbereitschaft vieler Leistungsträger innerhalb der Gesellschaft, denn deren Leistung wird dann höher besteuert.

Der Grad einer Umverteilung, die eine Begrenzung von Ungleichverteilung zum Ziel hat, ergibt sich aus dem Grad der Ungleichverteilung: Bei extrem hohen Ungleichverteilungen steigt immer das Risiko gewaltsamer Auseinandersetzung. Nicht einfach feststellbar ist aber, ab welchem Grad der Ungleichverteilung gewaltsame Umverteilung und Unruhen deutlich in Erscheinung treten.

Ein wahrgenommener Eindruck von ungleicher Teilhabe ist der Hauptgrund von Rebellion in Gesellschaften. Das hat die Geschichte immer wieder gezeigt.

Während der Vergleich von Ungleichverteilungsmaßen vor und nach Steuern den Grad der Umverteilung von Einkommen durch Steuerprogression ausdrückt, beschreibt die Sozialquote, welcher Anteil des Bruttosozialproduktes der individuellen Nutzung entzogen und der Finanzierung sozialer Aufgaben zugeführt wird. Diese Quote ist somit auch ein Maß für den Grad der Umverteilung aus individuell bestimmten Einkommen zu von der Gemeinschaft bestimmten Zwecken.

Das Trittbrettfahrerproblem

Umverteilung ist außerdem für das sogenannte „Trittbrettfahrerproblem" anfällig, da die Nutzung bestimmter Güter (z. B. frei für alle öffentliche zugängliche Güter) ohne eine Gegenleistung ermöglicht wird. Dadurch wird im Vergleich zu Gütern im Privateigentum der Anreiz zur Nutzung der öffentlichen Güter erhöht, während zugleich der Anreiz, diese öffentlichen Güter bereitzustellen (z. B. durch Steuern oder Mehrarbeit), niedrig ist. Das kann zur finanziellen Aushöhlung des öffentlichen Bereichs führen (z. B. in der Form von Staatsverschuldung).

Kaum etwas treibt die Menschen, so auch die Politiker, derart um wie der Wunsch nach Gerechtigkeit. Fast immer geht es um Umverteilung von Reich zu Arm – und fast immer soll der Staat für Gerechtigkeit sorgen und der Akkumulation von Kapital entgegenwirken.

Nicht zielführend ist beispielsweise die Fragestellung, ob es gerecht ist, in der Wirtschaft einen allgemeinen Mindestlohn einzuführen, um damit zugleich viele Billigjobs zu vernichten. Oder ob man lieber hohe Arbeitslosigkeit mit Steuergeldern finanzieren möchte anstatt lieber den Betroffenen durch zweifellos schlecht bezahlte Jobs zumindest die Chance zu geben, ihre Situation zu verbessern und ihr Leben selbst zu gestalten.

Die Einkommensstatistik zeigt deutlich, dass die Ungleichheit weltweit kontinuierlich und stark zugenommen hat.

Politiker lieben deswegen die Umverteilung, aber auch deshalb, weil es so verführerisch für sie ist, mehr zu verteilen als zu produzieren. Daher beschäftigen sie sich sehr gerne mit dem Thema der Einkommensumverteilung. Sie verlangen gerne höhere Löhne, obwohl sie hierfür (im Gegensatz zu den Tarifvertragsparteien) kein Mandat haben und auch keinerlei Verantwortung bei der Finanzierung tragen. Sie treten damit zugleich (unbewusst) für schrumpfende Gewinne ein, offensichtlich ohne sich über die Folgen für die Beschäftigung im Klaren zu sein.

Sie verlangen auch gerne öffentlichkeitswirksam mehr Geld für Rentner, Geringverdiener und Arbeitslose – natürlich finanziert aus öffentlichen Kassen, was dann mit höheren Steuern und Sozialabgaben finanziert werden soll. Über die mittel- und langfristigen Wirkungen solcher Forderungen wird offenbar gar nicht nachgedacht. Denn um die Folgen sollen sich dann später die nachfolgenden Regierungen kümmern.

Es ist immer verführerisch, schnell und mehr zu verteilen, als momentan und langfristig produziert wird. Die finanziellen Fehlbeträge in den öffentlichen Kassen lassen sich auch zumindest teilweise mit steigenden Schulden decken, die von der Europäischen Zentralbank großzügig gewährt werden. Aber irgendwann müssen auch diese zurückbezahlt werden. Politiker rechnen damit, dass andere die Schulden zahlen, wenn sie selber dann nicht mehr aktiv sein werden. Tendenziell werden so Anreize geschaffen für eine politische Verantwortungslosigkeit durch das Thema Umverteilung.

An erster Stelle hat der Grundsatz zu stehen, dass langfristig nicht mehr verteilt werden darf als produziert wird. Wie sich dieses Ziel erreichen lässt, ist bekannt. Aber es ist politisch äußerst unpopulär, die Voraussetzungen dafür auch zu schaffen: sinkende Arbeitslosigkeit und steigende Produktivität durch das Schaffen von guten wirtschaftlichen und sozialen Rahmenbedingungen, was aber eine langfristige Aufgabe ist. Die Erfolge und Früchte werden nicht die Politiker ernten, die diese Maßnahmen erkannt und eingeleitet haben, sondern ihre Nachfolger.

Kurzfristiger symbolischer Aktivismus mit hohen und leistungshemmenden Abgaben für erfolgreiche Wirtschaftssubjekte ist das Gegenteil dessen, was erforderlich ist. Leistungsanreize müssen langfristig und effektiv funktionieren. Ständig zunehmende staatliche Interventionen entmutigen nicht nur innovative Unternehmer, sondern auch Investoren, und erzeugen eine staatliche Dichotomie.

Auf lange Sicht kommt es darauf an, mit geeigneten Maßnahmen die entsprechenden Rahmenbedingungen für eine freiheitliche Ordnung zu schaffen, den nationalen und internationalen Wettbewerb zu stärken, mehr Selbstverantwortung und Unternehmertum zu generieren, kollektive Hilfe, wo immer möglich, eher ab- als aufzubauen und mit wirksamen Anreizen die eigenen Anstrengungen und das eingegangene unternehmerische Risiko zu belohnen. Insbesondere im niedrigen Einkommenssektor darf die Besteuerung und Abgabenlast die Betroffenen nicht belasten, um den Anreiz zur Arbeit nicht zu minimieren.

Wettbewerb ist immer noch ein wirksames Instrument, das mit dem Streben nach individuellem Vorteil eine bessere Leistung für die Allgemeinheit hervorbringt. Staatliche Abgaben dürfen keine Arbeit und keine Leistungserbringung in irgendeinem der Einkommensbereiche bzw. -klassen uninteressant machen. Insbesondere ist diese Regel für die unteren Einkommensklassen wichtig. Denn selbst dann, wenn diese durch keine Steuerabgabe keinen Beitrag zur Staatsfinanzierung leisten, so verursachen sie zumindest auch keine zusätzlichen Kosten (z. B. durch das Beziehen von Sozialhilfe oder Subventionen) und tragen zur Produktion von Gütern und Dienstleistungen bei, was sehr wichtig ist. Gesellschaftlich, sozial und auch ökonomisch ist jede Arbeit als positiv zu sehen, solange sie Arbeitslosigkeit oder „Nichtarbeit" ersetzt – auch dann noch, wenn sie den Staat sogar Geld kostet. Die Gesellschaftskosten und auch die Staatsfinanzen sind immer besser bedient, wenn sie eine angenommene Arbeit mitfinanzieren (damit diese aufrechterhalten werden kann), als wenn sie Arbeitslosigkeit finanzieren, die mit sozialen Problemen und Spannungen verbunden ist. Diese zu lösen und zu finanzieren ist teuer.

Hier steht speziell der Niedriglohnsektor im Fokus mit Arbeitsmöglichkeiten von ungelernten Arbeitern über Aushilfskräfte und einfache Dienstleistungen (Haus-Concierge, Pförtner, Haushaltshilfe, Dienstpersonal, Schuhputzer, Fahrer, Besorger usw.). Diese Berufe sind kaum noch existent, weil sie durch eine staatliche Bürokratie und Abgabenlast unwirtschaftlich gemacht wurden. Und in diesem Sektor ist auch die Arbeitslosigkeit besorgniserregend. Genau in diesem Sektor hat Arbeitslosigkeit die gravierendsten Folgen, menschlich, sozial und perspektivisch. In diesem Sektor entstehen die meisten sozialen Spannungen und gesellschaftliche Probleme.

Die richtige politische, soziale und ökonomische Maßnahme wäre es hier, für die Aufrechterhaltung und Stärkung des Niedriglohnsektors zu sorgen. Damit neue Jobs für Servicepersonal, Schuhputzer, Wärter, Fahrer, Aufpasser, Haushaltshilfe, Hilfsarbeiter, aber auch für Studenten oder Rentner, die sich etwas nebenbei verdienen wollen, entstehen und damit viele Dienstleistungen, die auch bezahlbar sind, für die anderen Gesellschaftsmitglieder angeboten und zur Verfügung gestellt werden können. Auch wenn der Staat keine Steuereinnahmen aus diesen Jobs generieren würde und möglicherweise sogar bei Kranken- und Sozialversicherung einen geringen Betrag zuschießen müsste. Gesamtökonomisch und vor allem sozial würde er wesentlich besser dastehen.

Die Erfahrung lehrt uns, dass Wirtschaftswachstum keineswegs nur die privaten Kassen von Wohlhabenden füllt. Regelmäßig entstehen dadurch neue und auch besser bezahlte Arbeitsplätze. Die Steuereinnahmen steigen bei steigender Wirtschaftsleistung, was automatisch die Neuverschuldung bremst. Der Staatsanteil am Sozialprodukt muss bei guter wirtschaftlicher Lage schrumpfen. Neue Impulse für verstärkte unternehmerische Anstrengungen müssen durch die Politik ausgelöst werden. Nur dieser Weg führt zu dauerhaften, die kommende Generation entlastenden Bedingungen.

Warum viele Politiker diese Alternative meiden, ist einfach. Dem Zeitfaktor kommt in der Politik eine große Bedeutung zu. Eine schnelle, unüberlegte und populistische Umverteilung, um Klischees oder Wählerinteressen zu bedienen, wirkt von heute auf morgen. Die nachhaltige Alternative aber benötigt hingegen Zeit, Einsicht, Durchsetzungswillen und Geduld. Die positiven Impulse werden meistens erst lange nach den Wahlterminen für viele sichtbar und auch spürbar. Ein gutes Praxisbeispiel hierfür sind die Arbeitsmarktreformen von Altbundeskanzler Schröder.

5 Die Politik

Jede Gesellschaft braucht daher mutige Politiker, die ohne Eigeninteresse, aber mit Interesse für die Entwicklung des Landes, welches sie führen, entsprechend langfristig denken, geeignete Wege zum Abbau der Schuldenmentalität finden und dann auch diese Wege beschreiten. Diese Forderung ist freilich leicht aufgestellt, aber sehr schwer in der Umsetzung!

Wenn der Staat mehr Menschen in Arbeit mit niedrigen Löhnen bringt, kommt es rein statistisch automatisch zu einer Verschiebung der Einkommensverteilung. Wer das kritisiert, muss dann die Frage beantworten, ob der Zustand einer hohen Arbeitslosigkeit unter den Geringqualifizierten gepaart mit einer weniger ungleichen Einkommensverteilung unter den Beschäftigten gerechter ist.

Bei der Analyse sind daher auch eine größere Differenziertheit und Offenheit für Argumente unumgänglich. Denn es gibt ökonomisch und auch sozial so etwas wie ein „optimales" Maß an Ungleichheit. Wo dieses liegt, lässt sich jedoch schwer beantworten. Eine der fundamentalsten Fragen in der Ökonomie lautet daher in diesem Zusammenhang: Wie muss die Wertschöpfung menschlichen Tuns verteilt werden, damit sich eine Volkswirtschaft am besten zum Wohle aller entwickelt?

Drei Einschätzungen können vielleicht ein Indiz geben über das richtige Maß der Verteilung:

1. Die Zahl der Superreichen steigt kontinuierlich. Das muss aber nicht beunruhigen, so lange es keine Not und Armut gibt oder solange diese abgebaut wird.
2. Die Behauptung, Ungleichheit ist automatisch schlecht und Umverteilung per se gut, entlarvt die Debatte als Wertdebatte. Die Diskussion scheint eher von Wertvorstellungen (wie viel ist genug?) und zuweilen auch von Neid getrieben – jenen, die es schwer haben im Leben, hilft das nicht weiter.

3. Was wichtiger ist, ist die gesellschaftliche Mobilität. Bei niedriger Mobilität ist Ungleichheit schwerer ertragbar als bei hoher.

Die gesellschaftliche Mobilität ist hier der Schlüsselfaktor. Es ist ein soziales Thema, welches enorme Auswirkungen auf die Ökonomie und die Politik hat. Eine politische Steuerung mit den entsprechenden Instrumenten und guter Strategie bietet hier sehr gute Möglichkeiten für hervorragende Ergebnisse.

Die entscheidende Frage lautet:

> Umverteilen oder investieren?

Das Umverteilungsproblem ist nicht reduzierbar auf die Alternativen entweder hohe Steuern für Wohlhabende und Unternehmen, um Programme für die Armen zu finanzieren, oder niedrige Steuern, um Investitionen und Wachstum zu fördern. So wäre natürlich jeder Vernünftige geneigt, das Erstere zu befürworten, da es so einfach und so logisch klingt: Wenn man jenen, die viel haben, etwas wegnimmt und es denen gibt, die wenig haben, sinkt die Ungleichheit. Aber so einfach ist es in der Realität leider nicht.

Wird Umverteilung auf Kosten von guten und günstigen Rahmenbedingungen für die Zukunft betrieben, dann kann der Preis für das erkaufte Quantum an mehr Gerechtigkeit zu hoch sein. Das ist genau dann der Fall, wenn jede investierte Geldeinheit für die Schaffung einer sozialen Mobilität mehr Anreize generiert, als es für die Reduzierung der Einkommensdifferenzen und die Ermöglichung eines nachhaltigen sozialen Aufstiegs von benachteiligten Menschen der Fall wäre. Nicht immer muss man also auf jede

Ungleichheit mit mehr Umverteilung reagieren. Die konkrete Entscheidung, ob im gegebenen Fall eine Umverteilung stattfinden soll, ergibt sich in der jeweiligen Situation aus der Art der Ungleichheit sowie aus der ökonomischen und sozialen Analyse.

Schlecht ist die Ungleichheit besonders dann, wenn sie den etablierten Kräften verhilft, den Status quo zu zementieren und so weitere Ungleichheit geschaffen wird. Das ist insbesondere dann der Fall, wenn der Zugang zu Bildung oder Gesundheitsversorgung nicht für alle gewährleistet ist, oder wenn Politik maßgeblich durch Partikularinteressen geprägt ist und nicht im Sinne der Volkswirtschaft als Ganzes gestaltet wird.

Darum kann es durchaus eine gute Lösung sein, Ungleichheit nicht immer nur durch Umverteilung zu mindern, sondern auch gute sozial- und wirtschaftspolitische Rahmenbedingungen für alle sicherzustellen. Aufstrebende Kräfte finden so eine gute Voraussetzung, um aus eigener Kraft zur Reduktion der Unterschiede beizutragen.

Umverteilung ist also bei Weitem nicht die Lösung aller Probleme – sie ist die Ultima ratio. Zum einen, weil Reichtum nicht per se schädlich ist, zum anderen, weil es neben der ausgleichenden Wirkung von Umverteilung vor allem auch ein Ziel sein muss, Chancen zur gesellschaftlichen Mobilität zu ermöglichen und dadurch die Ungleichheit zu reduzieren. Das zu erreichen ist um ein Vielfaches komplexer, aber auch um ein Vielfaches wirkungsvoller als eine verhältnismäßig starre Umverteilung.

Fazit

Das Problem beginnt aber schon damit, dass es viel einfacher ist, Ungerechtigkeit zu benennen, als Gerechtigkeit zu definieren – geschweige denn, diese herzustellen.

Demgegenüber ist eine unüberlegte Umverteilung schädlich für die Gesellschaft und die Ökonomie und dient niemandem. Auch nicht den Armen.

Eine gute und ausgeglichene Politik konzentriert sich bevorzugt darauf, möglichst gute Rahmenbedingungen zu schaffen, die sozial und ökonomisch für die Bevölkerung den größten Nutzen ermöglichen.

5.15 Technologie und Automatisierung haben langfristig eine Umverteilung zugunsten der Unternehmen zur Folge

Die Automatisierung und Digitalisierung sind nicht ohne erhebliche Kosten zu bewerkstelligen. Die Kosten für Technologie, Umsetzung und Know-how sind sogar sehr hoch. Diese Kosten sollen sich – so wie alle anderen Kosten auch – für die Investoren amortisieren. Denn die Investoren würden diese finanziellen Mittel nicht zur Verfügung stellen, wenn sie Zweifel hätten an der Amortisation oder an den darauffolgenden Gewinnen, die ihre Investments zukünftig generieren sollen.

Das bedeutet aber zugleich, dass die Investoren der Digitalisierung und Automatisierung die Rückzahlungen von denjenigen in der Zukunft bekommen, die die Technologie der Digitalisierung und Automatisierung einsetzen und von ihr profitieren. Nur dann werden sie für diese Technologie bezahlen. Profitieren werden von dieser Technologie die Unternehmen mit ihren Unternehmern bzw. Eigentümern. Sie werden profitieren, weil sie dank dieser Technologie zukünftig weniger Kosten haben werden für menschliche Arbeit, die durch die implementierte Technologie ersetzt wird.

Sie werden weiterhin ihre Produkte und Dienstleistungen anbieten und dafür bezahlt werden. Für die Konsumenten wird sich am Preis der Produkte und Dienstleistungen möglicherweise nichts ändern, da zuvor Menschen die notwendige Arbeit getan haben, die bezahlt werden mussten, und nach der Implementierung die entwickelte Technologie bezahlt werden muss – inklusive des Gewinns für die Investoren und für die Firmen, die diese Technologie entwickelt haben. Somit sind die Endkunden indifferent. Möglicherweise ändert sich für sie das Produkt, indem es z. B. qualitativ anders wird – dies muss aber nicht unbedingt der Fall sein. Die Unternehmer tragen ein höheres Risiko und auch die Implementierungskosten für die neu entwickelte Technologie, sie profitieren aber von dieser neuen Technologie. Die Investoren tragen die Investitionsrisiken, profitieren jedoch ebenfalls finanziell von der Technologie. Wer jedoch nur Nachteile von dieser Technologie hat, sind diejenigen Menschen, die ihre Arbeit durch den Einsatz der neuen Technologie verloren haben. Sie haben keine Vorteile, sondern nur Nachteile. Je nach einsetzbarem Spektrum für diese Technologie führt sie zu einem Anstieg der Arbeitslosigkeit der durch die Technik ersetzten Berufsgruppen, deren Mitglieder nun ihre Arbeit woanders und zu einem niedrigeren Preis anbieten müssen. Denn ein höheres Angebot von Arbeit führt zu weiter sinkenden Löhnen und demzufolge zu mehr Armut. Oder zu mehr Umverteilung durch den Staat. Diese Faktoren haben einen signifikanten Einfluss auf die Verteilung des Vermögens und der Einkünfte innerhalb einer Gesellschaft – von unten nach oben.

Eine weitere Folge ist die Erzeugung von Abhängigkeiten von der eingesetzten Technologie, die nicht zu unterschätzen ist.

An dieser Stelle kann nicht das Argument gelten gemacht werden, dass bereits bei der industriellen Revolution menschliche Arbeit durch Maschinen ersetzt wurde und die Entwicklung zu einem Anstieg des Wohlstands aller führte. Der Unterschied zur damaligen Zeit liegt darin, dass damals wirklich nur die rudimentärsten und manuellen Arbeiten durch die teils noch primitiven Maschinen ersetzt wurden und die Menschen recht einfach und schnell – ohne eine notwendige Ausbildung oder Umschulung – eine andere Arbeit in anderen Sektoren finden konnten. Heute jedoch ist die Situation eine komplett andere: Durch den Einsatz von künstlicher Intelligenz und Digitalisierung von ganzen Branchen sowie durch hochentwickelte Maschinen und Roboter werden nicht nur die Menschen mit den untersten Arbeitsbedingungen ersetzt, sondern zunehmend auch Menschen in immer weiter qualifizierteren Berufen, in der Verwaltung, Überwachung und Steuerung – Menschen, welche die klassische Mittelschicht bilden. Hier zu argumentieren – wie zuzeiten der industriellen Revolution –, man müsse sich nach höherwertigerer Arbeit orientieren, würde bedeuten, dass für sehr breite Schichten der Bevölkerung eine enorm erhöhte Anforderung an ihre Kenntnisse, Ausbildung und Leistungsbereitschaft gestellt wird, vergleichbar mit denen der gesellschaftlichen „Elite". Und diese Forderung oder sogar Erwartungshaltung ist absolut illusorisch. Denn es ist nicht möglich, den Menschen – ähnlich einer Maschine – immer weiter und weiter leistungsfähiger und effizienter zu machen. Der Mensch hat eine biologische Veranlagung und somit auch Grenzen, die sich nicht wie die einer Maschine beliebig schnell und im beliebigen Umfang verschieben lassen.

Die weiter oben beschriebene Kombination aus Abhängigkeit von der neuen Technologie mit der Kapital- und Vermögensakkumulation und der entstandenen Arbeitslosigkeit des zunächst niedrigen und dann immer weiter höheren Sektors bis zu den mittleren Ausbildungsberufen (Technologie und Digitalisierung können kaum hochqualifizierte Arbeitsplätze ersetzen, sondern nur die niedriger qualifizierten bis mittleren) hat also eine direkte Auswirkung auch auf die Mittelschicht der Gesellschaft. Hier werden ebenfalls zwangsläufig die Löhne sinken, weil ein zusätzlicher Wettbewerb entsteht aufgrund einiger weggebrochener Arbeit, anfänglich in der Unterschicht und später bis in die mittleren Schichten. Diese Tendenz reißt sozusagen den Mittelstand unvermeidbar mit nach unten und macht aus der ehemaligen Mittelschicht in zunehmendem Maße die neue Unterschicht.

Die soziale Schere innerhalb der Gesellschaft geht immer weiter auseinander.

Prinzipien der Umverteilung:
Um die allgemeinen Gründe und die Zusammenhänge zu verstehen, die zu einer Umverteilung führen, und zu klären, welche Faktoren hierbei eine Rolle spielen, kann man sich auch folgendes Beispiel aus der Natur ansehen:

Tiere besitzen keine strategische Denkweise und auch keinerlei Technologiehilfen. Sie handeln rein nach ihren Instinkten. Wenn beispielsweise ein Raubtier Beute macht, dann frisst sich der Räuber selbst zuerst satt und lässt die Reste der Beute zurück. An dem zurückgelassenen Kadaver fressen sich dann andere satt, die schwächer sind – das geht der Stärke der Tiere nach bis zu den kleinsten und schwächsten, bis schließlich das erbeutete Tier komplett bis auf blanke Knochen verwertet ist. Wichtig hierbei ist das anscheinend natürliche Gesetz, dass niemand mehr nimmt (konsumiert) als er benötigt (also kein Konsumexzess stattfindet) und dass eine natürliche Reihenfolge analog der Stärke der Tiere die Organisation des Verwertungsprozesses beherrscht. Also eine Art „unsichtbare Hand" der Natur. Wichtig dabei ist auch der Fakt, dass innerhalb dieses Prozesses niemand aus Eigennutz oder Sicherheitsbedürfnis Vorräte bildet – also den nachrangigen Tieren Futter wegnimmt, um einen eigenen Vorteil zu haben.

Zwei Faktoren würden in diesem Prozess ein Ungleichgewicht erzeugen:

I) Intelligenz, eigennützig Vorräte zu bilden, die die eigene Existenz weiter sichern würden in Zeiten von Mangel – oder die sogar auch dazu führen würden, durch die besonders gut gesicherte eigene Existenz eine besondere Stellung innerhalb der eigenen Lebensgemeinschaft zu erlangen (= Macht, Status, Attraktivität).
II) Technologie, die es ermöglicht, die Vorratsbildung einfach zu gestalten und die Vorräte haltbar zu machen.

Bei Vorliegen dieser beiden Faktoren käme eine Situation zustande, in der das stärkste Tier sich nicht nur sattfrisst, sondern die ganze Beute eigennützig für sich nimmt und aus den nichtverwerteten Resten Vorräte für sich selbst bildet. Alle anderen Tiere, die schwächer sind, gingen dann leer aus – sie bekämen nichts ab und müssten selber zusehen, wie sie überleben. Sie müssten mehr jagen, um selber Beute machen zu können. Die Folge wäre, dass es immer mehr Räuber gäbe und die gesamte Tierwelt viel aggressiver und gefährlicher wäre, jeder hätte zunehmend nur Feinde um sich und jeder würde dem anderen nach dem Leben trachten. Ob die Natur so vielfältiger, reicher und schöner wäre, ist zu bezweifeln. Effektiver und effizienter in ihrer eigenen Entwicklung wäre sie kaum!

Genau dieses Beispiel veranschaulicht deutlich das Verhalten und das Gleichgewicht in der Natur und das Ungleichgewicht in der menschlichen Zivilisation, die immer zu einer Umverteilung von den Schwächeren zu den Stärkeren der Spezies führt. Der Mensch ist intelligent und dadurch raffgierig und wird durch diesen einfachen und leicht verständlichen Zusammenhang oft unersättlich. Mit der immer besseren Technologie wird seine eigennützige und egoistische Handlungsweise (Raffgier, Unersättlichkeit) weiter begünstigt. Durch gutes Funktionieren von Wirtschaft und Geldwesen wird diese Verhaltensweise sogar optimiert, weil es keine Einschränkungen bezüglich Hortung, Lagerung, Haltbarkeit, Verstecken usw. gibt. Der Mensch kann einfach verkaufen und bei Bedarf wieder kaufen. Somit werden im Laufe der Zeit und mit zunehmender Entwicklung der Prozesse und Methoden sowie der Technologie die Hindernisse bei der Akkumulation immer weiter abgesenkt, was zu einer immer effektiveren Benachteiligung der Schwächeren führt. Irgendwann kommt es zu dem Zustand, dass der Mensch keinerlei Grenzen mehr kennt und solche auch nicht anerkennt. Die maximale Maßlosigkeit hat sich dann durchgesetzt, Gerechtigkeit oder Gleichgewicht werden nicht mehr existent sein.

Dies sind gesellschaftliche Prozesse, die schleichend, aber stetig stattfinden und sich entwickeln. Nur eine vorausschauende und weise Politik kann mit den intelligenten Instrumenten aus der Verhaltensökonomie steuernd eingreifen, wenn sie die natürlich gegebenen Motivationen und Präferenzierungen der Menschen berücksichtigt.

Karl Marx schrieb bereits im 19. Jahrhundert: „Die Menschenströme folgen den Kapitalströmen". Der Zusammenhang mit der heutigen Globalisierung, den Flüchtlingsströmen, Auswanderung und Migration ist nicht zu bestreiten. Das Ende der dynamischen Gesellschaft in den westlichen Ländern ist absehbar – diese bestand die letzten 250 Jahre.

5.16 Politik und die Rolle von Rahmenbedingungen

Es gibt einen Unterschied zwischen Regel und Regulierung. Als Regulierung wird der Versuch bezeichnet, Symptome politisch zu bekämpfen, ohne aber die Regeln zu verstehen. Regeln sind indes wichtig für das Zusammenleben, und sie bieten auch Grenzen. Regulierung hingegen erschwert das Zusammenleben durch unvorhersehbare Willkür, Interventionismus und Ermächtigung. Eine Regulierung endet in der

Regel in einer Interventionsspirale. Weil die Folgen meistens nicht bedacht und erwünscht sind, wird durch das Regulierungsversagen neue Regulierung legitimiert. Nur manchmal macht ein Bekämpfen von Symptomen das Leben etwas erträglicher. Dies ist dann der Fall, wenn Regulierung etwa Handlungen erschwert, die aufgrund vorhergehender Verzerrungen (meist monetärer Natur) überhandgenommen haben. Doch jede Symptombekämpfung täuscht über die eigentlichen Ursachen hinweg und macht es damit auf die lange Sicht unwahrscheinlicher, dass diese erkannt und behoben werden. Daher bedeutet kurzfristig gesehen manche Regulierung eine Verbesserung, langfristig gesehen bedeutet aber jede Regulierung eine Verschlechterung der Lebensverhältnisse.

> So entwickelt sich nicht nur die Ökonomie selbst, sondern auch die Gesellschaft, die Politik und der Mensch. Der Politik fällt hierbei eine steuernde und ausgleichende Funktion zu, sie muss dafür sorgen, dass es gute Rahmenbedingungen gibt und dass die strategische Ausrichtung von Gesellschaft und Ökonomie die richtige ist.

Diese Weiterentwicklung fordert eine wesentlich höhere Flexibilisierung aller beteiligten Akteure, um auch die damit einhergehenden Anpassungen zu ermöglichen. Insbesondere am Arbeitsmarkt macht sich diese Flexibilisierung sehr bemerkbar und verändert die Prozesse und den „Markt der Arbeit". Diese Veränderungen haben jedoch nicht nur die Arbeitnehmer zu tragen – sondern auch die Arbeitgeber! Auch dieser Prozess betrifft beide Akteure – und das wird oft vergessen. Dies hat Auswirkungen auch auf das Thema der Gerechtigkeit und der Empfindung von Gerechtigkeit. Wenn auf der einen Seite von den Arbeitnehmern eine höhere Flexibilität erwartet wird in allen die Arbeit betreffenden Bereichen – also Arbeitszeiten, Arbeitsleistung, Arbeitsplatzsicherheit im Sinne von Kündigungsschutz und Arbeitsplatzabbau – so haben alle diese Erwartungen natürlich auch Auswirkungen auf die andere Seite. Konkret bedeutet eine Flexibilisierung des Arbeitsmarktes, in welchem die Arbeitnehmer leichter entlassen werden können, dass die Arbeitnehmer infolge dieser Flexibilität auch eine niedrigere Loyalität den Arbeitgebern gegenüber aufbringen. Somit sind sie auch flexibler und schneller, wenn es darum geht, sich nach neuer Arbeit umzusehen und bei besseren Angeboten schneller den Arbeitsplatz zu wechseln. Somit ist die Bindung an den Arbeitgeber wesentlich flexibler und ein Wechseln des Arbeitgebers seitens der Arbeitnehmer die Folge. Diese Flexibilität kann sich bis zu einem „Arbeitsplatz-Hopping" entwickeln, was auf der Seite der Arbeitgeber zu Problemen führen kann.

Die Arbeitnehmervertretungen tragen genauso wie die Arbeitgeber eine Mitschuld an den ungünstigen Entwicklungen der Arbeitsmärkte. Der Grund hierfür ist die Tatsache, dass sie häufig mit einem guten Willen, jedoch ungeeigneter Durchführung genau das Gegenteil dessen erreichen, was sie eigentlich wollten. Das bekannteste Beispiel hier ist die Forderung nach einer Erhöhung des Kündigungsschutzes, die zur Folge hat, dass Arbeitgeber sehr zögerlich neue Mitarbeiter einstellen, weil sie wissen, dass diese bei der Notwendigkeit eines Abbaus sehr hohe Kosten verursachen oder möglicherweise kaum wieder zu entlassen sind. Diese Zögerung bei Einstellungen wirkt sich im Endeffekt negativ für die Arbeitnehmer aus.

Einen ähnlichen Effekt kann man auch bei der Problematik der Lohnstarrheit beobachten. Dieser Effekt hat zudem noch wesentlich weitreichendere Folgen auf die gesamte Volkswirtschaft:

Eine gewisse Flexibilität der Löhne muss im Sinne gut funktionierender Arbeitsmärkte gegeben sein, auch aus Gründen von Konkurrenzfähigkeit der Volkswirtschaft selbst. Denn durch die Höhe von Löhnen und Gehältern wird die Konkurrenzfähigkeit einer Ökonomie maßgeblich bestimmt. Sinkt diese, dann muss es auch möglich sein, die Löhne und Gehälter der Arbeitnehmer zu senken. Benötigt beispielsweise ein Tischler doppelt so viel Zeit für die Herstellung eines identischen Tisches im Vergleich zu seinem Konkurrenten, dann wird er seinen Tisch auf dem Markt verständlicherweise nicht für den doppelten Preis verkaufen können. Entweder muss er seine Produktivität so erhöhen, dass er den Tisch in vergleichbarer Qualität mit so viel Arbeitsaufwand produziert, dass dieser auf dem Markt zum Marktpreis verkauft werden und er von dem Erlös weiterleben kann, oder, wenn der erzielbare Preis für seinen hohen Arbeitsaufwand (wegen der niedrigen Produktivität) nicht ausreicht, muss er seine Tätigkeit einstellen.

Handelt es sich bei diesem Beispiel um zwei verschiedene Volkswirtschaften, dann hat die mit der niedrigeren Produktivität eine zweite Möglichkeit – nämlich die der Abwertung der Währung gegenüber der anderen, produktiveren Volkswirtschaft.

Innerhalb eines Wirtschaftsraums jedoch bzw. innerhalb eines Währungsraums mit nur einer Währung können Produktivitätsunterschiede nur über Lohn- bzw. Kostenunterschiede ausgeglichen werden.

Anhand dieser Beispiele wird die Rolle des Staates und seiner Politik in der Wirtschaft und deren Wichtigkeit deutlich. Oft sind es auch die psychologischen Zusammenhänge und Gesetzmäßigkeiten, die eine Signalwirkung entfalten und zu Konsequenzen führen. Daher müssen alle Schritte sehr wohl überlegt sein. Die neuen wissenschaftlichen Erkenntnisse der Verhaltensökonomie können in diesem Zusammenhang sehr viel bewirken und einen hohen Beitrag leisten. Auf der einen Seite können mithilfe von intelligenten Lösungen Verbesserungen und Veränderungen schneller, einfacher und effizienter implementiert werden. Auf der anderen Seite eröffnet sich auch die Möglichkeit, den Menschen als Individuum besser zu fördern durch eine positivere und bessere Interaktion der Gesellschaft mit ihm. Wie die Verhaltensökonomie zweifelsfrei gezeigt hat, werden die Menschen durch die Gesellschaft, in der sie leben und aufwachsen, nachhaltig geprägt. Wenn die Mechanismen bekannt sind, sollte man daran arbeiten, diese Situation zu verbessern und positive Präferenzen zu fördern (Mitgefühl, Altruismus, soziales Verhalten, Hilfsbereitschaft, Umweltschutz etc.).

Die starke Dominanz der klassischen ökonomischen Theorie mit ihrer starren Sichtweise auf den Menschen als das seelenlose und gefühllose Wesen des Homo oeconomicus erschwert neue Ansätze aus der Wirtschaftsforschung. Es ist natürlich auch nicht möglich, auf der makroökonomischen Ebene zu experimentieren – genauso wie es nicht möglich ist, beim Klimaschutz zu experimentieren, weil man das ganze System nicht wieder zurückdrehen kann, um das Experiment mit geänderten Faktoren zu wiederholen. Jedoch besteht die Möglichkeit, die experimentell gewonnenen Erkenntnisse auf mikroökonomischer Ebene mit den bekannten Zusammenhängen durchaus auf die Makroökonomie und die Politik zu übertragen.

Es spricht also nichts dagegen, seitens der Wirtschaftspolitik punktuell neue Wege zu gehen und bessere Lösungen einzeln zu implementieren. Ein Beispiel hierfür ist die Lohntheorie, welche mit der alten neoklassischen Theorie beweisbar nur suboptimale Anreize bietet, wegen ihrer Ungerechtigkeit unter den Bürgern für Unmut sorgt und sozial nicht zu rechtfertigen ist. Diese alte Sichtweise des Homo oeconomicus besagt, dass durch eine höhere Entlohnung automatisch ein höherer Anreiz zur Leistung gegeben ist und die Leistungsbereitschaft steigt. Die Folge sind die bekannten Einkommensexzesse in der Wirtschaft für eine intransparente und manchmal sogar mehr als zweifelhafte Arbeitsleistung der Betroffenen. Auch in der Gesellschaft, in der beispielsweise die Relation dessen, was die billigsten gegenüber dem, was die teuersten Angestellten eines Unternehmens im Verhältnis verdienen, eine wichtige Indikationsfunktion für Gerechtigkeit und Fairness hat, existiert Unverständnis und Wut. Dies führt zwangsläufig zu sozialen Spannungen und zu weiteren zahlreichen Problemen (und Kosten).

Dabei ist das Thema der Anreiztheorie, Fairnesstheorie und gerechter Entlohnung mittlerweile bereits seit Jahren gut analysiert und entsprechende konkrete Modellen und Empfehlungen liegen vor. Trotzdem steht weiterhin bei der Wirtschaftspolitik, den Verbänden und auch allen Vertreterseiten überwiegend nur die Lohnhöhe im Fokus und kaum die ebenso wichtige Struktur der Entlohnung.

Der Markt reagierte auf diese Entwicklung der Verteuerung der Arbeit und richtete sich so ein, dass er die einfachen Tätigkeiten möglichst optimierte und teilweise auch automatisierte – was unter objektiven wirtschaftlichen Gesichtspunkten normalerweise keinen Sinn ergeben würde: Es wäre wirtschaftlicher, die Arbeit von den Menschen machen zu lassen, als viel Kapital zu investieren und Automatisierungstechnologie für Niedrigsektorarbeit zu entwickeln. Alle diese Investitionen in die entsprechende Technologie kamen der Industrie und hochbezahlten Spezialisten zugute und nicht den normalen Arbeitern. Somit kann allein dieser Prozess schon als eine Umschichtung von unten nach oben angesehen werden. Verheerender noch ist dann aber die Auswirkung dieses Prozesses, wenn nämlich die dann entwickelte Technologie tatsächlich die Arbeiten im Niedriglohnsektor ersetzt und Millionen von Niedriglohnarbeitern, Jobbern, Aushilfen, Aufstockern, Zusatzverdienern usw. die Arbeit nimmt und diesen Sektor de facto vernichtet. Dieser Sektor ist jedoch nicht nur für die Ökonomie, sondern viel mehr noch für die Gesellschaft sehr wichtig.

Fazit

Die Gewerkschaften und Arbeitnehmervertretungen tragen somit eine erhebliche Mitschuld an der weit auseinanderklaffenden Einkommensschere und damit auch an Arbeitslosigkeit. Durch zwar gut gemeinte, jedoch genau zur Intention entgegengesetzte Politik wurden Arbeiter nicht geschützt. Die Arbeit wurde generell teuer, und dadurch wurden Entlassungen notwendig.

Gesellschaftsschädigendes Handeln (beispielsweise Asset-Stripping)

Die Handelnden am Markt sind generell Personen, die entweder für sich selbst entscheiden und handeln oder aber für andere in deren Vertretung agieren (Eltern für ihre Kinder, Unternehmer, Manager für ihre Unternehmen bzw. für deren Eigentümer, Gewerkschaften für Arbeitnehmer, Politiker und Staatsbedienstete für die Bürger usw.). Dabei ist in diesen Vertretungsfällen die vorrangige Interessenlage dieser Marktteilnehmer nicht immer ganz eindeutig, wenn sie als Stellvertreter für andere handeln. In der Ökonomie nennt man diese Problematik auch das Principal-Agent-Problem.

Dementsprechend fallen in der ökonomischen Realität auch die Resultate des Handels aus, welche oft mit der ökonomischen Standardtheorie nicht zu erklären sind. So gibt es oft auch massiv schädigende Handlungen, wo z. B. Unternehmen teils willentlich in die Insolvenz geführt werden, nachdem man diese von innen quasi wirtschaftlich ausgehöhlt hat. Dieses Phänomen bezeichnet man auch als Asset-Stripping.

Dabei verfolgen die wirtschaftlich berechtigten Personen egoistisch nur ihre Eigeninteressen und beginnen mit Hilfe der ihnen anvertrauten Aufgabe und den damit zusammenhängenden Informationen und ihrem Wissen, die Eigentümer zu schädigen, indem sie die Unternehmenswerte systematisch überführen und die Betriebe so langsam ausplündern.

Beim Vorhandensein von bestimmten Rahmenbedingungen kommt es am Markt immer wieder zu solchen Handlungen, insbesondere bei großen Transformationen oder Privatisierungsvorhaben, wo Eigentümer nicht die Möglichkeit und die Kapazitäten besitzen, selber die jeweiligen Einheiten und Betriebe zu führen und sie daher auf angestellte Geschäftsführer und Manager zurückgreifen müssen.

Durch das Führen der Betriebe eignen sich diese das notwendige interne Wissen an und haben nach einer bestimmten Zeit ein besseres Wissen und mehr Informationen über die Unternehmensprozesse als die eigentlichen Eigentümer. Mit diesem Know-how beginnen sie schließlich, die Geschäftsprozesse langsam so zu gestalten, dass beispielsweise über Drittfirmen, die oft Familienmitgliedern oder Angehörigen gehören, Geschäfte, Umsätze oder Gewinne verlagert werden. Manchmal werden auch nur wirtschaftliche Abhängigkeiten geschaffen und diese dann langfristig ökonomisch ausgenutzt. Da dies ein schleichender Prozess ist, fallen Unregelmäßigkeit oft erst dann auf, wenn es für das Unternehmen zu spät ist.

Das Phänomen des Asset-Strippings hat sehr viel mit den vorherrschenden Rahmenbedingungen zu tun, und es hat große Auswirkungen auf die gesellschaftlichen Strukturen und Prozesse: einerseits auf die gesamte ökonomische Situation, andererseits aber auch auf die Vermögensverteilung sowie auch auf die sozialen Strukturen. Denn diese Entwicklungen führen tendenziell zum Verlust der Glaubwürdigkeit von Politik und Regierung, zum immer weiteren Verlust der ethischen und moralischen Werte und somit automatisch zum Anstieg des unmoralischen und kriminellen Handelns innerhalb der Gesellschaft. Sehr deutlich konnte man diese Prozesse während der Transformationen der osteuropäischen Länder und in Russland während der 90er-Jahre beobachten.

Fazit

Um hier die ökonomischen und gesellschaftlichen Schäden zu minimieren, muss die Politik in diesen Situationen dringend handeln und solche Rahmenbedingungen schaffen oder herstellen, die diese Prozesse minimieren.

5.17 Politik und ihre Signalwirkung für die Gesellschaft

Die Politik steuert die Gesellschaft nicht nur durch ihre Entscheidungen und ihre Vorgabe der Strategie für die Zukunft. Die Politik hat vielmehr auch durch ihre Wirkung und Symbolkraft einen nicht zu unterschätzenden Einfluss auf die gesamte Gesellschaft. Dies kann die Politik sehr effektiv machen, wenn sie glaubwürdig ist – aber auch extrem ineffektiv, wenn sie die gegensätzlichen Signale setzt zu dem, was sie den Bürgern zu vermitteln versucht.

So sind die Politik und ihre Vertreter selbst zugleich ein Richtmaß dessen, wofür sie stehen und was sie verfolgen.

Eine politische Entscheidung oder Richtungsweisung kann erfolgen durch:

a) Symbolik und/oder
b) konkrete Maßnahmen.

Glaubwürdigkeit der Politik ist der Schlüssel bei der Befolgung und der Implementierung der jeweiligen beschlossenen Maßnahmen sowie bei der Beliebtheit der Politik und daher auch der Wahrscheinlichkeit, als Politiker oder Regierung wiedergewählt zu werden.

Die Politik ist auf der einen Seite der Spiegel der Gesellschaft, weil diese die Politik wählt. Auf der anderen Seite aber spiegelt auch die Gesellschaft über die Signalwirkung der politischen Handlungen die Werte und Normen der Politiker wider. Diese gegenseitige Interdependenz determiniert, was geht und was nicht.

Konkret am Beispiel bedeutet das, dass beispielsweise Korruption in der Regierung automatisch auch Korruption in der Gesellschaft erzeugt – auch wenn die Regierung hart gegen Korruption vorgehen sollte. Konsistenz, Glaubwürdigkeit und Ehrlichkeit sind in diesem Fall nicht gegeben und das Resultat ist eindeutig.

Sogar wissenschaftlich und experimentell lässt sich dieser Zusammenhang eindeutig nachweisen. So machte der Verhaltensökonom Prof. Dan Ariely von der Duke University in North Carolina/USA Experimente mit Studenten, um den Zusammenhang zwischen offensichtlichem Schummeln einzelner Individuen in einer Gruppe und den Folgen auf die restlichen Mitglieder der Gruppe zu untersuchen.

Versuchsaufbau:
Eine ganze Klasse von Probanden sollte innerhalb einer bestimmten Zeit leichte Mathematikaufgaben lösen. Die Zeit war jedoch absichtlich so bemessen, dass es unmöglich war, alle Aufgaben zu lösen. Für die Anzahl der gelösten Aufgaben bekamen die Probanden einen bestimmten Geldbetrag ausbezahlt, um deren Motivation zu erhöhen.

Am Ende wurde nicht geprüft, wie viele der Aufgaben tatsächlich gelöst wurden, die Probanden mussten lediglich die Anzahl angeben und bekamen pro angeblich gelöste Aufgabe den vereinbarten Betrag ausbezahlt.

Man wusste aus früheren Untersuchungen, wie viele Aufgaben im Durchschnitt gelöst werden, und so konnte statistisch relevant festgestellt werden, wie hoch die „normale Schummelrate" liegt. Denn erwartungsgemäß geben Probanden eine höhere Anzahl gelöster Aufgaben an, wenn das tatsächliche Ergebnis nicht geprüft wird und wenn es für die jeweilige Aufgabe Geld gibt.

Das Ergebnis war eine etwas erhöhte (aber nicht sehr hohe!) Angabe der angeblich gelösten Aufgaben. Diese Abweichung von Durchschnitt kann als die „natürliche Schummelrate" bezeichnet werden. Die „natürliche Schummelrate" ist also die Bereitschaft, unwahre Angaben zu machen, um einen finanziellen Vorteil für sich zu generieren.

In einem zweiten Schritt wurde der Aufbau des Experiments dahingehend erweitert, dass man einen Studenten innerhalb der Klasse platzierte, der die Aufgabe hatte, kurze Zeit, nachdem die Aufgabenblätter an die Probanden ausgeteilt wurden, aufzustehen und für alle sichtbar und hörbar zu sagen, er sei mit der Lösung aller Aufgaben fertig, nach vorne zu gehen, seinen Geldbetrag abzuholen und den Raum zu verlassen. Die Situation war absichtlich so konzipiert, dass es für jedermann absolut klar sein musste, dass der Student unmöglich auch nur ansatzweise die Aufgaben gelöst haben konnte und daher also dreist und offensichtlich gelogen und betrogen haben musste.

Mit dieser Modifikation des Experiments wurde gemessen, wie sich die Rate des Schummelns (also die Bereitschaft, falsche Angaben zu machen) durch die anderen Probanden verändert, nachdem diese mitbekommen haben, dass so dreist und ohne irgendwelche Folgen von anderen betrogen und geschummelt wird.

Das Ergebnis war ein drastischer Anstieg des Schummelns durch die anderen Teilnehmer.

Sobald also offenbar wird, dass bestimmte Kriterien (Fairness, Wahrheit, Einhaltung von Regeln) ohne Folgen nicht eingehalten werden und Menschen von dieser Nichteinhaltung eigennützig und persönlich profitieren, so ist die Signalwirkung auf die anderen Mitglieder der Gemeinschaft – und zwar auch auf die, die normalerweise nicht betrügen würden – verheerend.

Die Ergebnisse dieses Experiments lassen sich in allen Kulturen und Rechtssystemen beliebig wiederholen und zeigen immer die gleichen Resultate.

Übertragen auf die politische Führung eines Staates wird sehr deutlich, wie wichtig hier eine Transparenz und vorbildhaftes Handeln sind für die Glaubwürdigkeit und die und in Folge dann auch die Umsetzbarkeit der beschlossenen Maßnahmen in der Bevölkerung.

Fazit

Zugleich wird deutlich und wissenschaftlich valide bewiesen, warum beispielsweise Länder mit einer hohen Rate an Korruption auch korrupte Politiker und Regierungen haben – und umgekehrt.

5.18 Implementierung politischer Maßnahmen

Der permanente Austausch und die gute Zusammenarbeit zwischen Wissenschaft, Wirtschaft und Politik ist ein Schlüssel, um neue, bessere Konzepte und Lösungen zu entwickeln und zu implementieren.

Die „empirische Revolution" in der Ökonomie existiert bereits seit der 90er-Jahre und kann auch als echte Grundlagenforschung auf vielen Gebieten betrachtet werden. Sie hat mittlerweile zahlreiche und sehr wichtige Erkenntnisse und neue Ansichten, wie neue Ansatzpunkte in der Ökonomik, der Wirtschaftspolitik und der Sozialpolitik in Zusammenhang mit dem menschlichen Verhalten gebracht.

Die Implementierung dieser Erkenntnisse und Ergebnisse in die Realität geschieht langsam, auch wenn es in der Zwischenzeit schon erstaunliche und sehr erfolgreiche Referenzbeispiele gibt. Spätestens jedoch mit dem Buch „Nudges" des Wirtschaftsnobelpreisträgers von 2017, Richard Thaler, muss nicht nur wenigen Insidern, sondern auch der breiten Öffentlichkeit das enorme Potenzial der Verhaltensökonomie und der darin entwickelten Instrumente klar geworden sein.

> Der politische Gesamtprozess mit Umsetzung von Maßnahmen zur Entfaltung einer steuernden Wirkung lässt sich in folgende Schritte einteilen:
>
> 1. Identifikation des Handlungsbedarfs (Welches Problem liegt vor?)
> 2. Ursachenanalyse (grundsätzliches und tiefes Verständnis der vorliegenden Problematik und deren Gründe)
> 3. Analyse von Lösungsmöglichkeiten (Welche Lösungsansätze kommen in Betracht?)
> 4. Evaluierung von Lösungen (Vor- und Nachteile sowie Risiko- und Kostenbewertung der möglichen Lösungsansätze)
> 5. Entscheidung über die zu fällende Maßnahme (Welche konkrete Maßnahme wird durchgeführt?)
> 6. Implementierung der Maßnahme (Umsetzung der ausgewählten Maßnahme)
> 7. Ergebnisprüfung mit Nachsteuerung/Nachbesserung (Analyse des Ergebnisses und Evaluierung der Wirksamkeit der eingeführten Maßnahmen)

Die ersten fünf Schritte liegen ausschließlich in der Hand der politischen Führung und sind unter Hinzuziehen der entsprechenden Fachexperten mit deren externer Unterstützung zu erarbeiten. Diese Schritte erfordern nichts weiter als einen offenen und professionellen Zugang mit der Notwendigkeit, nichts von vornherein auszuschließen und wirklich über alle Möglichkeiten und Handlungsoptionen zu beraten. Diese Schritte erfolgen auch nicht in der Öffentlichkeit, somit kann die Politik hier intern und demensprechend ohne Druck der Öffentlichkeit objektiv und sauber arbeiten.

Erst bei der finalen Entscheidung, welche Maßnahmen dann auch tatsächlich umgesetzt werden, wird die Öffentlichkeit mitberücksichtigt.

Bis zur Implementierung der Maßnahmen handelt es sich um eine rein theoretische Angelegenheit, die Schritte können ohne öffentlichen Einfluss in Ruhe und mit Expertenunterstützung durchgeführt werden. Die Praxis und die Realität kommen erst bei der Umsetzung ins Spiel. Genau an dieser Stelle entstehen erfahrungsgemäß auch die meisten Probleme, und hier scheitern dann auch die meisten Vorhaben.

Die Implementierung ist daher bei Weitem der komplexeste, langwierigste, teuerste und riskanteste Teil des Prozesses, und viele – auch sehr gute – Maßnahmen scheitern in der Praxis an der richtigen Umsetzung.

Der Erfolg der Implementierung politischer Maßnahmen hängt von deren Akzeptanz in der Bevölkerung ab. Die Akzeptanz der Bevölkerung ist primär abhängig von den Kriterien des menschlichen Verhaltens – also mehr von soziologischen und psychologischen Faktoren als von politischen oder ökonomischen. Diese Faktoren sind allerdings mit dem Einsatz des entsprechenden Instrumentariums stark beeinflussbar und relativ gut steuerbar.

In den vergangenen beiden Jahrzehnten hat die Verhaltensökonomie experimentell gute Fortschritte auf dem Gebiet des menschlichen Verhaltens gemacht und auch Methoden und Instrumente entwickelt, die für eine entsprechende Steuerung des Verhaltens von Menschen eingesetzt werden können. Somit kann man den Erfolg einer Implementierung und Durchsetzung politischer und/oder staatlicher Maßnahmen positiv beeinflussen.

Nachfolgend werden kurz einige wichtige Erkenntnisse und die sich daraus ergebenden Möglichkeiten erläutert:

Diktatorische Systeme oder fanatische politische oder religiöse Gruppen sind bemüht, ihre Mitglieder oder Gefolgsleute auch zur Unterdrückung ihrer eigenen Bedürfnisbefriedigung zu bewegen. Das kann in der Form geschehen, dass beispielsweise Konsum generell als etwas Schlechtes oder Verbotenes gelehrt wird, dass der Drang nach Freiheit und Bewegung unterdrückt oder verboten wird oder dass Essen, Trinken, Familiengründung, Sex oder sonst ein anderes menschliches Bedürfnis staatlich oder gesetzlich limitiert wird. Meistens wird ein solcher Verzicht durch Strafen, seltener durch Belohnung erreicht.

> Es handelt sich also um vier mögliche Einflussnahmen:
>
> 1. Incentivierung, um etwas zu tun
> 2. Incentivierung, um etwas zu unterlassen
> 3. Bestrafung, wenn man etwas tut
> 4. Bestrafung, wenn etwas unterlassen wird

Das menschliche Verhalten wird durch Faktoren bestimmt und beeinflusst, die sich grob in drei Kategorien einteilen lassen (Heuristik, Systematische Kognitionsprobleme und Anomalien).

Alle bisherigen Beobachtungen führen zu der Vermutung, dass das menschliche Verhalten und Handeln zusätzlich durch einen komplexen mehrstufigen Mechanismus bestimmt wird, der von folgenden Faktoren maßgeblich abhängt:

1. der Stärke eines empfundenen Mangels,
2. der Stärke, diesen empfundenen Mangel zu beheben,
3. der Stärke des Anreizes (Belohnung oder Incentivierung), den empfundenen Mangel zu beheben,

4. der erreichten Stufe auf der Bedürfnispyramide nach der Maslow'schen Theorie,
5. durch die Veranlagung der Menschen gegebene Sensibilität für diese Faktoren.

Die Heuristik

- Prospect Theorie

Angewendet wird die Prospect Theory beispielsweise in der ökonomischen Entscheidungstheorie. Mittlerweile ist diese Theorie ein wesentlicher Bestandteil der Verhaltensökonomik.

Sie geht von der Annahme aus, dass das individuelle Risikoverhalten je nach eingeschätzter Sicherheit eines auftretenden Ereignisses variiert und der ökonomische Erwartungsnutzen von vielen Individuen nicht als Entscheidungsgrundlage genutzt wird. Die Akteure verhalten sich risikoavers. Sie bevorzugen bei positiven Ereignissen sichere Zahlungen gegenüber höheren, aber unsicheren Gewinnen. Bei negativen Ereignissen hingegen handeln Individuen sehr risikofreudig. Dann bevorzugen sie gemäß der Prospect Theory einen unsicheren, hohen Verlust gegenüber einem sicheren, aber geringeren Verlust. Zusätzlich wirkt sich der sogenannte Endowment-Effekt auf das Verhalten aus, der besagt, dass Individuen Dinge, die sich bereits in ihrem Besitz befinden, deutlich höher wertschätzen als Dinge, die ihnen nicht gehören.

Die Theorie basiert auf der Beobachtung und empirischen Überprüfung, dass das menschliche Verhalten bei Ungewissheit, Unsicherheit und Risiko durch sogenannte kognitive Verzerrungen oder Fehler beeinflusst wird. Es wurde belegt, dass Menschen stärker durch Verluste als durch Gewinne motiviert werden und dass sie mehr Energie in die Vermeidung von Verlusten als in die Erzielung von Gewinnen investieren.

Die Prospect Theory besagt, dass ein absoluter Gewinn oder eine Gewinnsteigerung z. B. von 20 EUR auf 40 EUR subjektiv höher bewertet wird als eine Gewinnsteigerung 220 EUR auf 240 EUR. In beiden Fällen handelt es sich um 20 EUR, der Betrag ist also gleich hoch. Trotzdem wird er im ersten Fall höher gewichtet.

Eine andere beobachtete ökonomische Irrationalität ist die finanzielle Illusion. Menschen würden beispielsweise niemals Milch in einem Geschäft kaufen, wo sie 5 EUR teurer ist als üblich, siewürden sogar einen langen Weg in Kauf nehmen, um das Geschäft zu wechseln und Milch zum normalen Preis zu erwerben. Beim Kauf eines Anzugs, der beispielsweise 736 EUR kostet, würde niemand das Geschäft wechseln und eine längere Anfahrt in Kauf nehmen, um den gleichen Anzug für 731 EUR, – also für 5 EUR weniger, zu bekommen. Der monetäre Unterschied ist auch hier in beiden Fällen genau gleich, trotzdem fällt die Entscheidung gegensätzlich aus.

Das identische Verhalten lässt sich auch im Verlustbereich beobachten. Dann wird beispielsweise ein Verlust von 50 EUR auf 100 EUR als schlecht bewertet, steigt der Verlust von 200.000 EUR auf 200.050 EUR, macht diese Differenz jedoch keinen großen Unterschied mehr.

- Priming

Beim Priming werden durch in der Vergangenheit gemachte und gespeicherte, meist unbewusste Erfahrungen, Erkenntnisse und Erwartungen Entscheidungen beeinflusst. In der Psychologie bezeichnet der Begriff Priming die Beeinflussung der geistigen Verarbeitung (Kognition) eines Reizes durch den Menschen. Diese Beeinflussung erfolgt dadurch, dass ein vorangegangener Reiz bestimmte Gedächtnisinhalte aktiviert hat. Diese Aktivierung spezieller Assoziationen im Gedächtnis aufgrund von Vorerfahrungen mit den betreffenden Informationen geschieht in den meisten Fällen unbewusst. Solch ein Priming-Reiz kann ein Wort, ein Bild, ein Geruch, eine Geste oder Ähnliches sein. Der primende bzw. bahnende Reiz aktiviert die entsprechenden Gedächtnisinhalte, die dann bestimmen, wie schnell der nachfolgende Reiz verarbeitet wird. Sie bestimmen auch, ob dieser Reiz korrekt erkannt wird bzw. – bei uneindeutigen Reizen – auf welche Weise er interpretiert wird. Diese Gedächtnisinhalte beeinflussen auch wesentlich den Gemütszustand des Menschen sowie sein auf den Reiz folgendes Verhalten. Der Priming-Mechanismus beruht auf der Aktivierungsausbreitung von Assoziationen. Deshalb muss hier auch der Unterschied zum Framing-Effekt verdeutlicht werden: Der Framing-Effekt besagt, dass unterschiedliche Formulierungen einer Botschaft – bei gleichem Inhalt – das Verhalten des Empfängers unterschiedlich beeinflussen. Hingegen wird beim Priming das Verhalten durch in der Vergangenheit gemachte Erfahrungen beeinflusst.

Es gibt viele unterschiedliche Varianten des allgemeinen Priming-Konzepts:

(a) Positives versus negatives Priming:
Wird die Verarbeitung des nachfolgenden Reizes beschleunigt, so spricht man von positivem Priming. Wird die Verarbeitung verzögert, so spricht man von negativem Priming.

Diese Unterscheidung nach positiver bzw. negativer Wirkung lässt sich auch auf die anderen weiter unten genannten Priming-Arten übertragen.

(b) Affektives Priming:

Wird die Verarbeitung nachfolgender Reize beeinflusst, weil vom vorangegangenen, „primenden" Reiz Gefühlszustände aktiviert wurden, spricht man von affektivem Priming.

(c) Semantisches Priming:

Semantisches Priming geschieht über die Aktivierung von begrifflichen Assoziationen. Dies können zum Beispiel bestimmte Wortfelder sein.

(d) Response Priming:

Von Response Priming spricht man, wenn schnell aufeinander folgende Reize jeweils mit motorischen Antwortalternativen verknüpft sind (z. B. Drücken bestimmter Knöpfe bei speziellen Signalen).

(e) Medien-Priming:

Die Medienwirkungsforschung bezeichnet Priming-Effekte, die im Kontext der Massenmedien bestimmte Verhaltens- oder Einstellungsänderungen erklären, als Medien-Priming. Hierfür können zahlreiche Beispiele angeführt werden. In allen beschriebenen Experimenten wurden die Versuchsteilnehmer beeinflusst, ohne dass sie es bemerkten.

Beispiel aus der Wahrnehmungspsychologie:
Zeigt man Versuchspersonen sehr kurz das Bild eines Objektes (zum Beispiel einen Brotlaib, einen Briefkasten oder eine Trommel), können sie in 40 % der Fälle dieses Objekt korrekt identifizieren. Sahen sie jedoch zuvor das Bild einer Küche, stieg die korrekte Identifizierung des Brotlaibes auf 80 %, jedoch nicht die Identifizierung der anderen Objekte, die nicht in ein Küchenbild passen.

- Ankereffekt

Der sogenannte Ankereffekt besagt, dass eine einmal kundgetane Meinung oder Aussage zur selbsterfüllenden Prophezeiung tendiert. Das ist auch denn der Fall, wenn die Aussage von einer Quelle stammt, die nicht besser informiert ist als man selbst.

Beispiele und Erklärung des Ankereffekts:

Der Begriff „Anchoring Effect" stammt aus der Kognitionspsychologie und ist bezeichnend für die Tatsache, dass Menschen bei bewusst gewählten Angaben (dies können beispielsweise Zahlenwerte, Größenangaben, Entfernungen, Preise usw. sein) von situativ vorhandenen Umgebungsinformationen beeinflusst werden. Dies ist der Fall, ohne dass ihnen dieser Einfluss bewusst wird. Interessanterweise haben die Umgebungsinformationen auch dann einen Einfluss, wenn sie für die Entscheidung eigentlich irrelevant sind. Es handelt sich deshalb um einen Effekt, der häufig zu einer Urteilsheuristik führt: Das Urteil bzw. die Entscheidung orientiert sich unbewusst an einem willkürlichen „Anker". Die Folge davon ist dementsprechend eine systematische Verzerrung in Richtung des Ankers.

Dabei können Anker auf zwei verschiedene Weisen wirken:

(i) Als unbewusste Suggestion: Der Anker aktiviert unbewusst zu ihm passende Assoziationen. Diese beeinflussen direkt im Anschluss die Urteilsfindung. Dies geschieht über den Mechanismus des Priming (siehe oben).
(ii) Der Anker liefert die Basis oder den (willkürlichen) Startwert für einen dann bewussten Gedankengang. Dieser soll zu einem rational begründeten Urteil führen. In diesem Fall spricht man entsprechend von Anpassungsheuristik.

Der Anker selbst wird definiert als eine bestimmte Information. Die Information kann der Betreffende selbst aus den

Umständen oder seiner gegebenen Umgebung bilden, oder sie kann von einer anderen Person stammen. Die Information kann aber auch rein zufällig vorhanden sein. Diese ist aber beim Einschätzen einer Situation und beim Fällen einer Entscheidung ausschlaggebend. Dabei spielt es aber keine Rolle, ob diese Information für eine rationale Entscheidung tatsächlich wichtig oder nützlich ist.

In ihren Forschungen erbrachten Tversky und Kahneman erstmals den Beweis, dass selbst ein willkürlich gesetzter Anker ein Individuum im Entscheidungsprozess beeinflusst. Wenn Anker sich trotz ihrer Irrelevanz auf die Entscheidung auswirken, dann spricht man vom „basic anchoring effect".

- Vermessenheitsverzerrung, auch bekannt als „Overconfidence Bias"

Als Selbstüberschätzung, manchmal auch Vermessenheitsverzerrung genannt, wird eine systematische Fehleinschätzung der eigenen Fähigkeiten, des eigenen Könnens und eigener Kompetenzen bezeichnet. Oft wird diese Selbstüberschätzung als Hybris oder im Englischen als Hubris bezeichnet. In der Psychologie, in der Medizinforschung und mittlerweile auch in der Organisationstheorie wie auch im Management werden zu diesem Thema immer neuere Erkenntnisse gesammelt und gewonnen. Die entscheidenden Impulse hierfür kamen aus der Verhaltensökonomie (Behavioral Economics), wo die Selbstüberschätzung (Overconfidence Bias) aufgrund einer sehr starken experimentellen Evidenz in vielen aufsehenerregenden Versuchen über die menschlichen Entscheidungsprozesse für Interesse sorgte. Diese Experimente zeigen anschaulich und nachvollziehbar das Überschätzen der eigenen Fähigkeiten und des Mutes, das Überschätzen des eigenen Einflusses auf die Zukunft sowie sehr oft phantastische Vorstellungen über zukünftige Ereignisse, die für wahr und real gehalten werden. Ein anschauliches Beispiel ist ein Experiment mit männlichen Probanden, die innerhalb der Gruppe angeben sollten, wie sie sich selber im Vergleich zu den anderen Anwesenden einschätzen. So lautet die Frage beispielsweise: Denken Sie, dass Sie ein besserer/schlechterer/genau dem Durchschnitt entsprechender Autofahrer sind als der Durchschnitt der anderen in Ihrer Gruppe? Nach dem statistischen Gesetz müssen in jeder Gruppe 50 % der Teilnehmer besser und 50 % schlechter sein als der Durchschnitt. Die tatsächlichen Ergebnisse nach der Auswertung der Antworten zeigen jedoch, dass die Gruppen sich als bis zu 80 % besser einschätzen als der Durchschnitt.

Dieses Phänomen der Selbstüberschätzung wird in der Verhaltensökonomie und Psychologie in die Kategorie der kognitiven Verzerrungen eingeordnet. Wir können drei Arten der Selbstüberschätzung unterscheiden bzw. beobachten:

1. Einschätzung der aktuellen Leistung,
2. Einschätzung der Leistung relativ zur Leistung anderer Menschen,
3. Einschätzung des eigenen Wissens (Exaktheit, Aktualität usw.).

Dabei ist Selbstüberschätzung keine generelle Persönlichkeitseigenschaft eines Menschen. Die Selbstüberschätzung ist meistens kontextabhängig. In der Regel überschätzt der Mensch seine Fähigkeiten und Kenntnisse bei normalen täglichen und üblichen Aufgaben wie beispielsweise Autofahren. Die Experimente von Muriel Niedere (Princeton University) und Lise Verterlund (Copenhagen Business School) zeigen auf dieser Basis folglich, dass Männer sich eher für konvexe Vergütungssysteme (z. B. kompetitive Wettbewerbs- oder Turniersysteme) entscheiden, wogegen

Frauen sich eher für lineare Entlohnungssysteme (Stücklohn) entscheiden. Bei den durchgeführten Experimenten überschätzten beide Gruppen, also sowohl die Männer als auch die Frauen, im Durchschnitt ihre Fähigkeiten und ihr Können. Im Vergleich aber überschätzen sich Männer in einem wesentlich höheren Maße als Frauen es tun.

- Status-quo-Verzerrung

Um einen bestehenden bestimmten Zustand zu erhalten, gehen Menschen teilweise sehr hohe, unverhältnismäßige Risiken ein. Interessanterweise gehen sie aber weitaus weniger Risiken ein, um ihren Status – die Situation, in der sie sich befinden – zu ändern. Diese Tendenz zum Status quo (Status-quo-Verzerrung) ist eine kognitive Verzerrung. Sie bevorzugt überproportional den Status quo gegenüber einer Veränderung. Das bedeutet, dass Menschen im Allgemeinen die Dinge genau so haben möchten, wie sie sind. Veränderungen sind ihnen eher unangenehm. Diese Eigenschaft wurde bereits in vielen wissenschaftlichen Fachgebieten erforscht. Interessante Fachgebiete sind hier die Wirtschaftswissenschaft oder die Politikwissenschaft. Bekannte experimentelle Untersuchungen und Arbeiten wurden durch die Wissenschaftler Daniel Kahneman, Richard Thaler und Jack Knetsch durchgeführt. Experimentell kann dieser Effekt wiederholbar belegt werden. Die Erklärung für Status-quo-Verzerrung ist eine Kombination der Verlustaversion des Menschen und des Endowment-Effekts. Diese beiden Effekte sind in der Prospect Theory beinhaltet.

- Default-Effekt

Ein weiteres, sehr ähnliches Phänomen der Verzerrung der menschlichen Wahrnehmung (Bias) ist der Default-Effekt. Er hat zur Folge, dass das Individuum überproportional diejenige Option bevorzugt, bei der es keine aktive Entscheidung fällen muss. So akzeptiert es eher voreingestellte Optionen (Defaults), anstatt diese aktiv zu ändern.

- Näheverzerrung

Der Mensch neigt generell dazu, Dinge, die ihm vertraut sind, eher wahrzunehmen, sei es die Kenntnis einer bestimmten Disziplin, eines bekannten Problems, welches es zu lösen gilt oder auch im räumlichen Sinne – Dinge, die ihm nahe sind, stehen ihm in der Regel auch emotional „näher". Somit gibt es in seiner Wahrnehmung eine gewisse Verzerrung in Richtung des ihm Bekannten. Je weiter weg sich Optionen außerhalb seines bekannten Umfelds befinden, desto höher ist die Neigung, diese zu ignorieren.

- Falsche Prioritäten

Es wird meistens unverhältnismäßig viel Zeit, Energie und Aufwand für kleine und unwichtige Dinge betrieben, während unverhältnismäßig wenig aufgewendet wird für wichtige, weitreichende und große Entscheidungen. Hier ist im menschlichen Verhalten eine deutliche Asymmetrie zu beobachten.

- Gewinn- und Verlustverzerrung (Ungleichgewicht)

Die Menschen fürchten Verlust verhältnismäßig mehr, als sie Gewinne schätzen. Eine Gehaltserhöhung von 100 EUR wiegt wesentlich weniger als eine Gehaltskürzung um 100 EUR. Dies führt dazu, dass greifbare Vorteile nicht wahrgenommen werden aus Angst vor einer unwahrscheinlichen, aber möglichen Chance des Versagens.

- Unangebrachtes Bedauern

Bedauern über einen bereits eingetretenen Verlust verändert die Situation nicht und bringt auch keine weiteren Vorteile ein. Trotzdem wird aber viel Zeit und Energie verwendet, um sich mit dem eingetretenen Verlust weiter zu beschäftigen.

- Sturheit

Ein nicht immer rationales Verhalten wird fortgesetzt oder begonnen, um aus inneren Beweggründen etwas zu tun, auch wenn dies gegen die Vernunft verstößt. Dieses Verhalten ist sowohl bei Kindern und Jugendlichen als auch bei Erwachsenen zu beobachten und bedarf an dieser Stelle keiner Beispiele.

- Trugschluss des Spielers

Hier handelt es sich um offensichtliche Denkfehler, die darauf beruhen, dass bestimmte Ereignisse im Leben und Umfeld der Menschen dazu führen, dass durch eine zufällig wahrgenommene Häufigkeit dieser Ereignisse der Glaube entsteht, diese Ereignisse würden tatsächlich häufiger eintreten, obwohl dies statistisch nicht der Fall ist. Durch einen Fehlschluss wurde eine falsche statistische Häufigkeit angenommen und auf dieser Basis dementsprechend auch die falsche Entscheidung getroffen.

- Täuschung

Falsche Entscheidungen werden nicht gerne zugegeben, sie werden gerne schöngeredet oder es werden Argumente erfunden, um die falsche Entscheidung zu rechtfertigen. Hier gibt es eine starke Verbindung zur Sturheit (siehe oben).

- Manipulation

Abhängig von der Art und Weise, wie ein Sachverhalt bei absolut identischem Inhalt präsentiert wird, werden die daraus folgenden Entscheidungen ausfallen. Wird eine Präsentation mit Verlustangst angereichert, so fällt die daraus resultierende Entscheidung der Menschen wesentlich leichter, als wenn der identische Sachverhalt mit einer Hoffnung auf Gewinn präsentiert wird. Auch Framing, Täuschung und Verlustangst sind oft Ursachen einer Manipulation.

- Vorahnungen

Durch die Einbildung, die Zukunft zu erahnen, oder durch den Glauben an die eigene unfehlbare Intuition, das Richtige zu tun oder zu wissen, werden manchmal Entscheidungen beeinflusst.

- Selbstbestätigung

Um den eigenen Selbstwert zu steigern, werden die objektiven Tatsachen – die möglicherweise nicht gerne akzeptiert oder sogar nicht erwünscht sind – dahingehend verzerrt, dass Entscheidungen präferiert werden, die dem Selbstwert dienen.

- Verlustaversion

Die Verlustaversion ist speziell bei Entscheidungen zu beobachten, bei denen Objekte verloren gehen können, zu welchen man eine starke gefühlte Bindung aufgebaut hat – wie beispielsweise das eigene Haus, in dem man lange lebte und welches man womöglich auch selbst baute oder renovierte. Diese vorliegenden Verlustängste scheinen z. B. auch im Investorenverhalten eine Rolle zu spielen und haben eine nicht zu unterschätzende Wirkung. Wenn ein Verkauf von Aktien oder anderen Wertpapieren zur Folge hat, dass ein nominaler Verlust realisiert wird (wenn also der Investor billiger verkaufen muss als er gekauft hat), so lässt sich häufig ein Unwillen beobachten, diese Transaktion durchzuführen, auch wenn die Transaktion wichtig ist, um weitere, noch höhere Verluste zu vermeiden. Dieser Effekt ist auch die Erklärung dafür, dass sich Preise auf dem Immobilienmarkt bei schwacher Nachfrage nicht den Angebotspreisen so nähern, wie es in der Theorie sein müsste.

Unter einer Verlustaversion wird auch die Tatsache verstanden, dass der Mensch Verluste höher gewichtet als Gewinne. Beispielsweise ärgert man sich über den Verlust von 10 EUR mehr, als man sich über den Gewinn von 10 EUR freut. Eine wichtige Erkenntnis dieser Theorie ist, dass sich Individuen in Entscheidungssituationen irrational verhalten, wenn Unsicherheiten eine Rolle spielen. Dies verletzt die Annahme der neoklassischen ökonomischen Entscheidungstheorie, wonach der Homo oeconomicus nutzenmaximierend und stets rational handelt. Daher müsste also eine erste Option, die die Wahrscheinlichkeit von 50 % Verlust eines Gutes beinhaltet, gegenüber der zweiten Option, die die Wahrscheinlichkeit von 50 % Gewinn desselben Gutes beinhaltet, absolut identisch bewertet werden. Aufgrund der menschlichen Verlustaversion wird jedoch die erste Option höher bewertet.

Systematische Kognitionsprobleme

Diese Kategorie behandelt solche Kognitionsprobleme, die systematisch bedingt immer wieder auftreten und den realen Menschen in seinem Handeln signifikant vom in der klassischen ökonomischen Theorie konstruierten Homo oeconomicus unterscheiden. Diese systematischen Kognitionsprobleme sind zum Beispiel:

- Mentale Buchführung

Mentale Buchführung ist eine bekannte Theorie über ein systematisches Kognitionsproblem. Diese Theorie findet sehr oft Anwendung in der Verhaltensökonomik. Sie besagt, dass Menschen ihre finanziellen Transaktionen in „mentale Konten" eingliedern. Je nach Konto werden dann die Transaktionen in unterschiedlicher Weise behandelt. Diese Theorie wurde durch den Chicagoer Professor Richard Thaler entwickelt.

Die fiktiven Konten, die die Menschen unbewusst bilden, werden meistens nach unterschiedlichsten Gruppen und Clustern gebildet. Beispielsweise können solche Konten „Geschenke", „Ausgaben, die mit dem Urlaub in Verbindung stehen", „Börsengewinne" oder „Hobbys" sein. Durch diese Kontenbildung versucht man den Überblick über Einnahmen und Ausgaben zu behalten. Allerdings gibt es dabei das Problem der entscheidungsirrelevanten Kosten. Diese entscheidungsirrelevanten Kosten, wie beispielsweise „Sunk Costs", dürfen nicht in die rationale Entscheidungsfindung eingerechnet werden. Denn die Sunk Costs liegen in der Vergangenheit und können nicht mehr beeinflusst werden. Sunk Costs sind Kosten, die bereits entstanden sind und nicht rückgängig gemacht werden können (beispielsweise durch einen Verkauf). Sie sind irreversibel und werden deshalb als „versunkene Kosten" bezeichnet. Die mentale Kontenbildung verhindert aber manchmal das Erkennen, dass es sich um solche Sunk Costs handelt.

Thaler beschreibt ein sehr interessantes empirisches Experiment: In diesem gehen die Testpersonen ins Theater, und die Karte kostet 10 Dollar. Im Experiment wird den

Probanden nun gesagt, dass sie beim Anstehen im Theater ihre Karte verloren haben und eine neue Karte kaufen müssen. 56 % sind dazu im Experiment nicht bereit. Der Grund ist, dass die Probanden diese 10 Dollar für die verloren gegangene Karte dem mentalen Konto „Kauf Theaterkarte" zuschlagen. Dann kostet die Karte 20 Dollar und damit mehr, als den Probanden der Theaterbesuch wert ist. Eine andere Testgruppe der Probanden sollte an der Abendkasse für 10 Dollar die Karte kaufen. Ihnen wurde dann gesagt, dass sie die 10 Dollar Bargeld für die Karte verloren haben und die Karte jetzt anders bezahlen müssen. Hier entschieden sich 88 % für den Kauf der Karte und 12 % dagegen. Mental schlagen sie diese 10 Dollar dem Konto „Verlust Bargeld" zu. Der mentale Preis für die Eintrittskarte blieb für diese Gruppe somit bei 10 Dollar.

- Entscheidungsträgheit

Entscheidungsträgheit und das Verhaftetsein in alten Mustern: Neue verfügbare Informationen werden nicht, nur teilweise oder nur sehr zögerlich zugeordnet. Wenn eine Zuordnung erfolgt, dann oft falsch.

- Verlustaversion

Menschen bewerten gemäß der Prospect Theory den möglichen Verlust von Geld deutlich höher als die Chance auf Gewinn. Diese Verlustaversion führt zu einer Tendenz zum Status quo.

Gewinne und Verluste werden außerdem auf unterschiedlichen mentalen Konten verbucht. Nur durch diese unterschiedliche „Verbuchung" ist diese Verzerrung der Wahrnehmung möglich.

Es fehlt die Möglichkeit, diese mentalen Konten miteinander zu „verrechnen". Verluste auf einem Konto werden höher bewertet als Gewinne auf einem anderen. Als Folge entsteht eine Verzerrung bzw. Diskrepanz.

Rationale Entscheidungen bei voneinander abhängigen Sachverhalten machen eine gemeinsame Betrachtung unerlässlich. Diese gemeinsame Betrachtung von gemeinsamen oder miteinander im Zusammenhang stehenden Entscheidungen wird aber durch die Aufteilung in verschiedene mentale Konten verhindert.

Anomalien

- Ungleichheitsaversion

Als Ungleichheits- oder Unfairness-Aversion bezeichnet man die Tendenz der Wirtschaftssubjekte, Fairness und Gleichheit innerhalb einer sozialen Struktur zu bevorzugen. Dieses Thema ist für viele Forschungsdisziplinen wie Soziologie, Ökonomie, Psychologie, Anthropologie und Ethologie interessant. Schon 1978 begann die Untersuchung der Ungleichheitsaversion. Damals durchgeführte Studien legten die Vermutung nahe, dass Menschen sowohl auf für sie selbst negative als auch für sie positive Ungleichheiten empfindlich reagieren und zu Kompensationsleistungen neigen, selbst beim Erhalten von Belohnungen, die sie als unverdient empfinden.

Später durchgeführte Experimente zeigten, dass sich die Ungleichheitsaversion bei Menschen hauptsächlich in der Tendenz zeigt, den Erhalt einer ungerechten Belohnung durch eine andere Person zu verhindern – und das sogar unter Inkaufnahme einer Verringerung der eigenen Gewinnmöglichkeiten. Begründet wird dieses Verhalten dadurch, dass es die Erschaffung einer Umgebung ermöglicht, in der bilaterale Verhandlungen möglich sind. Ohne die Ablehnung und/oder Abstrafung einer ungerechten Verteilung wären für die Ökonomie wichtige stabile Kooperationen schwieriger zu erreichen.

Die Ungleichheitsaversion entspricht dem beobachteten Verhalten in Experimenten.

In einem dieser Experimente – Diktatorspiel genannt – erhält ein Proband reales Geld, welches er behalten und nach dem Experiment mitnehmen kann. Er hat jedoch die Möglichkeit, dieses Geld zu vermehren, indem er es ganz oder teilweise, einem anderen, für ihn unbekannten Teilnehmer sendet. Durch das Versenden wird der Betrag verdoppelt, allerdings entsteht dadurch auch für ihn das Risiko, dass der Empfänger es behält, nach Hause mitnimmt und nicht wieder zurückgibt. Damit entscheidet ein Teilnehmer, wie eine Belohnung zwischen ihm und dem anderen Teilnehmer aufgeteilt wird. Im Ergebnis entschieden sich die Teilnehmer zu mehr als 50 % dafür, zumindest einen Teil des möglichen Gewinns abzugeben. Beim Ultimatumspiel wird das Diktatorspiel um die Regel erweitert, dass der empfangende Teilnehmer ein Veto einlegen kann. In diesem Fall erhalten dann beide Teilnehmer nichts. Empfangende Teilnehmer sprechen normalerweise bei niedriger Beteiligung am Gesamtgewinn ein Veto aus, bevorzugen es also, nichts statt wenig zu erhalten, um den anderen Teilnehmer, von dem sie sich ungerecht behandelt fühlen, zu bestrafen. Durch ihr Veto erleidet die andere Seite ebenfalls einen Verlust, da auch sie nichts bekommt.

In der Praxis, beispielsweise bei Mitarbeiterumfragen, wird die Ungleichheitsaversion als wichtiger Faktor erkennbar. So vergleichen Angestellte ihr Gehalt und ihre Leistung mit dem ihrer Mitarbeiter. Hat dann ein solcher Vergleich Schuldgefühle oder Neid zur Folge, kann die Mitarbeitermoral am Arbeitsplatz ernsten Schaden nehmen.

Gerechtigkeitsempfinden wurde sogar in Experimenten mit Kapuzineraffen getestet. Ihnen wurden Nahrungsmittel verschiedener „Wertigkeit" als Belohnung für bestimmte

Tätigkeiten verteilt. Die Forscher Sarah Brosnan und Frans de Waal konnten nachweisen, dass die Tiere lieber nichts erhielten als eine gegenüber einem anderen Tier als minderwertig angesehene Belohnung. Brosnan (2003) beschrieb ihre Interpretation der Ergebnisse wie folgt:

> „It looks like this behaviour is evolved [...] it is not simply a cultural construct. There's some good evolutionary reason why we don't like being treated unfairly".

Neuere Studien legen nahe, dass auch Hunde einen grundlegenden Sinn für Fairness haben können. Der in der klassischen Ökonomie agierende Homo oeconomicus hat diesen Sinn selbstverständlich nicht. Seine Entscheidungen stehen also auch hier im Widerspruch zu denen in der realen Welt, die indes durch Experimente belegt werden.

- Geldillusion

Das Phänomen der Geldwertillusion beschreibt die Nichtwahrnehmung von Inflation durch die Menschen. Sie unterliegen also der Illusion, dass das Geld nach wie vor noch den gleichen Wert hat. Etwas abgeschwächt bezeichnet Geldwertillusion auch eine Unterschätzung des Risikos der Geldentwertung durch die Wirtschaftssubjekte. Diese sind jedoch durch Nachrichten, Statistiken sowie eigene Erfahrungen über Preissteigerungen informiert und damit handelt es sich bei der Geldwertillusion nur um ein temporäres Phänomen.

Die Geldwertillusion wird in der Quantitätstheorie vertreten. Sie besagt, dass immer eine Anpassungszeit benötigt wird, bis die Wirtschaftssubjekte die tatsächliche Inflation in ihr Handeln „einpreisen" (d. h. einkalkulieren und berücksichtigen). In dieser Anpassungszeit oder Zwischenzeit, in der die Geldillusion existiert, greifen die Instrumente der Zentralbank besonders gut. Ohne die Geldwertillusion wäre es einer Zentralbank beinahe unmöglich, durch eine Steigerung der Geldmenge die Wirtschaft anzukurbeln.

Von Geldillusion spricht man also dann, wenn bei gegebener Inflationsrate der Eindruck bei den Menschen entsteht, auf einmal über mehr liquide Mittel zu verfügen. Allein dieses Gefühl ist an dieser Stelle nicht so entscheidend. Viel interessanter ist die Beobachtung, dass mit diesem Gefühl von „Mehr-Geld-Haben" tatsächlich auch eine Veränderung im Konsumverhalten und im Setzen von Präferenzen einhergeht. Eine Inflation von 10 %, die zur Folge hat, dass auch Löhne und Gehälter um 10 % steigen, hat tatsächlich eine Wohlstandsveränderung von 0 % zur Folge. So wird dies jedoch nicht wahrgenommen. Auch wenn die genaue Inflationsrate allen Beteiligten bekannt und bewusst ist, so findet diese Geldillusion innerhalb bestimmter Grenzen und bestimmter Zeit trotzdem statt. Die Wirtschaftssubjekte setzen dann solche Präferenzen und treffen Entscheidungen – also sie benehmen sich so –, als hätten sie tatsachlich mehr Geld zur Verfügung. Dieser Effekt hat nicht zu unterschätzende Folgen auf viele ökonomische Faktoren wie z. B. Konsumausgaben, Sparrate, Bildung von Rücklagen, Investitionen usw.

- Effizienzlohn

Unter einem Effizienzlohn wird ein Lohn verstanden, der oberhalb des Gleichgewichtsniveaus des Marktes liegt. Diesen Lohn bezahlt ein Arbeitgeber freiwillig, da er die besten Arbeitnehmer mit der höchsten Produktivität rekrutieren will, um so die Arbeitsproduktivität zu erhöhen, die Fluktuationskosten zu senken und die Arbeitsnormen zu erhöhen.

- Bauchgefühl

Auch dieses jedem Menschen bekannte Gefühl beeinflusst die Entscheidungen. Es ist wohl das extremste Gegenteil zu dem in der klassischen Ökonomie angenommenen, rational denkenden und entscheidenden Menschen. Deshalb werden die beiden Extreme auch als Kopfentscheidungen und Bauchentscheidungen genannt.

Man kann auch eine allgemeingültige Empfehlung schließlich für die Herbeiführung oder Umsetzung von Veränderung in einem kurzen Satz zusammenfassen: Keep it simple!

Eine positive Vision, gepaart mit gesundem Pragmatismus, könnte ein wirklicher gesellschaftlicher „gamechanger" werden, wenn das Potenzial des kausalen Zusammenhangs zwischen der existierenden Beeinflussung von Institutionen und Individuen umgesetzt werden würde (Abb. 5.8).

Fazit

Zusammengefasst lassen sich also motivationsbedingte Handlungen generell durch die folgenden Schritte beeinflussen oder steuern:

- Motivation verstehen (Warum tut jemand etwas?)
- Analyse der Gründe (Was sind die Gründe für seine Motive?)
- Suche nach Faktoren zur Veränderung der Gründe (Was verändert seine Gründe?)
- Implementierung der passenden Faktoren für die Veränderung der Gründe
- Laufende Überwachung und Messen der Ergebnisse mit punktueller Anpassung

Die gewünschte Maßnahme muss für die Menschen so einfach wie möglich annehmbar gemacht werden. Die Vereinfachung dieser Annahme kann durch die weiter oben behandelten Erkenntnisse erzielt werden.

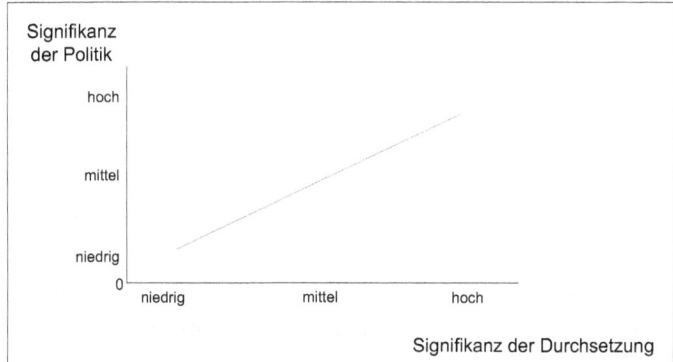

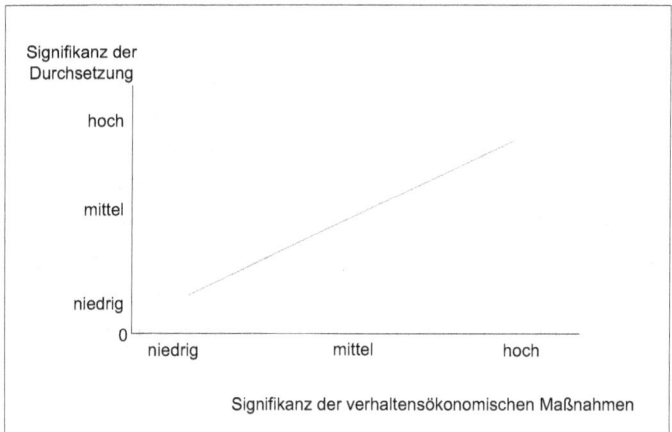

Abb. 5.8 **a**: Die Abbildung zeigt den Zusammenhang zwischen der Signifikanz der Politik und der Notwendigkeit der Durchsetzung ihrer Maßnahmen (= Funktionalität des Systems). **b**: Die Abbildung zeigt den Zusammenhang zwischen der Notwendigkeit der Durchsetzung der politischen Maßnahmen (= Funktionalität des Systems) und der Signifikanz von verhaltensökonomischen Maßnahmen, die eingesetzt werden könnten, um Maßnahmen besser und effektiver umzusetzen

5.19 Verhalten steuern und Verhaltensänderungen herbeiführen

Die Erfahrung lehrt, dass es in den meisten Fällen besser ist, lieber weniger Zwangsmaßnahmen zu implementieren und dafür umso mehr Angebote zu geben bzw. Alternativen zur Verfügung zu stellen, um eine Verhaltensänderung zu erzielen. Andernfalls entstehen oft Widerstände und Gegenreaktionen. Ein gutes Beispiel hierfür aus der Historie ist die Einführung der Schulpflicht für Kinder aus dem vorletzten Jahrhundert. Damals lebten die meisten Menschen auf dem Land und arbeiteten in der Landwirtschaft. So rebellierten die Bauern, dass ihre Kinder keine Feldarbeit mehr machen konnten, weil sie auf einmal in die Schule gehen mussten. Trotzdem war diese Maßnahme für die gesamte gesellschaftliche Entwicklung und für die Zukunft sehr wichtig. Die Ergebnisse solcher Maßnahmen sind oft erst viel später sichtbar und können in der Zeit, in der sie eingeführt werden, nicht von allen verstanden werden. An dieser Problematik hat sich bis zur heutigen Zeit nichts geändert. Und diese Problematik macht es auch so schwierig, langfristige und strategisch wichtige Maßnahmen politisch zu realisieren.

Eine effektive Einflussnahme auf das menschliche Verhalten kann nur auf zwei Arten erfolgen:

I: durch die Änderung der grundlegenden Motivation/Präferenzen des Menschen: Dies ist jedoch nur bei Kindern möglich. Erreichen kann man das durch eine entsprechende Erziehung und Wertevermittlung, bei Erwachsenen ist es kaum mehr möglich;

II: durch das Einsetzen von Instrumenten aus der Verhaltensökonomie, z. B. das sogenannte „Nudging". Hierbei wird die Aufmerksamkeit der Menschen von etwas angezogen oder auf etwas gelenkt, um so deren Entscheidung zu beeinflussen. Genau das nutzen die Werbung und das Marketing schon seit Langem. Eine entsprechende „Entscheidungsarchitektur" ist hierfür notwendig und auch wichtig, auf Basis der Kenntnis und den Möglichkeiten des Einsatzes der Instrumente aus der Verhaltensökonomik.

Natürlich ist hier der Vorwurf der Manipulation des Menschen nicht von der Hand zu weisen! Diese Techniken haben schon immer auch Lobbyisten, Marketingleute, aber auch Diktatoren genutzt – meistens jedoch zum Nachteil der Menschen und der Gesellschaft. Deswegen ist hier der politisch zugrunde liegende Entscheidungsprozess wichtig. Er muss auf transparenter und demokratischer Basis zum Wohle aller vorliegen und stets hinterfragt werden und überprüfbar sein. Es ist ein besonders sensibles Thema, wer die Entscheidungshoheit über diese Prozesse in einem Staat hat und wie diese Macht geteilt und/oder kontrolliert wird. Politik und sozioökonomische Entscheidungsprozesse sind die zwei Faktoren, die bestimmen, wie eine Gesellschaft gesteuert wird.

Die sozioökonomischen Entscheidungsprozesse zeigen immer wieder, dass Wahlentscheidungen der Bevölkerung nicht nur auf Eigennutz beruhen. Wie auch in der Verhaltensökonomie bewiesen wurde, dass der Mensch sich nicht immer nur eigennützig rational ökonomisch verhält, so entscheidet er auch an der Wahlurne nicht rational. Er unterliegt den gleichen Bias, Trugschlüssen und Irrationalitäten, aber auch seinen Gefühlen und dem Fairnesswillen. Die Politik und die Populisten wissen mit diesen Faktoren zu spielen, was nicht unterschätzt werden darf. Auch das ist eine Facette der Politik.

Eine der sozioökonomischen Hauptfragen lautet: Wie funktioniert die Beeinflussung des Individuums durch die Gesellschaft – also welche Einflussfaktoren sind seitens der Gesellschaft signifikant für die Bildung der Präferenzen des Individuums? Denn diese sind eine effektive „Stellschraube" bei der echten langfristigen Verbesserung der Gesellschaft und somit der Lebensbedingungen für alle. Wie aus den empirischen Untersuchungen der Verhaltensökonomie abzuleiten ist, ist es beispielsweise das Umfeld, in welchem Kinder aufwachsen, die Prägung, die sie durch ihre Familie und Freunde während des Aufwachsens erhalten, Werte, die ihnen vermittelt werden oder Vorbilder, die sie sehen. Es sind die sozialen Normen, die an sie weitergegeben werden, Erziehung und Bildung, aber auch die Religion oder die persönlichen Erfahrungen, die sie selber innerhalb der Gesellschaft machen. Es ist die Fairness, die sie erfahren oder nicht erfahren, und es sind auch Faktoren wie beispielsweise die praktische Durchsetzbarkeit von Recht und Gerechtigkeit innerhalb ihrer Gesellschaft. Deswegen ist auch die praktische Politik in täglichen Fragen so wichtig und muss mit ihrer Verantwortung entsprechend umgehen, da die Politik den größten Einfluss auf die zahlreichen Faktoren hat, die das Individuum prägen.

5.20 Problemanalyse

Bereits die alten Griechen warnten eindringlich davor, sich aus Selbstüberschätzung überall einzumischen und damit alles nur zu verschlimmern. Insbesondere in der Politik geht es darum, Probleme zu erkennen, zu verstehen und möglichst frühzeitig zu antizipieren. Dies ist die einzig mögliche Grundlage der Vermeidung und Behebung von Problemen. Das kann nicht jeder, der vielleicht nur gut reden kann. Eine gewisse Bildung und/oder Ausbildung dabei ist nicht abträglich. Heute vernebeln hingegen Halbwissen, Illusionen und Missverständnisse die Begriffe und Probleme.

Daher ist es sinnlos, öffentlich über Lösungsvorschläge zu diskutieren, bevor überhaupt das Verständnis darüber gegeben ist. Erst wenn es zu spät ist, folgt dann – mit dem entsprechenden Schmerz – die Erkenntnis für die meisten.

Bertold Brecht: „Ich rate, lieber mehr zu können als man macht, als mehr zu machen als man kann."

Die einzig mögliche Lösung hierfür ist die etwas frühere Heranführung an die Erkenntnis und ein möglichst frühes Verständnis der jeweiligen Problemstellung. Dazu muss freilich das politische und soziale Umfeld gegeben sein, und es darf weder politische Maulkörbe noch Tabus bei der Analyse geben. Die so entwickelten Lösungen ähneln den unternehmerischen Wagnissen auf der Grundlage eines besseren Verständnisses der Realität – sie bedeuten Eigenverantwortung und das Tragen der Folgen eines möglichen Scheiterns.

Was heute stattdessen in der Politik gemacht wird, ist eine Übertragung dieser „Kosten" auf die Öffentlichkeit. Dadurch werden die Vorteile durch die Politiker von vornherein konsumiert – die Nachteile hingegen werden im Nachhinein alle – also die Bürger bzw. die Gesellschaft – zahlen müssen. Die Politiker tragen keine Verantwortung mehr, präsentieren sich aber voller Eitelkeit in ihren Posten und Positionen, die der Steuerzahler finanziert. Dieses Problem ist ein gesellschaftliches und institutionelles zugleich. Alternativen für zunehmend durch Korruption betroffene staatliche Institutionen, Banken, Medien bis hin zu Schulen, Universitäten, Sicherheitsapparate, Justiz, Gesundheitswesen und ganze politische Ordnungen müssen geschaffen werden.

Wer die Augen öffnet und sich vom Stammtisch mit seinen oberflächlichen und primitiven Phrasen und Parolen auf Kosten anderer erhebt, wird zahlreiche und spannende Lösungsansätze finden. Ein allgemeines und breit angelegtes ökonomisches Grundverständnis, wie es hier skizziert und beschrieben wird, ist für jeden, der sich sozial, politisch oder ökonomisch einbringen und betätigen will, von Vorteil und zu empfehlen. So ist auch der Besuch von interdisziplinären Seminaren ratsam, um ideologische Kleingeistigkeit zu überwinden und ein besseres Verständnis der Realität durch den interdisziplinären Diskurs zu bekommen. So kann auch einer Verengung des eigenen Blicks bedingt durch Ideologie, Interessen, politische Korrektheit, Abhängigkeiten, Karrierechancen usw. entgegengewirkt werden.

Es ist eine nicht zu bestreitende Tatsache, dass es überall – und somit auch in der Politik – „menschelt". Politiker haben immer Eigeninteressen, es gibt sehr oft „Hidden-Agendas", die die politischen Entscheidungen beeinflussen oder gar verzerren, und oft sind diese Interessen leider auch konträr zu denen des Volkes, der Wähler, der Wirtschaft und letzten Endes des Staates und der Gesellschaft. Je größer die Macht ist, desto größer sind die exogenen Faktoren wie Geld oder Einflussnahme, aber auch die endogenen Faktoren wie die eigene Sicherheit und Absicherung oder das Interesse und die Motivation, sich zu bereichern oder eigene Vorteile zu generieren. Die Möglichkeiten für Betrug sind umso größer, je höher und einflussreicher die Stellung ist.

Fazit

Eine nachhaltige Verbesserung der Welt ist nur durch eine Verbesserung der Menschen möglich, und diese Verbesserung der Menschen ist nur über eine Verbesserung der Bedingungen und des Umfelds, in welchem die Menschen leben und aufwachsen, erreichbar.

5.21 Politische Analyse von Wirtschaftskrisen

Einer der am meisten unterschätzten Gründe für wirtschaftliche Friktionen und ökonomische Krisen ist die politisch gewünschte Starrheit der Löhne. Kein Politiker würde jemals befürworten, die Lohnhöhe der Bevölkerung zu senken – auch wenn diese Senkung ökonomisch noch so wichtig wäre. Er würde bei den nächsten Wahlen für eine solche Maßnahme bestraft und nicht mehr gewählt werden. Die Lohnhöhe müsste indes immer ein Abbild der ökonomischen Leistungsfähigkeit sein. Diese ökonomische Leistungsfähigkeit ist jedoch nicht immer konstant, sondern unterliegt natürlichen Schwankungen. Im Falle einer niedriger werdenden Leistungsfähigkeit muss demzufolge auch das Lohnniveau sinken. Wird weniger produziert, so muss dementsprechend auch weniger verdient werden. Man kann das Lohnniveau einer hohen Produktivität nicht über einen langen Zeitraum bei niedriger Produktivität belassen.

Um die Lohnhöhe zu regulieren, gibt es normalerweise zwei Möglichkeiten:

I: Abwertung der Währung, in welcher die Löhne bezahlt werden, und
II: tatsächliche Senkung der Löhne in Form von Auszahlung einer niedrigeren Summe Geldes.

Beide Mechanismen unterliegen bestimmten Problematiken:

Zu I: Eine Abwertung ist nicht möglich, wenn die Produktivitätsrückgänge nur eine bestimmte Gruppe bzw. einen bestimmten Wirtschaftsbereich oder eine bestimmte Region betreffen. Denn von einer Abwertung der Währung ist immer der gesamte Wirtschaftsraum betroffen, und man kann nicht andere Gruppen bzw. Bereiche finanziell schädigen, um einer Gruppe zu helfen. Insofern ergibt sich hieraus ein Verteilungsproblem.

Zu II: Eine Realkürzung ist soziopolitisch in heutiger Zeit nicht durchsetzbar. Niemand würde eine reale Kürzung von Löhnen hinnehmen. Gesellschaftspolitische Auswirkungen ungeahnten Ausmaßes wären die Folge.

Daraus ergibt sich ein ökonomisches Problem der „Unmöglichkeit der Anpassung". Die Menschen leiden unter Verlustaversionen, Eigennutz und diversen Ausprägungen von Fairness-orientiertem Verhalten. Dies alles verdeutlicht die Unmöglichkeit einer Anpassung der Löhne an die jeweilige Produktivität. Eine Nichtanpassung der Löhne bei sinkender Produktivität führt aber unweigerlich zu signifikanten Friktionen am Arbeitsmarkt, die auf lange Sicht eine Hauptursache von Krisen darstellen.

5.22 Historische Wiederholungen von Fehlern

Es existiert eine ganz eindeutige und nicht zu übersehbare Parallele zwischen der heutigen Verteilung des Wohlstands – wo die heutige Erste Welt mit allen ihren wohlhabenden Ländern dem Rest der Welt gegenübersteht – und der Verteilung des Wohlstands zu früheren Zeiten, wo der herrschende Adel sehr vermögend war und die restliche Normalbevölkerung in bitterer Armut leben musste.

So gibt es heute eine Minderheit von Menschen, denen bei Weitem das meiste Vermögen weltweit gehört. Man nennt dies eine hohe Konzentration des Vermögens. Und selbst innerhalb der wohlhabenden Länder herrscht eine starke Konzentration.

5 Die Politik

Die logische Folge dieser Konzentration ist eine Situation, in welcher eine Anspannung durch Migration, Unruhen und Kriminalität gegeben ist. Die Menschen wollen aus ihrer aussichtslosen Situation ausbrechen, sie haben nichts zu verlieren und sind zu allem bereit. Eine Instabilität des Gesamtsystems entwickelt sich.

In Europa herrschten in Frankreich unter dem König Ludwig XI. am Höhepunkt des Absolutismus ähnliche Bedingungen, wie sie heute weltweit zu sehen sind, was die Konzentration des Vermögens anbelangt. Eine kleine Oberschicht besaß de facto das gesamte Vermögen und lebte im Überfluss, während die große Mehrheit der Bevölkerung nicht nur nichts hatte, sondern auch Hunger leiden musste. Unzufriedenheit, Spannungen, Proteste und Aufstände nahmen zu. Da die Probleme nicht gelöst wurden und die Situation sich zunehmend weiter verschlechterte, wurden durch die katastrophalen Umstände die besten Rahmenbedingungen für eine Revolution mit gewaltsamem Umsturz und vielen Toten geschaffen.

Eine identische Konstellation baute sich in Russland am Anfang des 20. Jahrhunderts auf, was zu identischen Ergebnissen führte: Revolution mit blutigem Umsturz – die Oktoberrevolution 1917.

Nachdem heute eine Globalisierung stattgefunden hat mit globalem Verkehr, globaler Logistik und Kommunikation, sind solche Phänomene nicht mehr auf einzelne Länder beschränkt. Betrachtet man die Welt als ein ökonomisches und ökologisches Gesamtsystem – und das muss man –, dann muss die unausweichliche Folge auch eine Analyse dieser Entwicklungen sein. Menschen müssen aus der Vergangenheit lernen und dürfen nicht die Augen vor der Wahrheit verschließen. So muss es im ureigensten Interesse der Industrieländer sein, den Wohlstand langfristig zu sichern und nicht erneut eine Situation entstehen zu lassen, die das Risiko birgt, durch eine zu große Ungleichheit die

Verzweiflung von Menschen so groß werden zu lassen, dass eine derartige Anspannung aufkommt, die die nächste blutige Revolution ermöglicht.

> Daher kann die Anweisung nur lauten, andere Menschen und Länder nicht zu sehr auszubeuten, um das System nicht auszureizen, da sonst neue Revolutionen und der Verlust des Vermögens und der eigenen Standesvorteile drohen.

Das sind bittere Lehren und so etwas sollte sich nicht wiederholen. Daher ist hier ein politisches und gesellschaftliches Gegensteuern bei excessiver Ungleichheit und Ungerechtigkeit mehr als notwendig. Die Gefahren müssen erkannt und berücksichtigt werden, um die Stabilität des Systems zu erhalten.

So haben in der Vergangenheit Menschen immer wieder den gleichen Fehler gemacht, aus Unwissenheit, Unkenntnis der Realität, aus Geiz und Gier. Viele mussten für die Fehler mit dem Leben bezahlen, die meisten haben ihren Wohlstand und ihr Vermögen verloren, und alle haben ihren privilegierten Stand verloren. So wurde beispielsweise der Adel in den meisten europäischen Ländern und den modernen Staaten offiziell abgeschafft. Man konnte zwar die Titel und den Stand an sich abschaffen, nicht aber die Vergangenheit. Und die Vergangenheit ist es, welche durch den Gang der Dinge die Geschehenisse in der Gegenwart maßgeblich bestimmt. Diese kann man nicht abschaffen und nur sehr schwer verändern, genauso wenig wie auch Kultur, Gewohnheiten, Bräuche oder über Jahrhunderte gewachsene gesellschaftliche Verbindungen, die überall sichtbar sind.

Beobachtet man das Gebaren vieler Menschen aus Industrienationen in Ländern der Dritten Welt – insbesondere das von vielen Touristen –, so ist der Vergleich zum Verhalten der Oberschicht gegenüber den Untertanen zuzeiten Ludwig XI. nicht allzu weit hergeholt.

Dieser Vergleich ist daher nicht nur aus ökonomischer Sicht sinnvoll, sondern auch aus der Standessicht. Menschen scheinen es zu mögen, Gruppen mit Gleichgesinnten zu bilden und sich von anderen abzugrenzen. Und genauso, wie es damals die Menschen nicht einsehen konnten, etwas von ihrem Wohlstand den Armen und Verzweifelten abzugeben, genauso fällt es heute schwer, etwas abzugeben an die Länder der dritten Welt, um die Armut und Verzweiflung zu lindern.

Das Erschreckende dabei ist die Tatsache, dass diese Hilfe nicht einmal aus Mitleid, Mitgefühl oder aus ethischen Gründen oder Überlegungen kommen müsste – sondern aus reinem Eigennutz: Um eben den eigenen Wohlstand und Status langfristig zu sichern und um das zu vermeiden, was sich in der Vergangenheit immer wiederholt hat. Und trotzdem wird bei Weitem viel zu wenig unternommen!

Hier kommt wieder die Politik ins Spiel. Diese muss solche Tendenzen und Parallelen erkennen. Sie ist verpflichtet, entsprechend zu handeln, um die Menschen und die Gesellschaft zu schützen. Denn nachdem der Mensch so ist, wie er ist – mit allen seinen Irrationalitäten –, müsste die Politik frühzeitig gegensteuernd und regulierend eingreifen, um Schlimmeres zu verhindern, etwa ähnlich der Helmpflicht beim Motorradfahren oder der Anschnallpflicht beim Autofahren. Doch dafür müssten die wirklichen Probleme zuerst einmal erkannt werden.

Der griechische Philosoph Platon erkannte diese Problematik schon damals und fasste sie in einem Satz zusammen: „Diejenigen, die zu klug sind, um sich in der Politik zu engagieren, werden dadurch bestraft werden, dass sie von Leuten regiert werden, die dümmer sind als sie selbst".

5.23 Konkurrenz politischer Systeme

Nachdem mit dem Zerfall und Zusammenbruch des kommunistischen Systems in weiten Teilen der Welt die kommunistische Ideologie als Staatsform gescheitert ist, gibt es derzeit nur zwei konkurrierende Entwürfe, wie eine Gesellschaftsordnung in der Zukunft aussehen könnte:

Auf der einen Seite ist es das in den westlichen Ländern herrschende demokratisch-kapitalistische System, wobei es bei der Form des Kapitalismus teils auch große Unterschiede gibt. Das Spektrum beginnt bei den sehr sozial ausgeprägten Systemen mit einer hohen Staatsquote und guter sozialer Absicherung sowie guten sozialen Standards, wie sie beispielsweise in den skandinavischen Staaten existieren, und reicht bis hin zu Ländern mit einem minimal ausgeprägten sozialen Sektor und keiner staatlichen Absicherung der Bevölkerung, so wie beispielsweise den USA.

Auf der anderen Seite wurde ein gesellschaftliches System in China installiert, welches aus einer Partei besteht, einem großen Staatsapparat und einem Staatsoberhaupt, das auf unabsehbar lange Zeit im Amt bleibt, sowie einer Einteilung des Landes in verschiedene wirtschaftliche Zonen mit unterschiedlichen Systemen. Diese chinesische Lösung könnte man als eine Art Zwitterlösung bezeichnen: zwischen Kapitalismus und Kommunismus, zwischen Demokratie und Diktatur.

Somit gibt es folgende Ausprägungen:

Kapitalismus produziert großes Vermögen, hat hohe Produktivität und hohe Freiheitsgrade, besitzt aber das Problem der extremen Kapitalakkumulation, der ungenügenden Verteilung der Einkommen und des Wohlstands und – wenn nicht reguliert– auch der sozialen „Kälte".

Kommunismus produziert hingegen meistens nur Armut und Elend. Der Grund hierfür ist das angeborene mensch-

liche Verhalten. Das Eigeninteresse des Menschen steht im Kommunismus im Konflikt mit der eigentlichen Idee des Kommunismus. Freiheit in einem kommunistischen System ist undenkbar, weil die Menschen mit staatlichen Maßnahmen (die für sie unangenehm sind) gezwungen werden müssen, gegen ihre Eigeninteressen zu handeln. Somit ist dieses System für Normalbürger (die keine Idealmenschen sind) ein Konstruktionsfehler.
Soziale Marktwirtschaft könnte auch als eine Art Zwischenlösung angesehen werden, die versucht, die Vorteile beider Systeme miteinander zu vereinen. Das Problem bei der sozialen Markwirtschaft ist ihre ständige Bedrohung von außen, weil zwangsläufig immer ein bestimmter Prozentsatz des Kapitals abfließt in Länder, die freier und kapitalistischer sind, denn dort kann es sich besser vermehren. Außerdem zieht es durch das gute und großzügige soziale System Armut und Zuwanderung an. Dadurch entsteht langfristig eine Instabilität.

Wie in der Gesellschaft, so sind auch in der Ökonomie Nachhaltigkeit und Langfristigkeit essenziell. Insbesondere große und strategische Vorhaben lassen sich meistens nur über einen längeren Zeitraum realisieren. Bedenkt man, dass Wahlen alle 4 bis 5 Jahre stattfinden, verbunden mit mindestens einem halben Jahr Wahlkampf und mindestens genau so langer Regierungsbildung nach den Wahlen, so wird deutlich, wie viel Zeit zur Verfügung steht, um Vorhaben zu verwirklichen.
Ist hingegen die Regierung, wie beispielsweise in China, von dieser „Kurzatmigkeit" befreit, hat man mehr Zeit, mehr Ruhe und auch mehr Möglichkeiten, die gewünschte Politik zu gestalten. Ökonomisch schlägt sich dies positiv nieder, auch wenn die Freiheit unstrittig in bestimmtem Maß beschnitten wird. Die ökonomischen Vorteile scheinen in der Zukunft schwerer zu wiegen. So wird die Zu-

kunft mehrerer Länder möglicherweise so aussehen, dass es punktuell Regionen und Sonderwirtschaftszonen geben wird, in welchen andere Gesetze und Regeln gelten als im Rest des Landes, und wo Staatsoberhäupter de facto auf Lebenszeit installiert werden und Wahlen nur eine staatliche und gesellschaftliche Nebenrolle einnehmen. Die Menschen leben in einer für sie scheinbar noch gerade so hinnehmbaren Freiheit und können sich dank der Ausnahmeregelung in den Sonderwirtschaftszonen auch auf Geschäfte konzentrieren.

Eines der Hauptargumente bei der Frage nach dem richtigen System ist die Tatsache, dass das kapitalistische System allem Anschein nach die größten Vermögenswerte produziert. Auf der anderen Seite produziert es aber auch eine große Ungleichheit. Das Problem des Systems ist eine gerechte Verteilung des produzierten Vermögens. Der Kommunismus hingegen produziert langfristig eher Armut. Der Grund hierfür liegt im menschlichen Verhalten und im angeborenen Eigeninteresse des Menschen. Dieses steht im Konflikt mit der schönen Idee des Kommunismus. Auch die soziale Marktwirtschaft, als eine Zwischenlösung, hat ein Problem: Sie unterliegt einer „Außenbedrohung", weil Kapital tendenziell abwandert und Armut zuwandert. Das macht sie langfristig instabil und anfällig.

Deswegen ist möglicherweise in der Zukunft zu erwarten, dass es punktuelle Lösungen in bestimmten Regionen oder „Wirtschaftszonen" geben wird – je nach Entwicklungsstand, Wohlstand und kulturellem Hintergrund. Dann werden unterschiedliche Systeme nebeneinander existieren.

Der Wettbewerb zwischen Demokratie und dem chinesischen System und Russland hat bereits begonnen.

5.24 Erkenntnisse

Alles in der Gesellschaft hängt viel mehr zusammen und ist viel mehr und fester miteinander verbunden, als es oberflächlich den Anschein hat: Politik, Ökonomie, menschliches Verhalten, der Mensch selbst mit all seinen positiven wie auch negativen Veranlagungen und Ausprägungen, die Kultur und auch die Gesellschaftsstrukturen und ihre Organisation.

Politische Entscheidungen müssen also weise, mit Bedacht und unter Berücksichtigung dieser komplexen Zusammenhänge gefällt werden, um langfristig eine Konsistenz und daher auch Nachhaltigkeit und zugleich Umsetzbarkeit zu erreichen. Genau das versteht man unter einer guten Politik für die Menschen, für die Gemeinschaft, für die Gesellschaft und letztendlich auch für den Staat. Eine gute Politik kann außerdem auch viel besser umgesetzt werden als eine inkonsistente, nicht nachhaltige oder in der Gesamtheit der Themen sich widersprechende (also schlechte) Politik. Politik muss dem Menschen, der Gesellschaft und der Menschheit dienen. Aber nicht unbedingt dem Staat.

> Politik zu machen, bedeutet Verantwortung zu übernehmen und nicht Verantwortung auf andere abschieben. Politik zu machen, bedeutet auch, ein möglichst breites Wissensspektrum und einen Erfahrungshorizont zu haben, gepaart mit einer möglichst guten Ausbildung und Erziehung. Dies sind Voraussetzungen, die universell für die Politik gelten und entsprechend berücksichtigt werden sollten.

Jeder Politiker ist ein Mensch, und so ist er auch nicht frei von Eigeninteressen, Motivationen, Versuchungen und Täuschungen. Das ist ein Faktum. Und wie schon Bertold Brecht so trefflich feststellte: „Tatsachen schafft man nicht dadurch aus der Welt, dass man sie ignoriert", so muss man lernen, mit diesen Fakten möglichst gut umzugehen. Man muss ein auch für Politiker transparentes und kompetitives Umfeld schaffen, um ihre Arbeit und ihre Entscheidungen möglichst effektiv prüfen zu können. Der Haken daran ist eine alte Erkenntnis, die schon die alten Römer kannten: „Veritas odium parit" – Offenheit/Wahrheit erzeugt Hass. Das macht die Implementierung von Korrektivmechanismen so schwierig.

Fazit

So hängt Politik mit Ökonomie, mit Soziologie und mit Ökologie, Ethik und Technologie sehr eng zusammen. Es ist ein System ähnlich dem von miteinander verbundenen Zahnrädern: Wenn man eines davon verändert, verändern sich automatisch alle anderen. Deswegen müssen diese auch optimal aufeinander abgestimmt und miteinander synchronisiert sein.

„Eine Politik, die gegen ökonomische Gesetze und damit gegen menschliche Grundbedürfnisse regiert, zieht immer den Kürzeren." (Eugen von Böhm-Bawerk (1914), Lehrer von Friedrich August von Hayek [Wirtschaftsnobelpreisträger von 1974], in seinem Essay „Macht oder ökonomisches Gesetz?")

Literatur

Bastiat F (2013) That which is seen, that which is not seen: the broken window fallacy, and other articles. Small Town Press, New York

Bastiat F (1847 [2005]) Sophismes économiques. Les Belles Lettres, Paris 2005 (Deutsche Übersetzung unter dem Titel: Die Trugschlüsse der Schutzzöllner ..., Berlin 1847). ISBN 978-2-251-39038-3

Böhm-Bawerk E von (1914) Macht oder Ökonomisches Gesetz? Z Volkswirtsch Sozialpolit Verwalt 23:205–271

Brosnan S, de Waal Frans BM (2003) Monkeys reject unequal pay. Nat Int J Sci 425:297–299

Smith A (1776) Wealth of nations. William Strahan, London

Sullivan T E (1991) The political economy of the Sherman Act. Oxford University Press, Oxford

6
Schlussbetrachtung

In dieser Arbeit geht es nicht nur um Ökonomik, es geht auch um die Veränderung alter Denkmuster. Es geht darum zu zeigen, dass Dinge oft nicht so sind, wie wir gelernt haben und wie wir konditioniert wurden, sie zu sehen. Es geht darum, einen Schritt zurückzugehen und neu zu überlegen, neu nachzudenken und sich neu zu fokussieren, um so auch eine neue und andere Perspektive zu bekommen, die sehr oft auch zu neuen und anderen und im Idealfall auch besseren Ansichten führt.

Viele der vorliegenden Probleme, die in der heutigen Welt existieren, sind genau dem geschuldet, dass Dinge wieder und wieder auf die gleiche Art und Weise, aus der gleichen Perspektive und mit dem gleichen Fokus gesehen werden. Dadurch entstehen Stereotypen, Dogmen und unflexible Meinungen, die mit der Zeit zu einbetonierten Sichtweisen führen. Kollidieren dann zwei davon miteinander, sind meistens Konflikte und Glaubenskriege unvermeidbar, weil die Möglichkeit einer neutralen und objektiven Überprüfung, Korrektur oder flexiblen Anpassung fehlt. Kompromisse werden so erschwert, um nicht zu sagen unmöglich gemacht.

> Wie Menschen zu denken haben, darf niemals zum Dogma oder zu gesellschaftlichen oder politischen Vorstellungen oder Vorschriften werden. Wissenschaftlicher Diskurs muss immer möglich und auch erwünscht sein.

Was sich scheinbar wie eine Selbstverständlichkeit anhört, ist in Wirklichkeit aufgrund jahrzehntelanger, anhaltender medialer Gehirnwäsche und oktroyierter gesellschaftlicher Political Correctness einer Mainstreamdiktatur kaum noch vorhanden.

Selbst dann, wenn die allgemeine Meinung auch noch so widersprüchliche Ergebnisse und Ansichten vertritt, gibt es immer weniger Stimmen, die laut genug sind, um offensichtlichem Unsinn zu widersprechen.

Genauso wie es beispielsweise offensichtlich unmöglich ist, das Universum und seine Funktionsweise korrekt zu verstehen und zu erklären, wenn man die Grundannahme trifft, die Erde sei der Mittelpunkt des Kosmos (was jahrhundertelang die vorherrschende Meinung war) – so kann man auch nicht die Ökonomik und ihre Funktionsweise verstehen und richtig erklären, wenn man annimmt (oder definiert), der Mensch würde sich verhalten wie in der ökonomischen Standardtheorie (also wie Homo oeconomicus).

> Denn durch das Postulieren bestimmter Grundannahmen ist es möglich, schon ex ante Einfluss auf die späteren Resultate zu nehmen.

Und das steht einer objektiven Erkenntnis und Lösungsfindung entgegen. In der Ökonomik, in der Politik, in der Physik, der Soziologie, der Psychologie und allen anderen wissenschaftlichen Disziplinen.

6 Schlussbetrachtung

So entstand die vorliegende Arbeit mit neuen Sichtweisen, Ideen und der neuen Theorie durch das konsequente Infragestellen der gängigen Methodik und des Weglassens der künstlich aufgestellten Grundannahmen, aber unter Berücksichtigung empirischer Erkenntnisse.

Betrachtet man die Welt mit dieser Einstellung, so stellt man schnell fest, wie wenig erst wirklich erforscht, bekannt, bewiesen und verstanden ist. Denn das meiste generierte Wissen basiert auf Vermutungen, Theorien und Annahmen. So kann man sehr viel Neues schon dadurch entdecken, indem man eine andere Sichtweise oder Blickrichtung einnimmt, Zusammenhänge berücksichtigt und die Analysen ohne die gängigen und üblichen Annahmen durchführt.

Dabei wirkt sich eine rigide Grenzziehung und starre Aufteilung der Wissenschaft in einzelne Disziplinen oft auch negativ aus. Die Disziplinen gehen ineinander über, Chemie in Physik, Physik und Mathematik, Medizin und Chemie, Medizin und Psychologie und insbesondere auch Ökonomik, Psychologie und Soziologie.

Die angewandte Methodik spielt in der Forschung immer eine Schlüsselrolle. Diese sollte bei jeder Forschungsarbeit richtigerweise so gewählt werden, dass möglichst mit Empirie, Logik, Lebenserfahrung, Vernunft und unter Berücksichtigung der notwendigen Zusammenhänge ein maximal objektives Ergebnis generiert werden kann. Ein Weglassen wichtiger Zusammenhänge kann genauso zu unrichtigen Ergebnissen führen wie die Wahl einer falschen Methodik.

Als Forschungsmethoden werden in den jeweiligen Wissenschaften Verfahren und Analysetechniken bezeichnet, die zur Klärung wissenschaftlicher Fragestellungen dienen. Mit den Voraussetzungen für die Forschungsmethoden befasst sich die Wissenschaftstheorie. Dabei ist aber deutlich zu beobachten, dass auch hier der jeweilige Zeitgeist einen ganz deutlichen Einfluss hat. Dieser hat zur Folge, dass die quantitativen Forschungsmethoden überwiegen und sogar in Disziplinen zunehmend zum Einsatz kommen, wo die qualitativen Forschungsmethoden geeigneter wären. Dies ist insbesondere in der Ökonomik, der Psychologie und den Sozialwissenschaften der Fall. Die Art der Methodik, die bei der Forschung zum Einsatz kommt, unterscheidet sich einerseits natürlich von Disziplin zu Disziplin, andererseits verständlicherweise auch mit der Zeit und dem gerade herrschenden Zeitgeist. Es ist ganz klar, dass beispielsweise im Mittelalter oder bei den alten Griechen unterschiedliche Methoden bei der Gewinnung ihrer Erkenntnisse zum Einsatz kamen. Und so gibt es auch in der Neuzeit und heute wieder ganz andere und unterschiedliche Methoden in der Forschung, die vorherrschen. Eines jedoch muss immer ein ganz fester Bestandteil von jeder Forschungsarbeit bleiben: die Methodik der objektiven empirischen Beobachtung als Korrektiv. Zusammen mit der Möglichkeit, Dinge zu hinterfragen, ist diese Methodik eines der stärksten Instrumente der methodischen Forschung.

Wie bereits Albert Einstein so treffend feststellte:

> Es ist schwieriger, eine vorgefasste Meinung zu zertrümmern als ein Atom. (Albert Einstein)

Das hat uns die Geschichte anhand unzähliger Beispiele aus der Vergangenheit gelehrt.

> Logik, kritische Vernunft, ein möglichst umfassendes Verständnis des Forschungsthemas und saubere logische Folgerungen sind immer noch die beste Basis für eine gute wissenschaftliche Arbeit, die durchaus auch im kleinen Rahmen durchgeführt werden kann und nicht immer Millionen an Fördergeldern von institutionellen Sponsoren verschlingen muss.

6 Schlussbetrachtung

> Dabei ist es von größter Bedeutung, sich von Dogmen und vorgefertigten Meinungen und Ansichten zu befreien und auch unerwartete oder unkonventionelle – und manchmal auch durchaus unerwünschte – Ergebnisse und Fakten zu akzeptieren.

Natürlicher Verstand kann fast jeden Grad von Bildung ersetzen, aber keine Bildung den natürlichen Verstand. (Arthur Schopenhauer)

So gibt es heute auch durchaus interessante Beobachtungen aus anderen Disziplinen – beispielsweise aus der Physik –, welche uns vor Augen führen, wie wenig wir tatsächlich von der Welt, in der wir leben, wissen und wie wenig wir wirklich verstehen: ob es die Gravitation ist, die wir bis heute noch nicht erklären können und die sich bis heute einer Vereinheitlichung mit der Quantentheorie widersetzt, oder die widersprüchlichen Beobachtungen in der Quantenphysik, wo eine Gleichzeitigkeit von Welle und Materie existiert (Doppelspaltexperiment), wo es Teilchen gibt, die sich gleichzeitig an zwei unterschiedlichen Orten befinden können (instantaner Informationsaustausch beim Phänomen der Quantenverschränkung und die Grundlage der Quantenfeldtheorien) oder die Unendlichkeit (zeitlich, räumlich oder mathematisch). Es sind konkrete Beispiele, die mit unserem heutigen Denken nicht erklärbar sind. Und trotzdem gibt es diese Dinge.

Mit der notwendigen Neugierde, Offenheit für Neues und oft auch Unerwartetes oder Unkonventionelles konnte man schon immer die aktuell herrschende Meinung des Mainstreams infrage stellen und ganz neue, revolutionäre Gedanken und Theorien generieren. Man kann sehr deutlich beobachten, dass die Wissenschaft alle paar Jahrhunderte durch radikal neue Erkenntnisse de facto wieder umgeschrieben wird. Im Folgenden einige Beispiele, wo sich eine komplett neue Sicht und neue Erkenntnisse etablierten und die alten herrschenden Ansichten widerlegt wurden, sodass die Menschheit einen (Wissens-) Sprung machte:

Physik:

- 1686 veröffentlicht Isaac Newton seine „Philosophiae Naturalis Principia Mathematica", in der er zum ersten Mal die Newtonschen Gesetze und das Gravitationsgesetz beschreibt. Diese Erkenntnis markiert den Übergang von der Aristotelischen Auffassung, dass eine Bewegung immer eine Kraft benötigt, zur moderneren Auffassung, dass nur die Änderung der Bewegung (Geschwindigkeit/Richtung) eine Kraft erfordert; außerdem verknüpft das Gravitationsgesetz den berühmten Fall eines Apfels mit der Bewegung des Mondes um die Erde und der Planeten um die Sonne – also zwei Erscheinungen, die „offensichtlich" nichts miteinander zu tun haben (wie man bis dahin glaubte …).
- Ca. 1830–1840: Michael Faraday untersucht Elektrizität und Magnetismus und erstellt die Verknüpfung von bis dahin „offensichtlich" unabhängigen Erscheinungen, wie Kompassnadel und Blitzentladungen. Nunmehr kann Magnetismus über Induktion in Strom und umgekehrt verwandelt werden. Gekrönt wird das Verständnis durch die Maxwell-Gleichungen (James Clerk Maxwell 1873).
- Mitte bis Ende des 19. Jahrhunderts: Erkenntnis, dass Wärme die (statistische) Bewegung der Atome und Moleküle ist und es damit keinen „Wärmestoff" gibt, wie man bis zu diesem Zeitpunkt angenommen hatte. Damit wurde auch Wärme als eine Energieform anerkannt.
- 1905 veröffentlicht Einstein sein „Zur Elektrodynamik bewegter Körper" (bekannt auch als die spezielle Relativitätstheorie). Damit wird die Zeit (aber auch der Raum) relativ und ist nicht mehr (offensichtlich!) absolut im ganzen Universum – so wie man es bis dahin angenommen hatte.
- 1900 veröffentlicht Max Planck seine quantisierte Gleichung der Hohlraumstrahlung und begründet damit die

> Quantentheorie. Später entwickeln Heisenberg und Bohr auf dieser Basis die statistische Vorstellung der mikroskopischen Welt, d. h. die Physik gibt den Determinismus („alles ist exakt vorherbestimmt") auf, behält aber die Kausalität („alles hat eine Ursache") bei. Dies ist aus philosophischer und theologischer Sicht eine der größten Umwälzungen der Sicht des Menschen auf die Realität.

Chemie/Biologie:

- 1828 synthetisiert Friedrich Wöhler die (biologische) Substanz Harnstoff. Damit ist die Vorstellung „zur Synthese biologischer Substanzen benötigt es eine höhere Kraft" ad absurdum geführt.

Es wird deutlich, dass das Wissen und auch die Ansichten der Menschheit sich kontinuierlich entwickeln und sich auch signifikant bis hin zu den Grundannahmen ändern. Es gibt keinen ersichtlichen Grund dafür, dass es mit den heutigen Ansichten, Theorien und Glaubenssätzen anders sein sollte.

Deswegen ist nichts spannender als die Forschung, und es ist sehr wohl auch für den Einzelnen möglich, mit Hilfe des Einsatzes der richtigen und passenden Methodik interessante Forschung mit und an spannenden Themen und manchmal mit erstaunlichen Ergebnissen zu betreiben. Und das auf allen Gebieten und in allen Disziplinen, für die man sich interessiert.

Beispiele aus der Physik oder aus der Medizin sind für jedermann ersichtlich und verständlich. Das meiste ist auch vorstellbar und gut nachvollziehbar. Im Gegenteil dazu sind Phänomene und Zusammenhänge in der Ökonomie und Soziologie meistens komplex, weil sie zahllose größere und auch kleinere Abhängigkeiten haben, abstrakt sind und meistens nicht exakt berechenbar sind (auch nicht mit den heutigen Methoden und Modellen). Das meiste in der Ökonomik ist auch nicht einfach ohne Weiteres sichtbar für unsere Augen, weil es sich um Prozesse handelt. Man muss ein entsprechendes Verständnis und zumindest eine grundlegende Bildung über die Forschungsmaterie haben, um die Zusammenhänge und Abhängigkeiten der Prozesse innerhalb des Systems zu kennen und zu erkennen. Deswegen ist auch in den Disziplinen der Sozialwissenschaften wesentlich mehr Streitpotenzial, größerer Interpretationsrahmen und dementsprechend auch viel mehr Raum für zahlreiche Trugschlüsse vorhanden.

> Ökonomie ist das einzige Fach, in dem zwei Forscher den Nobelpreis bekommen, weil sie das genaue Gegenteil herausgefunden haben. (Aus dem Lehrbuch „Volkswirtschaft" von Ökonomie-Nobelpreisträger Paul Krugman und seiner Frau Robin Wells-Krugman 2010)

Das Potenzial des Erkenntnisgewinns ist sehr von der jeweiligen Zeit abhängig. Während in der vorindustriellen Revolution zu Zeiten des Adam Smith die Effizienz eine große Rolle spielte (sein berühmtes Beispiel des Herstellungsprozesses von Nägeln), war es während der Industrialisierung beim Karl Marx das Thema der Entfremdung des Arbeiters vom Produkt. In der heutigen Zeit wiederum steht das Thema der Selbstverwirklichung des Menschen im Vordergrund. Dem muss entsprechend auch die ökonomische Theorie Rechnung tragen und sich weiterentwickeln. Die veralteten Sichtweisen aus der Vergangenheit müssen endlich überwunden werden.

In der Forschung und bei der Suche nach Wahrheit und nach Erklärungen ist nach wie vor das Wichtigste die Neugier. Man muss neugierig sein und immer neugierig bleiben. Was notwendigerweise dazukommen muss, ist das Verstehen und

6 Schlussbetrachtung

Mitberücksichtigen der Rahmenbedingungen und der äußeren Umstände mit ihren Abhängigkeiten. Diese Bedingungen müssen immer gegeben sein. Das, worüber schon viele Generationen nachgedacht haben, die angewandten Forschungs- und Erkenntnismethoden und letztendlich auch das entsprechende gesellschaftliche System, welches die Unabhängigkeit und Freiheit von Forschung und Lehre immer sichert und garantiert, ist unerlässlich.

> Die vorliegende Arbeit soll das Verständnis für echte und objektive Forschung bringen, sie soll das Blickfeld und den Horizont des Lesers weiten und dazu anregen, aus festgefahrenen Denkstrukturen auszubrechen und scheinbar zementierte Meinungen nicht ungeprüft zu übernehmen und zu akzeptieren. Es sollen auch die Hintergründe und Zusammenhänge, die bei einer oberflächlichen Betrachtung oft im Verborgenen liegen, beleuchtet und deren Wichtigkeit für das Verständnis des Ganzen gezeigt werden.

Genau aus diesem Grund werden in diesem Buch viele konkrete Beispiele, Ideen und Anregungen präsentiert und deswegen wird auch immer wieder auf die notwendige Interdisziplinarität verwiesen.

> Weder die wissenschaftliche Methodik als Instrument zur Generierung von gewünschten Ergebnissen noch der selektive Einsatz der Theorie zur Bewältigung von praxisrelevanten Problemen darf zu einem Dogma stilisiert werden. Denn es ist erschreckend zu beobachten, wie einzelne Interessengruppen das methodische Instrumentarium der Wissenschaft quasi missbrauchen, um Ergebnisse in deren Studien (meistens im pharmazeutischen oder im medizinischen Bereich) zu beeinflussen – oder gar gewünschte Ergebnisse zu produzieren.

> Eine neue wissenschaftliche Wahrheit pflegt sich nicht in der Weise durchzusetzen, dass ihre Gegner überzeugt werden und sich als belehrt erklären, sondern dass ihre Gegner allmählich aussterben und dass die heranwachsende Generation von vornherein mit der Wahrheit vertraut gemacht ist. (Max Planck)

Das „nur erkennen" ist aber lediglich der erste Schritt und erscheint irgendwann als zu wenig. Das reine Erkennen ohne Handeln, ohne verändern zu wollen, ist etwas, was letztlich unbefriedigend ist. Der Wunsch der Wissenschaft und der Menschheit ist, zu erkennen **und** zu handeln. Um die Welt für alle Menschen besser und lebenswerter zu machen.

> Die reinste Form des Wahnsinns ist es, alles beim Alten zu lassen und trotzdem zu hoffen, dass sich etwas ändert. (Albert Einstein)

Fazit

Somit handelt es sich bei der vorliegenden Arbeit de facto um sozioökonomische Grundlagenforschung, die an der interdisziplinären Schnittstelle zwischen Ökonomie, Soziologie und Psychologie stattfindet.

Denn durch eine falsche Methodik können falsche Resultate und Ergebnisse generiert werden (auch absichtlich), die sich dann in den Köpfen der Menschen als Wahrheit festsetzen, sodass es manchmal Jahrhunderte dauert, um diese falschen Glaubenssätze zu revidieren.

Wenn man durch Menschen festgelegte und aufgestellte „Gesetze" hinterfragt, kommt man oft zu erstaunlichen Entdeckungen und Ergebnissen. Man darf sich nur nicht entmutigen lassen, neue Wege zu gehen und neue, offene und unkonventionelle Denkstrategien und Denkansätze zu verwenden und die vorgegebenen „Gesetze" auch zu hinterfragen.

Jede Methodik und jedes Instrument sind mit Bedacht, Realitätssinn und Vernunft so zu wählen, dass eine möglichst gute, effektive und unverfälschte Wirkung eintritt. Das bedeutet, dass das Ergebnis unter Berücksichtigung aller bekannten Faktoren und Zusammenhänge der Realität möglichst nahekommt. Dies zu gewährleisten, obliegt der wissenschaftlichen Ethik und moralischen Werten des jeweiligen Wissenschaftlers und steht selbstverständlich in ständiger Konkurrenz mit den jeweiligen gegensätzlichen, anders gelagerten Interessen (beispielsweise finanzielle Interessen, Karriere, Erfolg usw.). Die reine Wissenschaft ist aber wertefrei. Ihr einziges Ziel ist es, die Realität zu erklären.

Deswegen ist eine neue Sichtweise so entscheidend. Sie gibt jungen Menschen und Nachwuchswissenschaftlern eine andere und bessere – weil offenere und freiere – Sichtweise, Bildung und Erziehung. Wissenschaftliche Freiheit hängt mit politischer, gesellschaftlicher, kultureller Freiheit und letztendlich mit Meinungsfreiheit zusammen. Nur so können neue und bessere Grundlagen geschaffen werden, die dann auch zu anderen Sichtweisen und besseren Lösungen in der Wissenschaft und somit auch in der realen Welt führen werden.

Literatur

von Böhm-Bawerk E (1914) Macht oder Ökonomisches Gesetz? Z Volkswirtsch Sozialpolit Verwalt 23:205–271

Krugman P, Wells-Krugman R (2010) Volkswirtschaftslehre. Schäffer-Poeschel, Stuttgart

Planck M (1948) Wissenschaftliche Selbstbiographie. Johann Ambrosius Barth, Leipzig, S 22

Glossar

Ankereffekt Der Ankereffekt ist ein Begriff aus der Kognitionspsychologie und beschreibt das Phänomen, dass Menschen von vorhandenen Umgebungsinformationen beeinflusst werden, wenn sie Wahlen treffen, und zwar ohne dass ihnen dieser Einfluss bewusst ist. Die Umgebungsinformationen haben selbst dann einen Einfluss, wenn sie für die die zu treffende Entscheidung eigentlich irrelevant sind. Der Anker ist in der Regel eine bestimmte Information, wobei der Betreffende die Information selbst aus den Umständen bilden oder aber von einer anderen Person erhalten kann. Häufig ist sie ist aber rein zufällig vorhanden. Diese Information ist dann beim Einschätzen einer Situation und beim Treffen der Entscheidung ausschlaggebend. Dabei spielt es keine Rolle, ob diese Information für die zu treffende rationale Entscheidung tatsächlich relevant und nützlich ist.

Es handelt sich also um eine Urteilsheuristik, bei der sich das Urteil an einem willkürlichen Anker orientiert, bzw. um eine systematische Verzerrung in Richtung dieses Ankers.

Cantillon-Effekt Der Cantillon-Effekt bezeichnet in der Ökonomie den Effekt, dass sich eine Erhöhung der Geldmenge nicht automatisch gleichmäßig auf alle Bereiche einer Volkswirtschaft verteilt, sondern in Stufen, wobei manche Bereiche (insbesondere der Banksektor, staatsnahe Firmen, der Unternehmersektor und politisch begünstigte Gruppen) zuerst profitieren, während der Rest der Volkswirtschaft später folgt oder gar nicht von der Geldschöpfung profitiert. Verlierer im Prozess der Geldschöpfung sind diejenigen, bei denen das Geld gar nicht landet, die aber dennoch die wegen der kreditschöpfungsbedingten Inflation gestiegenen Preise zahlen müssen.

Externalität Differenz zwischen den gesellschaftlichen und den privaten Erträgen (= positive Externalitäten) bzw. Differenz zwischen den gesellschaftlichen und privaten Aufwänden (= negative Externalitäten).

Geldillusion Psychologisch begründete Einstellung zum Geldwert mit besonderem Vertrauen in seine (scheinbar) objektive Gegebenheit und Stabilität, d. h. Vertrauen der Wirtschaftssubjekte zum umlaufenden Geld. Dahinter steht das Vertrauen der Bevölkerung in die durch den Staat geschaffene und durch seine Autorität (scheinbar) abgesicherte Geldordnung. Geldillusion liegt z. B. dann vor, wenn bei Inflation Nominaleinkommenssteigerungen (irrtümlich) mit Realeinkommenserhöhungen gleichgesetzt werden. Dies kann dann zu einem anderen Ausgabenverhalten führen als bei fehlender Geldillusion.

Grenznutzen Nutzenzuwachs (Nutzen) aus der jeweils letzten konsumierten Einheit eines Gutes.

Gossensche Gesetze Grenznutzen ist der Nutzen, den die letzte verbrauchte Einheit eines Gutes stiftet. Problem: Der Grenznutzen kann positiv, gleich null oder negativ sein und hängt von der bisherigen Verbrauchsmenge ab. So wird ein durstiger Zecher dem ersten Bier einen hohen positiven Grenznutzen zumessen, dem fünften gleichgültig gegenüberstehen (Grenznutzen gleich null) und nach dem zehnten unangenehme Folgewirkungen (Grenznutzen negativ) spüren.

Homo oeconomicus Modell eines ausschließlich „wirtschaftlich" denkenden Menschen, das den Analysen der klassischen und neoklassischen Wirtschaftstheorie zugrunde liegt. Hauptmerkmal des Homo oeconomicus ist seine Fähigkeit zu uneingeschränktem rationalem Verhalten. Handlungsbestimmend ist das Streben nach Nutzenmaximierung, das für Konsumenten, oder nach Gewinnmaximierung, die für Produzenten angenommen wird. Zusätzliche charakteristische Annahmen: lückenlose Information über sämtliche Entscheidungsalternativen und deren Konsequenzen; vollkommene Markttransparenz.

Influencer Als Influencer (deutsch: Beeinflusser, Meinungsmacher) werden Menschen bezeichnet, die durch ihre gute Vernetzung eine hohe Reichweite haben, um andere Menschen in ihrer Gruppe zu beeinflussen. Durch ihre hohe Reichweite, hohes Ansehen und eine starke Präsenz haben sie einen großen Einfluss auf ihre Follower.

Invisible Hand (Unsichtbare Hand) Bezeichnung für die Selbststeuerung der Wirtschaft über Angebot und Nachfrage auf dem Markt, die auf den englischen Nationalökonomen Adam Smith (* 1723, † 1790) zurückgeht. Nach diesem Grundbegriff der klassischen Schule der Nationalökonomie ist das Marktgeschehen eine ordnende und regulierende Kraft, die den Einzelnen automatisch dazu bringt, seine wirtschaftlichen Interessen nach bestmöglicher Bedürfnisbefriedigung zu verfolgen und dabei gleichzeitig dem Interesse der Gesellschaft nach bestmöglicher Güterversorgung zu dienen.

Kommunismus Kommunismus ist ein um 1840 in Frankreich entstandener politisch-ideologischer Begriff mit mehreren Bedeutungen: Er bezeichnet erstens gesellschaftstheoretische Utopien, beruhend auf Ideen sozialer Gleichheit und Freiheit aller Gesellschaftsmitglieder, auf der Basis von Gemeineigentum und kollektiver Problemlösung. Zweitens steht der Begriff – im Wesentlichen gestützt auf die Theorien von Karl Marx, Friedrich Engels und Wladimir Iljitsch Lenin – für ökonomische und politische Lehren mit dem Ziel, eine herrschaftsfreie und klassenlose Gesellschaft zu errichten. Drittens werden damit Bewegungen und politische Parteien bezeichnet, die das Ziel verfolgen, Gesellschaften zum Kommunismus zu überführen bzw. solche Lehren praktisch umzusetzen. Viertens bezeichnet der Begriff daraus hervorgegangene Herrschaftssysteme.

Konzertparadoxon Das Konzertparadoxon bezeichnet eine Situation, in der Menschen durch eine erhöhte Anstrengung versuchen, einen individuellen Vorteil zu erzielen, wobei durch die zusätzlich unternommene Anstrengung aller kein Vorteil für irgendjemanden aus der Gruppe erzielbar ist. Das Endergebnis gleicht dem Anfangszustand, nur mit dem Unterschied, dass sich alle anstrengen müssen, um den Status (Output) zu halten.

Natürliche Arbeitslosenrate Form der Arbeitslosigkeit, die auch unter bestmöglichen Bedingungen normalerweise vorhanden ist, da z. B. immer eine gewisse Anzahl von Arbeitnehmern gerade auf der Suche nach einem neuen Arbeitsplatz sind (friktionelle Arbeitslosigkeit) und auch eine Bodensatzarbeitslosigkeit besteht.

Neoklassische ökonomische Theorie Unter neoklassischer Theorie oder Neoklassik versteht man eine wirtschaftswissenschaftliche Richtung, die in der zweiten Hälfte des 19. Jahrhunderts begründet wurde und die klassische Nationalökonomie ablöste. Charakterisiert wird die Neoklassik nicht durch bestimmte Lehrsätze, sondern durch ihre Methode, insbesondere das Marginalprinzip, das in Begriffen wie Grenzkosten oder Grenzerlös zum Ausdruck kommt. Die Neoklassik beherrscht die Wirtschaftswissenschaft – mit Unterbrechung durch den Keynesianismus – bis heute.

Opportunitätskosten Opportunitätskosten bezeichnen den Nutzen oder Erlös einer alternativen Handlung zugunsten einer anderen Handlungsalternative. Andere Begriffe für Opportunitätskosten können auch Verzichtskosten oder Alternativkosten sein. Opportunitätskosten entstehen dadurch, dass eine zweite Möglichkeit nicht genutzt werden konnte, da man sich für die erste Möglichkeit entschieden hat. Diese Kosten des Verzichts müssen bei den Gesamtkosten ebenfalls berücksichtigt werden. Der Begriff ist sowohl in der Betriebswirtschaftslehre als auch in der Volkswirtschaftslehre zu finden.

Paretoeffizienz Eine Situation, ein Zustand oder ein Markt sind paretoeffizient, wenn es keine Möglichkeit gibt, jemanden besser zu stellen, ohne jemand anderen dadurch schlechter zu stellen.

Ist dies nicht der Fall, kann durch Transaktionen (z. B. einen Tausch) eine Pareto-Verbesserung herbeigeführt werden, d. h. mindestens eine Person verbessert sich durch die Transaktion, ohne dass sich die anderen dadurch verschlechtern.

Pareto-Optimum Gesellschaftliche Situation, in der es nicht möglich ist, die Wohlfahrt eines Individuums durch eine Re-Allokation der Ressourcen zu erhöhen, ohne gleichzeitig die eines anderen Individuums zu verringern. Anders formuliert: Eine Situation, in der Person A bessergestellt werden kann und B nicht gleichzeitig schlechtergestellt werden muss, zeigt, dass sich das System noch nicht im Optimum befindet.

Peergroup Soziale Gruppe von gleichaltrigen Jugendlichen, in der das Individuum soziale Orientierung sucht und die ihm als Bezugsgruppe dient. Peergroups haben eigene Werte, Einstellungen und Verhaltensweisen, die durch Unabhängigkeit von den Werten und Erwartungen der Erwachsenen geprägt sind. Peergroups weisen jedoch eine starke Konformität gegenüber den Verhaltensnormen der eigenen Gruppe auf und akzeptieren die Führungsrolle von Meinungsführern. Die Zugehörigkeit zu Peergroups bestimmt entscheidend das Konsumverhalten der Jugendlichen.

Placebo Ein Placebo ist im engeren Sinn ein Scheinarzneimittel, welches keinen Arzneistoff enthält und somit auch keine durch einen solchen Stoff verursachte pharmakologische Wirkung haben kann.

Im erweiterten Sinn werden auch andere medizinische Scheininterventionen als Placebo bezeichnet, beispielsweise Scheinoperationen. Placebo-Effekte sind positive Veränderungen des subjektiven Befindens und von objektiv messbaren körperlichen Funktionen, die der symbolischen Bedeutung einer Behandlung zugeschrieben werden. Sie können bei jeder

Art von Behandlung auftreten, also nicht nur bei Scheinbehandlungen.

Prinzipal-Agent-Theorie Die Prinzipal-Agent-Theorie beschreibt Wirtschaftsbeziehungen, in denen ein Geschäftspartner Informationsvorsprünge gegenüber den anderen hat. Dabei bezeichnet Prinzipal den Auftraggeber und Agent den Beauftragten. Letzterer besitzt dabei normalerweise einen Wissensvorsprung (Informationsasymmetrie), der in unterschiedlicher Weise entweder zugunsten oder Ungunsten des Prinzipals eingesetzt werden kann. Des Weiteren wird davon ausgegangen, dass die Interessen von Prinzipal und Agent nicht deckungsgleich sind. Die Theorie bietet ein Modell, um das Handeln von Menschen in einer Hierarchie zu erklären. Diese Informationsasymmetrien bewirken Ineffizienzen bei der Vertragsbildung oder Vertragsdurchführung und führen unter Umständen zu Marktversagen, können jedoch durch geeignete Formen der Vertragsgestaltung zumindest partiell überwunden werden.

Produktionsfaktoren Güter, die bei der Produktion eingesetzt werden. Aus wirtschaftstheoretischer Sicht unterscheidet man zwischen den Produktionsfaktoren Arbeit, Boden und Kapital. Produktionsfaktoren können im Produktionsprozess entweder in einem substitutiven (gegeneinander austauschbaren) oder in einem komplementären Einsatzverhältnis zueinander stehen.

Public Goods Public Goods, auch öffentliche Güter genannt, sind eine Gütergruppe in den Wirtschaftswissenschaften und gehören zu den Gemeingütern. Rein öffentliche Güter zeichnen sich im Konsum durch die Eigenschaften Nicht-Ausschließbarkeit und Nicht-Rivalität aus.

Sherman Act Ein US-amerikanisches Gesetz gegen Kartelle und den Missbrauch von Monopolstellungen im Wirtschaftsleben aus dem Jahre 1890, das von Senator Sherman eingebracht und nach ihm benannt wurde. Es führte zu teilweise spektakulären Entflechtungen, z. B. bei General Electric und Standard Oil. Der Zweck war der Schutz der in der amerikanischen Verfassung garantierten individuellen Freiheitsrechte und Bewahrung des freien Wettbewerbs.

Social Proof Dieser englische Begriff bedeutet im Deutschen etwa: sozialer Nachweis. Es handelt sich dabei um ein psychologisches Phänomen, bei dem Menschen die Handlungen anderer unter der Annahme übernehmen, dass diese Handlungen ein der Situation angemessenes Verhalten widerspiegeln. Bei dieser Anpassung werden die Handlungen anderer zwar rational in eine Entscheidung miteinbezogen, allerdings kann die Konzentration auf diese Gruppe von Menschen und deren Handlungen für den Einzelnen auch nachteilig sein.

Es gibt verschiedene Ausformungen des Social Proof, sodass bei einer Entscheidung die Meinung der Masse ebenso als Referenz genommen werden kann wie die einer einzelnen Autorität: Für erstere Kategorie gelten große Massen oder Freundesgruppen als Faktor, für letztere können das einzelne Freunde sein, Fachexperten, Berühmtheiten etc.

Sunk Costs Der englische Begriff Sunk Costs bezeichnet bereits angefallene Kosten, die bei einer anstehenden Entscheidung, z. B. über die Weiterführung eines Projekts, nicht berücksichtigt werden sollten. Mit anderen Worten: Ist eine Entscheidung zu treffen, sind nur die zukünftigen Erträge und Kosten zu berücksichtigen – die Sunk Costs sind eben auf jeden Fall „versenkt" und sollten die Entscheidung nicht beeinflussen. Der natürliche Instinkt ist jedoch eher, Sunk Costs einzubeziehen.

Trittbrettfahrerproblem Das Trittbrettfahrerproblem (engl. „free rider problem") bezeichnet ein Problem kollektiven Handelns, das bei der Nutzung von Gemeingütern auftreten kann, wenn Wirtschaftssubjekte den Nutzen eines Gutes ohne Gegenleistung erlangen.

Utilitarismus Der Utilitarismus ist eine Form der zweckorientierten Ethik, die in verschiedenen Varianten auftritt. Auf eine klassische Grundformel reduziert besagt er, dass eine Handlung genau dann richtig ist, wenn sie den aggregierten Gesamtnutzen, d. h. die Summe des Wohlergehens aller Betroffenen maximiert. Es existieren verschiedene Formen des Utilitarismus, die abhängig von weiteren Annahmen sind. Der hedonistische Utilitarismus etwa setzt das menschliche Wohlergehen dem

Empfinden von Lust und Freude und der Abwesenheit von Schmerz und Leid gleich, während andere Formen von Utilitarismus die Erfüllung von individuellen Präferenzen fordern. Der Handlungsutilitarismus beurteilt Handlungen einzeln nach ihrer Tendenz, gute Folgen zu bewirken, während der Regelutilitarismus das Befolgen von Regeln in den Mittelpunkt stellt. Alle Formen des Utilitarismus haben aber gemein, dass sie das einzige Kriterium für mögliche Folgen und reale Wirkungen moralischer Beurteilung darstellen. Ferner handelt es sich um eine altruistische und universalistische Moraltheorie, denn der Utilitarismus propagiert eine Vergrößerung des Gemeinwohls. Dabei vertritt er politisch die Vision des Wohlfahrtsstaates, dessen Gesetze „das größtmögliche Glück für die größtmögliche Zahl" gewährleisten.

Weiße Elefanten Als „weiße Elefanten" bezeichnet man Dinge, die viel kosten, ohne Nutzen zu haben.

Wiener Schule Auch als Österreichische Schule oder Österreichische Grenznutzenschule bezeichnet, vertritt die Wiener Schule eine heterodoxe Lehrmeinung in der Volkswirtschaftslehre. Zentral ist die Idee der evolutorischen Schöpfung von Wissen durch den Unternehmer und die Betrachtung der dynamischen Unsicherheit wirtschaftlicher Abläufe. Die Schule betont die Bedeutung der einzelnen Menschen und deren individueller Vorlieben für die wirtschaftlichen Prozesse (Subjektivismus, methodologischer Individualismus). Hinzu kommt eine Abneigung gegenüber der mathematischen Darstellungsform volkswirtschaftlicher Zusammenhängen in der Mainstream-Ökonomik mit ihren mathematisch formulierten Gleichgewichtsmodellen (neoklassische Theorie).

Zinseszins Wiederverzinsung auflaufender Zinsen, die dem Kapital zugeschlagen werden.

Weiterführende Literatur

von Böhm-Bawerk E (1896) Zum Abschluss des Marxschen Systems. O. Haering
von Böhm-Bawerk E (1912) Kapital und Kapitalzins. Wagner
Brosnan S, de Waal Frans BM (2003) Monkeys reject unequal pay. Nat Int J Sci 425:297–299
Gilovich T, Griffin D, Kahneman D (2002) Heuristics and Biases: the psychology of intuitive judgment. Cambridge
von Hayek FA (1931) Preise und Produktion. Schäffer Poesche
von Hayek FA (1941) The pure theory of capital. Lawrence H. White
von Hayek FA (1943) Der Weg zur Knechtschaft. Olzog
von Hayek FA (1952a) The counter-revolution of science. Liberty Fund
von Hayek FA (1952b) Die sensorische Ordnung. Eine Untersuchung der Grundlagen der theoretischen Psychologie. Mohr-Siebeck
von Hayek FA (1960) Why I am not a conservative. The University of Chicago Press
von Hayek FA (1978) Die Entstaatlichung des Geldes. Mohr Siebeck

von Hayek FA (1988) Die verhängnisvolle Anmaßung. Die Irrtümer des Sozialismus. Mohr-Siebeck
von Hayek FA (1991) The trend of economic thinking: essays on political economists and economic thinking. Routledke
von Hayek FA (2003) Gesetz und Freiheit. Mohr-Siebeck
von Hayek FA (2010) The intellectuals and socialism. Kessinger Pub Co
Janner J (2017) World happiness report 2017. Sustainable Development Solutions
Kahneman D, Tversky A (2000) Choices, values, and frames. Amos Tversky Editor
Kahneman D (2011) Schnelles Denken, langsames Denken. Siedler
Keynes JM (1932) Vom Gelde. Duncker & Humblot
Krugman P, Wells R (2010) Volkswirtschaftslehre. Schäffer-Poeschel
Marx K (1867) Das Kapital. Otto Meisner
Maslow A (1943) A theory of human motivation. Midwest Journal Press
Maslow A (1962) Toward a psychology of being. Start Publishing LLC
Maslow A (1991) Emotion Motivation und Persönlichkeit. Rowohlt
Menger C (1883) Untersuchungen über die Methode der Socialwissenschaften und der Politischen Oekonomie insbesondere. Duncker & Humblot
Menger C (1884) Die Irrthümer des Historismus in der deutschen Nationalökonomie. Hölder, Wien
Menger C (1923) Grundsätze der Volkswirtschaftslehre. Hölder, Pichler, Tempsky
Peter LJ (2014) The Peter principle. Harper Collins
Rawls J (1971) A theory of justice. Harvard University Press
Smith A (1776) Wealth of nations. William Strahan
Stiglitz J (2012) Der Preis der Ungleichheit. Pantheon
Thaler R (2008) Nudges. Yale University Press
Thaler R (2015) Misbehaving: Was uns die Verhaltensökonomik über unsere Entscheidungen verrät. Siedler
de Vaal F (2016) Are we smart enough to know how smart animals are? W.W. Norten & Company

GPSR Compliance
The European Union's (EU) General Product Safety Regulation (GPSR) is a set of rules that requires consumer products to be safe and our obligations to ensure this.

If you have any concerns about our products, you can contact us on

ProductSafety@springernature.com

In case Publisher is established outside the EU, the EU authorized representative is:

Springer Nature Customer Service Center GmbH
Europaplatz 3
69115 Heidelberg, Germany

www.ingramcontent.com/pod-product-compliance
Lightning Source LLC
LaVergne TN
LVHW020339260326
834688LV00045B/1440